Estado, economia, desafios fiscais e reformas estruturais no Brasil

Textos em homenagem a
Eduardo Guardia

Estado, economia, desafios fiscais e reformas estruturais no Brasil

Textos em homenagem a
Eduardo Guardia

Ana Carla Abrão,
Ana Paula Vescovi
e Pedro S. Malan
[orgs.]

R
HISTÓRIA REAL

© 2025 Ana Carla Abrão, Ana Paula Vescovi, Pedro S. Malan
A entrevista concedida por Eduardo Guardia ao programa *Roda Viva* (pp. 493-519) pertence ao Acervo da TV Cultura.

PREPARAÇÃO
Kathia Ferreira

REVISÃO
Eduardo Carneiro

DIAGRAMAÇÃO
Equatorium Design

DESIGN DE CAPA
Angelo Bottino

CIP-BRASIL. CATALOGAÇÃO NA PUBLICAÇÃO
SINDICATO NACIONAL DOS EDITORES DE LIVROS, RJ

E82

Estado, economia, desafios fiscais e reformas estruturais no Brasil : textos em homenagem a Eduardo Guardia / organização Ana Carla Abrão, Ana Paula Vescovi, Pedro S. Malan. - 1. ed. - Rio de Janeiro : Intrínseca, 2025.

528 p. ; 23 cm.

isbn 978-65-87518-40-4

. Guardia, Eduardo Refinetti, 1966-2022. 2. Brasil - Condições econômicas. 3. Brasil - Política econômica. I. Abrão, Ana Carla. II. Vescovi, Ana Paula. III. Malan, Pedro S.

25-95917   CDD: 338.981
                 CDU: 338.2(81)

Gabriela Faray Ferreira Lopes - Bibliotecária - CRB-7/6643

[2025]
Todos os direitos desta edição reservados a
História Real, um selo da Editora Intrínseca Ltda.
Av. das Américas, 500, bloco 12, sala 303
22640-904 – Barra da Tijuca
Rio de Janeiro – RJ
Tel./Fax: (21) 3206-7400
www.historiareal.intrinseca.com.br

"Eduardo Guardia foi um homem público de sólida formação e grande capacidade de entrega, qualidades que o credenciaram a ocupar algumas das mais relevantes posições na administração pública e na privada. Entre 2003 e 2006, durante nossos governos, em São Paulo, Guardia mostrou competência como secretário da Fazenda, ao garantir a competitividade do estado por meio de uma política fiscal favorável ao investimento produtivo. Guardia entendia profundamente as finanças públicas e foi figura-chave para consolidar os fundamentos econômicos do Brasil na era pós-Real."
GERALDO JOSÉ RODRIGUES ALCKMIN FILHO

"O ministro Guardia trabalhou incessantemente para construir um país mais justo. O economista Eduardo Guardia inovou na discussão sobre equilíbrio fiscal. A pessoa do Edu combinou gentileza, firmeza e espírito público como raramente conheci na minha carreira."
IVAN MONTEIRO

"É reconhecida a competência técnica de Eduardo Guardia, que teve uma carreira exitosa no setor público e no privado. Queria falar do Edu, um raro ser humano, sem ego e sem arrogância, que falava baixo e prezava a negociação ao confronto, o que o fazia imprescindível e eficaz. Foi um parceiro inestimável no governo Temer, em nossos diversos embates, e tornou-se um amigo fraterno e querido, deixando muita saudade."
MARIA SILVIA BASTOS MARQUES

"Eduardo Guardia foi um exemplo de correção e competência. Toda a sua vida pública foi marcada por esses critérios. Mas registro, especialmente, a didática com que explicava as questões econômicas do país. Prestou ao meu governo e ao Brasil serviços que o inscreveram na História."
MICHEL TEMER

Sumário

Apresentação: O legado de Eduardo Guardia, 11
Ana Paula Vescovi

I. ESTADO E ECONOMIA, 27

1. O fisco e a inflação, 30 anos depois, 29
Edmar Bacha

2. A Lei de Segurança Jurídica de 2018 no caminho de uma nova estabilidade institucional, 52
Carlos Ari Sundfeld

3. Uma nota sobre a contribuição de Eduardo Guardia, 67
Gustavo H. B. Franco

4. Lições aprendidas com a primeira parceria público-privada no Brasil: a Linha 4 do Metrô de São Paulo, 89
Mario Engler Pinto Junior e Daniel Sonder

5. A agenda redescoberta: as reformas microeconômicas do triênio 2016-2018, 105
João Manoel Pinho de Mello

6. Produtividade e crescimento da economia brasileira: questões microeconômicas, 116
Marcello Estevão e Mariana Iootty

7. Política econômica, reformas e o cuidado com a política pública, 149
Marcos Lisboa

8. A greve dos caminhoneiros de 2018 e a administração da crise no âmbito do Ministério da Fazenda, 155
Marcos Mendes, Thaís Vizioli e Gustavo Guimarães

9. A arte da política econômica segundo Eduardo Guardia, 184
José Augusto Coelho Fernandes

II. DESAFIOS FISCAIS, 199

10. Regras e arranjos institucionais para a consolidação fiscal no Brasil: renegociação das dívidas subnacionais e teto de gastos, 201
Murilo Portugal Filho

11. Guardia e a difícil reconstrução da responsabilidade fiscal, 243
Arminio Fraga

12. Gestão fiscal num contexto de irresponsabilidade fiscal crônica, 266
Martus Tavares e José Roberto Afonso

13. Trinta anos de política fiscal no Brasil: andamos em círculos?, 289
Felipe Salto e Josué Pellegrini

14. A importante parceria entre o Banco Central e o Tesouro na crise de 2002, 314
Luiz Fernando Figueiredo e Sérgio Goldenstein

15. Em busca de um regime fiscal, 322
Mário Mesquita e Pedro Schneider

16. Retrospectiva das políticas fiscais da administração Temer, 347
Teresa Ter-Minassian e Luiz de Mello

III. REFORMAS ESTRUTURAIS, 371

17. Desafios fiscais crescentes para 2026 e muito adiante, 373
Pedro S. Malan e Ana Carla Abrão

18. A importância de Eduardo Guardia na recuperação da Eletrobras, 404
Elena Landau

19. As origens do IVA e a saga de sua versão brasileira – A saída para o caos, 426
Maílson da Nóbrega

20. As mudanças no crédito subsidiado e a criação da Taxa de Longo Prazo (TLP), 454
Mansueto Almeida

21. As máquinas governativas e a urgente transformação por um novo futuro, 470
Paulo Hartung

22. Ainda sobre uma contribuição de Eduardo Guardia, 480
Persio Arida

IV. ENTREVISTA de EDUARDO GUARDIA PARA O PROGRAMA *RODA VIVA*, 491

V. BREVE BIOGRAFIA DE EDUARDO GUARDIA, 521

APRESENTAÇÃO:
O legado de Eduardo Guardia

Ana Paula Vescovi[1]

Há no mundo uma raça de homens com instintos sagrados e luminosos, com divinas bondades do coração, com uma inteligência serena e lúcida, com dedicações profundas, cheias de amor pelo trabalho e de adoração pelo bem, que sofrem, e se lamentam em vão. Estes homens são o Povo.
(...)
É por isso que os que têm coração e alma, e amam a justiça, devem lutar e combater pelo Povo. E, ainda que não sejam escutados, têm na amizade dele uma consolação suprema.

Num livro organizado por economistas para homenagear outro economista, o mais óbvio é que tudo comece com a citação de algum nome de destaque na nossa área. E aqui talvez esteja a primeira grande virtude

---

1. Economista-chefe do Santander Brasil, foi secretária-executiva e secretária do Tesouro Nacional no governo Temer e secretária de Fazenda do Espírito Santo no governo Paulo Hartung.

de Eduardo Guardia. Para começarmos a falar sobre ele, é preciso recorrer a Eça de Queiroz, é preciso citar um clássico, é preciso falar de um poema, é preciso olhar "O Povo" pela lente de quem sempre trabalhou para melhorar um país, para muito além dos interesses pessoais.

Quando explicava aos mais próximos os motivos de haver escolhido Economia, Eduardo citava o trecho do poema que abre este Capítulo. E o que ele fez nos diferentes cargos que ocupou e nas decisões que tomou foi exatamente isto: dedicar seu talento, sua disciplina e seu conhecimento a construir um país que fosse melhor.

Quem teve, como eu, o privilégio de acompanhar parte da trajetória de Eduardo Guardia sabe que estamos falando de um economista completo, que produziu para a academia, contribuiu no serviço público e foi uma liderança reconhecida e respeitada no setor privado.

Sobre o Edu – era assim que a maioria de nós se referia a ele fora dos ambientes mais formais –, equilíbrio, gentileza, honestidade, sinceridade, empatia, confiança, respeito e bom humor, por vezes ácido mas sempre inteligente, são elogios que facilmente se ouvirão. A parceria de vida com Maria Lúcia, a presença da família e o gosto pelos esportes como tema de muitas de suas conversas com amigos contam do Edu além do profissional. Há também o empresário pecuarista que transformou a fazenda da família num bem-sucedido negócio e em um de seus projetos mais queridos.

Este texto procura resgatar alguns dos marcos de sua carreira. E serve como um guia para os relatos mais detalhados nos Capítulos que compõem este livro de homenagem à vida e ao legado de Eduardo Guardia.

O começo de tudo

Eduardo se destacou no mundo acadêmico com uma dissertação de mestrado inovadora, defendida em 1991. É dele o conceito de déficit potencial, ou de como os orçamentos dependem de inflação para conter despesas, uma vez que a arrecadação ocorre com maior frequência no tempo.

Naqueles anos de inflação elevada, os economistas olhavam a execução orçamentária pelo prisma do efeito Tanzi, em que a receita se reduzia, consumida pela inflação, e o déficit subia. Acreditavam que a inflação era a grande vilã da deteriorada situação fiscal, pois indexava a dívida pública elevando-a consistentemente ao longo do tempo. Assim, a solução para o problema seria a quebra da inércia inflacionária, o que, automaticamente, resolveria o problema fiscal.

Mas o efeito Tanzi não se encaixava na realidade fiscal do Brasil, muito menos contribuía para elucidar o nosso fenômeno inflacionário, cuja abordagem exclusivamente inercial resultara em vários Planos econômicos fracassados. Quando Edmar Bacha levanta a incompatibilidade entre inflação explosiva e déficits operacionais relativamente pequenos (nesse caso, o cálculo era decorrente do resultado nominal ou da necessidade de financiamento do setor público, descontada a inflação) é que o *insight* de Eduardo Guardia ganha relevância. A resposta para esse aparente dilema veio na forma do déficit potencial, que uniu os dois conceitos e os aplicou à realidade brasileira.

No Brasil, havia um efeito Tanzi às avessas: as receitas eram coletadas em alta frequência e devidamente indexadas; as despesas possíveis de serem postergadas tornavam-se menores em termos reais, pois limitavam-se aos valores nominais previstos nas peças orçamentárias. Dessa forma, os déficits operacionais próximos a 1,5% do Produto Interno Bruto (PIB) eram, na verdade, déficits potenciais de 10% do PIB.

Foi assim que o conceito criado por Eduardo Guardia contribuiu para amadurecer a discussão no núcleo de economistas que buscavam soluções para a economia brasileira nos anos da hiperinflação, com moratória das dívidas interna e externa, quatro congelamentos de preços e, pelo menos, três moedas diferentes ao mesmo tempo que a desigualdade de renda atingia o pico, com o índice de Gini chegando a 0,636 em 1989.

Devidamente ativados pelo assim designado "efeito Bacha", os formuladores do Plano Real focaram o único tiro que lhes fora oferecido, durante a revisão constitucional de 1993, na criação do Fundo Social de Emergência, que, como pontuava Persio Arida, não tinha nada de Fundo, nada de social, nada de emergencial. Mas foi a saída encontrada para desvincular despesas dentro do rígido orçamento da União e permitir algum controle de caixa na execução orçamentária, pilar importantíssimo na partida do que se constituiu, logo após, o Plano Real.

Os detalhes da conexão entre os *insights* da dissertação de Eduardo e a formulação do Plano Real tornam imperdível a leitura dos Capítulos produzidos por Gustavo H. B. Franco e Persio Arida para este livro.[2] Da mesma forma, Edmar Bacha, no texto clássico "O fisco e a inflação" – produzido em 1993, originalmente para uma Aula Magna em homenagem ao professor Octávio Gouvêa de Bulhões –, menciona os achados do jovem Eduardo Guardia. Trinta anos após a discussão original, Edmar Bacha traz para esta coletânea a sua releitura.[3]

Um reforço no governo federal

A primeira passagem de Eduardo Guardia pelo governo federal, de 1997 a 2002, serviu para transformar o professor, pesquisador e acadêmico, recém-chegado de estudos em Washington, D.C., num gestor de crises dos mais experimentados do país.

Ao entrar no Ministério do Planejamento para compor a equipe de Amauri Bier, Eduardo Guardia era um técnico da burocracia federal que se jogaria no trabalho gigantesco que foi a renegociação das dívidas de estados e municípios. A equipe da qual fez parte assinou contratos que permitiam a incorporação das dívidas subnacionais pela União, com contrapartida de contratos bilaterais de pagamentos de longo prazo garantidos pelos fundos constitucionais de repasses de tributos (FPE e FPM).[4] O programa previa: o abatimento da dívida com privatização de estatais e/ou federalização de bancos públicos e o uso de uma conta gráfica; a

---

2. Ver: Gustavo H. B. Franco, "Uma nota sobre a contribuição de Eduardo Guardia", pp. 67-88; Persio Arida, "Ainda sobre uma contribuição de Eduardo Guardia", pp. 480-490.
3. Ver: Edmar Bacha, "O fisco e a inflação, 30 anos depois", pp. 29-51.
4. FPE: Fundo de Participação dos Estados e do Distrito Federal; FPM: Fundo de Participação dos Municípios.

vedação de emissão por meio de títulos por estados e municípios; contrapartidas com medidas de controle de despesa de pessoal, entre outros temas do ajuste fiscal.

O cenário em que Eduardo Guardia cresceu no governo federal está descrito com a propriedade de quem o vivenciou, como Martus Tavares, secretário de Economia e Planejamento (2005-2008) e, posteriormente, ministro do Planejamento, Orçamento e Gestão (1999-2002), e de quem também contribuiu na busca de soluções, tal como José Roberto Afonso.[5]

No final de 1998, em pleno processo eleitoral, o Brasil recorreu ao Fundo Monetário Internacional (FMI) e Eduardo foi uma peça operacional importante, costurando as minúcias do acordo com os técnicos do Fundo, detalhando as medidas que seriam adotadas para reverter o déficit primário estrutural do governo federal.

Além do desafio do ajuste fiscal em si, descrito no Capítulo assinado por Felipe Salto e Josué Pellegrini,[6] havia outro complicador. A apuração dos resultados fiscais apresentava problemas, tornando-se pouco confiável à medida que as discrepâncias entre os resultados "acima da linha", produzidos pelo Ministério da Fazenda, diferiam em mais de 3 pontos percentuais do PIB dos resultados "abaixo da linha" produzidos pelo Banco Central. Os resultados "acima da linha" refletem as receitas e despesas não financeiras da União, e os resultados "abaixo da linha" partem das necessidades de financiamento do Governo Central e equivalem aos dados patrimoniais com as variações da dívida líquida.

Num cenário de elevadíssimo estresse, o Brasil ainda enfrentou ruídos adicionais: o governo de Minas Gerais declarou moratória sobre a sua dívida pública e, na ausência de uma âncora fiscal e com um imenso déficit de credibilidade do país, a flexibilização cambial veio em fevereiro de 1999.

5. Ver: Martus Tavares e José Roberto Afonso, "Gestão fiscal num contexto de irresponsabilidade fiscal crônica", pp. 266-288.
6. Ver: Felipe Salto e Josué Pellegrini, "Trinta anos de política fiscal no Brasil: andamos em círculos?", pp. 289-313.

Não havia alternativa para aqueles que, como Eduardo, ajudaram a conduzir esse que foi o momento mais crítico desde o Plano Real. Com taxas de juros extremamente elevadas, os anos vindouros exigiam resultados fiscais melhores, reformas econômicas e um processo de comunicação impecável com os diversos agentes do mercado.

Não havia espaço para errar enquanto se implementavam o sistema de metas de inflação e a Lei de Responsabilidade Fiscal, duas mudanças básicas, simultâneas ao aprofundamento do controle fiscal e aos melhores resultados daí decorrentes. Eduardo Guardia foi determinante para que, a cada trimestre de revisão de parâmetros e resultados com o FMI, tudo estivesse de acordo com o programado. O ganho de credibilidade vinha, assim, paulatinamente sendo conquistado e fiado pela história dos ministros Pedro Malan e Martus Tavares e pelo presidente do Banco Central, Arminio Fraga. Esse foi um período (1998-2002) em que o Brasil conseguiu suprimir o déficit e não apenas represá-lo, podendo, assim, entregar um ajuste fiscal próximo a 3% do PIB, e em curto espaço de tempo.

Muito próximo do centro da decisão e bastante influente, mas ainda sem a caneta na mão, Eduardo Guardia estava no time que, no início de 2001, enfrentou o "apagão", uma grave crise energética que, novamente, colocou em xeque o foco no ajuste fiscal. Ainda em 2001, veio a crise moratória da Argentina, a qual afetou diretamente o Brasil, ainda sob a frágil condição de possuir uma dívida altamente dolarizada e com curtíssimo prazo de vencimento. E o Brasil acabou recorrendo outra vez à assistência financeira do FMI.

No início de 2002, Eduardo Guardia assumiu como o mais jovem secretário do Tesouro Nacional. Aos 36 anos, a crise que ele começou a gerir numa posição decisória e de liderança continha elementos técnicos, como o início da marcação a mercado de fundos mútuos, os juros em alta e uma dívida pública que, além de ser duramente afetada por instabilidade política e depreciação cambial, era composta por 30% de papéis indexados ao dólar e 50% era indexada à Selic com prazos de vencimento extremamente curtos. O secretário Eduardo Guardia viu o caixa do Tesouro Nacional secar e chegar a patamares críticos de liquidez. Vale ler o relato de Luiz Fernando Figueiredo e Sérgio Goldenstein sobre esse período, no qual a parceria construtiva entre os atores públicos representou um ganho excepcional para o país.[7]

Viver esse último ano do governo FHC à frente do Tesouro Nacional foi definidor e influenciou decisões futuras, quando Eduardo voltou ao Ministério da Fazenda, em 2016. Foi dele a defesa enfática da inclusão em lei de um gatilho para a transferência extraordinária de lucros contabilizados pelo Banco Central ao Tesouro em momentos de estresse financeiro. Esse dispositivo seria fundamental para a sustentação da liquidez do Tesouro durante a pandemia.

A participação de Eduardo, em maio de 2021, no conjunto de *podcasts* do Instituto de Estudos de Política Econômica (Iepe/Casa das Garças), com protagonistas da história econômica recente, compõe o livro *A arte da política econômica*,[8] no qual ele fala da gestão de crises. Como se percebe, ouvindo-o, seu segredo ao enfrentar crises era ser muito direto, transparente e, principalmente, apresentar os custos das alternativas e os *trade-offs* envolvidos. Ele acreditava que ninguém pode fazer nada sozinho; que é preciso saber o que é possível em cada momento dentro do plano de voo, da estratégia de reformas no país; e que é preciso sempre muito diálogo e criação de consensos.

Passados 14 anos desde a nossa parceria no Ministério da Fazenda, quando nos reencontramos já no governo do presidente Michel Temer e ele soube que eu fora designada secretária do Tesouro, Eduardo repetiu para toda a equipe da Secretaria o que me dissera em particular: "No Tesouro, tive o melhor emprego da minha vida, o que mais me instigou, o que mais me fez crescer, o que mais me honrou."

---

7. Ver: Luiz Fernando Figueiredo e Sérgio Goldenstein, "A importante parceria entre o Banco Central e o Tesouro na crise de 2002", pp. 314-321.
8. José Augusto Coelho Fernandes (org.), *A arte da política econômica: depoimentos à Casa das Garças* (Rio de Janeiro: Intrínseca/História Real, 2023). O depoimento de Eduardo Guardia também pode ser lido no Capítulo 9 da Parte 1 deste livro ("A arte da política econômica segundo Eduardo Guardia"), pp. 184-197.

Um talento do setor público para o setor privado

A transição de Eduardo Guardia do setor público para a iniciativa privada teve antes uma passagem pela Secretaria de Fazenda do Estado de São Paulo, a convite do então governador, Geraldo Alckmin. A abertura de capital da Nossa Caixa, por meio de uma oferta inicial de 29% das suas ações na Bovespa, veio para cumprir o objetivo de melhorar a governança da instituição e prepará-la para posterior alienação. O banco estadual foi adquirido e incorporado pelo Banco do Brasil em 2009.

Outro projeto emblemático foi a primeira parceria público-privada do Brasil na Linha 4 do Metrô de São Paulo, cujos aprendizados estão representados no Capítulo escrito por Mario Engler Pinto Junior e Daniel Sonder.[9] Ambos destacam quão essenciais para o êxito do projeto foram o apoio e o envolvimento pessoal de Eduardo Guardia e sua rara combinação de liderança que estimula a equipe a perseverar, com garra, otimismo e energia. Durante sua passagem pela Secretaria de Fazenda, trabalhando no coração do Centro de São Paulo, não era incomum ver o secretário se deslocando de metrô a partir da Estação da Sé. Eduardo dizia sempre apreciar o anonimato de uma cidade mais distante do poder, o qual dominara sua vida em Brasília.

A primeira experiência de Eduardo Guardia no setor privado foi em uma grande empresa de *private equity*. Ali, ao avaliar os projetos para investimento, conseguiu combinar o rigor analítico esperado dos melhores gestores com a visão estratégica necessária aos projetos que amadurecem no longo prazo. Seu trabalho nesse período revelou sua capacidade executiva e provou a transição de um profissional de destaque formado no setor público para um executivo de sucesso na iniciativa privada.

Em 2010, Eduardo assumiu o cargo de diretor-financeiro da BM&FBovespa, substituindo o amigo e ex-secretário do Tesouro Nacional Carlos Kawall. Ficou na casa até 2016, quando já era diretor- executivo

---

[9]. Ver: Mario Engler Pinto Junior e Daniel Sonder, "Lições aprendidas com a primeira parceria público-privada no Brasil: a Linha 4 do Metrô de São Paulo", pp. 89-104.

de Produtos. Lá viveu dois intensos períodos e uma transformação: a recente fusão das duas empresas, a BMF e a Bovespa, e depois a fusão com a Cetip, que deu origem à B3.

No desafio de construir uma empresa a partir das duas anteriores, fundindo cultura, pessoas, tecnologia, projetos e estratégia, Eduardo é sempre descrito como líder tranquilo, absolutamente íntegro e confiável, que estabelecia altos padrões de entrega para os times e estava sempre por perto para ajudar a empurrar os resultados. Durante o processo de fusão da BMF com a Bovespa, foi uma das principais vozes a enfrentar os questionamentos sobre uma possível concentração no mercado. Para definir e defender suas posições, elaborou análises técnicas assentadas na literatura econômica.

A trajetória bem-sucedida e consolidada no setor privado foi também o que viabilizou sua volta ao governo federal. As manifestações de rua em maio e junho de 2013 inflamaram o ambiente político retratando um fenômeno que vinha se manifestando também em outras geografias. Mais uma crise fiscal se instalara e a economia, em desaceleração desde 2014, entrara na mais profunda recessão já registrada pelas estatísticas brasileiras.

Logo após a abertura do processo de *impeachment* e o afastamento da presidenta da República, iniciou-se a montagem do governo interino, posteriormente confirmado. O presidente Michel Temer designou Henrique Meirelles como ministro da Fazenda. Seu braço direito, o secretário-executivo, seria Eduardo Guardia.

Uma das pessoas que acompanharam esse trânsito do setor público para o privado e, posteriormente, a volta ao setor público, foi Arminio Fraga. Eles se conheceram após a ida de Arminio para a presidência do Banco Central, em 1999. Mas também conviveram na BM&FBovespa (hoje, B3), quando este ocupou a função de presidente do Conselho. Arminio traz na sua contribuição para este livro um relato sobre essas experiências, além de discutir a questão fiscal, um dos mais caros temas na vida profissional do nosso homenageado.[10]

---

10. Ver: Arminio Fraga, "Guardia e a difícil reconstrução da responsabilidade fiscal", pp. 243-265.

A volta ao governo federal

Eu fiz parte da equipe de Henrique Meirelles, e é fácil para qualquer um de nós que esteve por lá reconhecer que o homem forte da coordenação da equipe do ministro Meirelles foi o Edu. Ele contava com a confiança da equipe, tanto pelo lado técnico e intelectual quanto pelo lado pessoal. Eduardo era silencioso, discreto, afetivo. E efetivo.

Começar a trajetória de recuperação da economia naquele momento passava por reconstruir a política fiscal. Emergencialmente, o foco foi a reconstrução do orçamento, que estava com receitas e despesas subestimadas, e a busca por um espaço fiscal para o pagamento bilionário de despesas não orçadas, entre elas os subsídios do extinto Programa de Sustentação de Investimentos para as despesas obrigatórias que não haviam sido incluídas no orçamento do ano, além dos "restos a pagar", ou do orçamento paralelo acumulado durante os vários anos do Programa de Aceleração do Crescimento (PAC). Os entes subnacionais também viviam mais uma crise fiscal, brilhantemente descrita no Capítulo de Murilo Portugal Filho.[11]

Sob a liderança do ministro Meirelles, formávamos uma equipe equilibrada. Eduardo, por dever de ofício e personalidade, garantia a coerência das nossas decisões nos momentos de dura negociação. Muitos de nós, secretários, éramos amigos, tínhamos admiração uns pelos outros, pensávamos na mesma direção os temas da economia e tínhamos formação e experiência complementares. Como única mulher, nunca me faltou um ambiente seguro e altamente confortável, apesar da aridez dos desafios no Tesouro, na presidência do Conselho de Administração da Caixa, e dos desafios da solução da crise de liquidez na Eletrobras e do IPO do Instituto de Resseguros do Brasil.

A mesma condição podia ser observada entre o nosso time e o time do Banco Central. Trabalhávamos com um forte ideal e muita honra de servir ao país. Éramos um time e respeitávamos a institucionalidade das

---

11. Ver: Murilo Portugal Filho, "Regras e arranjos institucionais para a consolidação fiscal no Brasil: renegociação das dívidas subnacionais e teto de gastos", pp. 201-242.

nossas organizações, o que é parte importante da história e dos resultados que compõem a política econômica daquele período. E foram vários os capítulos em que a liderança do Eduardo fez diferença no resultado que alcançamos.

Eduardo foi incansável nas discussões sobre a reforma trabalhista e no esforço de simplificação e desburocratização do Estado.[12] Ademais, articulou, a partir da coordenação do Conselho Nacional de Política Fazendária (Confaz), o acordo para a convalidação dos incentivos tributários do Imposto sobre Circulação de Mercadorias e Serviços (ICMS). O Capítulo assinado por Maílson da Nóbrega trata com profundidade e perspectiva histórica os desafios presentes para o equacionamento da tributação de bens e serviços.[13] Um grande parceiro nas discussões sobre reformas estruturais, e apoiador de primeira hora ao longo da liderança de Eduardo no Confaz, Paulo Hartung, ex-governador do Espírito Santo, contribui com um Capítulo notável sobre as lições de sua experiência na gestão estadual.[14]

Foi também do Eduardo a liderança nas articulações para a implementação da Lei das Estatais, além da coordenação de organismos multilaterais para realizar uma ampla revisão dos gastos públicos obrigatórios no Brasil. Eduardo acompanhava no detalhe e com rigor os planos e os resultados das estatais vinculadas ao Ministério da Fazenda. Marcos Lisboa dedicou o seu Capítulo a interpretar a melhoria na governança das empresas estatais e os resultados positivos que aportou;[15] Pedro S. Malan e Ana Carla Abrão analisam os desafios da imperiosa revisão de gastos públicos do Brasil.[16]

12. Ver: Carlos Ari Sundfeld, "A Lei de Segurança Jurídica de 2018 no caminho de uma nova estabilidade institucional", pp. 52-66.

13. Ver: Maílson da Nóbrega, "As origens do IVA e a saga de sua versão brasileira – A saída para o caos", pp. 426-453.

14. Ver: Paulo Hartung, "As máquinas governativas e a urgente transformação por um novo futuro", pp. 470-479.

15. Ver: Marcos Lisboa, "Política econômica, reformas e o cuidado com a política pública", pp. 149-154.

16. Ver: Pedro S. Malan e Ana Carla Abrão, "Desafios fiscais crescentes para 2026 e muito adiante", pp. 373-403.

Eduardo também tinha assento na Câmara de Comércio Exterior, a Camex, sempre com voz ativa. Igualmente com propriedade foi descrita a política externa do período, por Marcello Estevão e Mariana Iootty.[17] Além de avanços com passos largos na volta das negociações para a entrada do Brasil na Organização para a Cooperação e Desenvolvimento Econômico (OCDE), houve uma abertura comercial silenciosa. Numa abordagem curiosa, João Manoel Pinho de Mello[18] relata o esforço nesse período de se fazer um debate técnico mais profundo com o governo e os atores políticos e, assim, evitar retrocessos nas reformas microeconômicas e no ambiente de negócios. Eduardo esteve ainda diretamente empenhado nas tratativas com o Banco Central e o Banco Nacional de Desenvolvimento Econômico e Social (BNDES) para a aprovação da lei da nova Taxa de Longo Prazo (TLP), que atrelou a concessão de crédito pelo BNDES ao custo de captação do Tesouro, desafio descrito no relato brilhante de Mansueto Almeida sobre essa aprovação.[19]

Um dos maiores emblemas de quão visionário era o Eduardo foi a sua contribuição durante as nossas tratativas de atualização da lei que rege o relacionamento entre o Tesouro Nacional e o Banco Central. Em todas as reuniões ouvíamos a sua insistência sobre a introdução de uma cláusula de emergência ou exceção que pudesse ser acionada caso o Tesouro viesse a experimentar alguma crise de liquidez. Ouvíamos com a suspeita de que aquela situação crítica no caixa do Tesouro, ocorrida justamente na gestão do Edu, não voltaria a se manifestar. O Tesouro carregava recursos em caixa superiores ao equivalente a 12 meses de vencimentos de títulos, de forma que tal crise nos parecia algo bastante improvável. A nova Lei de Relacionamento entre Tesouro e Banco Central foi aprovada no início de 2019, com a tal cláusula de exceção, fruto da insistência do Eduardo. Poucos meses após a sua aprovação, durante

---

17. Ver: Marcello Estevão e Mariana Iootty, "Produtividade e crescimento da economia brasileira: questões microeconômicas", pp. 116-148.

18. Ver: João Manoel Pinho de Mello, "A agenda redescoberta: as reformas microeconômicas do triênio 2016-2018", pp. 105-115.

19. Ver: Mansueto Almeida, "As mudanças no crédito subsidiado e a criação da Taxa de Longo Prazo (TLP)", pp. 454-469.

o evento inusitado da pandemia, a cláusula foi acionada pelo Tesouro, impedindo que algo mais severo ocorresse no mercado da dívida. Esse tema, extremamente técnico, é tratado com mestria no Capítulo escrito por Persio Arida.[20]

Além de ter apoiado fortemente o saneamento da Petrobras, Eduardo também iniciou os trabalhos de negociação entre Petrobras, Tesouro, Advocacia-Geral da União (AGU) e demais agências intervenientes em torno do contrato de cessão onerosa firmado em 2010. De extrema complexidade, a negociação foi, aos poucos, sendo construída e as divergências iniciais, que se situavam em uma faixa de cerca de US$ 100 bilhões, se estreitaram. No fim do governo, os acordos estavam praticamente firmados, mas Eduardo, com seu elevado padrão ético, preferiu deixar para o governo seguinte, já eleito, tanto a decisão final quanto os créditos em relação à longa negociação.

Mas, se for preciso apontar um legado de Eduardo como secretário-executivo do Ministério da Fazenda, sem dúvida terá sido o seu esforço para fazer avançar as tratativas que levaram à aprovação da Lei do Teto de Gastos, no fim de 2016.

O marco fiscal do governo Temer mereceu comentários em vários Capítulos deste livro, alguns já aqui mencionados. Vale citar ainda os excepcionais Capítulos escritos por Teresa Ter-Minassian, em parceria com Luiz de Mello,[21] e por Mário Mesquita e Pedro Schneider.[22] Em ambos os textos, fica expresso um sentimento que tínhamos durante o nosso período de governo: um amplo apoio ao trabalho, com atores em diferentes posições no mercado, na academia, em organismos multilaterais, em consultorias, ou na própria imprensa, oferecendo-nos suporte técnico ou apostando em uma agenda que reputavam ser séria, confiável, e estar na direção correta. Esse sentimento de apoio, mesmo nos momentos mais difíceis, nunca nos faltou.

---

20. Ver: Persio Arida, "Ainda sobre uma contribuição de Eduardo Guardia", pp. 480-490.

21. Ver: Teresa Ter-Minassian e Luiz de Mello, "Retrospectiva das políticas fiscais da administração Temer", pp. 347-370.

22. Ver: Mário Mesquita e Pedro Schneider, "Em busca de um regime fiscal", pp. 322-346.

O ministro Edu

Eduardo Guardia foi apontado ministro da Fazenda para ser sucessor de um projeto econômico que começava a trazer bons resultados. Naquele momento, o pragmatismo e a visão estratégica dele definiram o nosso rumo: não havia tempo para grandes mudanças na equipe e as prioridades seriam a aprovação das leis do cadastro positivo, a regulamentação do distrato imobiliário e a venda de distribuidoras da Eletrobras. Também recriamos o grupo de trabalho do mercado de capitais (GT-MK), para reativar uma agenda de melhorias legais e regulatórias, compartilhando discussões entre agências públicas e o setor privado, e para deixar uma trilha de propostas indicadas para os próximos períodos de governo.

Como ministro, Eduardo Guardia mudou pouco. Era como se um de nós, do time, tivesse assumido o leme de um projeto que acreditávamos ser o melhor para o país. Para nós, ele era um chefe com quem já trabalhávamos, as rotinas eram conhecidas e a capacidade de tomada de decisão e de integração cresceu. Olhando hoje, talvez o mais curioso nesse período tenha sido o dilema sobre como manter a formalidade do cargo de ministro da Fazenda com o hábito de sempre o chamarmos pelo apelido, dividido com vários amigos. Não cabia chamá-lo de Edu. A saída acabou sendo um meio-termo: o que ficou foi "o ministro Edu".

Pouco mais de um mês após a posse, o ministro Edu se viu diante daquela que ele mesmo classificou como a pior crise que enfrentara em sua carreira: a greve dos caminhoneiros. Foram 11 dias com caminhões fechando rodovias indispensáveis para o abastecimento de produtos no Brasil, e o país parou. Não havia combustível nos postos do Rio de Janeiro ou de São Paulo, começava a faltar numerário nos caixas eletrônicos, os supermercados, as farmácias e até os hospitais estavam desabastecidos e o governo foi acuado por um movimento que ameaçava a estabilidade do país.

No Capítulo escrito por Marcos Mendes, Thais Vizioli e Gustavo Guimarães[23] encontra-se o relato fidedigno da contribuição de Eduardo

---

23. Ver: Marcos Mendes, Thais Vizioli e Gustavo Guimarães, "A greve dos caminhoneiros de 2018 e a administração da crise no âmbito do Ministério da Fazenda", pp. 155-183.

nesse momento verdadeiramente crítico e inédito para o país. Foi no retorno de uma reunião longa e tensa no Palácio do Planalto que ele falou da saída construída para viabilizar o fim da greve. A subvenção ao diesel combinava uma solução política com um desenho responsável e transparente para as contas públicas.

No final do governo, a greve dos caminhoneiros ficara no passado, a Lei do Distrato Imobiliário fora promulgada e a Lei do Cadastro Positivo seria aprovada no início do governo subsequente. Um *book* com indicações de próximos passos para avanços na agenda de modernização do mercado de capitais foi entregue à nova administração. E, por fim, mas não menos relevante, as companhias distribuidoras vinculadas à Eletrobras foram privatizadas – a última delas, a Ceal, privatizada em 28 de dezembro de 2018. Muito além da privatização das distribuidoras, foi enviada ao Congresso uma proposta para a capitalização privada da Eletrobras, com diluição da participação da União, já com condições financeiras saneadas, e pronta para uma nova fase. A experiência de recuperação da Eletrobras é relatada no envolvente Capítulo de autoria de Elena Landau.[24]

Pelo Ministério da Fazenda, fizemos uma transição de governo criteriosa, com documentos, informações e reuniões organizadas para introduzir nossos sucessores nas novas funções. E fomos sinceros e técnicos ao emitir opiniões sobre a (in)viabilidade de propostas. O ministro Eduardo Guardia cumprira o que havia definido como prioridade para seu mandato no ministério.

Um país melhor, com o legado de Eduardo Guardia

Trabalhei com Eduardo Guardia nos dois períodos em que ele passou pelo governo federal. Quando acompanhei a entrevista por ele concedida, em 5 de novembro de 2018, já no final do seu mandato, ao programa *Roda Viva*, da TV Cultura, percebi quanto o Edu e o ministro Edu traba-

---

24. Ver: Elena Landau, "A importância de Eduardo Guardia na recuperação da Eletrobras", pp. 404-425.

lhavam em sintonia e com o único propósito de melhorar as condições institucionais do Brasil. A primeira frase dele na entrevista foi a declaração de um sentimento que não era só dele: "O próximo governo encontrará uma situação muito melhor do que aquela que nós encontramos, há dois anos e meio."

Essa frase resume a minha experiência profissional com o ministro Edu. Essa frase também resume a minha admiração por quem, ao longo de sua carreira, foi capaz de olhar sempre além do interesse pessoal, de oferecer sua inteligência e trabalhar por uma visão de mundo que abarcava o país.

A transcrição completa dessa entrevista contribui para compor este compêndio em sua homenagem e é imperdível.[25] Mostra um profissional maduro, um ministro capaz de conciliar a visão do técnico, que aprendeu na dureza das crises, a visão do executivo, que liderou transformações e a visão do ministro de Estado, que soube conciliar a política do que é viável com o que é correto.

Eduardo terminou a carreira como sócio e CEO da Asset do BTG Pactual.

Como ao longo de toda a vida, também a sua doença Eduardo encarou com sobriedade, dignidade e equilíbrio. Quando nos falávamos, ele relatava momentos muito difíceis e outros mais calmos, mostrava sempre um amor imenso pela família, especialmente pela esposa, Maria Lúcia. E queria sempre falar de economia. Continuava como uma das vozes mais respeitadas do país na discussão econômica e continuava preocupado com os rumos do Brasil.

A última vez que nos falamos foi no fim de 2021, para desejar feliz Ano-Novo. Edu nos deixou no início de abril. Ele se foi nos legando as melhores lembranças possíveis, um legado incrível, o privilégio para quem pôde conviver com ele e muitas, muitas saudades.

Se o Eduardo começou sua inspiração profissional com Eça de Queiroz, é com uma frase desse mesmo autor que termino: *"É o coração que faz o caráter."*

---

25. Ver: "Entrevista de Eduardo Guardia para o programa *Roda Viva*", pp. 491-519.

PARTE I
ESTADO E ECONOMIA

1. O FISCO E A INFLAÇÃO, 30 ANOS DEPOIS

Edmar Bacha[1]

Introdução[2]

Meu artigo "O fisco e a inflação: uma interpretação do caso brasileiro", publicado na *Revista de Economia Política* (Bacha, 1994), deriva de Aula Magna que ministrei na Universidade Federal do Rio de Janeiro (UFRJ) em 29 de junho de 1993, no concurso para professor titular da cadeira de Macroeconomia da Faculdade de Economia e Administração da universidade.

O artigo parte de um achado da dissertação de mestrado de Eduardo Guardia, *Orçamento público e política fiscal* (1992), em que, adotando o dólar americano como unidade de conta, ele ilustra a enorme diferença entre a despesa orçamentária do governo federal aprovada pelo Congresso

---

1. Sócio-fundador e diretor do Instituto de Estudos de Política Econômica/Casa das Garças (Iepe/CdG).

2. Sem responsabilizá-los pelos resultados, agradeço os comentários de Ana Paula Vescovi, Carlos Viana, Fabio Giambiagi, Gustavo Franco, Helio Tollini, José Roberto Afonso, Marcio Garcia, Marcos Mendes, Marcus Pestana, Murilo Portugal, Pedro Malan, Persio Arida, Rodolfo Hoffmann, Rogerio Werneck e participantes de seminário on-line da Instituição Fiscal Independente (IFI).

Nacional e a despesa efetivamente realizada nos anos iniciais da década de 1990. Guardia sugere que, medidos em USD, somente cerca de 60% dos gastos programados eram, de fato, executados. Guardia atribui à elevada inflação do período diferenças tão extremas entre gastos orçamentados e gastos executados. Em suas palavras: "Na inexistência de mecanismos de indexação do orçamento e num contexto de elevadas taxas de inflação, a política de administração do caixa passa a definir as prioridades orçamentárias. Vale dizer, o valor real da despesa a cargo de cada programa ou atividade passa a depender do cronograma de liberação determinado pelo Executivo" (Guardia, 1992, p. 140).

Guardia indica que os gastos orçamentados podiam ser tão elevados porque o Congresso Nacional superestimava a receita tributária prevista para fazer caberem no orçamento os gastos adicionados. Ele sugere em sua dissertação que as receitas tributárias efetivamente realizadas (em termos de USD) representaram cerca de 60% das receitas orçadas em 1990 e 1991.

Como brincava em 1993 Murilo Portugal, então à frente da Secretaria do Tesouro Nacional (STN), o Executivo mandava para o Congresso um orçamento irreal – devido à pressão das diversas unidades de gasto do Executivo – e recebia de volta um orçamento surreal – incorporando os desejos de gasto dos parlamentares mais os dos *lobbies* governamentais não atendidos na proposta inicial. Todos esses desejos eram legalizados no orçamento por múltiplos artifícios de ampliação da receita tributária prevista, conforme José Serra (1994) analisa com competência.

Valores próximos aos encontrados por Guardia para as diferenças entre receitas/despesas programadas e executadas são reportados por Franco (1995) para 1991 e 1992. Temas explorados por Guardia continuam atuais, conforme ilustram os debates envolvendo a PEC da Transição e o arcabouço fiscal. É oportuna, portanto, uma reflexão sobre meu artigo de 30 anos atrás, iluminado que foi por um achado em sua dissertação de mestrado.

A próxima seção contém uma apresentação informal do modelo de inflação adotado em meu artigo, ressaltando a hipótese de uma relação negativa entre a inflação e o gasto real do governo. Também de modo informal, a segunda seção expõe um modelo alternativo de inflação, baseado no conceito de moeda remunerada, que consta do Apêndice do artigo original. Na terceira seção, explico por que, apesar de o modelo do Apêndice ser mais realista do que o do corpo do artigo, preferi, na época, não elaborar sobre as implicações para a política de estabilização do modelo do Apêndice.

A quarta seção explora um artigo contemporâneo ao meu, de Don Patinkin, com uma explicação parecida para o processo inflacionário em Israel. Na quinta seção, elaboro sobre como o artigo que escrevi influenciou a construção do Plano Real e sua negociação com o Congresso. A sexta seção contém breve resenha de achados da literatura brasileira posterior ao Plano Real sobre os temas desenvolvidos no artigo. Sumário e conclusões estão na sétima e última seção. O Apêndice contém uma apresentação analítica sucinta do efeito Guardia, com ilustrações numéricas para 1991 e 1992.

1. O artigo de 1993

O argumento do artigo escrito em 1993 e publicado em 1994 é o de que no Brasil a inflação era importante para o governo não somente porque gerava receita por meio do imposto inflacionário, mas também porque corroía em termos reais a despesa programada no orçamento. Fazia isso sem diminuir substancialmente a arrecadação de impostos em termos reais (a efetiva, não a estimada no orçamento), pois essa era bem protegida contra a inflação pela Unidade Fiscal de Referência (Ufir), um índice de acompanhamento diário da inflação usado para o pagamento dos impostos. Sem esquecer o chamado "arrasto" – a não indexação das bases elevava a alíquota, no caso da tabela progressiva do Imposto de Renda na Fonte.

De acordo com o texto, isso explicaria o paradoxo de uma inflação alta apesar de um déficit pequeno. Refiro-me ao déficit operacional – diferença entre as despesas primárias mais juros reais e as receitas tributárias do governo. O déficit observado era pequeno apenas por causa da contração das despesas orçadas pela inflação alta, arguia o artigo, seguindo a pista deixada por Guardia.

O artigo desenvolvia um modelo simples, em que a inflação era um fenômeno inteiramente monetário, resultando da equalização da demanda de moeda (via imposto inflacionário) com a oferta de moeda – fruto do déficit do governo (que se supunha integralmente financiado por emissão de moeda). A novidade do modelo era que a oferta de moeda era tanto menor quanto maior fosse a inflação (devido à erosão pela inflação dos gastos reais do governo). Podia-se, portanto, orçar um déficit maior do que o nível financiável pelo imposto inflacionário sem gerar uma hiperinflação, pois, à medida que a inflação aumentava, o déficit efetivo diminuía até se igualar à demanda de moeda gerada por aquele imposto.

Uma implicação do modelo era que, para controlar a inflação, seria necessário conceber um mecanismo alternativo à própria inflação para reduzir parte da despesa programada no orçamento. Ou seja, aprovar um orçamento realmente equilibrado em moeda constante, com receitas realisticamente estimadas e propriamente definidas (i.e., sem truques contábeis). Foi a justificativa para a criação, em 1994, do Fundo Social de Emergência (FSE) – anos depois, mais apropriadamente denominado Desvinculação de Receitas da União (DRU) –, o qual permitiu que o déficit operacional do governo federal de 1994, inicialmente orçado em 6,6% do Produto Interno Bruto (PIB), fosse reduzido para 1,1% do PIB no orçamento novamente submetido ao Congresso (Bacha, 2021, p. 205).

Ademais, o orçamento de 1994 foi aprovado pelo Congresso somente em novembro daquele ano e, como esclarece Murilo Portugal (2016, pp. 376-377), "isso permitiu que a STN, durante praticamente todo o ano, executasse o orçamento na proporção máxima de 1/12 por mês apenas para verbas de custeio, sem liberação para empenho de despesas de investimento". Além da corrosão do valor real das despesas pela inflação no primeiro semestre de 1994, o ano inicial do Plano Real teve também a ajuda de significativo aumento da arrecadação.

A consequência foi que, em 1994, o Governo Central gerou um superávit operacional da ordem de 1,7% do PIB. Esse é o valor abaixo da linha, calculado pelo Banco Central do Brasil a partir das variações dos estoques de dívida pública com o setor financeiro, e sem desvalorização cambial, conforme reportado em Giambiagi e Tinoco (2023, p. 26). O resultado acima da linha, calculado a partir de receitas e despesas, é menor, mas também positivo. Para discussões dessas divergências, ver Portugal (2016), Ayres et al. (2021) e Giambiagi e Tinoco (2023).

2. Apêndice importante

O argumento do meu artigo foi útil para a concepção do sequenciamento das medidas do Plano Real, cuja primeira etapa foi a aprovação da emenda constitucional do FSE que permitiu o envio para o Congresso de um orçamento razoavelmente equilibrado para 1994. Sem embargo, o modelo do artigo pecava por supor que todo o déficit do governo fosse financiado por emissão de moeda não remunerada. Na prática, o grosso do déficit era financiado por emissão de dívida de curto prazo, com uma característica brasileira peculiar. A dívida do governo era detida em boa parte pelos bancos comerciais, que financiavam seu carrego com a emissão de depósitos remunerados retidos pelo público. Esses depósitos constituíam o grosso dos meios de pagamentos do país, já que tanto o papel-moeda quanto os depósitos à vista não remunerados foram, ao longo do tempo, sendo reduzidos a valores muito baixos.

Sobre esse tema, vale reproduzir trecho de minha avaliação do Plano Real (Bacha, 2012a, p. 156):

> Quando o real foi introduzido, a base monetária correspondia a 0,6% do PIB e o M1 (papel-moeda em poder do público mais depósitos bancários à vista), igualmente modesto, era de 1,1% do PIB. A moeda relevante era carregada sob a forma de fundos de curto prazo, sobre os quais se podiam passar cheques, já que os bancos comerciais garantiam a transferência automática desses fundos para as contas-correntes. Tais fundos eram normalmente lastreados por títulos de um mês do Banco Central que podiam por ele ser recomprados automaticamente à taxa

de juros do *overnight*. Em princípio, o Banco Central estava preparado para prover liquidez imediata e sem custos à totalidade da dívida federal (títulos do Tesouro e do Banco Central), que era detida predominantemente pelo próprio sistema bancário e não por aplicadores finais. Essa dívida chegava a 6,8% do PIB e era o substituto doméstico da moeda que permitiu ao Brasil, a despeito das elevadíssimas taxas de inflação, evitar a dolarização de seu sistema monetário.

Reservei para o Apêndice do artigo um modelo alternativo, mais realista, em que o governo se financiava, majoritariamente, através da emissão de moeda remunerada (ou seja, dívida do governo monetizada pelos bancos por meio das contas remuneradas). Para a elaboração desse modelo, contei com a inestimável ajuda de Guillermo Calvo (Calvo, 1993). Além de seu componente real, a taxa de juros que incidia sobre a dívida/moeda envolvia a taxa esperada de inflação. Nesse caso, no limite em que toda moeda fosse remunerada, sua emissão pelo governo não gerava imposto inflacionário.

E mais: caso a taxa esperada de inflação fosse exógena, não bastava zerar o déficit operacional para zerar a inflação, pois a emissão de moeda remunerada continuaria a ser positiva para remunerar a dívida preexistente de acordo com a inflação esperada. Nesse modelo, a zeragem do déficit operacional apenas garantia que a inflação observada fosse não maior do que a inflação esperada.

O modelo do Apêndice parava por aí, mas uma implicação do argumento era que seria necessário convencer os detentores da dívida de que a zeragem do déficit operacional de fato seria acompanhada do fim da alta inflação, para que as expectativas de inflação convergissem, de imediato, para valores mais baixos. A formação de expectativas inflacionárias no caso brasileiro estava, entretanto, amarrada à inflação passada, que se reproduzia para a frente por meio dos amplos mecanismos de indexação de preços e salários no país. A superação dessa indexação defasada era, pois, um requisito para a estabilidade de preços. Foi o que se tratou de conseguir no Plano Real, com a conversão equilibrada de preços e salários em Unidade Real de Valor (URV), um símile doméstico do dólar americano.

3. O corpo e o Apêndice

O modelo no Apêndice oferecia, ademais, uma alternativa ao do corpo do artigo, para explicar por que a inflação permanecia alta, apesar de um déficit operacional pequeno. No corpo do artigo, a explicação era a de que o déficit era apequenado pela inflação alta para se igualar ao imposto inflacionário, que era diminuto. No Apêndice, com moeda inteiramente remunerada pela inflação esperada, a inflação era alta, apesar de o déficit operacional ser pequeno, porque as expectativas de inflação se mantinham elevadas. Elas respondiam não ao tamanho do déficit operacional, mas à inflação passada – a partir da constatação de que os amplos mecanismos de indexação de preços e salários então existentes garantiam que essa inflação se reproduzisse à frente.

Na época em que apresentei a Aula Magna (junho de 1993), estava convencido de que apenas uma reforma monetária no estilo da implantada pelo Plano Real daria cabo da alta inflação brasileira. Mas resolvi focar no corpo do artigo exclusivamente em seus aspectos fiscais, e no Apêndice não elaborei sobre como lidar com o processo de formação de expectativas inflacionárias em função da indexação defasada de preços e salários. Como explico na Introdução a *Belíndia 2.0* (Bacha, 2012b, p. 18), em junho de 1993 (antes da entrada na equipe econômica de Persio Arida, Pedro Malan e André Lara Resende) eu acreditava que Fernando Henrique Cardoso e seus assessores econômicos de então (Gustavo Franco, Murilo Portugal, Winston Fritsch e eu) seríamos em breve demitidos, conforme ocorrera com os três ministros da Fazenda anteriores e suas equipes nos primeiros sete meses da Presidência de Itamar Franco. Portanto, a última coisa que eu queria era que ganhasse curso a versão de que eu favorecia formas outras que não o equilíbrio fiscal para acabar com a inflação.

Talvez me tenha *pasado la mano* na ênfase exclusiva ao equilíbrio fiscal. Certamente, foi o que pensou Delfim Netto (1993) em ferina, não obstante amistosa, crítica de dez páginas que me enviou em setembro de 1993, na qual diz que minha conclusão fiscalista era não uma conclusão, mas uma profissão de fé!

Até hoje há muita discussão na literatura econômica sobre o papel que o ajuste fiscal teve na contenção da inflação brasileira. Veja-se, por exemplo, Cardoso (1998), Portugal (2016) e Ayres et al. (2021). O modelo no corpo do meu artigo sugeria que bastava esse ajuste para acabar com a inflação. No entanto, o que o modelo no Apêndice do artigo mais realisticamente mostrava era a importância do ajuste fiscal sobretudo para evitar a aceleração da inflação. O equilíbrio fiscal era necessário para tornar a inflação observada não maior do que a inflação esperada. Mas, para lidar com a alta inflação esperada, era preciso neutralizar a indexação de preços e salários à inflação passada – o que se obtete com a introdução da URV.

4. Patinkin e o efeito Guardia

Em 1993, a concepção acadêmica dominante com relação ao efeito da inflação sobre o déficit do governo era a de que quanto maior fosse a inflação, maior seria o déficit operacional do governo. Era uma causalidade convencional, reforçada pelo chamado "efeito Olivera-Tanzi" – as referências são Olivera (1967) e Tanzi (1977). Segundo esses autores, quanto maior fosse a inflação, menor seria a arrecadação em termos reais devido à defasagem no tempo entre o ato gerador (venda do produto ou apropriação da renda) e o recolhimento dos impostos. No Brasil, entretanto, desde 1964 os impostos, em geral, passaram a ser recolhidos de acordo com uma unidade de referência indexada à inflação. Em 1993, essa unidade era a mencionada Ufir, que variava diariamente de acordo com a taxa estimada de inflação. Portanto, o efeito Olivera-Tanzi tendia a ser pequeno.

Por outro lado, supunha-se na literatura econômica que, no contexto de orçamentos realistas e razoavelmente equilibrados, os gastos do governo ficassem bem protegidos da inflação. De modo que, com gastos reais invariantes e impostos mal indexados, o que presumia a literatura era que maior inflação resultaria em maiores déficits.

Quando preparei minha Aula Magna na UFRJ, não havia lido o artigo de Don Patinkin publicado naquele mesmo ano (Patinkin, 1993), em que – com base em muitos anos de observação da cena em Israel – ele assevera que a inflação podia ser vista como a imposição de um imposto pelo ministro da Fazenda aos demais ministros do governo:

> Numa situação na qual – por se tratar de um governo de coalizão – o ministro da Fazenda não tem poder de forçar os ministérios a fazer reduções adequadas nas respectivas demandas orçamentárias, confrontando, assim, um orçamento global cujas despesas planejadas excedem amplamente as receitas esperadas, ele poderá aparentar aceitar essas demandas e, então, financiar o déficit imprimindo dinheiro e deixando a inflação resultante produzir a necessária redução nas despesas governamentais reais. (Patinkin, 1993, p. 115)

Retiro esse trecho de uma citação em meu artigo, pois, ao prepará-lo para publicação, tomei conhecimento do texto de Patinkin, o que me deixou aliviado, pois ele mostrava que a tese que eu desenvolvia não era uma jabuticaba brasileira, já que também se aplicava ao caso de Israel.

Não encontrei na literatura econômica referências acadêmicas anteriores a meu artigo e ao de Patinkin sobre a importância da inflação para reduzir o déficit do governo, portanto, é justo (dada sua origem no caso de meu artigo) que essa relação seja chamada de "efeito Guardia", como o faz Gustavo Franco em seu Capítulo neste livro.

5. Negociando a desinflação

Cabe um esclarecimento sobre os achados de Guardia. O que ele constatou foi que, em regime de inflação elevada, era alta a diferença entre a despesa real orçada e a efetivamente realizada. Devia estar implícito em seu argumento que quanto maior fosse a inflação, maior seria essa diferença. Também seria possível arguir, num mundo em que os gastos orçamentados fossem reajustados de acordo com a inflação corrente, que, para manter uma dada diferença entre despesas realizadas e orçadas, a taxa de inflação teria que ser continuamente mais elevada.

O Apêndice contém uma discussão analítica dessas relações, com ilustrações numéricas para o início da década de 1990. Curiosamente, os números para aquele período sugerem que a aceleração da inflação teria sido até maior do que a necessária para equilibrar o orçamento (gastos operacionais iguais aos impostos regulares mais imposto inflacionário). Se isso de fato ocorreu, pode ter havido uma quebra na relação negativa entre o déficit do governo e a taxa de inflação naquele período. O Apêndice explora analiticamente essa possibilidade.

O modelo do corpo de meu artigo simplesmente postulava a existência de uma relação negativa entre o gasto real realizado e a taxa de inflação. O mesmo ocorria na versão de Patinkin, tanto que este autor teve o cuidado de observar que o fenômeno não queria dizer que os perdedores com a inflação tinham ilusão monetária. Em suas palavras:

> Isso não significa que os demais ministros [que não o ministro da Fazenda, que gerava a inflação] sofram de ilusão monetária. Ao contrário, eles podem ser vistos como estando num "dilema do prisioneiro", em que, por recear que sua posição relativa aos demais ministérios possa piorar, cada um insiste num orçamento nominal exagerado, cuja soma gera uma inflação que faz perigar a sobrevivência do governo de coalizão, tornando a situação pior para todos. Um corolário dessa "teoria da coalizão inflacionária" é que quanto mais fraca a coalizão, maior a taxa de inflação. (Patinkin, 1993, p. 216)

Tratava-se, enfim, de um jogo em que a inflação era gerada não por um conflito distributivo entre lucros e salários por parcelas da renda, mas pelo conflito distributivo entre unidades de despesa do governo por nacos do orçamento. A solução no Plano Real para a mitigação desse conflito foi a negociação no Congresso da emenda constitucional para a criação do FSE, que reduziu em 20% as despesas vinculadas às receitas tributárias. Essa redução foi então utilizada para equilibrar o orçamento, no seu conceito operacional.

Colocada a questão nessa perspectiva, o Plano Real também tratou de minorar o conflito distributivo entre salários e lucros através da conversão de preços e salários em URV pela média dos valores observados nos quatro meses anteriores a março de 1994, mês de introdução da URV. Quatro meses era a periodicidade com que, em 1993, os salários eram reajustados integralmente de acordo com a inflação passada, conforme a lei salarial vigente. A regra de conversão foi amplamente negociada com o Congresso na aprovação da medida provisória da URV, especialmente no que se referia a salários e preços administrados. Para um histórico da negociação do FSE e da URV com o Congresso, ver Bacha (2021, pp. 205-224).

O Plano Real não envolveu um pacto social entre governo, empresários e trabalhadores, do tipo que se negociou na Espanha em 1974 ou em Israel em 1985, mas certamente dependeu, se não de um pacto, de um acordo político amplamente negociado entre o Executivo e o Congresso.

6. Literatura posterior

Monografia de Couri (2012), para o Curso em Especialização em Orçamento Público do Instituto Serzedello Corrêa do Tribunal de Contas da União, analisa as diferenças entre os valores orçados e os executados de receitas e despesas da União entre 2002 e 2011. Para as despesas primárias, o autor constata nesse período pequenas diferenças entre valores orçados e realizados. Couri apresenta em seu texto apenas valores em preços correntes, dos quais se infere que as despesas primárias realizadas foram, em média, 7% inferiores às orçadas.

No Apêndice de seu texto, Couri apresenta séries para os valores orçados e observados do PIB real, do IPCA e do IGP-DI,[3] de 2002 a 2011. Dessas séries, conclui-se que os PIBs nominais estimados foram, em média, 2% inferiores aos observados no período. Ou seja, em média, como proporção do PIB, entre 2002 e 2011 as despesas primárias realizadas foram 9% inferiores às orçadas – uma diferença bem menor do que antes do Plano Real. Com inflação baixa, a resolução do conflito distributivo

---

3. IPCA: Índice Nacional de Preços ao Consumidor Amplo; IGP-DI: Índice Geral de Preços – Disponibilidade Interna.

por nacos do gasto do governo aparentemente passou a se dar na formulação do orçamento e sua votação no Congresso, e não mais na execução orçamentária. Couri sugere que isso se deveu ao fato de o grosso das despesas do governo ter se tornado obrigatório.

Nas despesas discricionárias, Couri continuou a observar uma diferença significativa para menos entre valores executados e orçados, especialmente no que se referia a investimentos. O mecanismo que permitia essa diferença era o contingenciamento de gastos de acordo com a evolução da receita tributária, o que fazia com que parte das despesas discricionárias fosse executada somente no fim do ano e, no limite, destinada aos restos a pagar. Os cálculos de Couri de execução orçamentária não incluem os pagamentos dos restos a pagar de anos anteriores, mas ele observa um contínuo aumento desses valores ao longo dos anos, indicando a dificuldade de executar o orçamento devido ao grau crescente de rigidez das despesas nele previstas.

Pesquisas empíricas posteriores a meu artigo obtiveram resultados ambíguos no que se refere à relação negativa entre a despesa real do governo e a taxa de inflação. Barbosa (1987) estima uma relação negativa entre 1948 e 1983, mas Portugal e Portugal (2001), ao replicarem a análise para 1986 a 1997, não confirmam a existência da relação nesse período. Pereira (1998) analisa a relação entre inflação e componentes do gasto do governo federal de 1990 a 1998 (não reportando resultados para o total dos gastos). Ele encontra relações negativas com a inflação para transferências a estados e municípios, outras despesas e outras vinculações, mas não para pessoal e encargos sociais.

Esses achados para o período pós-1994 sugerem que a relação entre inflação e gastos se altera à medida que, além do nível da inflação, mudam também as regras do jogo orçamentário. O conflito muda de lugar e perde espaço o contingenciamento, porque os agentes aprendem o jogo, e crescem de importância as emendas de parlamentares, que se tornam imunes à não execução.

Numa pesquisa distinta, em que cita meu artigo, Sonnervig (2017) embute a hipótese de receitas e gastos do governo fixados em termos nominais em um modelo empírico da teoria fiscal do nível de preços para os

Estados Unidos entre 1955 e 2007. Ele argui que, para esse caso, o mecanismo da teoria fiscal teria operado por meio da erosão do valor real dos gastos do governo e não da compressão do valor real da dívida pública, como na formulação original da teoria.

Conclusões

Meu artigo "O fisco e a inflação", originado de Aula Magna na UFRJ em junho de 1993, parte de achado da dissertação de mestrado de Eduardo Guardia (1992) em que ele constata o uso da inflação para a redução do déficit orçamentário do governo federal em 1990 e 1991.

O modelo no corpo de meu artigo supunha que o governo se financiava inteiramente por meio do imposto inflacionário. A inflação corroía as despesas orçadas até o ponto em que o déficit resultante se igualava às receitas desse imposto. Por esse modelo, bastaria a eliminação do déficit primário do governo (igual ao déficit operacional, já que não havia pagamento de juros) para acabar com a inflação.

Em Apêndice ao artigo, elaborei uma versão mais refinada, em que o governo se financiava através da emissão de "moeda remunerada" (dívida de curto prazo do governo monetizada pelos bancos comerciais por meio dos depósitos remunerados). Além dos juros reais, essa dívida/moeda era remunerada pela inflação esperada pelos investidores. Nesse caso, a eliminação do déficit operacional apenas garantiria que a inflação observada se igualasse à inflação esperada.

O artigo não elaborava sobre como fazer a inflação esperada convergir para perto de zero. Mas neste texto deixo claro que, em minha percepção de agora, como na daquela época, isso dependeria de um rearranjo do mecanismo de indexação de preços e salários, que fazia com que a inflação esperada fosse igual à inflação passada, não respondendo, assim, de imediato, à eliminação do déficit operacional.

Sugiro neste texto que o modelo do corpo do artigo (que se sustentava no uso da inflação para a redução dos gastos orçados) foi importante para definir a primeira etapa do Plano Real. Esta consistiu na aprovação de emenda constitucional do Fundo Social de Emergência, que permitiu o envio para o Congresso de um orçamento razoavelmente equilibrado para 1994.

Já o modelo do Apêndice deixava implícita a necessidade de um mecanismo que fizesse a inflação esperada convergir rapidamente para perto de zero, dada a zeragem do déficit operacional. No Plano Real, esse mecanismo foi a conversão de preços e salários em URVs. Tanto a emenda constitucional do FSE como a medida provisória da URV foram amplamente negociadas com o Congresso, motivo por que arguo que, embora o Plano Real não tivesse patrocinado um pacto social, certamente envolveu um amplo acordo político.

Literatura empírica posterior sugere, em primeiro lugar, que, após a estabilização promovida pelo Plano Real, não mais se manifestou o efeito Guardia, ou seja, exceto no que se refere aos gastos discricionários (cada vez menores em relação aos obrigatórios), a execução dos orçamentos federais passou a se conformar aos valores aprovados pelo Congresso. Em segundo lugar, a literatura é dúbia sobre a manutenção de uma relação negativa entre a inflação e o valor real dos gastos governamentais executados, após a estabilização da economia brasileira.

Com gastos orçados progressivamente mais rígidos, torna-se mais difícil a execução dos orçamentos públicos, gerando restos a pagar que são crescentes no tempo. Segue, assim, atual a preocupação que Guardia manifestou em sua dissertação de mestrado quanto à higidez do processo orçamentário no país.

Apêndice
Análise simplificada do efeito Guardia

Em preços correntes, o déficit no orçamento conforme aprovado pelo Congresso é dado por:

$$D_b = G_b - T_b \qquad (1)$$

Onde D_b, G_b e T_b são, respectivamente, o déficit orçado, o gasto autorizado e a receita prevista no orçamento para o ano subsequente, que denominaremos de ano zero (o subscrito b é para "budget").

Suponha que o PIB real seja constante e igual à unidade. Então, por hipótese, o gasto projetado no orçamento almeja apropriar-se de uma parcela do PIB igual a k (com 0 < k < 1), para uma dada taxa orçada de inflação:

$$G_b = k\, P_{-1}(1+p_b) \qquad (2)$$

Onde p_b é a taxa anual de inflação inscrita no orçamento. O produto $P_{-1}(1+p_b)$ é o PIB nominal antecipado para o ano zero, sendo P_{-1} o nível de preços do ano anterior (aquele em que o orçamento é votado).

Também por hipótese, a receita prevista no orçamento é igual ao gasto autorizado, de modo a tornar o déficit orçado igual a zero:[4]

$$T_b = G_b \otimes D_b = 0 \qquad (3)$$

Passamos então aos valores nominais realizados. O déficit realizado, D, é igual ao gasto realizado, G, menos a receita realizada, T:

$$D = G - T \qquad (4)$$

Supondo restos a pagar iguais a zero e que não haja cancelamento de despesas, o gasto realizado é igual ao gasto previsto no orçamento:

$$G = G_b = k\, P_{-1}(1+p_b) \qquad (5)$$

Observe-se, entretanto, que o gasto nominal realizado pode ser maior do que o gasto orçado, caso a arrecadação nominal dos impostos, impulsionada pela inflação, seja maior do que aquela prevista no orçamento.

---

4. Não era exatamente isso o que acontecia antes do Plano Real, já que, para fechar a conta, entre os impostos os legisladores tendiam a adicionar receitas de capital, incluindo emissão líquida de dívida. Uma hipótese mais realista seria a de que os impostos estimados eram uma fração elevada dos gastos autorizados. Os valores em Franco (1995, p. 212) sugerem que, para 1991 e 1992, a arrecadação prevista de impostos foi igual a cerca de 94% dos gastos orçados.

Nesse caso, haveria a abertura de créditos adicionais para absorver o excesso da arrecadação. Tratamos desse caso mais adiante.

Os impostos arrecadados, supondo indexação perfeita à inflação, são iguais a uma parcela t (com $0 < t < 1$) do PIB nominal no ano em causa, ou seja:

$$T = tP = tP_{-1}(1+p) \qquad (6)$$

Onde p é a taxa observada de inflação.

Desse modo, substituindo (5) e (6) em (4), o déficit nominal realizado é dado por:

$$D = P_{-1}[k(1+p_b) - t(1+p)] \qquad (7)$$

Vamos supor que haja conflito distributivo, dado por $k/t > 1$, ou seja, a parcela do PIB desejada de gastos supera a parcela do PIB arrecadada pelo governo.

Como proporção do PIB, isto é, em termos reais, o déficit realizado, dado pela divisão de D em (7) por P, é dado por:

$$D/P = k(1+p_b)/(1+p) - t \qquad (8)$$

Onde se usa a definição:

$$P_{-1}/P = 1/(1+p) \qquad (9)$$

Caso a inflação observada, p, fosse igual à prevista no orçamento, p_b, o déficit do governo como proporção do PIB seria igual a $k-t > 0$. Tal é a expressão do déficit potencial, aquele que existiria sem o ajuste produzido pela inflação. Claramente, por (8), o déficit real realizado, D/P, será uma função decrescente da taxa de inflação, p.

Em equilíbrio o déficit real realizado é igual ao imposto inflacionário:[5]

$$D/P = m \qquad (10)$$

Para simplificar a análise, vamos supor que a arrecadação do imposto inflacionário (como proporção do PIB) seja uma fração constante igual a $m>0$.

Então, usando (8) e (10), verifica-se que a taxa de inflação, p', que iguala o déficit realizado com a arrecadação do imposto inflacionário, m, é dada por:

$$1+p' = (1+p_b)[k/(m+t)] \qquad (11)$$

---

[5] Supõe-se que a senhoriagem seja igual ao imposto inflacionário e que não haja emissão líquida de dívida pública.

Quanto maior o conflito distributivo, maior será a taxa de inflação de equilíbrio. Se k > m+t, a inflação de equilíbrio, p', será maior do que a inscrita no orçamento, p_b.

Os números em Franco (1995, p. 212) para 1991 e 1992 sugerem uma razão entre k e t de 1,54, uma vez que os impostos arrecadados se situaram em torno de 65% (1/0,65 = 1,54) dos gastos autorizados. Admitindo uma arrecadação de impostos federais na casa de 17% do PIB – conforme Giambiagi e Além (1999, pp. 189-190) –, segue-se que os gastos autorizados seriam da ordem de 26% do PIB (0,26 = 0,17x1,54), um déficit potencial de nada menos do que 9% do PIB (0,09 = 0,26 – 0,17). Por outro lado, as estimativas de Ayres et al. (2021, p. 162) sugerem números perto de 3% do PIB para a arrecadação do imposto inflacionário. Ou seja, k/(m+t) = 0,26/(0,03+0,17) = 1,3.

Isso quer dizer que, nos anos iniciais da década de 1990, a inflação "resolvia" o conflito distributivo, do qual resultava um déficit potencial de 9% do PIB, de duas formas. A primeira, tradicional, era a geração do imposto inflacionário, de 3% do PIB. A segunda era a redução do gasto real orçado de 26% para 20% do PIB. Antes do Plano Real, o efeito Guardia aparenta ter sido duas vezes mais importante do que o imposto inflacionário para equilibrar as contas do governo.

Outra conclusão é que a taxa de inflação que equilibrava o orçamento no período pré-Real precisava ser cerca de 30% (0,26/0,20–1) maior do que a inflação inscrita no orçamento para reduzir o gasto do governo de 26% para 20% do PIB, e assim igualar o déficit com a arrecadação do imposto inflacionário.

Consideremos o caso em que a taxa de inflação inscrita no orçamento seja não inferior àquela observada no ano anterior, $p_b \geq p_{-1}$, o que parece razoável num período em que, exceto quando temporariamente interrompida pelos dois Planos Collor, a inflação tendia a duplicar a cada ano.[6] A partir das arrecadações de impostos previstas nos orçamentos de

---

6. Medida pelo IGP-DI, a inflação de dezembro a dezembro em 1987 foi de 416%; em 1988, 1.038%; e, em 1989, 1.793%. Houve uma pausa nessa trajetória em 1990 e 1991, com os dois Planos Collor. Em 1991, a inflação foi de 480%; em 1992, 1.158%; e, em 1993, 2.708%.

1991 a 1993, derivamos estimativas dos fatores inflacionários (1+p) para 1992 e 1993, respectivamente, iguais a 1,19 e 1,49 vezes os observados no ano anterior.[7]

De acordo com a equação (11), isso significa que os fatores inflacionários que equilibrariam o orçamento em 1992 e 1993 seriam, respectivamente, iguais a 1,5 e 1,9 vezes aqueles observados em 1991 e 1992 (dividindo ambos os termos de (11) por $(1+p_{-1})$, resulta $(1+p')/(1+p_{-1})$ = $[(1+p_b)/(1+p_{-1})].[k/(m+t)]$ = 1,19x1,3 = 1,5 em 1992 e 1,49x1,3 = 1,9 em 1993). Na realidade, medidos pelo IGP-DI, tanto em 1992 quanto em 1993 os fatores inflacionários observados foram 2,2 superiores aos dos anos imediatamente anteriores (i.e., $(1+p)/(1+p_{-1})$ = 2,17 em 1992 e $(1+p)/(1+p_{-1})$ = 2,23 em 1993) – portanto maiores do que os necessários para equilibrar o orçamento.

Uma inflação maior do que aquela necessária para igualar o déficit primário do governo com a arrecadação do imposto inflacionário implicaria, caso (5) fosse válida como igualdade, que o déficit teria sido menor do que o imposto inflacionário, o que não parece ter ocorrido. Isso porque inflações mais altas, que corroem a despesa orçada além do necessário, abrem espaço para que sejam orçadas outras despesas no ano, por meio de créditos adicionais que suplementam as verbas do orçamento utilizando o "excesso de arrecadação". Se incluirmos o imposto inflacionário nessa arrecadação, uma implicação é que o gasto realizado será igual ao gasto orçado somente se este for maior do que a soma dos impostos regulares com o imposto inflacionário. Porém, se

---

7. Em 1991 a inflação medida pelo IGP-DI, de dezembro a dezembro, foi igual a 480%. Já a previsão das receitas correntes do governo, que parece ser um estimador razoável da inflação embutida no orçamento, cresceu 593% entre o orçamento de 1991 (sancionado em 31/1/1991) e o de 1992 (sancionado em 28/2/1992). Ao longo de 1992, a inflação pelo IGP-DI foi de 1.158% e a previsão das receitas cresceu 1.774% entre os orçamentos de 1992 e 1993 (sancionado em 30/4/1993). Ou seja, nesses dois anos os fatores inflacionários previstos no orçamento foram, respectivamente, 19% ((1+5,93)/(1+4,80)) e 49% ((1+17,74)/(1+11,58)) maiores do que os observados no ano de sua elaboração. Os dados do IGP-DI são da Fundação Getulio Vargas e os dos orçamentos foram retirados de: *Matérias orçamentárias*, Congresso Nacional (disponível em: <https://www.congressonacional.leg.br/materias/materias-orcamentarias#1993>. Acesso em: 17 jun. 2024). Agradeço a Vilma Pinto, da Instituição Fiscal Independente, a indicação dessa referência.

isso não ocorrer, o gasto realizado será igual à arrecadação total dos impostos e, portanto, maior do que o gasto orçado. Ou seja, em vez de (5), em termos reais vale a condição:

$$G/P = \max[G_b/P, t+m] \qquad (12)$$

Substituindo G_b pela expressão do lado direito de (2) e observando que $P_{-1}/P = 1/(1+p)$, chegamos à seguinte expressão para o gasto real realizado:

$$G/P = \max[k(1+p_b)/(1+p), t+m] \qquad (13)$$

Ou seja, para taxas de inflação das quais resultem um G/P maior do que t+m, vale o efeito Guardia – quanto maior a inflação, menor o gasto real. A partir da taxa de inflação, p', em que G/P(p') = t+m, entretanto, seus aumentos subsequentes não reduzem o gasto real. Manifesta-se nessa situação um excesso de arrecadação que permite que, através de créditos adicionais, o gasto nominal passe a crescer *pari-passu* com a arrecadação total de impostos.

Essa qualificação do efeito Guardia é ilustrada na próxima página, no gráfico "Efeito Guardia Qualificado", em que a taxa de inflação, p, está no eixo horizontal e tanto o gasto real, G/P, como o déficit real, D/P, estão no eixo vertical. Supomos, para simplificar, relações lineares do gasto e do déficit com a inflação. No eixo vertical, marcamos os valores observados para m e para t+m. Então, para taxas de inflação menores do que p', vale o efeito Guardia: aumentos na taxa de inflação reduzem o gasto real do governo e o déficit. Para taxas de inflação maiores do que p', o efeito não é mais válido, porque se gasta todo excesso de arrecadação gerado pela inflação. Isso pode ter ocorrido nos anos imediatamente anteriores ao do Plano Real: a inflação se acelerou de tal forma que teria permitido mais gastos do que os orçados. O esquema simplificado deste Apêndice é insuficiente para explicar por que a inflação teria sido maior do que a necessária para equilibrar o orçamento.

Efeito Guardia Qualificado

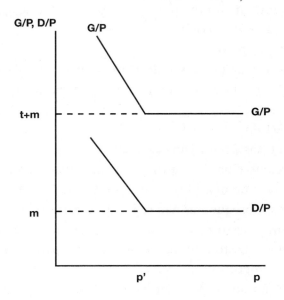

Referências bibliográficas

AYRES, João; GARCIA, Marcio; GUILLEN, Diogo; e KEHOE, Patrick (2021). "The History of Brazil", em: KEHOE, Timothy; e NICOLINI, Juan Pablo. *A Monetary and Fiscal History of Latin America, 1960-2017*. Minneapolis: University of Minnesota Press, pp. 131-189.

BACHA, Edmar (1994). "O fisco e a inflação: uma interpretação do caso brasileiro", *Revista de Economia Política*, vol. 14, nº 1, jan.-mar., pp. 5-17. Versão revista em: BACHA, Edmar (2012b), pp. 115-134.

_____ (2012a). "O Plano Real: uma avaliação", em: BACHA, Edmar (2012b), pp. 130-175.

_____ (2012b). *Belíndia 2.0: fábulas e ensaios sobre o país dos contrastes*. Rio de Janeiro: Civilização Brasileira.

_____ (2021) *No país dos contrastes: memórias da inflação ao Plano Real*. Rio de Janeiro: Intrínseca/História Real.

_____ (org.). (2016). *A crise fiscal e monetária brasileira*. Rio de Janeiro: Civilização Brasileira.

BARBOSA, Fernando H. (1987). "Inflação, indexação e orçamento do governo", *Revista Brasileira de Economia*, vol. 41, nº 3, jul.-set., pp. 251-273.

CALVO, Guillermo (1993). *Inflation: Reply To Your Note*. Fax 3 ago. Disponível em: <https://iepecdg.com.br/wp-content/uploads/2023/06/1993-08-03-GC-Note.pdf>. Acesso em: 15 mar. 2024.

CARDOSO, Eliana (1998). "Virtual Deficits and the Patinkin Effect", *IMF Staff Papers*, vol. 45, nº 4, pp. 619-646.

COURI, Daniel Veloso (2012). *Credibilidade da proposta orçamentária: uma comparação entre a proposta enviada ao Legislativo e sua execução*. Monografia para o Programa de Pós-Graduação e Pesquisa do Instituto Serzedello Corrêa, do Tribunal de Contas da União, como parte da avaliação do Curso de Especialização em Orçamento Público. Brasília: TCU. Disponível em: <https://portal.tcu.gov.br/biblioteca-digital/credibilidade-da-proposta-orcamentaria-uma-comparacao-entre-a-proposta-enviada-ao-legislativo-e-sua-execucao.htm>. Acesso em: 15 mar. 2024.

DELFIM NETTO, Antônio (1993). *Prezado Bacha*. Fax 13 set. Disponível em: <https://iepecdg.com.br/wp-content/uploads/2023/06/1993-09-20-DN-

-Prezado-Bacha.pdf>. Acesso em: 15 mar. 2024.

FRANCO, Gustavo H. B. (1995). "A crise fiscal da União: diagnóstico e apontamentos para uma lei das finanças públicas", em: *O Plano Real e outros ensaios*. Rio de Janeiro: Francisco Alves, pp. 211-228.

GIAMBIAGI, Fabio; e ALÉM, Ana Cláudia (1999). *Finanças públicas: teoria e prática no Brasil*. Rio de Janeiro: Campus.

_____; e TINOCO, Guilherme (2023). "Política fiscal no Brasil de 1981 a 2023: uma retrospectiva histórica". *Textos para Discussão*, nº 157, nov. Rio de Janeiro: BNDES. Disponível em: <https://web.bndes.gov.br/bib/jspui/bitstream/1408/23785/1/PRLiv_215997_TD%20157_Política%20fiscal.pdf>. Acesso em: 17 jun. 2024.

GUARDIA, Eduardo Refinetti (1992). *Orçamento público e política fiscal: aspectos institucionais e experiência recente – 1985-1991*. Dissertação de mestrado, Departamento de Economia. Campinas (SP): Unicamp. Disponível em: <https://iepecdg.com.br/wp-content/uploads/2022/04/Guardia_EduardoRefinetti_M.pdf>. Acesso em: 15 mar. 2024.

OLIVERA, Julio H. G. (1967). "Money, Prices and Fiscal Lags: a Note on the Dynamics of Inflation", *BNL Quarterly Review*, vol. 20, nº 82, pp. 258-267.

PATINKIN, Don (1993). "Israel's Stabilization Program of 1985, or Some Simple Truths of Monetary Theory", *Journal of Economic Perspectives*, vol. 7, nº 2, pp. 103-128.

PEREIRA, Rodrigo Mendes (1998). "O ajustamento cíclico dos gastos públicos federais brasileiros", *Revista de Pesquisa e Planejamento Econômico*, vol. 28, nº 3, dez., pp. 563-584.

PORTUGAL, Cristiano O.; e PORTUGAL, Marcelo S. (2001). "Os efeitos da inflação sobre o orçamento do governo: uma análise empírica", *Estudos Econômicos*, vol. 3, nº 2, abr.-jun., pp. 239-283.

PORTUGAL, Murilo (2016). "Política fiscal na primeira fase do Plano Real, 1993-1997", em: BACHA, Edmar (org.) (2016), pp. 373-400.

SERRA, José (1994). "As vicissitudes do orçamento", em: *Orçamento no Brasil: as raízes da crise*. São Paulo: Atual Editora, pp. 50-60.

SONNERVIG, Marcos K. (2017). *The Fiscal Theory of the Price Level with Nominal Revenues and Expenditures*. Dissertação de mestrado, Departamento de Economia. Rio de Janeiro: PUC, mar. Disponível em: <https://www.econ.

puc-rio.br/publicacao/busca/9/pagina?data=&pagina=5>. Acesso em: 15 mar. 2024.

TANZI, Vito (1977). "Inflation, Lags in Collection, and the Real Value of Tax Revenue", *IMF Staff Papers*, vol. 24, nº 1, pp. 154-167.

2. A Lei de Segurança Jurídica de 2018 no caminho de uma nova estabilidade institucional

Em memória de Eduardo Refinetti Guardia

Carlos Ari Sundfeld[1]

Introdução

Em 2018 editou-se a relevante Lei nº 13.665, cuja ementa declarou o objetivo de cuidar da "segurança jurídica e da eficiência na criação e na aplicação do direito público". No meio jurídico, ficou conhecida como Nova Lindb, acrônimo da norma por ela renovada e ampliada: a Lei de Introdução às Normas do Direito Brasileiro (Decreto-Lei nº 4.657, de 1942). A Nova Lindb foi uma aposta normativa de caráter bastante amplo que se aplica a todos os Poderes do Estado e a todos os entes da Federação. Surgiu em resposta a uma situação jurídica generalizada, entendida como

---

1. Professor titular da Fundação Getulio Vargas (FGV) – Escola de Direito de São Paulo e presidente da Sociedade Brasileira de Direito Público (SBDP).

prejudicial ao desenvolvimento do país. Este Capítulo procura entender que situação é essa (item 1) e explicar como a lei reagiu a ela (item 2).

Pretende-se também prestar tributo ao economista Eduardo Refinetti Guardia pelas contribuições que deu ao setor público brasileiro com várias posições de destaque na área econômica e, especialmente, por sua decisiva intervenção, como ministro da Fazenda, nos debates governamentais durante o período de sanção presidencial da Nova Lindb. Tendo participado ativamente do processo, o autor pôde testemunhar: sem essa intervenção, a inovação legislativa não teria vingado. Obrigado, portanto, Eduardo Refinetti Guardia, por seu espírito público, por seu interesse e sua crença na possibilidade de evolução do direito público em nosso país.

1. O direito administrativo na era das instabilidades institucionais

A força da ideia de direito administrativo pode estar em xeque em vários países. No Brasil também. Por quê?

As ações das administrações públicas são bem diversificadas. Há autoridades ambientais e urbanísticas, Sistema Único de Saúde (SUS), bancos públicos, Previdência Social, arrecadação tributária, centros de assistência social, reguladores, fiscalização do trabalho, militares, policiais, rodovias, parques, museus, escolas e universidades públicas. Cada um dos segmentos se organiza e opera de modo distinto, com regras próprias. Mesmo assim, quem trabalha diretamente na área jurídica, na gestão pública ou na política, aprendeu que haveria algo valioso, comum a todas essas organizações, operações e regras: a submissão ao direito administrativo, uma estrutura com padrões fundamentais de equilíbrio que países maduros e democráticos tentam seguir há mais de um século.

Resumem-se aqui os padrões aparentemente mais importantes:

• *Legalidade administrativa*. A administração pública nunca faz o que quer. As leis gerais, vindas dos representantes do povo, é que são o fundamento e o limite de todas as ações administrativas.

• *Competências administrativas*. Nenhum administrador público faz o que quer. O poder de cada um deles é específico, circunscrito, atribuído por normas gerais e limitado pelo conjunto de direitos subjetivos das pessoas.

• *Serviços públicos e sociais*. As atividades estatais podem variar segundo a época e as opções políticas, mas será sempre do Estado o dever de, nas condições decorrentes das leis, assegurar ao menos a existência de infraestrutura pública (como vias públicas e aeroportos) e serviços básicos (como segurança pública e Previdência).

• *Controle judicial*. Sem controle independente, a legalidade administrativa não tem como funcionar. Para isso existem os juízes. Quando provocados, eles podem e devem interferir nas ações administrativas e dar ordens aos administradores – desde que para corrigir e reprimir ilegalidades, não para agir como se fossem administradores.

• *Autonomia da administração pública*. Legisladores e juízes não podem tudo. É dos administradores públicos, e não dos legisladores e juízes, a competência para, dentro das flexibilidades e alternativas abertas pelas leis, fazer a gestão ordinária e concreta das coisas públicas.

• *Direitos subjetivos públicos*. A legalidade administrativa é um direito das pessoas. Estas podem pedir aos juízes que obriguem a administração pública a cumprir o que a lei lhes tiver garantido (ex.: assistência à saúde ou respeito à liberdade de culto).

Tal como se formou no mundo contemporâneo, a partir sobretudo dos impulsos da Revolução Francesa no século XVIII, a ideia de direito administrativo, em si, nunca foi de simples miscelânea ou pandemônio de normas a respeito da ação administrativa, mas de equilíbrio em torno daqueles padrões fundamentais nos quais está sintetizada a essência das instituições públicas no Estado de direito.[2]

Se – e quanto – esses padrões têm sido seguidos no dia a dia, nos vários países que se declaram adeptos deles, é algo discutível. No Brasil, a dinâmica do poder nas localidades menores ou afastadas talvez se oriente mais por outros valores, mesmo com a evolução do campo público nas

---

2. Ampliar em Carlos Ari Sundfeld, *Direito administrativo para céticos* (São Paulo: Malheiros, 2ª ed., 2014, pp. 25-69).

últimas décadas. De todo modo, em termos mais gerais, a ideia de direito administrativo tem sido afirmada entre nós como ideal, até por ter sido acolhida pelas normas básicas da Constituição de 1988, nosso documento político mais importante.

A pergunta que se tem de fazer é se, nos âmbitos das ações administrativa e controladora, tais padrões do direito administrativo ainda reúnem o consenso mínimo necessário, sobretudo entre agentes políticos mais elevados (no plano federal, por exemplo) ou juridicamente mais sofisticados (a comunidade dos juízes e membros do Ministério Público).

Quanto à ação administrativa, para a legalidade realmente funcionar, não basta que existam normas jurídicas e aplicadores. Os mecanismos precisam de um mínimo de funcionalidade. A identificação do conteúdo das normas – e, assim, dos direitos, dos deveres e das competências nelas previstos – tem de ser razoavelmente viável e passível de gerar certo nível de consenso. No entanto, ao menos dois fatores têm afetado essa funcionalidade.

Em primeiro lugar, a inflação normativa, crescente em toda parte e agravada no Brasil,[3] inclusive em virtude da inflação constitucional.[4] Ela aumenta muito as dificuldades para a identificação dos conteúdos normativos e, portanto, para a sua interpretação e aplicação. A normatividade está cada vez mais nebulosa e intrincada. O sistema jurídico-tributário brasileiro é o exemplo que todos conhecem.

Em segundo lugar, vão se tornando menos prováveis decisões realmente finais e uniformes a esse respeito, em virtude do *looping* decisório, causado pela multiplicação de foros e rodadas de impugnação (vários Ministérios Públicos em disputa, mais tipos de ação judicial, mais instâncias administrativas e judiciais, mais incidentes de revisão de decisões e entendimentos, Tribunais de Contas atuando muito além do controle de contas etc.). Em muitas matérias, a normatividade de cada situação

---

3. Para uma demonstração no campo fundamental das contratações públicas, ver: André Rosilho, *Licitação no Brasil* (São Paulo: Malheiros, 2013).

4. Rogério B. Arantes e Cláudio G. Couto, "1988-2018: trinta anos de constitucionalização permanente", em: Naercio Menezes Filho e André Portela Souza (orgs.), *A Carta* (São Paulo: Todavia, 2019, pp. 13-52).

concreta passou a viver em moto-perpétuo. Também aqui o campo tributário é um caso a citar, juntamente com o previdenciário e vários outros; neles, a litigiosidade se repete e repete.[5]

Como consequência, vão se instalando incertezas demais quanto ao conteúdo das normas. E essas incertezas já não podem ser contidas caso a caso, o que afeta a inteligibilidade da extensão jurídica das competências e dos direitos subjetivos públicos, bem como das prestações devidas por serviços públicos e sociais – três padrões tão significativos da ideia de direito administrativo.

Em si, a mera existência de conflitos e insuficiências na aplicação nunca foi problema para a viabilidade global da ordem jurídica, mas o aumento constante no volume de conflitos e a postergação sucessiva de sua solução tendem a ser fatores significativos de desequilíbrio. O risco é de, aqui e ali, acolá e mais adiante, as administrações e os administradores públicos serem dirigidos por outros estímulos, deixando a ordem jurídica de reunir as qualidades necessárias para influir, de fato, nas ações.[6] Seria, em se considerando o ideal do direito administrativo, um cenário de instabilidade institucional sistêmica por desapego da normatividade na ação administrativa – problema que parece bem sério, dado o pressuposto de que a juridicidade pública seria uma conquista civilizacional e um instrumento essencial da estabilidade.

---

5. É expressiva a síntese de pesquisa sobre a atuação do Superior Tribunal de Justiça (STJ) em controvérsias previdenciárias de alto impacto: "Os dados coletados trazem um diagnóstico preocupante, pois mostram inconsistências nas decisões da corte. Os casos analisados revelam ausência de diálogo do tribunal com os fatos, com a doutrina, com as próprias decisões e com as decisões do STF. Falta modéstia, sobra individualismo, como se a justiça fosse um sentimento particular do julgador da vez e não implicasse uma prática regrada, que fornecesse razões para decidir. Ao desorientar, o STJ passa ao largo de sua missão constitucional." Em: Luciane Merlin Clève Kravetz, *Desorientação jurisprudencial: como as decisões do Superior Tribunal de Justiça na área previdenciária podem prejudicar a formação de precedentes*. Dissertação de mestrado; orientador, Rubens Glezer (Fundação Getulio Vargas – Escola de Direito de São Paulo, 2021, p. 9).

6. Sobre a contradição entre, por um lado, o que os agentes da administração realmente tendem a fazer, até mesmo em reação aos controles, e, por outro, o que, segundo o ideal do direito administrativo, eles deveriam fazer, ver: Gabriel Doménech Pascual, "El juego del legislador, la administración y el juez", em: José Maria Rodríguez de Santiago, Gabriel Doménech Pascual e Luis Arroyo Jiménez (coords.), *Tratado de derecho administrativo – Vol.* I (Madri: Marcial Pons, 2021, pp. 887-899).

Quanto à ação controladora, uma instigante inflexão vem ocorrendo no escopo das intervenções de juízes e outros controladores (como os Tribunais de Contas) em assuntos de administração pública. Mesmo sob algumas críticas fortes, agentes políticos e sociedade em geral vêm cada vez mais recorrendo a juízes e outros controladores para resolver pretensões e arbitrar conflitos cuja solução vai muito além da consideração das normas jurídicas. Há não só um impressionante aumento de demanda sobre os controladores, como também um giro qualitativo no que se pede a eles, em função da nova organização social (urbanização, universalização da informação, democratização etc.).[7] Como água mole em pedra dura, essas provocações vêm minando a tradicional cultura desses controladores, expressa no princípio da deferência, de não ultrapassar as questões jurídicas e não comprometer a autonomia dos administradores.

Em algumas áreas, a despeito das tentativas de a dogmática fornecer padrões racionais jurídicos para as ampliações nos controles,[8] estes são hoje bem menos de juridicidade do que já foram e se aproximam mais e mais de uma espécie de administração pública alternativa, ainda que casuística.[9] Os controladores independentes passam a poder dirigir suas ações sem levar o direito a sério, reflexamente diminuindo a autonomia da administração pública.[10] No Brasil, um bom exemplo é a atuação judicial na distribuição de medicamentos no âmbito do SUS, com pouco a ver com a aplicação de normas jurídicas.[11] Aqui, a instabilidade institucional corre por conta do desapego normativo na ação controladora.[12]

---

7. Quanto ao controle de contas, ver: Carlos Ari Sundfeld e André Rosilho (orgs.), *Tribunal de Contas da União no direito e na realidade* (São Paulo: Almedina, 2020); e André Rosilho (org.), *Direito administrativo e controle de contas* (Belo Horizonte: Fórum, 2023).

8. Uma síntese em: Gustavo Binenbojm, *Uma teoria do direito administrativo: direitos fundamentais, democracia e constitucionalização* (Rio de Janeiro: Renovar, 2ª ed., 2008, pp. 195-226).

9. Carlos Ari Sundfeld, *Direito administrativo para céticos* (op. cit., pp. 317-340).

10. Eduardo Jordão, *Estudos antirromânticos sobre controle da administração pública* (São Paulo: Juspodivm-Malheiros, 2022).

11. Daniel Wang, "Revisitando dados e argumentos no debate sobre judicialização da saúde", *Revista Estudos Institucionais – REI* (Rio de Janeiro, vol. 7, nº 2, 2021, pp. 849-869).

12. Um exemplo de desapego sistêmico ocorreu na aplicação judicial da importante Lei da Improbidade Administrativa (Lei nº 8.429/1992) nos casos de violação de princípios, o que motivaria

Em função desses fenômenos – queda na funcionalidade das normas jurídicas públicas e expansão dos parâmetros de decisão dos controladores para muito além das normas –, o direito público em si, ou o arquétipo pensado com base naqueles padrões fundamentais, está perdendo importância. Os sujeitos que realmente importam vão pouco a pouco se desapegando dele. Soa paradoxal, porque nunca se argumentou tanto em linguagem jurídica e nunca houve tantos profissionais do direito tomando decisões públicas ou influindo decisivamente nos caminhos do Estado.[13] Mas, no trato de questões públicas, juristas falando em juridiquês não é o bastante para as normas jurídicas, em si, importarem de fato.[14]

Essas mudanças todas vão criando uma outra forma de o Estado se organizar, decidir e atuar, eventualmente com bastante espaço para os controles cruzados – o que tem seus atrativos do ponto de vista da luta democrática – e também para a falação em português jurídico, o que garante a importância política da classe dos juristas espalhados pela máquina pública. Essa forma de Estado não incorpora exatamente aqueles padrões de equilíbrio sintetizados na ideia tradicional de direito administrativo.

---

sua radical alteração pela Lei nº 14.230/2021. Para uma demonstração empírica do desapego, ver: Carlos Ari Sundfeld e Ricardo Alberto Kanayama, "A promessa que a Lei de Improbidade Administrativa não foi capaz de cumprir", em: José Marcos Lunardelli, Rita Dias Nolasco, Danilo Barbosa Sant'anna e Tércio Issami Tokano (coords.), *Combate à corrupção na administração pública: diálogos interinstitucionais*, edição especial da *Revista da AGU* (Brasília, vol. 12, nº 2, 2020, pp. 409-426).

13. Amplo *survey* com os burocratas das várias áreas da administração federal apurou quais tipos de informação são sempre ou frequentemente utilizados no trabalho com políticas públicas: cerca de 82% têm de lidar com leis e normas; 50% com pareceres legais e decisões judiciais; e 49% com recomendações de órgãos de controle. São, por um lado, números significativos quanto à presença de argumentação em linguagem jurídica, em especial se comparada, por exemplo, com relatórios de pesquisa científica e bibliografia de pesquisadores, com cerca de 20% cada. Por outro lado, quanto às funções efetivamente desempenhadas pelos burocratas, constatou-se que 32% deles atendem, sempre ou com frequência, a demandas dos órgãos de controle, mostrando a elevada presença destes na vida administrativa concreta – uma presença envolta em linguajar jurídico, embora não necessariamente dirigida, de fato, pelas normas. Ver: Natália Massaco Koga, Pedro Lucas de Moura Palotti, Bruno Gontyjo do Couto, Rafael da Silva Lins e Maricilene Isaira Baia do Nascimento, "O uso de múltiplas fontes de informação nas políticas públicas: um olhar sobre a burocracia federal brasileira", *Revista de Administração Pública – RAP* (Rio de Janeiro, nº 55, set.-out. 2021, pp. 1165-1190).

14. Carlos Ari Sundfeld, *Direito administrativo para céticos* (op. cit., pp. 205-229).

Se, pelo ângulo do bem-estar geral, estamos melhorando ou piorando, por enquanto é difícil avaliar. Mas o ponto é que estamos distorcendo o direito administrativo – um arquétipo claro, embora talvez fantasioso e ineficaz na prática –, afetado por uma construção incremental alternativa. É algo que, ao menos por enquanto, ocorre sem padrões muito claros. Nesse sentido, considerando o plano das ideias, vivemos instabilidades institucionais. E, no plano político pragmático, as coisas vão se tornando mais difíceis de prever, por conta de sacudidas e mudanças que não parecem estar propriamente nas mãos do direito – conquanto passem cada vez mais pelas mãos dos juristas dos diversos setores da máquina pública.

2. *A resposta da Nova Lindb*

Ainda são bastante incertos o rosto, a possível eficácia e os riscos desse direito administrativo de transição, baseado em padrões tão diferentes da ideia original. De todo modo, a tendência que vem se apresentando é de, em uma reformulação da Separação de Poderes, a ação administrativa acabar sendo mais e mais compartilhada entre administração pública ativa e diversos órgãos de controle.[15]

Quais os efeitos dessa mudança? Na atualidade, para dar um exemplo, os vetores de ordem ideológica, política e também jurídica têm levado, ou deveriam levar, os usuários do direito, no âmbito das administrações e do controle público, inclusive judicial, a se preocupar cada vez mais, quando de suas criações jurídicas, com as consequências agregadas derivadas dessas criações. Uma preocupação, portanto, que se estende para muito além da "lei no caso concreto" e da "justiça entre as partes", que eram os focos do passado.[16] É uma preocupação quanto aos novos

---

15. Neste tópico, reproduzo de forma sintética a análise geral que fiz em: *Direito administrativo: o novo olhar da Lindb* (Belo Horizonte: Fórum, 2022).

16. Mariana Pargendler e Bruno Meyerhof Salama, "Direito e consequência no Brasil: em busca de um discurso sobre o método", *Revista de Direito Administrativo* (Rio de Janeiro, nº 262, 2013, pp. 95-144).

modos para a criação jurídica pelos administradores públicos (criação esta especialmente presente na regulação administrativa) e pelos controladores públicos (muito ativos em temas como contratações públicas ou direitos sociais).[17]

Parece haver uma crise – incentivada por opções legislativas fragmentadas, mas conscientes – nas ideias históricas sobre a divisão de tarefas dentro do Estado, na construção do interesse público. A hipótese quanto ao futuro é a de que, para superar a crise, é preciso aceitar a realidade de que juízes e outros controladores já estão compartilhando a construção em concreto do interesse público com a administração pública, em doses crescentes, e de que a administração vem, cada vez mais, compartilhando a produção normativa com os legisladores (fenômeno visível sobretudo na regulação econômica).

O funcionamento dos Poderes públicos e do setor privado envolve custos e riscos jurídicos. Autoridades e empresas têm de observar leis e regulamentos, é verdade. O Judiciário e outros mecanismos podem ser acionados para proteger direitos e corrigir erros e abusos na aplicação das leis. Tudo isso é bom. Mas o problema é que, em meio ao ambiente de intensa criação, os custos e riscos jurídicos de governar e de empreender acabaram saindo do controle. Regras em excesso, mal feitas ou contraditórias. Incentivos demais para começar litígios ou eternizá-los. Poderes demais nas mãos de autoridades. Muitos controladores atuando sem limites, sem coordenação e sem pensar em consequências.

As múltiplas leis sobre a atuação dos órgãos de Estado, pontuais e pulverizadas, não têm sido capazes de inventar o "direito mais que administrativo" (que lide com a construção do interesse público para além do âmbito legislativo e da administração). E essa ampliação parece

---

17. O diagnóstico sobre a transformação do mundo jurídico público tem sido alimentado por pesquisas acadêmicas no ambiente da Sociedade Brasileira de Direito Público e do Grupo Público da FGV Direito SP, cujo objeto de análise são as concepções fundamentais adotadas no Brasil nas últimas décadas a respeito de três problemas básicos: a construção do interesse público, o tratamento da autoridade pública e os papéis dos Poderes do Estado e dos órgãos constitucionais autônomos. Para uma síntese a respeito, ver: Juliana Palma, "Segurança jurídica para a inovação pública: a nova Lei de Introdução às Normas do Direito Brasileiro (Lei nº 13.655/2018)", *Revista de Direito Administrativo* (Rio de Janeiro, vol. 279, nº 2, 2020, pp. 209-249).

indispensável para que se evitem a ineficiência e o arbítrio no exercício das competências compartilhadas de criação jurídica. A gestão pública no Brasil está fragilizada – produzindo regulação à base de intuição e improviso – e até acuada por controladores, muitas vezes por conta de avaliações apressadas e superficiais.

Para melhorar a segurança, é preciso conter esses desvios. Como? Convencer o país de que mais segurança jurídica é bom para todos; diminuir, por meio de novos protocolos, os incentivos aos arbítrios criativos do Legislativo, dos governos, do Judiciário e dos controladores; alertar que consequências importam; cobrar responsabilidade de quem acusa ou inicia processos; e parar de achar normais os improvisos estatais – o equilíbrio e a estabilidade do direito têm de ser levados a sério. Tudo isso pode ser de algum modo buscado com ajustes no sistema operacional do Direito.

Daí a aposta em que uma solução legislativa articulada – uma lei bússola para o direito público, de carona na Lindb que já existia – pode abrir caminho para o equilíbrio, em todo esse complexo compartilhamento, entre os vários Poderes e órgãos constitucionais autônomos, de tantas funções jurídicas criadoras. É uma reforma apenas inicial e motivadora de novas mudanças, mas parece uma boa aposta.

Um *software* que sirva como parte geral do direito público precisaria ser consistente com as tendências e os desafios contemporâneos – e capaz, assim, de dirigir a intensa criação jurídica dos profissionais pulverizados. Para isso teria que favorecer a geração de uma ordem nova que combata a bagunça e a invenção concreta do jurídico a partir de voluntarismos, inclinações políticas e improvisos que não dão muita atenção a consequências. Essa nova ordenação, um desenvolvimento histórico necessário, pode, seguindo a tradição da Lindb como lei bússola, estar em normas universais do campo público.

Os protocolos são universais, de aplicabilidade irrestrita e não limitados ao processo civil ou administrativo, tampouco só à esfera federal. Também quanto a isso foi uma visão mais inovadora que enfrentou a tendência – derivada, com algum excesso, da autonomia federativa – de pensar certas áreas do direito público (em especial, o administrativo) como, a princípio, infensas às normas legais nacionais.

Assim, enfrentando o tradicional ceticismo quanto à capacidade transformadora das normas, procurou-se abrir caminho para que, através de uma lei bússola universal, o mundo público brasileiro pudesse alcançar, em meio à pulverização de profissionais jurídicos criadores, mais estabilidade e equilíbrio.

A era das instabilidades institucionais, uma era de tanta confusão jurídica, sugeria mesmo o resgate e a expansão da incrível ideia, adotada pelo Brasil desde a década de 1940, de uma lei bússola, ferramenta primária do trabalho jurídico, uma lei sobre o jeito jurídico de operar com os conteúdos específicos do próprio direito. Essa lei bússola do direito brasileiro teria que incorporar novas soluções de caráter operacional, agora para gerenciar as funções básicas dos profissionais do mundo jurídico público.

O direito público, fragmentado pelos azares das flutuações constitucionais, legislativas, regulamentares e do controle público, e ainda preso a certos anacronismos doutrinários de nossos antigos publicistas (o preconceito contra a consensualidade administrativa e a ideia de nulidade absoluta, por exemplo), parecia carente de um sistema operacional mais moderno. Na linguagem dos juristas, fazia falta uma nova "parte geral" para o direito público – o que a Lindb, se ampliada, poderia suprir, em alguma medida.[18]

Os preceitos dessa lei bússola, a Nova Lindb, não têm conteúdo propriamente revolucionário: eles só transformam em texto legal, de caráter universal, exigências que, em muitos ambientes – o do controle público, inclusive –, já vinham sendo feitas e traduzem práticas jurídicas contemporâneas e adequadas. O revolucionário mesmo foi levar esses temas para uma lei geral.

A Nova Lindb consolidou e avançou reformas do direito administrativo brasileiro quanto a cinco temas: criação jurídica, invalidade, consensualidade, responsabilização de agentes e responsabilidade por processos. Embora esses temas estejam presentes de forma fragmentada nos

---

18. Para uma visão comparada sobre a ideia de "parte geral" como ordenadora do direito administrativo, em contraposição à ideia de "parte especial", ver: Francisco Velasco Caballero, *Administraciones públicas y derechos administrativos* (Madri: Marcial Pons, 2020, pp. 116-122).

vários campos do direito público, a nova disciplina procurou corrigir, em especial, insuficiências ou desvios havidos na expansão do controle público ou da regulação administrativa a partir da década de 1980.

Em síntese, a Nova Lindb impactou o direito administrativo brasileiro por: condicionar, com exigências formais e substanciais de caráter geral, o exercício das competências públicas criativas da administração e do controle público (artigos 20, 23, 24, 29 e 30); superar, em caráter geral, a ideia de nulidade absoluta no direito administrativo, impondo um princípio de preservação de atos e contratos já consolidados (§ único do artigo 20 e artigo 21); reconhecer e disciplinar, em caráter geral, a consensualidade administrativa (artigo 26); reverter, em caráter geral, o uso da responsabilização objetiva por falhas normais na aplicação de normas administrativas (artigo 22, *caput*, §1º e artigo 28); e impor, em caráter geral, a responsabilidade, *in natura* ou patrimonial, por processos administrativos ou de controle (artigo 27).

O direito administrativo que emerge da Nova Lindb – um direito mais contemporâneo – tem melhores condições para enfrentar o desafio do incremento da atividade administrativa com participação do controle público, em arranjo característico das últimas décadas. Esse direito administrativo aceita a existência de intensa criação jurídica nas esferas administrativa e do controle público, em contrapartida, limita e condiciona essa criação, em nome de sua qualidade e também da segurança jurídica de todos os envolvidos. Nesse sentido, a Nova Lindb se alinha, pelo ângulo das estruturas jurídicas, ao movimento mais amplo de "melhoria regulatória".[19]

O direito administrativo da Nova Lindb prefere a preservação das situações estabelecidas, ao invés de apostar no jogo das invalidações radicais. A importância dessa orientação no campo regulatório é significativa, pois os regulamentos, atos e ajustes administrativos adotados em seu âmbito são a base da constituição e organização, no mundo privado, de

---

19. Sobre esse movimento, ampliar em Carlos Ari Sundfeld, "Reforma jurídica para o desenvolvimento da governança da ordenação pública econômica no Brasil", em: Fabrício Motta e Emerson Gabardo (orgs.), *Desenvolvimento nacional: por uma agenda propositiva e inclusiva* (Curitiba: Íthala, 2020).

empresas, empreendimentos e negócios cuja viabilidade é diretamente comprometida pela loteria das invalidações – loteria esta que, de outro modo, seria propiciada pelas incertezas próprias ao direito.

Em busca de eficácia e eficiência, as tendências regulatórias mais recentes sugerem que o direito administrativo, por um lado, aceite como normal o uso de consensualidade administrativa na solução de situações difíceis e, por outro, ofereça instrumentos para que essa consensualidade seja bem construída. É justamente a opção da Nova Lindb, aplicável, naturalmente, ao campo regulatório.

Produzir e controlar regulação administrativa é fazer processos. Ao reconhecer que todos os processos públicos são potenciais geradores de custos e riscos e, em consequência, ao disciplinar a responsabilidade *in natura* e patrimonial deles decorrente, o direito administrativo que emerge da Nova Lindb atua para corrigir e desestimular excessos processuais no campo regulatório, levando mais equilíbrio à dinâmica desse campo.

Por fim, a Nova Lindb, além de combater a loteria das invalidações, bloqueia o funcionamento da loteria das responsabilizações pessoais. Esse novo direito administrativo busca proteger, das incertezas e dos irrealismos do mundo jurídico, os agentes públicos e privados envolvidos na dinâmica administrativa. Rejeita, em suma, que as funções sancionadora e responsabilizadora do controle e da administração pública imputem a esses agentes os efeitos dessas incertezas e desses irrealismos.

Foi uma aposta de que dispositivos com forte carga simbólica podem trazer mais equilíbrio à ação do Estado, tornando mais segura a atuação dos gestores e dos parceiros privados, sem comprometer a eficiência da atividade administrativa e o papel do controle público. Foi uma aposta também de que, com essa inclusão, a Lindb pode se tornar uma lei de segurança jurídica para a criação e a inovação públicas, inclusive no campo regulatório.

As novas normas são relativamente poucas e concisas, no estilo da Lindb. Sua linguagem incorpora terminologia e concepções contemporâneas. Fala-se em: gestão pública (artigo 22, *caput*); políticas públicas (artigo 22, *caput*); consequências práticas das decisões (artigo 20, *caput*);

necessidade e adequação das medidas (artigo 20, § único); obstáculos e dificuldades reais do gestor (artigo 22, *caput*); circunstâncias práticas (artigo 22, §1º); alternativas de decisão (artigo 20, §1º); regime de transição (artigo 23); regularização proporcional e equânime (artigo 21, § único); orientações gerais estabelecidas (artigo 24); orientações novas (artigo 23); orientações vinculantes (artigo 30); compromissos administrativos (artigo 26); e compromissos processuais (artigo 27, §2º).

Foram acolhidas boas práticas jurídicas nacionais e internacionais. Um exemplo é a proteção de quem, confiando em uma autorização administrativa, construiu sua casa ou realizou investimentos. As pessoas não podem perder tudo só porque o Estado mudou de ideia. Corrigir erros é importante e, para tanto, existem os controles públicos, cujas competências foram respeitadas. Mas é preciso também avaliar consequências e levar em conta a confiança legítima das pessoas (artigos 21 e 24), além de proteger agentes públicos que agem de boa-fé e que, com frequência, atuam em situações difíceis e por isso são atacados (artigo 28).

Alguns dos novos dispositivos determinam a análise e a ponderação das circunstâncias práticas que tiverem exigido o ato, ou que tiverem imposto o comportamento do gestor público (artigo 22). Isso já era feito antes da Nova Lindb – muitos controladores eram sensíveis – mas não era generalizado no mundo público brasileiro, e precisa ser. Trata-se de impor a análise das consequências, dos fatores que influem na decisão. É uma visão realista do direito e da gestão pública.[20]

Tudo a ver com tendências atuais, realistas e pragmáticas do direito público. Garantem-se direitos e mecanismos com o objetivo de evitar consequências não avaliadas nas intervenções jurídicas; garantir transições jurídicas adequadas em caso de mudanças; estabilizar relações jurídicas que já se consolidaram; diminuir incertezas jurídicas; viabilizar a solução consensual de dificuldades ou conflitos; e induzir a participação da sociedade na produção de normas administrativas.

---

20. Carlos Ari Sundfeld e José Guilherme Giacomuzzi, "O espírito da Lei nº 13.655/2018: impulso realista para a segurança jurídica no Brasil", *Revista de Direito Público da Economia – RDPE* (Curitiba, nº 62, 2018, pp. 39-41).

Característica importante é que, em mais de um dispositivo, a Nova Lindb fornece instrumentos para que a segurança jurídica e a eficiência sejam viabilizadas pela atuação dos próprios órgãos de controle público. Corrige-se, assim, a ênfase de muita legislação anterior que se revelou incapaz de compor bem os distintos valores públicos, pois andou multiplicando os espaços de contestação das decisões públicas sem atentar a sério para as consequências e os riscos de instabilidade do sistema. Mas também se preserva a autonomia funcional dos controles.

A Lindb renovada é uma lei bússola que, ao mesmo tempo, preserva as conquistas do controle público e ajuda no indispensável equilíbrio das relações internas do Estado e deste com a sociedade. A aposta é esta: que equilíbrio, moderação e inovação possam incentivar nosso desenvolvimento institucional.

3. Uma nota sobre a contribuição de Eduardo Guardia

Gustavo H. B. Franco[1]

Conheci Eduardo Guardia não mais que ligeiramente, mas acompanhei com interesse sua incrível trajetória profissional ao longo dos últimos anos, pois esteve associada a todas as grandes questões fiscais que têm atormentado esta república. Sua jornada se confunde com os debates sobre essas questões e sua contribuição é notável a cada ponto do caminho, como tem sido revelado em diversos relatos sobre o seu legado.[2]

Queria acrescentar mais este modesto relato aos depoimentos sobre Guardia, com o intuito específico de ressaltar a estatura da contribuição

---

1. Economista, ex-presidente do Banco Central do Brasil e sócio da Rio Bravo Investimentos. O autor agradece a Edmar Bacha e Pedro Malan por comentários e sugestões, isentando-os, evidentemente, de erros remanescentes. Agradecimentos também a Flavia Manfrim e Fabio Giambiagi pelo auxílio na pesquisa bibliográfica do texto original da dissertação de mestrado de Eduardo Guardia, tal como submetida ao Banco Nacional de Desenvolvimento Econômico e Social (BNDES).

2. Entre os quais, Rogério Werneck, "O legado de Eduardo Guardia", *O Globo*, 29 abr. 2022; e Ana Paula Vescovi, "Eduardo Guardia", *Folha de S.Paulo*, 1º mai. 2022. O depoimento do próprio Eduardo Guardia à série de *podcasts A arte da política econômica*, do Instituto de Estudos de Política Econômica Casa das Garças (Iepe/CdG), transcrito no site do instituto e reproduzido no Capítulo 9 deste livro, é excelente mostruário de suas contribuições.

dada por ele através de sua dissertação de mestrado, que circulou em 1991 e teve versão definitiva em 1992. Esse trabalho trouxe uma imensa e pouco conhecida contribuição para a política fiscal brasileira. É sobre essa contribuição que trata esta nota.

O texto que se segue está dividido em quatro seções: as duas primeiras sobre os achados da dissertação e como ela foi encontrada; a terceira, sobre seus desdobramentos analíticos e práticos; e a última, sobre sua influência em algumas das principais decisões de política fiscal do Plano Real.

1. A tese

Um registro pessoal

Eu fui jurado do 14º Prêmio BNDES para dissertações de mestrado em Economia, e foi nessa capacidade que tive meu primeiro contato (por escrito) com Eduardo Guardia, cujo texto estava entre as várias dezenas de trabalhos inscritos no concurso. Não era uma dissertação exuberante, como costuma ser recomendável e funcional para competições desse tipo ou para carreiras no setor público. O tema era árido e não comportava soluções fáceis e engenhosas, nem mesmo no plano da metáfora. Era um olhar lúcido sobre um problema difícil, o primeiro e, frequentemente, o mais penoso passo de qualquer solução: o de reconhecer o tamanho da dificuldade. Era uma abordagem demasiadamente prática e madura para uma tese acadêmica, e de mestrado.

Mas assim era o autor, como ficaria claro nos anos que se seguiriam. Nesse concurso, a dissertação de Guardia nem ficou entre as cinco premiadas, mas havia algo muito especial nela, talvez mesmo uma descoberta importante que não era óbvia para um olhar distraído. O fato é que para os atentos e agoniados com a hiperinflação no Brasil – e não eram tantos naquele momento, por estranho que pareça –, aquela dissertação parecia trazer alguma chave para os enigmas do problema fiscal brasileiro.

Na minha memória, o júri do 14º concurso se reuniu diversas vezes no fim de 1990 e no primeiro semestre de 1991, período marcado pelo fracasso do Plano Collor I, que foi precedido pela pior leitura inflacionária mensal de nossa História, por qualquer índice que se escolhesse: 81,3%, pelo IGP-DI, e 82,4%, pelo IPCA,[3] para o mês de março de 1990. Em razão do Plano Collor II, a inflação média mensal do primeiro semestre de 1991 ficou ao redor de 12%, mas acelerou para cerca de 20% mensais no segundo semestre. Para alguns, tínhamos uma inflação inercial estabilizada (!?), já para outros, a hiperinflação.

Pouco tempo depois, em meados de 1993, a dissertação de Eduardo Guardia seria assunto de muita conversa em Brasília, nas vésperas do anúncio do Plano de Ação Imediata (PAI), a primeira iniciativa fiscal importante da equipe econômica do novo ministro da Fazenda – Fernando Henrique Cardoso (FHC) –, o quarto ministro da Fazenda do presidente Itamar Franco. A dissertação de Guardia seria ainda mais importante para uma decisão transcendente sobre qual alternativa fiscal seria escolhida para ser uma espécie de "último desejo" da equipe econômica do ministro FHC para a Revisão Constitucional, como adiante se explica.

Eu ocupava a posição de secretário de Política Econômica adjunto do Ministério da Fazenda nas vésperas do anúncio do PAI, e os debates eram acirrados e profundos sobre a melhor estratégia para se atacar o problema fiscal brasileiro, como antecedente fundamental do ataque à própria hiperinflação, um gigantesco desafio.

Este é o momento para um registro específico sobre Guardia.

Lembro que conversava com especialistas em assuntos fiscais da Secretaria de Política Econômica (SPE), contando sobre os achados da dissertação, sobre a ideia de estender seus cálculos para os anos de 1992 e 1993, e especulando sobre o que viria a seguir, quando alguém fez a sugestão:

– Por que não trazemos o menino para Brasília? A gente manda uma passagem, ele passa o dia conosco, a gente entende o que ele descobriu e depois a gente vê o que faz.

Pois o menino veio. Vinte anos depois, assumiria a Secretaria do Tesouro e, mais adiante, o próprio Ministério da Fazenda.

---

3. IGP-DI: Índice Geral de Preços – Disponibilidade Interna, da Fundação Getulio Vargas (FGV); IPCA: Índice Nacional de Preços ao Consumidor Amplo, do Instituto Brasileiro de Geografia e Estatística (IBGE).

Um novo olhar para um velho problema

A descoberta apresentada na dissertação não era especialmente complexa nem mirabolante. Não era muito matemática, talvez nem mesmo muito precisa. Mas uma fórmula genial consiste, às vezes, em simplesmente dar um passo para o lado e mudar o jeito de olhar um problema.

A dissertação trazia uma percepção intrigante a respeito das implicações da inflação sobre o valor real das dotações orçamentárias e a despesa pública. Parece até banal, à luz do que hoje sabemos sobre inflação e sobre indexação (ou imperfeição da indexação) das contas públicas.[4] Em seu momento, todavia, era uma abordagem revolucionária, pois a maior parte dos observadores estava procurando endogenias na dinâmica do financiamento inflacionário do Estado no lugar errado.

Talvez, de forma assemelhada ao que ocorreu com a tese da "inflação inercial", e considerando os debates passados sobre a contabilidade do déficit público (o "nominal" *versus* o "operacional"), havia muito interesse em se formular uma tese pela qual o Brasil *não* tinha um problema fiscal. E que tudo o que parecia ser um grande déficit era, na verdade, um ectoplasma da indexação. Como os números para o déficit operacional[5] eram de fato pequenos, não seria exagero dizer que estávamos rondando algo como um "inercialismo fiscal". Como se sabe, a demanda por negacionismo no Brasil é grande em tempos normais e incontrolável quando a inflação dispara...

Seria ótimo se o mesmo "truque" capaz de trazer a inflação para zero por algum tempo – o congelamento de preços, que fazia desaparecer a "inflação inercial", ou a "memória" do processo inflacionário, ainda que de forma efêmera – também tivesse o condão de sumir com o déficit fiscal. Seria como admitir que o problema fiscal era causado pela inflação e não a sua causa. A base para essa crença seria a magnitude das despesas decorrentes da correção monetária da dívida pública, conjugada à erosão das receitas tributárias provocada pela inflação, conforme descritas pelo

---

4. Sobretudo depois do *paper* de Edmar Bacha "O fisco e a inflação: uma interpretação do caso brasileiro", originalmente de 1993, reproduzido em *Belíndia 2.0: fábulas e ensaios sobre o país dos contrastes* (Rio de Janeiro: Civilização Brasileira, 2012).

5. Déficit operacional é a soma do déficit primário com os juros reais da dívida pública. Portanto, exclui a correção monetária da dívida pública, que consta do déficit nominal.

"efeito Tanzi", adiante explicado. O fato é que essas conjecturas levavam à ideia de que a inflação era um efeito sem causa, um crime cujo autor não se consegue identificar.

Entretanto, a evidência empírica não parecia apontar nessa direção e o problema fiscal era muito sério. Nem os heterodoxos mais convictos negavam a sua existência, pois, afinal, em 1993 já tínhamos cinco Planos de estabilização fracassados. Impressionante era que o *wishful thinking* em matéria fiscal, tal como a crença na inflação inercial, não arrefecia. Toda conversa sobre ajuste fiscal tinha sempre que enfrentar perguntas sobre o verdadeiro tamanho do problema – que se dizia ser sempre exagerado pelos técnicos – e sobre se os sacrifícios propostos eram realmente necessários. Mais recentemente aprendemos a designar esse fenômeno como "negacionismo".

Qual era a tese, afinal

Muitas vezes eu tinha que explicar do que tratava a dissertação de Guardia para colegas de profissão, e o trajeto não era simples. O sumário executivo para a descoberta era mais ou menos assim: "efeito Tanzi ao contrário, pelo lado da despesa."[6] Um passo de cada vez.

Vito Tanzi foi o lendário chefe do Departamento de Assuntos Fiscais do Fundo Monetário Internacional (FMI), um homem que testemunhou absolutamente tudo em matéria fiscal neste planeta, uma enciclopédia. Basta imaginar que todos os Planos e todas as perversões fiscais de todos os clientes, ou aspirantes a clientes do FMI, tinham de passar por ele. É claro que estamos falando das maiores complicações fiscais que esse gigantesco mundo foi capaz de conceber; não havia truque que ele não conhecesse.

O "efeito Tanzi" era a designação que se dava a um fenômeno que ele identificou[7] e que se tornou um clássico no tópico das finanças públicas

---

6. "Efeito Olivera-Tanzi reverso", na descrição de Edmar Bacha em *No país dos contrastes: memórias da infância do Plano Real* (Rio de Janeiro: Intrínseca/História Real, 2021, p. 233). Originalmente, a expressão aparece em: Edmar Bacha, "O fisco e a inflação" (op. cit., p. 137).

7. O fenômeno também é associado ao economista argentino Julio H. G. Olivera. As referências clássicas são: Julio H. G. Olivera, "Money, Prices and Fiscal Lags: A Note on the Dynamics of Inflation", *Banca Nazionale del Lavoro Quarterly Review* (nº 82, set. 1967); e Vito Tanzi, "Inflation, Real Tax Revenues and the Case for Inflationary Finance: Theory with an Application to Argentina", *IMF Staff Papers* (vol. 25, nº 3, set. 1978).

em países com inflação elevada: o impacto adverso da inflação sobre o valor real das receitas de impostos. Era simples: havendo um lapso de tempo entre o fato gerador e o lançamento (e cobrança) da receita tributária que não estivesse "coberto" por algum expediente de indexação, quanto maior a inflação menor seria a receita tributária medida em moeda constante.

Muita gente se interessava pelo assunto, pois era o reconhecimento de uma "causalidade dupla", ou "nas duas direções", entre desequilíbrio fiscal e inflação. Chamava atenção, pois havia quem enxergasse nisso uma espécie de "autocrítica do pensamento ortodoxo", como se "até o FMI" estivesse reconhecendo que os déficits fiscais eram causados, em algum grau, pela própria inflação. Há sempre excesso de demanda por críticas à ideia de austeridade, ou da inevitabilidade de sacrifícios, ou mesmo da necessidade de pagar pelo almoço.

Não era trivial o risco de a ideia do efeito Tanzi ser abduzida pelas heterodoxias, sempre interessadas em procurar "indícios do caráter não fiscal" da inflação, tomando emprestada a expressão cunhada por Edmar Bacha.[8] O obstáculo para essa apropriação era o patrocínio de Tanzi. Nada que viesse dessa origem faria sentido no terreno da medicina alternativa. O efeito Tanzi não tinha nada a ver com a célebre discussão sobre o *caráter* da inflação, se estrutural, inercial, ou financeira.[9] Era um assunto muito prático, presente em todas as grandes inflações conhecidas e essencial para a compreensão das causas desses fenômenos.

Tudo considerado, o efeito Tanzi era apenas um mecanismo pelo qual as contas públicas ficavam *piores* com a inflação. Segundo Guardia estudou em sua dissertação, algo parecido, ainda que na direção oposta, ocorria também com as dotações orçamentárias brasileiras no começo dos anos 1990, ou seja, havia também uma influência da inflação sobre as finanças públicas, *pelo lado da despesa*. Só que "ao contrário", pois a inflação parecia *melhorar* as contas públicas, na medida em que erodia o valor real das dotações orçamentárias e, consequentemente, da despesa

---

8. Edmar Bacha, "O fisco e a inflação" (op. cit., p. 115).

9. Jamais esquecer a fala de Mario Henrique Simonsen segundo a qual a inflação não tem caráter.

autorizada pela Lei Orçamentária. Como resumiu Bacha, "o mero engavetamento das despesas por um mês ou dois permitia fazer cabê-las nas receitas dos impostos".[10]

Daí se falar do "efeito Tanzi ao contrário, pelo lado da despesa".

2. A evidência

Guardia documentou seus achados através de tabelas simples e instigantes. A Tabela 1, na próxima página, é uma versão resumida de duas tabelas de sua dissertação referentes aos exercícios de 1990 e 1991. Muitos detalhes precisam ser omitidos para que se possa apresentar uma comparação tão direta, *e em dólares*, entre o orçamento e o que acabou efetivamente sendo executado.

Versões ampliadas, modificadas e aperfeiçoadas da tabela podem incluir outras rubricas, inclusive de receita, e diferentes formatos de apuração dos valores orçados e executados em moeda constante, em harmonia com regras de indexação adotadas *ad hoc* em diferentes exercícios ou com taxas de câmbio para datas específicas.[11]

Nesta nota, todavia, optamos por trabalhar com a tabela em seu formato original, a fim de melhor enxergar o seu impacto contemporâneo: um mapa simples e intuitivo para um problema que parecia sem solução. A fórmula de simplificação é o que define se um mapa está bem-feito. Mapas excessivamente detalhados e precisos evocam a célebre fábula de Jorge Luis Borges sobre a inutilidade de mapas na escala 1:1. É fácil perder-se em detalhes em assuntos fiscais e sobretudo orçamentários.

---

10. Edmar Bacha, *No país dos contrastes* (op. cit., p. 233).

11. Muitas versões mais elaboradas da Tabela 1 foram produzidas pelos técnicos da Secretaria de Política Econômica do Ministério da Fazenda depois de observarem o trabalho de Guardia. Eu mesmo utilizei algumas dessas tabelas recalculadas pela SPE em um trabalho de agosto de 1993, posteriormente publicado como "A crise fiscal da União: diagnóstico e apontamentos para uma nova lei das finanças públicas" e reproduzido no Capítulo 9 de *O Plano Real e outros ensaios* (Rio de Janeiro: Francisco Alves, 1995).

Tabela 1. Rubricas selecionadas do orçamento fiscal federal: valores orçados e executados, 1990-1991 (US$ milhões)

1990	Orçado	Executado	%
DESPESAS CORRENTES	**110.728,00**	**66.960,00**	**60%**
Pessoal e encargos sociais	22.362,80	22.140,70	99%
Outras	56.925,00	30.841,00	54%
DESPESAS DE CAPITAL	**192.448,20**	**123.130,24**	**64%**
Investimento	6.153,80	2.870,90	47%
Inversões financeiras	15.592,46	6.867,68	44%
Amortização de Dívida Interna	166.604,90	111.179,30	67%

1991	Orçado	Executado	%
DESPESAS CORRENTES	**82.846,81**	**48.540,60**	**59%**
Pessoal e encargos sociais	22.174,00	18.002,00	81%
Outras	57.852,20	28.791,00	50%
DESPESAS DE CAPITAL	**56.362,80**	**36.250,50**	**64%**
Investimento	9.330,60	2.909,20	31%
Inversões financeiras	14.562,64	6.110,58	42%
Amortização de Dívida Interna	39.455,50	24.955,42	63%

Fonte: Eduardo Refinetti Guardia, *Orçamento público e política fiscal: aspectos institucionais e experiência recente – 1985-1991*. Dissertação de mestrado, Departamento de Economia. Campinas (SP): Unicamp, 1992, pp. 122-123.

A tabela empreende um exercício simples apenas na aparência: observava e comparava os valores orçados e efetivamente executados e mostrava discrepâncias significativas entre esses valores, *quando medidos em dólares relativos às datas relevantes*. O leitor deve refletir sobre o fato de que as proporções da tabela não se alterariam se os números fossem recalculados, por exemplo, em URV, a Unidade Real de Valor.

Dois resultados importantes facilmente se destacam, ainda que com nuances:

- Os valores executados raramente eram maiores que 60% do valor orçado, fazendo crer que a inflação servia para *frustrar* o orçamento, uma conclusão tendente a produzir muita angústia, ou irritação, entre parlamentares;
- A discrepância entre valores orçados e executados variava conforme a modalidade de despesa. Para despesas com pessoal, por exemplo, a proporção era mais elevada, entre 81% e 99%, sendo que para despesas de investimento estava entre 31% e 47% e para "inversões financeiras",[12] entre 42% e 44%, fazendo crer que havia *mecanismos diferenciados de defesa* contra a erosão do valor real das dotações orçamentárias para diferentes tipos de gasto e seus respectivos beneficiários, conclusão que atiçava os interesses especiais no contexto da economia política do orçamento.

A Tabela 1 também revela as distorções que eram típicas de orçamentos não indexados no contexto de inflação elevada, como no caso da orçamentação de despesas com a amortização da dívida interna. Se, por exemplo, a dívida interna é da ordem de 10% do PIB e tem prazos curtos, com isso se dizendo, por exemplo, que a dívida "gira" (ou é "rolada") quatro vezes, digamos, durante um exercício fiscal, os valores de amortizações ficarão imensos e desproporcionais: algo como 4x10% do PIB a cada ano. Essa linha da Tabela 1 é uma pequena demonstração das inadequações da Lei nº 4.320/1964, como logo adiante se observa. Mas era preciso tirar essas distorções mais flagrantes do caminho para enxergar a influência da inflação sobre as despesas correntes e de investimento, onde estava a novidade da dissertação.

---

12. O conceito de "inversão financeira" vem da Lei nº 4.320/1964 (artigo 12, §5º). Diz respeito ao investimento em "coisas prontas", que geram menos efeitos econômicos que os gastos em "construir coisas". Os exemplos discriminados na própria lei são a "aquisição de imóveis", ou de "bens de capital já em utilização", e o aumento de capital, inclusive de empresas estatais.

Dados para anos posteriores, apurados de forma idêntica, conforme exibidos na Tabela 2, permitem que se observe como a situação evoluiu.

Tabela 2. Rubricas selecionadas do orçamento fiscal federal: valores orçados e executados, 2003-2004 (R$ milhões correntes)

2003			
	Orçado	Executado	%
DESPESAS CORRENTES	394.662,70	383.919,10	97%
Pessoal e encargos sociais	77.046,20	78.974,70	103%
Outras	223.972,40	239.237,60	107%
DESPESAS DE CAPITAL	620.871,60	492.537,40	79%
Investimento	14.180,20	6.452,10	46%
Inversões financeiras	24.376,30	23.440,70	96%
Amortização de Dívida Interna	582.315,10	462.644,60	79%

2004			
	Orçado	Executado	%
DESPESAS CORRENTES	475.518,40	440.070,40	93%
Pessoal e encargos sociais	84.120,00	89.431,60	106%
Outras	273.628,60	275.905,80	101%
DESPESAS DE CAPITAL	971.609,30	468.467,00	48%
Investimento	12.370,00	10.866,00	88%
Inversões financeiras	33.249,40	21.580,70	65%
Amortização de Dívida Interna	925.989,90	436.020,30	47%

Fonte: Edilberto C. Pontes Lima e Rogério B. Miranda, "O processo orçamentário federal brasileiro", em Marcos Mendes (org.), *Gasto público eficiente: 91 propostas para o desenvolvimento do Brasil* (Rio de Janeiro: Topbooks, 2006, pp. 335-336).

Para 2003 e 2004, como se vê na Tabela 2, permanece o efeito causado pela contabilização dos juros (e correção monetária) e pelas amortizações da dívida pública, ainda que menor, em face da inflação bem mais baixa. As proporções entre o orçado e o executado já não revelam com a mesma nitidez os mecanismos em operação para 1990-1991. O patamar de inflação é completamente diferente, para começar. Mas também é verdade que o Legislativo, por seu turno, legitimamente desconfortável com as mecânicas operacionais de execução orçamentária, e sobretudo com o contingenciamento, se ajustou ao que percebia como uma frustração recorrente de seus desígnios quanto ao orçamento e ampliou suas "defesas".

Como é comum relatar, o Legislativo reagiu ao "efeito Guardia" multiplicando vinculações de receita, elevando assim, progressivamente, a rigidez orçamentária e a balcanização do orçamento. Cresceu, por outro lado, a importância de emendas parlamentares, inclusive pela adoção progressiva do conceito de imunidade ao contingenciamento através de seu caráter "impositivo".

Essas evoluções posteriores não retiram a importância dos achados de Guardia, tampouco a precisão do retrato que ele ofereceu para a dinâmica orçamentária naquele momento específico de inflação, particularmente elevada.

O grande paradoxo

O grande paradoxo a ser desbravado no Brasil sob hiperinflação no início da década de 1990 era referente ao desequilíbrio fiscal. Onde estava e de que tamanho era?

O primeiro capítulo desse enfrentamento tem a ver com o orçamento. Como era possível que não houvesse vestígio de um grande desequilíbrio fiscal *ex ante* no orçamento? Com efeito, todos os orçamentos brasileiros daqueles anos, e também os de agora, sempre *nascem equilibrados*, pois é assim que se organiza o plano de contas da Lei nº 4.320/1964, que ainda hoje orienta a confecção do orçamento público.

Seria uma simplificação heroica e excessiva, mas não totalmente inadequada, afirmar que o problema central dessa lei se refere ao plano de contas, que ignora os efeitos da inflação. Basta lembrar que a Lei nº 4.320/1964 foi feita quando o conceito de superávit primário sequer existia[13] e que a lei trata a emissão de dívida como receita de capital.

Como é possível que conceitos flagrantemente obsoletos não tenham sido revogados ao longo dos últimos anos?

Estranhamente, a Lei nº 4.320/1964 sobreviveu a várias décadas de escrutínio de várias gerações de especialistas e às múltiplas inovações institucionais implementadas dos anos 1990 até os nossos dias, incluída aí a Lei de Responsabilidade Fiscal. É verdade que a economia política do processo orçamentário é de enorme complexidade e que as regras desse jogo, cujo principal estádio é o orçamento, ainda precisam de muito aperfeiçoamento. Mesmo que houvesse clareza quanto a isso, e quanto ao fato de que essa agenda tomaria muitos anos para ser cumprida, as urgências do começo dos anos 1990 exigiam soluções rápidas e contundentes.

Outra forma ainda mais perturbadora de indagar sobre as relações entre o desequilíbrio fiscal e a inflação era observando os resultados fiscais *ex post*. Com efeito, naqueles tempos difíceis, com a inflação acelerando na direção de 30% mensais, a mente daqueles agoniados com a hiperinflação estava ocupada pela pergunta que abria o texto clássico de Edmar Bacha sobre o fisco e a inflação: "Por que o Brasil teve uma inflação superior a 1.000% ao ano em 1992 se o déficit do setor público não foi tão grande assim (de apenas 1,7% do PIB no conceito operacional)?"[14]

Podia ser um "indício de caráter não fiscal" da inflação, como provocava Bacha, ou será que havia alguma coisa que não estávamos enxergando?

Em outras palavras, onde estava o déficit público, supostamente gigantesco, por trás das explicações "ortodoxas" para a hiperinflação brasileira? Nenhum esforço relevante de "ajuste fiscal" teria tração política se não fosse possível oferecer uma boa resposta para essa pergunta. Era o que perguntavam os negacionistas da ocasião. E foi a dissertação de

---

13. O superávit primário é fixado na Lei de Diretrizes Orçamentárias (LDO) e sua definição, obviamente, não está na Lei nº 4.320/1964.

14. Bacha, "O fisco e a inflação" (op. cit., p. 115).

Eduardo Guardia que forneceu uma resposta, conforme era possível vislumbrar nos números da Tabela 1.

Vale o registro de que o PIB brasileiro para os anos de 1990 e 1991 estava entre US$ 405 bilhões e US$ 469 bilhões. Na média para 1990-1991, as despesas correntes orçadas, como se vê na Tabela 1, estavam próximas de US$ 100 bilhões a cada ano, e o efetivamente executado, em cerca de US$ 60 bilhões: *a diferença era da ordem de 10% do PIB*. Como bem notou Edmar Bacha: "Trata-se de déficits potenciais de 10% do PIB apenas para o governo federal."[15]

Se o executado é o que cabe dentro da receita, aí compreendida a que derivava do imposto inflacionário, a diferença entre um e outro correspondia ao déficit (a despesa) que a inflação se encarregou de suprimir, ou de fazer sumir.

Portanto, ao erodir o valor real das dotações orçamentárias (e, assim sendo, da despesa), a inflação reduzia o déficit do governo para valores ao alcance do financiamento inflacionário do governo. Era uma estranha forma de a inflação introduzir um equilíbrio, ainda que vicioso, nas finanças públicas.

Há muitos mistérios entre o Orçamento e o Tesouro, ou entre sonhos e possibilidades, ou, ainda, entre desejos e realidades no terreno fiscal. Conforme observa Bacha, "o que acontece no meio do caminho é uma história bem conhecida em Brasília, mas praticamente inexistente na literatura econômica. *Trata-se do uso da inflação para reprimir as despesas orçadas*".[16]

O nome disso é "contingenciamento", palavra de terrível aspecto[17] e que designa processo igualmente meandroso, tecnicamente descrito como "limitação de empenho e movimentação financeira", conforme a linguagem do artigo 9º da Lei de Responsabilidade Fiscal (Lei Complementar nº 101, de 4 de maio de 2000), que busca disciplinar o procedimento.

15. Ibid., p. 122.
16. Idem (grifos meus).
17. Essa palavra já provocou reações inclusive do poeta Carlos Drummond de Andrade e inspirou uma crônica de Eugênio Gudin a esse propósito. Cf. Gustavo H. B. Franco, *As leis secretas da economia: revisitando Roberto Campos e as leis de Kafka* (Rio de Janeiro: Zahar, 2012, p. 145).

A matéria é sensível, pois também se usa a designação para "atrasos" e "engavetamentos" de natureza variada e discricionária, que, no ambiente de inflação elevada, ofereciam uma fórmula fácil para sumir com despesas que o Executivo tomava como excessivas, ou para adequar sonhos à realidade, e sem que se precisasse falar no assunto. Foi o mecanismo que Guardia bem capturou em sua dissertação.

Muitos dos problemas que Guardia enxergou ficaram ainda piores com o tempo, a despeito de muitos progressos que ele próprio cuidou de fazer acontecer. A temática continua atualíssima.[18]

3. A teoria

A descoberta de Guardia esclarece muito sobre a dinâmica do financiamento inflacionário do governo, pois permitia que se acoplasse uma descrição realista da política fiscal brasileira – considerando nossas peculiaridades institucionais e o modo preciso como a inflação afetava receitas e despesas – à dinâmica do imposto inflacionário que se acreditava governar todas as hiperinflações. Era a conexão entre o mundo prático de Brasília com a academia.

Com efeito, a dissertação de Guardia teve um desdobramento no plano acadêmico, principalmente através do trabalho de Edmar Bacha, e outro referente às decisões de política fiscal no contexto do Plano Real, de que trataremos na próxima seção.

O imposto inflacionário

No plano da teoria, é antigo o *insight* segundo o qual a inflação funciona como uma espécie de imposto sobre a moeda que as pessoas carregam com elas, e a "receita" agregada decorrente desse "imposto" era, grosso modo, dada pela "alíquota" (a taxa de inflação, π) que incidia

---

18. Além de Edilberto C. Pontes Lima e Rogério B. Miranda, "O processo orçamentário federal brasileiro", em Marcos Mendes (org.), *Gasto público eficiente* (op. cit), ver: D. Couri e P. Bijos, "Subsídios para uma reforma orçamentária no Brasil", em Felipe Salto et al. (orgs.), *Reconstrução: o Brasil nos anos 20* (São Paulo: Saraiva-Jur, 2022).

sobre a demanda por moeda nesse mesmo nível de taxa de inflação, ou seja: $\pi^*Md(\pi)$.

Supunha-se que, em equilíbrio, houvesse a igualdade entre a arrecadação do "imposto inflacionário" ($\pi^*Md(\pi)$) e a coleta de "senhoriagem" ($\Delta M/P$), ou seja, o valor real da moeda emitida.[19] Essa igualdade seria observada ao longo de uma curva em forma de "sino", como nos gráficos da página 81.

A curva de "receita" do imposto inflacionário tinha a forma que era típica da "curva de Lafer" referente a impostos, refletindo o fenômeno pelo qual o aumento da alíquota vai erodindo a base. De tal maneira que, depois de ultrapassado certo nível crítico de inflação, a erosão da base (ou a redução na demanda por moeda, ou a segunda derivada da função) é tão grande, que o aumento na inflação reduz a receita do imposto inflacionário. Esse é o racional clássico para a ideia de "curva de Lafer", tanto para este como para qualquer outro "imposto", ou para a existência de dois equilíbrios ou da ideia de que uma mesma receita de "imposto inflacionário" podia ser coletada com alíquota baixa e base alta, e vice-versa.

O trabalho clássico de Phillip Cagan sobre as hiperinflações clássicas[20] deu origem a uma imensa literatura predominantemente empírica em busca de bases para a tese segundo a qual, nesses episódios, os governos buscavam *maximizar* a receita de imposto inflacionário, ou calibravam a inflação exatamente para situá-la no ponto máximo da curva.[21]

---

19. As receitas de "senhoriagem" ganhavam existência concreta no resultado do Banco Central, que capturava o fato de o custo de produção do meio circulante ser absurdamente inferior a seu valor de troca. As receitas do "imposto inflacionário", por assim dizer, imaginárias ou virtuais, eram calculadas por pesquisadores por meio de uma variedade de metodologias, mas sempre se presumia que tendessem a se igualar às receitas de "senhoriagem". Para algumas explicações adicionais, ver: Gustavo H. B. Franco, "O imposto inflacionário durante quatro hiperinflações", *Pesquisa e Planejamento Econômico* (vol. 18, nº 2, ago. 1988).

20. Phillip Cagan, "The Monetary Dynamics of Hyperinflation", em Milton Friedman (org.), *Studies in the Quantity Theory of Money* (Chicago: University of Chicago Press, 1956). Na verdade, as hiperinflações "clássicas", as que ultrapassaram 50% mensais, são as mesmas nove que Cagan estudou. Há muitas outras, como posteriormente documentado em: Stanley Fischer et al., "Modern Hyper- and High Inflations", *Journal of Economic Literature* (vol. 40, nº 3, set. 2002).

21. Meu próprio trabalho empírico sobre os valores coletados como "imposto inflacionário" e como "senhoriagem" durante quatro hiperinflações europeias não apoia a hipótese de que haveria uma "maximização" da receita do imposto inflacionário. Outras considerações fiscais certa-

O trabalho de Cagan tinha ficado para trás diante de interpretações mais abrangentes para as grandes inflações, sendo que a maior parte desse revisionismo se baseava no *paper* clássico de Thomas Sargent,[22] no qual a ênfase, seja da dinâmica do processo de inflação, seja da estabilização, se deslocava mais firmemente para o terreno fiscal.

Na verdade, bastava o efeito Tanzi para que ficasse prejudicada a tese pela qual os governos inflacionistas iam emitir papel-moeda até o nível de inflação correspondente ao ponto máximo da curva do imposto inflacionário. A conta mudava se existisse qualquer endogenia no déficit a ser financiado, o que era quase sempre o caso. A "maximização do imposto inflacionário" pode ser uma aproximação útil para descrever o que se passa com as finanças públicas e com a política monetária durante uma hiperinflação, ainda que possa simplificar em excesso a complexidade social e política das grandes inflações.

O efeito Tanzi foi muito importante nas grandes inflações estudadas por Cagan,[23] mas não muito importante no Brasil,[24] em face da cultura estabelecida de correção monetária, inclusive na esfera tributária. Alguma ajuda em matéria de "ajuste fiscal" acabou vindo do efeito Tanzi, em razão da estabilização, mas nada muito importante, pois o sistema tributário brasileiro já estava bastante bem adaptado ao ambiente de inflação alta.

Gráficos – "O efeito Guardia"

As singularidades do caso brasileiro podem ser vislumbradas nos gráficos a seguir, que trazem representações simplificadas e exemplificativas dos mecanismos discutidos nesta nota.

---

mente eram importantes. Ver: Gustavo H. B. Franco, "O imposto inflacionário durante quatro hiperinflações", *Pesquisa e Planejamento Econômico* (op. cit.).

22. Thomas Sargent, "The Ends of Four Big Inflations", originalmente publicado em: *Inflation: Causes and Effects* (Chicago: University of Chicago Press, 1982), coletânea organizada por Robert Hall para o National Bureau of Economic Research (NBER).

23. Gustavo H. B. Franco, "Fiscal Reforms and Stabilization: Four Hyperinflation Cases", *Economic Journal* (vol. 100, nº 399, mar. 1990).

24. Para uma discussão específica, ver: Gustavo H. B. Franco, "Ajuste fiscal: Alemanha anos 20, Brasil anos 90", Capítulo 10 de *O Plano Real e outros ensaios* (op. cit., p. 229).

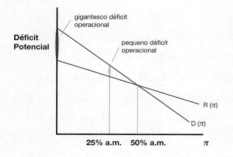 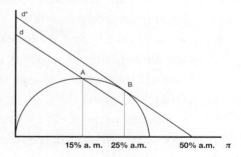

O primeiro gráfico mostra curvas de receita e despesa, ambas em termos reais, ou com proporção do PIB, e sensíveis à inflação, portanto, com inclinação negativa.

A receita real, ou em moeda constante ($R(\pi)$), se reduz à medida que a inflação aumenta por conta do efeito Tanzi, e a despesa real ($D(\pi)$) também sofre impacto semelhante, que bem poderíamos descrever como "efeito Guardia", vale dizer, a erosão do valor real da despesa causada pela inflação. Seria muito apropriado que pudéssemos assim designar o fenômeno identificado pela dissertação de Eduardo Guardia, à semelhança da homenagem que se faz a Tanzi.

Assume-se implicitamente, pelo desenho das retas no gráfico, que a receita é *menos* sensível à inflação do que a despesa, tomando-se como hipótese que a indexação seria mais avançada no sistema tributário do que no terreno orçamentário, o que parece razoável à luz da experiência brasileira. Em razão dessa hipótese, as retas designadas como "d" e "d*" referentes à política fiscal no gráfico à direita, que são idênticas às do trabalho de Edmar Bacha, possuem inclinação negativa, ou seja, o déficit público se reduz com a inflação.

Uma definição mais rigorosa do "efeito Guardia" deveria compreender as duas premissas: erosão do valor real da despesa pela inflação; e que esse efeito seja mais forte que o efeito Tanzi sobre a receita.

No gráfico à direita está indicado um "déficit potencial" de grandes proporções, que é o que se observaria se a inflação fosse zerada. Rigorosamente falando, a existência de um grande déficit potencial é uma hipótese a ser verificada, sobretudo a partir da observação do que há no orçamento, que é a melhor *proxy* para o déficit *ex ante*. Os achados de Guardia oferecem uma verificação empírica dessa hipótese, na verdade, quase um experimento natural, e tendem a conformá-la.

O "déficit potencial" é o que afasta o intercepto das duas retas de receita ($R(\pi)$) e despesa ($D(\pi)$) e faz com que essas retas se cruzem a um nível de inflação muito elevado. Conforme está desenhado, a 50% mensais a receita seria igual à despesa, e o déficit (operacional) seria zero. A 25% mensais, o déficit seria pequeno.

O gráfico à direita, que, como dito, é o utilizado por Edmar Bacha em seu *paper*, trabalha com a curva em forma de sino para a receita do imposto inflacionário e uma única reta negativamente inclinada para designar o déficit operacional ($d = R(\pi) - D(\pi)$), nas premissas acima discutidas.

Como está desenhado, o ponto A designa o máximo para a curva de imposto inflacionário (a 15% ao mês, como no gráfico), que se presume que *não* seria o ponto de equilíbrio, pois seria sempre factível *elevar* o déficit, deslocando a reta "d" (que representa a política fiscal) para cima, e alcançar novo equilíbrio no ponto B, a 25% mensais, conforme mostrado no gráfico, com déficit maior e inflação maior. Seria razoável imaginar, à luz da hipótese maximalista acima discutida, que o governo vai tentando elevar a "alíquota" até que o resultado marginal seja nulo ou contraproducente em matéria de "receita", que é quando se atinge o máximo de receita, considerados os efeitos secundários. Nesse cenário da política fiscal descrita pela reta "d*", a 50% mensais o resultado líquido, vale dizer, o déficit operacional seria zero.

4. O "efeito Guardia" e a decisão de 1993

No artigo 3º do Ato das Disposições Constitucionais Transitórias (ADCT) estava prevista uma Revisão Constitucional após cinco anos, contados da promulgação da Carta de 1988 (5 de outubro de 1988), pela qual a Constituição poderia ser alterada pelo "voto da maioria absoluta dos membros do Congresso Nacional, em sessão unicameral". Uma comissão presidida por Nelson Jobim e Gustavo Krause começou a trabalhar com grande entusiasmo em 1993, mas a decisão política foi a de abreviar, ou praticamente cancelar a Revisão Constitucional, que acabou aprovando apenas seis emendas ao texto original. Foi uma enorme oportunidade perdida.

Para a equipe do ministro FHC, que preparava um plano de estabilização de viés fundamentalista e focado em grandes reformas, a Revisão oferecia uma perspectiva luminosa. A notícia de que a Revisão não ia prosseguir foi uma decepção que poderia ter terminado com as ambições de estabilização. Só não foi o caso porque o ministro levou à equipe o que foi designado como uma espécie de "último desejo" para o grupo: uma única emenda, um único "tiro", após o qual a Revisão seria encerrada. E a grande pergunta passou a ser qual, então, deveria ser a "bala de prata" no terreno fiscal para abrir os caminhos para o fim da hiperinflação.

De um lado, havia a ideia de se formular uma Emenda Constitucional (EC) de "orçamento equilibrado", à semelhança da já famosa emenda Gramm-Rudman-Hollings, implementada nos Estados Unidos em 1985, e cuja versão brasileira mais próxima seria, anos depois, a chamada "PEC do Teto de Gastos" (EC nº 95), de 2016. A escolha acabou sendo por um modelo diferente, cuja expressão foi a Emenda Constitucional de Revisão nº 1, afinal promulgada em 1º de março de 1994, no dia seguinte ao da publicação da medida provisória que criou a Unidade Real de Valor, já aí destinada a mudar de nome quando fosse emitida como moeda de pagamento. O Plano Real teve início, portanto, simultaneamente à emenda constitucional que criou o Fundo Social de Emergência (FSE).

Muito já foi discutido sobre o FSE, valendo o registro de Persio Arida, por ocasião dos 25 anos do Plano Real, pelo qual recordaria que o FSE "não era fundo, nem social, nem de emergência".[25] Por mais

---

25. "Os 25 anos do Plano Real – A implantação da nova moeda e os desafios dos primeiros anos", Rádio Câmara, 6 ago. 2019. Disponível em: <https://www.camara.leg.br/radio/programas/566832-os-25-anos-do-plano-real-a-implantacao-da-nova-moeda-e-os-desafios-dos-primeiros-anos/>. Acesso em: 17 mar. 2024.

exótico que pudesse parecer, o FSE era um exercício amplo de *desvinculação de receitas federais*, com vistas a recuperar a capacidade do Tesouro de fazer "controle de caixa" e "contingenciamento" do orçamento, ainda que a vestimenta fosse de uma rubrica orçamentária de despesa. O texto, que acrescentava um novo artigo ao ADCT, o artigo 71, tinha a seguinte redação:

> Art. 71 (ADCT): Fica instituído, nos exercícios financeiros de 1994 e 1995, o Fundo Social de Emergência, com o objetivo de saneamento financeiro da Fazenda Pública Federal e de estabilização econômica, cujos recursos serão aplicados no custeio das ações dos sistemas de saúde e educação, benefícios previdenciários e auxílios assistenciais de prestação continuada, inclusive liquidação de passivo previdenciário, e outros programas de relevante interesse econômico e social.

É curioso que o texto-base do ajuste fiscal do Plano Real, cuja essência seja a de uma desvinculação de receitas e a recomposição do contingenciamento, tenha a embocadura de quem cria um programa de desenvolvimento, inclusive mediante a criação de uma nova "fonte", na linguagem orçamentária (a "fonte 199"), no âmbito da qual recursos seriam investidos em finalidades nobres.

No Brasil, para se fazer austeridade, é preciso trajar-se de forma irresponsável.

Note-se que o FSE foi criado para dois exercícios fiscais apenas, de tal maneira que o mesmo texto teve de ser aprovado diversas outras vezes, em sucessão, a fim de preservar o mecanismo. A EC nº 17/1997 levou o mecanismo até o exercício de 1999, sem alterar sua designação. A EC nº 27/2000 prorrogou o sistema até 2003, mas sob uma nova designação, mais fiel à substância do texto: Desvinculação de Receitas da União (DRU). A DRU foi prorrogada, em seguida, pela EC nº 43/2003, pela EC nº 56/2007, pela EC nº 68/2011 e, mais recentemente, pela EC nº 93/2015, que garante a validade do esquema até 2023. Houve mudanças importantes ao longo dessas extensões, com esvaziamento das desvinculações definidas na redação original.

Muitas considerações foram importantes para a decisão de 1993 sobre o FSE, mas basta o título do mecanismo para esclarecer que a decisão atribuiu enorme peso aos efeitos do mecanismo no sentido de recompor a efetividade do "contingenciamento" de despesas, como fórmula mais rápida e eficaz para o ajuste fiscal naquele momento.

É claro que era uma solução conjuntural e que, logo adiante, com o desaparecimento da inflação, o mecanismo perderia a efetividade e o ajuste fiscal teria de ser feito através de fórmulas mais convencionais, e muito mais difíceis, como o tempo se encarregaria de mostrar. Naquele momento, todavia, era a melhor alternativa.

Há debate sobre as hesitações no tocante ao ajuste fiscal nos primeiros anos do Plano Real, mas os resultados da estabilização falam por si, e as explicações são de diversas naturezas. O registro deve ser feito, não obstante, de que o "efeito Guardia" foi uma consideração essencial para que a "bala de prata" daquele momento tivesse o formato do FSE-DRU. É claro que o assunto não se resolveu com essa medida, cuja importância, inclusive, se viu diminuída nos anos mais recentes.

Sobreveio debate semelhante ao de 1994 anos depois, quando se chegou a uma emenda constitucional que estabeleceu o "Teto de Gastos" (EC nº 95/2016), imensamente debatida, e cuja efetividade acabou seriamente prejudicada pela pandemia. Não vamos entrar nesse debate, apenas vale notar que os especialistas parecem voltar suas atenções, ainda mais uma vez, para uma reforma da Lei nº 4.320/1964, no âmbito da qual se possa implementar algum mecanismo plurianual de sustentabilidade fiscal que funcione à semelhança do que se esperava da EC nº 95/2016.

Afinal, o orçamento é o coração da democracia – talvez, pensando bem, o estômago, ou o fígado. É muito mais do que um rito, é o ponto de contato entre a cidadania e os Poderes que mandam no dinheiro público. É como se fosse um farol iluminando a intervenção do Estado no domínio econômico. A política fiscal não pode ser feita senão através do orçamento, e se as práticas orçamentárias estão distorcidas a política fiscal dificilmente deixará de também estar.

Muitos anos se passaram e muitos trabalharam para que amadurecesse a percepção pela qual o controle fiscal precisa passar pelo orçamento. Esta parece ser a ordem do dia, só é de lamentar que Eduardo Guardia não esteja mais entre os que vão travar esses debates. A qualidade de sua contribuição acadêmica pioneira, aqui longamente discutida, e o exemplo proporcionado por sua atuação pública, tão exaltada por tantos dos melhores profissionais do país, continuam a inspirar os que não desistem do Brasil.

4. Lições aprendidas com a primeira parceria público--privada no Brasil: a Linha 4 do Metrô de São Paulo

Mario Engler Pinto Junior[1] e Daniel Sonder[2]

Introdução

Entre 2004 e 2006, durante a gestão do governador Geraldo Alckmin no estado de São Paulo, que tinha Eduardo Guardia como secretário de Fazenda, foi modelada, licitada e contratada a primeira parceria público--privada (PPP) do Brasil, sob a égide da Lei Federal nº 11.079/2004. Tratou-se do projeto da Linha 4 (Amarela) do Metrô de São Paulo, com 12,8 quilômetros de extensão, cobrindo o percurso entre a Luz (área central da cidade de São Paulo) e Vila Sônia (região do Morumbi), e a possibilidade de prolongamento até a cidade vizinha de Taboão da Serra.

1. Doutor em Direito Comercial pela Universidade de São Paulo (USP). Professor e coordenador do Mestrado Profissional da Escola de Direito da Fundação Getulio Vargas de São Paulo.
2. Diretor-executivo e *chief strategy officer* da Hong Kong Exchange and Clearing Ltd.

A Linha 4 teria 11 estações, uma frota de 29 composições de trens e capacidade para transportar um milhão de passageiros por dia. Foi concebida para entrar em operação em duas fases sucessivas, sendo a primeira composta por seis estações (Butantã, Pinheiros, Faria Lima, Paulista, República e Luz) e a segunda, por mais cinco (Vila Sônia, Morumbi, Fradique Coutinho, Oscar Freire, Higienópolis). O traçado cumpria o papel de integração da malha existente, operada pela Companhia do Metropolitano de São Paulo (Metrô) e pela Companhia Paulista de Trens Metropolitanos (CPTM), ambas funcionando como empresas estatais controladas pelo governo.

O projeto demandou investimentos públicos da ordem de US$ 922 milhões para a construção de obras civis, complementados por mais US$ 340 milhões do parceiro privado para a aquisição de sistemas e material rodante. A decisão de iniciar o programa paulista de parcerias público-privadas com um projeto complexo e ambicioso implicou a assunção de alguns riscos. A inexistência de paradigmas conhecidos e devidamente testados na prática representou enorme desafio para a equipe responsável pela estruturação do projeto. O sucesso do empreendimento decorreu de uma combinação de fatores, com destaque especial para o meticuloso trabalho de preparação institucional e técnica que antecedeu a contratação, a utilização de uma consultoria externa contratada pelo Metrô e a existência de uma grande dose de vontade política, traduzida pelo apoio consensual da alta administração do estado.

Os autores deste texto atuavam na época como diretores da Companhia Paulista de Parcerias (CPP), vinculada à Secretaria de Fazenda, então comandada por Guardia. A CPP contribuiu de forma decisiva para a estruturação da PPP da Linha 4, trabalhando de forma integrada e colaborativa com a equipe interna do Metrô. O apoio e o envolvimento pessoal de Guardia foram fundamentais para o êxito do projeto.

A convivência com Guardia, além de agradável e estimulante, proporcionou memoráveis aprendizados, não só sobre questões técnicas, econômicas e financeiras, mas principalmente sobre as atitudes e os valores éticos que devem guiar os gestores públicos. Considerando o caráter inovador da PPP da Linha 4, não foram poucas as dificuldades que se apresentaram durante a execução do projeto, com potencial de forçar sua interrupção ou postergação. Guardia, porém, sempre incentivou a equipe a perseverar, porquanto valorizava e disseminava no setor público uma rara mistura de garra, otimismo e energia. Essas são características típicas do espírito empreendedor, que combina o rigor analítico, esperado dos melhores gestores, com a visão de longo prazo dos grandes líderes públicos.

Assim, para homenagear Guardia, optamos por apresentar um relato sobre a PPP da Linha 4 do Metrô, com ênfase na experiência vivenciada e nas lições apreendidas.

Pavimentando o caminho para as PPPs no estado de São Paulo

O estado de São Paulo, sob a gestão do governador Geraldo Alckmin e do secretário de Fazenda Eduardo Guardia, foi pioneiro ao propor em 2003, e ter aprovado em 2004, o primeiro arcabouço legal para projetos de parceria público-privada no país, acompanhado logo em seguida pela legislação federal e pela legislação de outros estados da Federação, a exemplo de Minas Gerais.

A Lei Estadual nº 11.688/2004, que instituiu o programa de PPP no estado de São Paulo, também autorizou a criação da CPP, que ficou vinculada à Secretaria de Fazenda comandada por Guardia, e da Unidade de PPP, no âmbito da Secretaria de Planejamento. Ambas foram essenciais para a implementação do programa de PPP, em função da dedicação, da experiência profissional e da competência técnica de suas equipes.

Outro movimento fundamental do governo do estado para alavancar o programa de PPP foi a capitalização da CPP com ações de emissão da Companhia de Saneamento Básico do Estado de São Paulo (Sabesp), representando, aproximadamente, 20% do capital social. As ações assim transferidas foram, em seguida, objeto de oferta pública secundária no mercado de capitais, resultando no ingresso de cerca de R$ 650 milhões (valores da época) no caixa da CPP.[3] A decisão do governo do estado de destinar esse montante de recursos à CPP, em detrimento do atendimento de outros gastos, mostrou uma visão de longo prazo e o reconhecimento da importância dos investimentos em infraestrutura com apoio do setor privado.

A capitalização permitiu que a CPP estruturasse uma garantia bastante robusta e líquida para assegurar o cumprimento das obrigações de pagamento assumidas pelo estado e pelo Metrô perante o parceiro privado, conforme explicado a seguir. A solidez financeira e a segurança jurídica da garantia foram essenciais para afastar eventuais receios dos potenciais interessados no projeto de PPP, mormente por se tratar da primeira contratação brasileira nessa modalidade.

Estrutura fundamental da PPP da Linha 4

A PPP da Linha 4 foi estruturada como uma concessão patrocinada, com fundamento na Lei Estadual nº 11.688/2004 e na Lei Federal nº 11.079/2004. Quando da licitação da PPP, o governo do estado, por intermédio do Metrô, já havia contratado as obras de construção civil da Linha 4, incluindo a perfuração dos túneis, com suporte no orçamento público e em financiamentos concedidos por organismos multilaterais.

Coube ainda ao Metrô a obtenção das licenças ambientais e a realização das desapropriações no maior centro urbano do país. Por sua vez, o parceiro privado ficou responsável pelo fornecimento do material rodante, dos sistemas de sinalização e dos demais equipamentos instalados nas estações da Linha 4, além da operação do serviço de transporte pelo prazo de 30 anos.

Conforme detalhado adiante, a remuneração básica do parceiro privado ficou vinculada ao número de passageiros transportados,

---

3. "Prospecto definitivo de distribuição pública secundária de ações ordinárias de emissão da Sabesp", 28 out. 2004. Disponível em: <https://api.mziq.com/mzfilemanager/v2/d/9e47ee-51-f833-4a23-af98-2bac9e54e0b3/2d35b9cf-2f1a-0a4f-0cf9-bd4c74e9daf2?origin=1>. Acesso em: 21 mar. 2024.

independentemente da receita tarifária de fato arrecadada. Em outras palavras, a política de gratuidades então praticada pelo Metrô foi preservada, sem que isso afetasse a remuneração devida ao parceiro privado. Em paralelo, foram adotados vários mecanismos de mitigação de riscos, de modo a manter a atratividade do projeto perante os potenciais empreendedores e seus financiadores.

Contratação de consultor externo

À época da licitação da PPP da Linha 4, ainda não estava em voga o mecanismo de manifestação de interesse privado que se disseminaria posteriormente. Por esse mecanismo, os agentes econômicos são autorizados a apresentar estudos, com maior ou menor grau de detalhamento, para subsidiar o setor público na modelagem e na futura licitação do projeto de infraestrutura, abrangendo as vertentes jurídico-institucional, econômico-financeira, construtiva, técnico-operacional, ambiental e de instalação de equipamentos.

A primeira lição então apreendida foi a constatação de que vale muito a pena investir tempo e dinheiro para contratar um bom consultor com experiência profissional e capital reputacional, para prestar assessoramento na fase de estruturação do projeto. É papel também do consultor fazer a interlocução qualificada com potenciais interessados em participar do certame, de modo a assegurar o equilíbrio entre a atratividade privada do projeto e a eficiência econômica da contratação pública.

Além do adequado retorno financeiro pela assunção de riscos inerentes ao empreendimento, investidores e seus financiadores são extremamente sensíveis ao quesito da segurança jurídica. Já em relação ao setor público, o ideal é promover uma licitação que, ao mesmo tempo que seja competitiva, consiga atrair interessados realmente capazes de cumprir as obrigações contratadas. Não há nada mais vexatório para o governo do que uma licitação que resulte deserta, ou em que o vencedor se mostre posteriormente incapaz de executar o objeto licitado.

Por outro lado, não é tarefa simples a identificação de pleitos legítimos, entre as mais variadas reivindicações apresentadas pelo setor privado relativamente ao projeto de infraestrutura que o setor público pretende licitar. O mesmo se diga do trabalho de convencimento de representantes do governo para que sejam aceitas as demandas dos empreendedores tidas como justificadas para assegurar o sucesso da licitação. Tudo isso compõe o rol de tarefas executáveis pelo consultor que mantenha relação de confiança e lealdade com o contratante.

A legislação permite que a remuneração do consultor tenha caráter contingente e fique vinculada, no todo ou em parte, ao resultado da licitação. É possível ainda prever que os honorários devidos sejam pagos diretamente pelo vencedor da licitação, como condição para a celebração do contrato de concessão ou da PPP. Esses expedientes foram utilizados na PPP da Linha 4 e funcionaram de forma bastante satisfatória.

Ampliação do escopo da PPP

O principal risco da PPP da Linha 4 residia na interface entre as obras de construção civil (túneis, pátios, estações), contratadas pelo Metrô sob a égide da lei geral de licitações (Lei nº 8.666/1999), e a instalação de sistemas e material rodante, cujo fornecimento ficou a cargo do parceiro privado. Nesse cenário, qualquer demora na liberação das obras de construção civil acarretaria, forçosamente, o atraso no início da operação de transporte. Isso, por sua vez, resultaria na frustração da expectativa de receitas do parceiro privado, aliada ao custo de carregamento do financiamento contraído para cumprir as obrigações de investimento sob a forma de aquisição de sistemas e material rodante. Para mitigar a situação arriscada, a PPP da Linha 4 previu o pagamento de multas compensatórias pelo estado.

Intercorrências havidas durante a fase de construção tornaram necessária a readequação do cronograma inicialmente previsto para a entrada em operação de várias estações da Linha 4, com a consequente obrigação do estado de compensar o parceiro privado. O problema não teria surgido se o parceiro privado tivesse ficado responsável pela realização das obras, juntamente com a instalação de sistemas e material rodante. Em outras palavras: se o escopo da PPP fosse mais amplo e englobasse as funções de construção e de fornecimento de equipamentos, em lugar de se limitar à última delas.

Quando da licitação da PPP da Linha 4, o marco legal vigente prescrevia que qualquer pagamento do poder público ao parceiro privado somente poderia ser feito após a disponibilização do serviço concedido. Dessa forma, o parceiro privado seria compelido a investir primeiro na construção e montagem da infraestrutura, para depois auferir receitas pela cobrança de tarifas ou recebimento de contraprestação pecuniária paga diretamente pelo poder público. Para tanto, o parceiro privado precisaria ter acesso a financiamentos mais elevados, em que o credor provavelmente demandaria garantias corporativas dos patrocinadores do projeto.

Na prática, a regra legal funcionava como limitador do montante total de investimento que o parceiro privado poderia assumir, tornando necessária a contratação pelo poder público da construção ou fornecimento em separado de parte da infraestrutura vinculada à prestação do serviço concedido. A alternativa do investimento público fazia ainda mais sentido quando o poder concedente tivesse acesso a empréstimos de entidades multilaterais com garantia soberana da União, em condições mais vantajosas do que as aplicáveis às captações do parceiro privado, inclusive junto ao Banco Nacional de Desenvolvimento Econômico e Social (BNDES). Foi exatamente isso o que ocorreu com a PPP da Linha 4, cujas obras de construção civil foram financiadas pelo Banco Mundial (Bird) e o Banco de Desenvolvimento Japonês (JBIC).

Esse quadro se alterou com o advento da Lei nº 12.766/2013, que modificou a lei original de PPPs para instituir a figura do aporte de recursos públicos durante a fase de investimento, vinculado a etapas efetivamente executadas, conferindo-lhe tratamento tributário compatível com a temporalidade da geração de caixa do projeto.

Essa alteração legislativa motivaria o estado a modelar de outra forma o projeto da Linha 6 do Metrô, para também incluir no objeto da PPP a obrigação de o parceiro privado promover as desapropriações e a construção da infraestrutura básica, além da aquisição do material rodante e dos sistemas, combinadas com a operação do serviço de transporte de passageiros. O "empacotamento" de várias relações de fornecimento em um único contrato resolveu o problema da administração da interface entre diferentes contratados pelo poder concedente. O efeito final consistiu na redução do risco de o atraso nas obras por culpa do construtor contratado isoladamente repercutir de modo negativo nas obrigações assumidas pelo estado perante o parceiro privado.

A opção pela contratação integrada que norteou a modelagem do projeto da Linha 6 tende a produzir melhores resultados para o poder público, quando comparada com a separação contratual adotada na PPP da Linha 4. Um ponto particularmente sensível no modelo alternativo é a previsão de mecanismos contratuais para controlar a liberação dos aportes de recursos públicos, *pari passu* ao andamento das obras, sem que o parceiro privado fique à mercê de voluntarismos políticos e sem, tampouco, expor o poder público ao risco de pagar por algo que não foi corretamente executado.

Alocação de riscos

O modelo de repartição de risco de demanda utilizado na PPP da Linha 4 revelou-se satisfatório, tanto que foi repetido no projeto da Linha 6. No caso de projetos *greenfield*, em que não existe um histórico conhecido de fluxo de passageiros, a melhor solução parece ser a divisão do risco entre as partes com base em um estudo de demanda previamente elaborado.

Para isso, recomenda-se a instituição de faixas ou bandas simétricas de volume de usuários transportados, em que o parceiro público assume parcela crescente do resultado contingente (tanto do *upside* quanto do *downside*). Além de contribuir para alinhar os interesses entre as partes, já que a demanda de passageiros também depende da qualidade do serviço prestado pelo operador, o mecanismo de compartilhamento pode ser determinante para a obtenção de financiamento na modalidade de *project finance*, em que as receitas do projeto servem de garantia e meio de pagamento do empréstimo concedido.

Outra inovação significativa foi a instituição do mecanismo de compartilhamento do risco cambial. Tratou-se, à época, de uma solução inovadora que acabou se repetindo em outros projetos de infraestrutura no estado de São Paulo, como forma de ampliar a atração de empresas estrangeiras. No caso concreto da PPP da Linha 4, a variação da taxa de câmbio era um fator material para a decisão de investimento, porquanto as fontes de financiamento então disponíveis ao parceiro privado, notadamente no Banco Interamericano de Desenvolvimento (BID), combinadas com a necessidade de importação de material rodante, demandavam o endividamento em moeda estrangeira.

A proteção prevista no contrato de PPP estava vinculada exclusivamente aos empréstimos obtidos pelo parceiro privado em moeda estrangeira, para custear os investimentos obrigatórios, até o limite de 50% do impacto cambial. Para isso, devia-se comparar o valor total das obrigações financeiras em moeda estrangeira efetivamente pagas pelo parceiro em determinado período com o valor em reais dessas mesmas obrigações, considerando-se a taxa de câmbio referencial definida quando da assinatura do contrato. Dessa forma, o parceiro privado arcava com metade do impacto cambial, e o poder concedente com a outra metade.

A compensação porventura devida tinha sentido dúplice, na medida em que poderia beneficiar tanto uma parte quanto a outra e seria implementada sob a forma de reequilíbrio contratual. Quando o benefício coubesse ao parceiro privado, a recomposição deveria assegurar sua solvência perante os financiadores. Se o beneficiário fosse o poder concedente, o montante devido ficaria registrado em conta-corrente escritural, para posterior imputação no pagamento de outras obrigações de sua responsabilidade em face do parceiro privado.

Remuneração do parceiro privado

A PPP da Linha 4 conseguiu conciliar o requisito de segurança na remuneração do parceiro privado com a flexibilidade desejada pelo estado em relação à política tarifária, incluindo a instituição de gratuidades. Para isso adotou uma tarifa contratualizada, sujeita a reajuste periódico por índice de preços e desvinculada da tarifa efetivamente praticada em face do usuário, que continuou sujeita à discricionariedade do poder concedente. A tarifa contratualizada seria recebida pelo parceiro privado em função de cada passageiro transportado, pagante ou não, e retirada diretamente da entidade responsável pela arrecadação centralizada do sistema integrado de transporte público de passageiros na cidade de São Paulo. Essa entidade possui independência operacional e atua com a lógica de uma câmara de compensação, conforme adiante explicado.

No entanto, a tarifa contratualizada também assumiu a natureza de remuneração variável, já que a apuração do valor afinal devido passou a depender do desempenho do parceiro privado, aferido por meio de indicadores de qualidade do serviço como: intervalo entre trens, tempo médio de percurso, cumprimento da oferta programada, acidentes e crimes com usuários na linha, validação do acesso, reclamações de usuários e pesquisa de satisfação. O resultado da avaliação, realizada periodicamente, poderia reduzir em até 20% a receita tarifária atribuída ao parceiro privado.

Além da tarifa contratualizada por passageiro transportado, a PPP da Linha 4 estabeleceu o pagamento pelo estado, diretamente ao parceiro privado, de uma quantia fixa a título de contraprestação pecuniária. O pagamento deveria ocorrer em duas *tranches* distintas, cada qual desdobrada em 24 parcelas mensais, sendo a primeira após o início da operação da fase um (estações Butantã, Pinheiros, Faria Lima, Paulista, República e Luz) e a segunda quando já estivessem em funcionamento todas as 11 estações que compõem a linha.

O edital de licitação previu ainda que o total máximo da contraprestação pecuniária seria de R$ 150 milhões, porém o montante afinal devido corresponderia àquele proposto pelo licitante vendedor. Em outras palavras, quanto menor fosse o pagamento demandado pelo licitante, melhor seria a classificação obtida por sua proposta na fase de licitação. A proposta vencedora aceitou receber uma contraprestação pecuniária de R$ 75 milhões (ou seja, 50% do teto admitido pelo estado).

Tendo em vista o caráter híbrido da remuneração assegurada ao parceiro privado, combinando tarifa contratualizada com contraprestação pecuniária, a PPP da Linha 4 recebeu o rótulo de "concessão patrocinada".

Sistema de arrecadação centralizada

Outro ponto de destaque na modelagem da PPP da Linha 4 foi a prioridade assegurada ao parceiro privado para recebimento da tarifa contratualizada por intermédio do sistema de arrecadação centralizada. Do total das receitas arrecadadas no âmbito da câmara de compensação, correspondentes ao serviço de transporte prestado pelas empresas controladas pelo estado (Metrô e CPTM) em conjunto com a concessionária da Linha 4, esta última recebe sempre em primeiro lugar, vindo em seguida o Metrô e, por fim, a CPTM. Na prática, isso significa que a variável de ajuste no rateio da receita tarifária passou a ser a parcela devida à CPTM. A insuficiência de recursos para custeio das despesas operacionais da CPTM seria coberta diretamente pelo estado, a título de subvenção econômica.

O sistema de arrecadação centralizada, combinado com as regras de partilha previstas em contrato, funcionou como autêntica garantia em favor do parceiro privado no que concerne ao recebimento da tarifa contratualizada. A mesma solução foi adotada no projeto da Linha 6, embora nesse caso a prioridade do recebimento esteja subordinada à prévia satisfação do parceiro privado mais antigo da PPP da Linha 4. Naturalmente, o modelo assim concebido tem os seus limites e precisará ser repensado no futuro, à medida que novos operadores privados eventualmente ingressem na câmara de compensação.

Criação de agência reguladora

Quando da licitação da PPP da Linha 4, o estado de São Paulo não possuía uma agência reguladora no setor de transportes de passageiros com vocação metropolitana. O Metrô e a CPTM funcionavam como meras delegatárias, sem manter relação formal de concessão com o estado. Já as atividades do parceiro privado da PPP da Linha 4 (e também da Linha 6), além de estarem contratualizadas, deveriam ser acompanhadas e fiscalizadas por uma comissão de monitoramento criada por decreto governamental. Tal comissão desempenhava funções típicas de poder concedente e servia como canal específico de interação entre governo e concessionário.

Como regra, os operadores privados de serviços públicos anseiam pela criação de uma agência reguladora independente, dotada de competência decisória própria, autonomia financeira e corpo dirigente com mandato estável. Na visão dos agentes econômicos, uma agência reguladora com essas características tende a ser mais imparcial na gestão do contrato de concessão ou PPP, sobretudo quando se trata de reconhecer e respeitar os legítimos direitos do parceiro privado, potencialmente sujeitos a resistências políticas.

A PPP da Linha 4 ressentiu-se da falta de uma agência reguladora propriamente dita, havendo no contrato disposições que obrigavam o estado a criar a entidade como condição para emitir as ordens de serviço consideradas mais relevantes. A criação da agência reguladora acabou não acontecendo conforme previsto no contrato de PPP, o que demandou a negociação de um *waiver* com o parceiro privado.

A Lei Estadual nº 17.292/2020 permitiu que a então Agência Reguladora de Serviços Públicos Delegados de Transporte do Estado de São Paulo (Artesp), já em funcionamento, assumisse as atividades de regulação e fiscalização dos serviços de transporte de passageiros submetidos à esfera institucional da Secretaria de Transportes Metropolitanos, o que abrangeria também a PPP da Linha 4. Para a transferência de atribuições regulatórias passar efetivamente a valer, seria necessária a edição de um decreto governamental.

Garantias públicas

A natural desconfiança do setor privado acerca da vontade política e da capacidade financeira do setor público para honrar compromissos de longo prazo assumidos em contratos de PPP tornou imperativo o oferecimento de sólidas garantias no caso da Linha 4. Coube à CPP estruturar uma garantia destinada a assegurar o pagamento pontual da contraprestação pecuniária (até o limite de R$ 60 milhões), além das multas compensatórias instituídas em favor do concessionário. Era essencial que a garantia fosse percebida pelos licitantes como suficientemente líquida e dotada de segurança jurídica.

Por se tratar da primeira PPP licitada no Brasil, o estado acabou pagando um preço muito alto no quesito garantia. Esse modelo tornou-se de difícil repetição em outros projetos com características semelhantes (a exemplo da Linha 6). A garantia então prestada pela CPP correspondeu ao montante de R$ 270 milhões e foi estruturada na modalidade de penhor sobre cotas do Fundo de Investimento Financeiro (FIF).

A definição do valor da garantia considerou, por um lado, o montante total e o prazo de vencimento das obrigações garantidas (parte da contraprestação pecuniária e as multas contratuais compensatórias) e, por outro, a projeção de rendimento dos títulos públicos que seriam adquiridos pelo FIF para compor o seu patrimônio. A equação financeira para a constituição da garantia foi mais uma relevante contribuição de Guardia para a estruturação do projeto, tendo servido para reduzir o valor do desembolso inicial em dinheiro demandado da CPP.

Nesse contexto, a CPP figurou como única cotista do FIF. O resgate de cotas do FIF para pagamento das obrigações eventualmente inadimplidas podia ser solicitado a qualquer momento pelo agente da garantia. A função de agente da garantia foi exercida por uma instituição financeira independente, escolhida de comum acordo pela CPP e pelo parceiro privado, correndo a respectiva remuneração por conta do FIF.

Para os próximos projetos de PPP, fica a lição de que será necessário desenvolver soluções inovadoras em matéria de estruturação de garantias que possam proporcionar conforto ao parceiro privado, mas sem impor custos excessivamente elevados ao poder público, a ponto de torná-las ineficientes sob a ótica econômica. Uma vertente que merece ser explorada em modelagens futuras consiste na instituição de mecanismos contratuais de constrangimento não financeiro sobre o poder público, de modo a minimizar o risco de inadimplemento. Enquadra-se nessa categoria o cumprimento de condições precedentes para a emissão de ordens de serviço, assim como a imposição de obrigações contratuais de fazer ou não fazer, passíveis de tutela judicial específica.

Manutenção do equilíbrio econômico-financeiro

Na época em que a PPP da Linha 4 foi licitada, a metodologia consagrada para a recomposição do equilíbrio econômico-financeiro em contratos de concessão, com base nos riscos alocados a cada parte, atribuía maior peso às projeções financeiras do plano de negócios integrante da proposta econômica apresentada pelo licitante vencedor. Essa tônica prevaleceu no programa de concessões rodoviárias implementado pelo governo paulista a partir da segunda metade da década de 1990 e, com algumas ressalvas, também foi adotada na PPP da Linha 4.

Com o passar do tempo, ganhou destaque o método do fluxo de caixa marginal, que desconsidera os dados da proposta econômica do concessionário, especialmente a taxa interna de retorno implícita ao plano de negócios. Segundo o novo método, o valor do reequilíbrio porventura devido ao concessionário deve levar em conta as variáveis vigentes no momento em que ocorreu o desequilíbrio, tais como custo de capital, demanda real, preço efetivo de construção e despesas operacionais incorridas.

A alternativa do fluxo de caixa marginal passou a ser adotada na quase totalidade dos editais de licitação de concessões e PPP, para compensar o concessionário pela realização de investimentos não previstos no projeto inicial. A PPP da Linha 4 não faz parte desse rol, ao contrário da Linha 6, que foi licitada posteriormente e pôde incorporar essa inovação.

Indenização por encampação

Merece registro um último aspecto, com o propósito de orientar a modelagem de futuros projetos de PPP. Trata-se de disciplinar com mais objetividade e precisão a forma de apuração da indenização devida ao parceiro privado, no caso de encampação da concessão por decisão política do poder concedente. Como a encampação está condicionada ao prévio pagamento de indenização ao concessionário, a falta de um critério de cálculo objetivo, previsto no contrato, acaba inviabilizando o seu uso na prática.

Para equilibrar os interesses em jogo, afigura-se recomendável que o contrato de concessão adote uma fórmula que desestimule comportamentos oportunistas do setor público. No entanto, a indenização devida não pode impor custos desarrazoados, a ponto de simplesmente impedir que o instrumento cumpra sua função socioeconômica. Em muitos casos, a ameaça de encampação serve para motivar o parceiro privado a aceitar a renegociação de certas condições do contrato que, com o passar do tempo, podem ter se tornado excessivamente onerosas aos cofres públicos ou aos usuários do serviço concedido.

Conclusão

A experiência vivenciada em companhia de Eduardo Guardia, na fase de modelagem e licitação da PPP da Linha 4 do Metrô, propiciou o aprendizado de lições importantes. Os ensinamentos serviram de paradigma para orientar a estruturação de novos projetos de concessão e PPP em diferentes setores de infraestrutura no estado de São Paulo, não se limitando ao serviço de transporte metroviário de passageiros.

A despeito do pioneirismo da PPP da Linha 4, podemos afirmar que o projeto teve muito mais acertos do que erros e contribuiu, de forma decisiva, para consolidar o modelo de negócio em todo o Brasil. Esse aprendizado representa mais um grande legado deixado por Guardia que beneficiou todos os que com ele trabalharam e desfrutaram de sua convivência. Transformações institucionais no setor público não se constroem do dia para a noite, até porque dependem de prudência e planejamento, combinados com alguma dose de arrojo e apetite para romper com o *modus operandi* estabelecido.

Vale enaltecer ainda a decisão do governo do estado de capitalizar a CPP para viabilizar a estruturação de garantias de pagamento em favor do parceiro privado da PPP da Linha 4, demonstrando visão estratégica sobre a necessidade de priorizar investimentos no setor de infraestrutura para alavancar o desenvolvimento nacional. Governar é fazer escolhas, definir prioridades, evitar falsos dilemas, administrar conflitos e buscar as convergências possíveis. Eduardo Guardia era mestre no assunto e suas lições continuam particularmente relevantes nesta terceira década do século XXI.

5. A AGENDA REDESCOBERTA: AS REFORMAS MICROECONÔMICAS DO TRIÊNIO 2016-2018

João Manoel Pinho de Mello[1]

Introdução[2]

Em meados de 2016, o Brasil enfrentava uma de suas maiores recessões. Ainda que os matizes de pensamento divirjam, poucos discordam de

---

1. Sócio do Opportunity Asset Management e professor de Política Pública da Escola de Economia de São Paulo da Fundação Getulio Vargas (EESP-FGV). Chefiou a Secretaria de Promoção da Produtividade e Advocacia da Concorrência do Ministério da Fazenda (Seprac/MF) ao longo do biênio 2017-2018.
2. Este Capítulo se baseia em Dutz (2018), De Mello et al. (2019) e no relatório produzido pela Seprac/MF, publicado em dezembro de 2018 e assinado pelo ministro da Fazenda à época, Eduardo Guardia. O relatório descreve minuciosamente as contribuições da então recém-criada Secretaria (Seprac, 2018). Ainda que não tenham participado diretamente da elaboração deste Capítulo, tenho uma dívida impagável com os servidores do Ministério da Fazenda, que tiveram a paciência de lidar com um novato no serviço público. Pelo bom exemplo, ensinaram-me muito sobre espírito público. Em particular, e certamente cometendo várias injustiças, cito Ângelo Duarte, Talita Azevedo, Andrey Goldner, Isabela Duarte, Daniel Canhete, Orlando Amantea, Roberto Taufick e Marcelo Ramos. Não se lhes deve imputar quaisquer erros que porventura haja neste Capítulo.

dois diagnósticos genéricos. Primeiro, a incerteza sobre a capacidade de o Estado honrar os compromissos com seus credores representava – e representa – um fardo sobre a economia brasileira; esse fardo se manifestava – e se manifesta – por meio de taxas de juros elevadas em todo o horizonte de maturidade da dívida. Segundo, o crescimento econômico havia estagnado. Ajudada nos anos 2000 pela bonança das *commodities* e pelas forças demográficas favoráveis, a economia brasileira começou a apresentar fraqueza estrutural em meados da década de 2010.

Nesse contexto, a equipe do Ministério da Fazenda, sob o comando do ministro Henrique Meirelles e de seu então secretário-executivo, Eduardo Guardia, empurrou duas grandes agendas de reformas. A primeira foi a consolidação fiscal, cuja manifestação mais famosa foi a Emenda Constitucional nº 95/2016, o teto de gastos, e este livro traz várias análises aprofundadas sobre as reformas fiscais. Neste Capítulo, registro o legado das reformas microeconômicas, cujo objetivo é aumentar de forma sustentada a capacidade de crescimento da economia brasileira.

Parte 1: o diagnóstico

Pode-se crescer de duas formas, não mutuamente excludentes: 1) acumulando fatores de produção, ou seja, mais máquinas (isto é, capital) ou mais capital humano (isto é, alguma soma do número de pessoas em idade produtiva e de suas habilidades); ou 2) usando melhor os mesmos fatores de produção, ou seja, aumentando a produtividade.

A produtividade, ou a falta de, era o cerne do diagnóstico. O Brasil, assim como outros países de renda média, havia esgotado o crescimento por acumulação de fatores. A Figura 1 descreve graficamente o diagnóstico.

Figura 1. Decomposição do PIB real pela ótica da produção na paridade do poder de compra atual

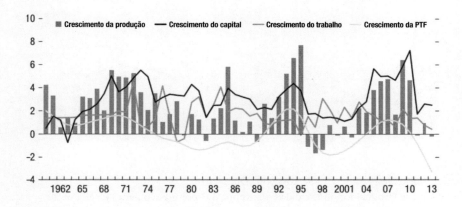

Fonte: De Mello et al. (2019).

O crescimento acelerado do período 1964-1980 caiu e oscilou entre 1980 e 2014, ainda que a taxa de crescimento do estoque de capital tenha desacelerado levemente depois de 1980. Contudo, os estoques de capital e de trabalho seguiram crescendo após 1980, o que sugere o esgotamento do modelo de crescimento baseado na acumulação de fatores de produção.

A produtividade é medida pela parte do crescimento não explicada pelas variações dos estoques de capital e de trabalho; esse resíduo é chamado de Produtividade Total dos Fatores (PTF). Na Figura 1 vê-se que a produtividade contribuiu menos do que a acumulação de fatores. Além disso, a produtividade em nada contribuiu para o crescimento.

A comparação com outros países ajuda a compor o diagnóstico. A Figura 2 mostra, para o Brasil e para alguns grupos de países, a evolução desde 1995 da produtividade do trabalho medida pelo valor adicionado por trabalhador. Nos países emergentes, o valor adicionado por trabalhador cresceu mais de 50% desde 1995; nos países avançados, subiu quase 40%. No Brasil, o crescimento alcançou menos de 20%. Note-se que o Brasil segue o mesmo padrão da América Latina.

Figura 2. Produtividade do trabalho: comparação internacional

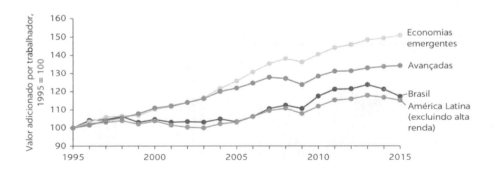

Fonte: World Development Indicators. Ver: Dutz (2018).
Nota: Chile e Uruguai foram excluídos do grupo ALC porque são países de alta renda.

Dutz (2018) quantifica, ainda que aproximadamente, os impactos de aumentos do investimento e da produtividade. A Figura 3, a seguir, contém os resultados do exercício. No primeiro cenário, a acumulação de capital retornaria ao ritmo dos anos 1960 – o investimento iria de 17% para 21,5% do PIB –, mas a produtividade seguiria sem crescimento. Algum aumento do crescimento potencial ocorreria, como era de esperar, mas o impacto seria baixo. No segundo cenário, a produtividade cresceria como nos melhores períodos, mas o investimento continuaria nos mesmos 17% do Produto Interno Bruto (PIB) do período recente. Nesse segundo cenário, o crescimento cresceria substancialmente, ficando em 4% a.a.

Figura 3. Exercícios contrafactuais de crescimento e produtividade

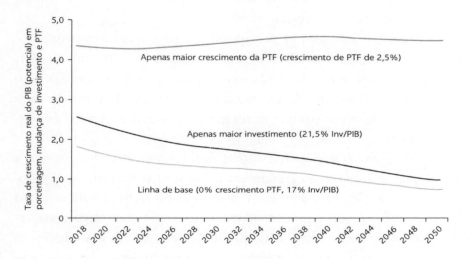

Fonte: Cálculos do Banco Mundial. Ver: Dutz (2018).
Nota: A simulação foi feita com LTGM-PC calibrado para o Brasil, assumindo um crescimento de 1% para o capital humano. Inv/PIB é a parcela do investimento total da produção nacional total.

Em suma, as Figuras 1, 2 e 3 mostram que há muito ganho quando se aumenta a produtividade e menos quando se acumulam fatores, *e.g.*, investimento de capital fixo. Mas como aumentar a produtividade? Há dois mecanismos, não mutuamente excludentes: 1) transferir os fatores de produção dos setores pouco produtivos para os setores mais produtivos (estratégia vertical); ou 2) melhorar a produtividade em vários setores (estratégia horizontal).

O mecanismo vertical é forte nos estágios iniciais de crescimento econômico. A migração da força de trabalho do campo para a cidade, saindo de uma atividade de subsistência para a manufatura têxtil, é um fenômeno recorrente (*e.g.*, Brasil, de 1930 a 1980, e China, de 1990 a 2020). Claramente, a realocação do fator trabalho do setor agrícola para o manufatureiro produz aumento de produtividade para um mesmo estoque de capital físico e humano. O "mato alto" do crescimento econômico é a realocação vertical (além da já mencionada acumulação de capital físico e humano quando os estoques são baixos e, consequentemente, os retornos são altos).

A produtividade aumenta horizontalmente quando vários setores crescem simultaneamente sem aumento de "insumos". Por exemplo, a introdução de uma tecnologia de propósito geral, como eletricidade e computação, aumentou a capacidade de produzir com os mesmos recursos (frequentemente com *menos* recursos) em vários setores.

Desde meados dos anos 1970, as políticas *verticais* dominaram a estratégia de fomento ao crescimento. Apostou-se no fomento a setores que, no jargão, ao "adensarem" as cadeias produtivas, adicionariam valor e melhorariam a produtividade. O exemplo ilustrativo dessa estratégia é o fomento à cadeia de produção relacionada à produção de óleo bruto, como a indústria naval, a indústria de bens de maquinário e o setor petroleiro.

Para a equipe comandada pela dupla Meirelles/Guardia, o Brasil havia crescido de forma medíocre a partir dos anos 1980. Não só porque o modelo de acumulação de fatores havia se esgotado, mas também porque as oportunidades de *realocação* de fatores de produção haviam se exaurido. Ou seja, as políticas verticais, i.e., os estímulos a setores específicos, já não surtiam efeito. A debilidade produtiva era *horizontal*, ou seja, comum aos vários setores econômicos (incluindo-se aí parte do setor agrícola).

De Mello et al. (2019) apresentam os dois exercícios que justificam o diagnóstico da equipe econômica Meirelles/Guardia. O primeiro exercício computa como a produtividade brasileira se comportaria, caso sua força de trabalho se distribuísse conforme cada um dos países na Figura 4. Em particular, consideremos a Coreia do Sul, um caso exitoso de política industrial vertical. Tivesse o Brasil a composição setorial da economia sul-coreana, o que significa mais indústria e menos serviços e agricultura, o valor agregado por trabalhador brasileiro subiria 50%; se a força de trabalho do Brasil replicasse a distribuição média da força de trabalho na amostra, composta majoritariamente por países industrializados, a produtividade seria 42% mais alta. Inferir-se-ia, portanto, que o fomento à indústria aumentaria a produtividade.

Figura 4. Contrafactual 1 – Crescimento da produtividade (porcentagem)

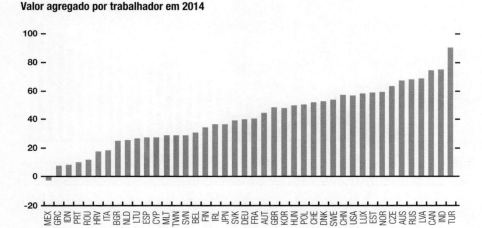

Fonte: Banco de Dados de Entrada-Saída Mundial – Contas Socioeconômicas. Ver: De Mello et al. (2019).
Nota: O Contrafactual 1 mantém a produtividade real de cada setor e simula a produtividade agregada se a distribuição de trabalhadores entre setores no Brasil for igual à distribuição em outros países. As etiquetas de dados na Figura 4 usam os códigos de países da International Organization for Standardization (ISO).

A Figura 5, também retirada de De Mello et al. (2019), apresenta decomposição oposta: mantendo-se a mesma distribuição de trabalhadores entre setores, estima-se qual seria o valor agregado por trabalhador, caso o Brasil apresentasse uma produtividade igual à de outros países em cada setor. Nas palavras de De Mello et al. (2019): "[Se] o trabalhador brasileiro fosse tão produtivo quanto o trabalhador coreano em cada setor, o valor agregado médio por trabalhador aumentaria em 90%. Se a força de trabalho brasileira atingisse a produtividade média da amostra, o valor agregado por pessoa aumentaria em 117,7%." Ou seja, *o potencial de ganho de produtividade horizontal é mais do que o dobro do vertical.*

Figura 5. Contrafactual 1 – Crescimento da Produtividade (Porcentagem)

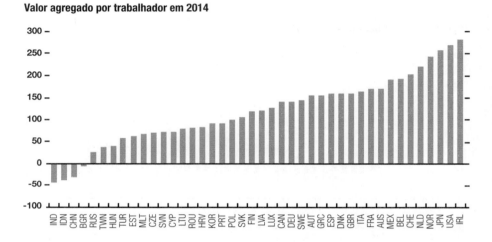

Fonte: Banco de Dados de Entrada-Saída Mundial – Contas Socioeconômicas. Ver: De Mello et al. (2019) e Dutz (2018).
Nota: O Contrafactual 1 mantém a distribuição de trabalhadores entre setores e simula a produtividade agregada se a produtividade dos trabalhadores brasileiros for igual à produtividade dos trabalhadores dos países em cada setor. As etiquetas de dados na Figura 5 usam os códigos de países da International Organization for Standardization (ISO).

Parte 2: as reformas

Embasada nesse diagnóstico, a política microeconômica do período 2016-2018 no Brasil concentrou esforços em políticas verticais. Em particular, classifico as reformas em três categorias: melhoria da eficiência dos mercados de capital (amplamente definido, não no sentido estrito de mercado de valores mobiliários) e de trabalho, e aumento de competição e de competitividade. Em comum, essas políticas têm a característica horizontal, ou seja, afetam todos os setores.

Na agenda de eficiência de capital, destacam-se dois grupos: 1) as ações lideradas pelo Banco Central, com o apoio e a parceria do Ministério da Fazenda, conhecidas por agenda BC+ (posteriormente BC#); e 2) a introdução da Taxa de Longo Prazo (TLP) como a remuneração do Fundo de Amparo ao Trabalhador (FAT), o que determina o custo de financiamento dos empréstimos concedidos pelo Banco Nacional de Desenvolvimento Econômico e Social (BNDES).

A TLP, tratada com o devido detalhe por Mansueto Almeida neste livro, é um instrumento para assegurar a qualidade mínima dos projetos financiados com uma parte relevante da poupança (forçada) nacional. A TLP atribui ao FAT um retorno igual ao da dívida pública (mesmo assim, baixo, dado o perfil do passivo do FAT). Ainda mais importante para os propósitos deste Capítulo, a TLP garante que os recursos do FAT não sejam alocados em projetos sem um retorno mínimo, o que disciplina a alocação de capital.[3]

A agenda BC/MF aprofundou um conjunto de reformas bancárias que perpassou vários governos, mas estava submersa nas políticas para o aumento da eficiência da intermediação financeira. Entre elas, destacam-se: a duplicata eletrônica, que deu mais segurança à negociação e ao uso como garantia das duplicatas comerciais; o cadastro positivo, que seria aprovado pelo Congresso Nacional e sancionado no governo seguinte, em 2019, ampliando o compartilhamento seguro de informações pertinentes para a concessão de empréstimos, reduzindo o risco de subscrição de crédito e aumentando a competição entre os bancos; a diminuição de barreiras à atuação de instituições não bancárias na prestação de serviços de pagamento, as Instituições de Pagamentos (IPs) ou Fintechs, permitindo a ampliação da competição em serviços correlatos à intermediação bancária; o aprimoramento do uso dos recursos da caderneta de poupança como *funding* do financiamento imobiliário.

A reforma trabalhista introduziu inovações cujos objetivos eram melhorar a eficiência da alocação do trabalho, por meio do aumento da

---

[3]. Uma descrição detalhada encontra-se em Seprac (2018).

flexibilidade na relação trabalhista e da redução da litigiosidade entre empregadores e empregados.

O Ministério da Fazenda criou uma Secretaria cujo foco estava na agenda de aumento de produtividade e na promoção da concorrência. Em sua lista de contribuições, estão: 1) o distrato imobiliário, que aumenta a segurança na relação de compra e venda de imóveis; 2) a revisão dos procedimentos de defesa comercial, de modo a aumentar a exposição segura à concorrência externa para benefício da eficiência e dos consumidores (incluindo aqui consumidores de insumos, ou seja, a própria indústria); a revisão das políticas de conteúdo local, cujo objetivo é o mesmo da revisão do arcabouço de defesa comercial; a revisão de políticas setoriais malsucedidas com base em evidências empíricas, como é o caso do Inovar-Auto do setor automotivo.[4]

Conclusão

Em suma, as políticas iniciadas no período 2018 são o redescobrimento de uma agenda de reformas microeconômicas para o aumento da eficiência e da produtividade da economia brasileira. O objetivo final é o aumento do crescimento econômico, que facilitará a satisfação das demandas de melhoria social.

É com alegria que verifico que a Seprac seguiu em sua essência, como legado, nos governos Bolsonaro e Lula, o que confirma a visão de que a agenda do aumento de produtividade será perene.

Termino com um depoimento. A agenda descrita neste Capítulo não se concretizaria sem a liderança de Eduardo Guardia como secretário-executivo e como ministro. No lado pessoal, Eduardo foi um amigo que o destino nos privou de maneira cruelmente precoce.

---

4. Para o caso do setor automotivo, ver: Sturgeon et al. (2017).

Referências bibliográficas

DE MELLO, João Manoel Pinho; DUARTE, Isabela; e DUTZ, Mark (2019). "Brazil's Productivity Challenge: Structural Change *versus* Economy-Wide Innovation-Based Improvements", em: SPILIMBERGO, Antonio; e SRINIVASAN, Krishna (orgs.). *Brazil: Boom, Bust, and the Road to Recovery*. Washington, D.C.: International Monetary Fund.

DUTZ, Mark (2018). *Emprego e crescimento: a agenda da produtividade. Desenvolvimento internacional em foco*. Washington, D.C.: Banco Mundial.

SECRETARIA DE PROMOÇÃO DA PRODUTIVIDADE E ADVOCACIA DA CONCORRÊNCIA – Seprac (2018). *Produtividade e concorrência*. Brasília: Ministério da Fazenda.

STURGEON, Timothy J.; CHAGAS, Leonardo Lima; e BARNES, Justin (2017). *Inovar-Auto: Evaluating Brazil's Automotive Industrial Policy to Meet the Challenges of Global Value Chains*. Washington, D.C.: Banco Mundial.

6. Produtividade e crescimento da economia brasileira: questões microeconômicas[1]

Marcello Estevão[2] e Mariana Iootty[3]

Introdução

Após muitas décadas de intenso crescimento econômico, a economia brasileira tem crescido muito pouco desde os anos 1980. O crescimento que vimos desde a proclamação da República, em 1889, foi fortemente baseado na acumulação de capital, no aumento do tamanho e da qualidade da força de trabalho e no maior uso de terras com algum crescimento da Produtividade Total de Fatores (PTF), que mede a eficiência pela qual insumos produtivos são utilizados. De 1950 até o fim dos anos 1980, o modelo econômico brasileiro se caracterizou por um processo

---

1. Texto finalizado em março de 2023.
2. Diretor-gerente e economista-chefe do Instituto de Finanças Internacionais, Washington, D.C., EUA.
3. Economista sênior, Banco Mundial, Washington, D.C., EUA.

de substituição de importações e de criação de uma indústria de maquinaria pesada, de materiais de produção e de bens de consumo duráveis, com pouca atenção sendo dada ao impacto dessa estratégia sobre o grau de competitividade da economia brasileira.

De fato, políticas protecionistas de comércio exterior eram a base dessa visão de desenvolvimento econômico, tornando factível qualquer estrutura produtiva. Desde que uma maior abertura comercial foi implementada no país nos anos 1990 (em resposta a uma forte dinâmica de integração de processos produtivos e cadeias de comércio no mundo inteiro), a fé na estratégia protecionista e em características distorcivas do mercado de produtos e serviços brasileiros tem sido abalada. Contudo, o Brasil continua sendo um país bastante fechado ao comércio exterior, com processos produtivos muitas vezes ineficientes, ainda que o país lidere o mundo em áreas-chave, como a agroindústria.

Em particular, a produtividade econômica tem crescido a taxas ínfimas desde 1980. Números disponibilizados pelo Observatório da Produtividade Regis Bonelli, da Fundação Getulio Vargas (FGV), mostram que a PTF cresceu apenas 0,3% ao ano no Brasil no período 1980-2021. Os mesmos números revelam ainda que a contribuição da PTF para o crescimento da renda da economia – mensurada como valor adicionado – foi quase sempre pequena, ou até negativa em alguns subperíodos. A Tabela 1 demonstra que, com exceção do intervalo 2000-2010, a contribuição da PTF foi ou negativa ou menor do que a contribuição do aumento do estoque do capital em uso e das horas trabalhadas.

Em outras palavras, a eficiência com a qual agentes econômicos combinam insumos produtivos no Brasil é relativamente baixa, sendo o aumento do estoque de capital e o número de horas trabalhadas os principais motores do crescimento. A sustentabilidade desse modelo é colocada em xeque num contexto de poupança interna reduzida, combinada com envelhecimento da população e esgotamento do modelo de crescimento dos anos 2000, que foi baseado no aumento do consumo privado. O crescimento futuro terá de vir pelo caminho do aumento da eficiência, i.e., da produtividade. Sem isso, fica comprometida a geração de excedentes econômicos que poderiam ser investidos em atividades mais produtivas, na adoção de tecnologias mais modernas, na melhoria do capital humano e, por consequência, na geração de melhores empregos.

Tabela 1. Decomposição do crescimento do valor adicionado no Brasil (% anualizado)

Períodos	Valor adicionado	Estoque de capital em uso	Horas trabalhadas	PTF
1987-1990	2,2%	1,1%	1,7%	-0,6%
1990-2000	2,5%	1,0%	1,0%	0,5%
2000-2010	3,5%	0,9%	1,1%	1,5%
2010-2021	0,6%	0,8%	0,1%	-0,2%
2010-2014	2,1%	1,2%	0,6%	0,4%
2014-2019	-0,4%	0,2%	-0,1%	-0,5%
2014-2021	-0,3%	0,6%	-0,2%	-0,6%
1981-2021	2,2%	0,9%	0,9%	0,3%

Fonte: Observatório da Produtividade Regis Bonelli, PDF Anual, 2021. Disponível em: <https://ibre,fgv,br/sites/ibre,fgv,br/files/arquivos/u65/relatorio>. Acesso em: mar. 2024.

As causas da baixa produtividade no Brasil não estão associadas à composição setorial da economia, mas, sim à reduzida produtividade dentro dos setores. O relatório do Banco Mundial *Emprego e crescimento: a agenda da produtividade* (Dutz, 2018) compila diferentes análises empíricas para detalhar as causas da baixa produtividade no Brasil. A conclusão é de que, embora as mudanças estruturais entre setores – com deslocamento de trabalhadores da agricultura para a manufatura e os serviços – tenham gerado ganhos pequenos de produtividade, o que realmente prejudicou o desempenho agregado foi a baixa produtividade dentro dos setores.

Nesse sentido, os resultados apresentados por Veloso et al. (2017) são especialmente ilustrativos: se o Brasil tivesse uma alocação setorial de mão de obra semelhante à dos Estados Unidos, a produtividade agregada aumentaria em 68%. Contudo, se o Brasil tivesse taxas setoriais de produtividade iguais às dos Estados Unidos, a produtividade agregada saltaria 430%. Em outras palavras, mudar a especialização produtiva da economia brasileira não solucionará o problema da baixa produtividade; o problema reside na baixa produtividade dentro dos vários setores, um padrão que se repete em outras economias latino-americanas (Álvarez et al., 2019).

Tal constatação mostra a importância de se analisar a dinâmica da produtividade no nível micro das empresas. O crescimento da produtividade no nível da firma – seja ela produtividade do trabalho ou PTF – pode vir de três fontes, não necessariamente excludentes. A primeira delas se refere aos ganhos de eficiência no nível das firmas ("componente de *upgrade intrafirma*") e reflete ganhos associados à melhoria da capacidade da firma de produzir mais com a mesma quantidade de insumos. A segunda parcela se refere à realocação de fatores de produção e a fatias de mercado de firmas menos eficientes para firmas mais eficientes ("componente de *realocação entre firmas*"). A terceira reflete a entrada de firmas mais produtivas (em comparação com a média do setor) e a saída de firmas menos eficientes ("componente de *seleção*").

Há evidências de que a baixa produtividade no Brasil resulta de limitadas melhorias de eficiência dentro das firmas e da má alocação de fatores entre empresas. Três conjuntos de resultados empíricos (baseados em dados no nível da firma) merecem destaque. Primeiro, a evolução da produtividade entre o fim dos anos 1980 e a primeira década dos anos 2000 foi prejudicada por ganhos reduzidos na produtividade "dentro" das empresas sobreviventes e pela limitada realocação de recursos entre empresas (Dutz, 2018). Segundo, e com dados para o mesmo período, Gomes e Ribeiro (2015) mostram que nem sempre as firmas mais eficientes ganharam maiores fatias de mercado. Finalmente, Vasconcelos (2017) usa dados de empresas no período 1996-2011 e apresenta evidências de que a dispersão da produtividade entre empresas do mesmo setor da indústria manufatureira no Brasil é, em média, alta e assimétrica, com uma cauda inferior mais elevada. Isso indica que algumas empresas conseguem produzir mais com a mesma quantidade de insumos, evidenciando uma má alocação de recursos. O mesmo estudo demonstra que a dispersão aumentou entre 1996 e 2011, sugerindo que o problema de alocação ineficiente de recursos vem crescendo com o tempo.

Diante desse contexto, o aumento da produtividade e o consequente rompimento da "armadilha do lento crescimento" passam pelo desenho de políticas de ordem microeconômica, i.e., aquelas que afetam diretamente os incentivos das empresas e a alocação de recursos no mercado. De acordo com Dutz (2018), a estagnação da produtividade no Brasil está intrinsecamente associada a um sistema econômico que desincentiva a concorrência e estimula a ineficiência e a alocação inadequada de recursos produtivos. Em particular, o relatório argumenta que, como forma de compensar o chamado custo Brasil,[4] diferentes governos vêm adotando (em diferentes graus) políticas relacionadas aos mercados de produtos e de fatores de produção (financeiro e trabalho) que terminam por prejudicar a concorrência e dificultar a alocação eficiente de recursos.

Entre as políticas associadas a essas questões de natureza micro, três merecem destaque: política comercial, políticas de concorrência e políticas de subsídio direcionado às empresas. Todas elas têm o poder de alterar os incentivos das empresas para o aumento da produtividade via melhoria de suas capacidades internas – por exemplo, através da adoção de melhores práticas gerenciais ou pela adoção de tecnologias mais modernas – ou de influenciar os custos de realocação de fatores entre as empresas sobreviventes e entrantes. Políticas de mercado financeiro, assim como políticas de transporte, também exercem papel relevante no processo de alocação de fatores na economia, mas não serão analisadas aqui.

A abertura comercial possibilita ganhos de produtividade no nível das empresas por meio de vários canais. A literatura econômica identifica dois principais canais pelos quais o comércio pode afetar a produtividade. No primeiro deles, a abertura comercial aumentaria a exposição à concorrência vinda da redução das tarifas de importação de produtos finais (o chamado

---

4. De acordo com Dutz (2018), os principais determinantes do elevado custo Brasil incluem: estado inadequado da infraestrutura física, elevadas barreiras administrativas à entrada (incluindo tempo e dinheiro para abrir uma empresa, receber alvarás de construção, além dos requisitos específicos de cada estado e município), altas taxas de juros e um sistema de impostos oneroso e complexo.

"canal de competição via importação");[5] isso elevaria a pressão por aumento de eficiência via inovação e adoção de melhores práticas entre firmas sobreviventes, afetando, por fim, a produtividade pelo "componente de *upgrade intrafirma*". O aumento da produtividade via esse mesmo componente poderia ainda se dar por outro canal, especificamente através da redução das tarifas de importação de bens intermediários (o chamado "canal de insumos"). Isso possibilitaria o acesso a insumos de melhor qualidade, maior variedade e mais baratos, gerando redução de custos e aumento da eficiência.[6]

De forma semelhante, a maior concorrência no mercado interno de produtos também tem o poder de afetar a produtividade das empresas. A maior competição no mercado doméstico impacta todos os componentes de produtividade. Afeta tanto "o componente de *realocação entre firmas*" quanto o "componente de *seleção*", ao facilitar a entrada de firmas mais eficientes e a transferência de recursos produtivos e fatias de mercado para empresas mais produtivas. A maior competição também influencia diretamente "o componente de *upgrade intrafirma*", ao estimular as firmas incumbentes a investir em inovações que eliminem ineficiências alocativas ou técnicas internas à firma, a chamada *X-inefficiency*, de Liebenstein (1966).[7]

---

5. Nesse caso, em resposta ao aumento da concorrência via importações, firmas nos setores liberalizados aumentariam sua eficiência, explorariam ganhos de escala, investiriam em novas tecnologias e reduziriam margens de preços. Ver: Bustos (2011) e Aw, Roberts e Xu (2011) como exemplos de estudos empíricos sobre os impactos do "canal de concorrência via importação" e sobre aumento de produtividade no nível da firma.

6. Nesse caso, as firmas em setores liberalizados acessariam insumos de melhor qualidade, maior variedade e mais baratos. Ver: Fernandes (2007), Topalova e Khandelwal (2011) e Halpern, Koren e Szeidl (2015) como exemplos de estudos empíricos que atestam a relevância do "canal de insumos" para o aumento da produtividade no nível da firma. Há, todavia, o risco de que a redução dos custos marginais de produção ocasionada pelo acesso a insumos mais baratos seja absorvida por um eventual aumento de *markup* da firma. Nesse caso, como demonstrou De Loecker et al. (2016), a firma que opera no setor liberalizado realiza um *pass-through* incompleto, ao se apropriar dos ganhos de redução de custos sem repassar redução de preços para os consumidores.

7. Para uma discussão teórica a respeito da ligação entre concorrência e produtividade, ver: Aghion, Akcigit e Howitt (2014). Conway et al. (2006) e Alesina, Ardagna, Nicoletti e Schiantarelli (2005) oferecem evidência empírica acerca dos impactos positivos de regulações pró-competitivas no mercado de produtos sobre a produtividade ao nível das empresas. Barone e Cingano (2011) demonstram que reformas pró-competitivas nos setores *upstream* trazem ganhos de produtividade para toda a economia.

Finalmente, políticas de apoio às empresas influenciam os incentivos ao aumento da eficiência das mesmas, além de afetar a alocação de fatores no mercado, gerando impactos sobre a produtividade. Subsídios, desonerações tributárias e créditos direcionados com taxas de juros reduzidas são alguns dos exemplos de incentivos direcionados às empresas. Todos eles constituem, por definição, provisões discricionárias feitas pelo governo que favorecem algumas firmas e penalizam outras. Além de implicar gastos fiscais que poderiam ser direcionados a outros fins – como saúde, educação, infraestrutura, entre outras categorias –, esses tipos de intervenção podem causar distorções ao criar obstáculos para que fatores de produção sejam alocados às firmas que possuam maior produtividade, afetando, portanto, o "componente de *realocação entre firmas*" (Restuccia e Rogerson, 2017). Da mesma maneira, se não forem bem desenhadas, essas políticas podem terminar por reduzir as pressões competitivas para as empresas beneficiárias, diminuindo os incentivos para que elas melhorem as respectivas capacidades internas e aumentem a eficiência com a qual gerenciam seus recursos produtivos, afetando, portanto, a produtividade pelo "componente de *upgrade intrafirma*".

Quando combinadas de maneira apropriada, essas três políticas podem afetar positivamente a produtividade das empresas e da economia como um todo. Em tese, os ganhos de produtividade advindos da abertura comercial tendem a ser potencializados quando o mercado doméstico funciona de forma a permitir que os recursos produtivos sejam, de fato, alocados para as empresas mais eficientes. Nesse caso, as intervenções de política no mercado interno – dentro do domínio das políticas de concorrência e de incentivo direcionado às empresas – assumem papel complementar primordial e devem ser coordenadas cuidadosamente, para não distorcerem os mecanismos de eficiência alocativa no mercado e não diminuírem os incentivos ao aumento da eficiência no nível das empresas. Caso contrário, todo e qualquer ganho com a abertura comercial pode ser limitado ou, ainda, neutralizado.[8]

---

8. A integração do mercado interno por meio da coordenação das políticas de concorrência e do apoio às empresas também é necessária para facilitar a alocação eficiente dos recursos mesmo em setores *non-tradables*.

O restante deste Capítulo revê o avanço recente nessas três áreas de política no Brasil e aponta sugestões para o avanço de reformas futuras. O caminho das reformas será sempre árduo. Mas, como o nosso saudoso amigo e mentor Eduardo Guardia costumava dizer, com paciência e bom senso chegaremos lá. Resta a todos nós trabalhar para que a visão que compartilhamos com ele se torne realidade num futuro bem próximo.

1. Abertura comercial no Brasil: o quanto avançamos e para onde podemos ir?

Os efeitos da liberalização comercial unilateral – no fim dos anos 1980, início dos anos 1990 – sobre a produtividade revelaram-se extremamente positivos no Brasil. Por exemplo, Rossi Jr. e Ferreira (1999) usam dados setoriais para os anos 1985-1997 e demonstram que uma redução de 10% nas tarifas de importação estaria associada a um aumento do crescimento da produtividade do trabalho de 0,88% ao ano e da PTF de 3,3% ao ano nos setores. Muendler (2004) e Schor (2004) usam dados no nível da firma para o período 1986-1998 e relatam efeitos semelhantes decorrentes da pressão da concorrência estrangeira sobre a produtividade das empresas. Lisboa, Menezes Filho e Schor (2010) confirmam que a liberalização do comércio nos anos 1990 trouxe impactos positivos para a produtividade das empresas manufatureiras, sendo que o fator mais importante foi a redução das tarifas de insumos.

Apesar dos ganhos inequívocos sobre a produtividade nesse período específico, o Brasil ainda se encontra relativamente fechado ao comércio quando comparado a outros países. O Brasil tem um dos indicadores mais baixos de abertura comercial do mundo, com exportações mais importações representando 39,6% do Produto Interno Bruto (PIB) em 2021, em face da média global de 52,9% para 2020. Não surpreendentemente, a integração do Brasil às Cadeias Globais de Valor (CGVs) é baixa em comparação aos pares internacionais. De acordo com dados da Trade in Value Added (TiVA), da Organização para a Cooperação e Desenvolvimento Econômico (OCDE), o conteúdo importado das exportações brasileiras em 2018, último ano disponível, foi de, aproximadamente, 13%, bem abaixo das médias da Europa (24,4%) e da Ásia (27,6%), assim como da média mundial (26,6%).

Essa insuficiente integração à economia global está associada a uma política protecionista de comércio, tanto em termos de medidas tarifárias quanto não tarifárias. Tal tendência foi consubstanciada por altas barreiras tarifárias, tanto para produtos finais quanto bens de capital. Em boa parte condicionada pela estrutura tarifária do Mercosul, a alíquota média praticada pelo Brasil em 2018 foi uma das mais elevadas entre as economias emergentes e avançadas (Figura 1). As elevadas barreiras não tarifárias também contribuíram para a pouca integração comercial do Brasil. De acordo com dados do World Integrated Trade Solution (WITS), a porcentagem de importações sujeitas a pelo menos uma Medida Não Tarifária (MNT) é maior no Brasil do que em outros países: 86,4% *versus* 72%, em 2018 (Figura 2).

Entre as MNTs mais utilizadas, destacam-se as proibições por barreiras técnicas e o requerimento de licenciamento sem critério *ex ante* específico (cobrindo 53,6% e 54,9% das importações, respectivamente). Ainda no âmbito das medidas não tarifárias, o uso demasiado de medidas antidumping e salvaguardas pelo Brasil contribuiu para elevar o isolamento do país em relação ao comércio internacional. Levantamento realizado pelo Banco Mundial em 2018 mostra que, no período 2000-2017, a frequência com a qual o Brasil deu início a investigações antidumping foi, em média, 13,8 vezes maior do que nos Estados Unidos, descontado o nível de importações.[9] Nesse contexto de uso frequente de medidas

---

9. No mesmo período, o Brasil aumentou tanto seu estoque quanto sua participação no total de medidas válidas entre os maiores usuários de antidumping no mundo, a ponto de ganhar fatias de mercado em termos de estoque de medidas antidumping válidas entre os maiores usuários, saindo de 5,69% do total das medidas em vigor em 2007 para 11,89% em 2017. Nesse mesmo ano, os Estados Unidos ocupavam o primeiro lugar no ranking de participação no estoque total de medidas antidumping, respondendo por 22,74% das medidas em vigor. A Índia ocupava o segundo lugar. O levantamento demonstrou ainda que tanto o estoque quanto o fluxo de medidas antidumping naquele momento se concentravam em bens intermediários (sobretudo ferro/aço, plástico e borracha) e que produtos protegidos por medidas antidumping usufruíam, na média, tarifas de importação mais elevadas do que produtos similares sem esse tipo de proteção. Por exemplo, as tarifas de importação aplicadas a produtos químicos orgânicos protegidos por medidas antidumping eram mais elevadas (cerca de 5 pontos percentuais maiores) do que as de produtos similares que não possuíam o mesmo tipo de proteção.

antidumping no Brasil, já existe evidência empírica acerca dos efeitos deletérios do uso dessas medidas sobre a concorrência e a produtividade das empresas no país.[10]

Figura 1. Tarifa efetiva
(média de 2018, ou último ano disponível)

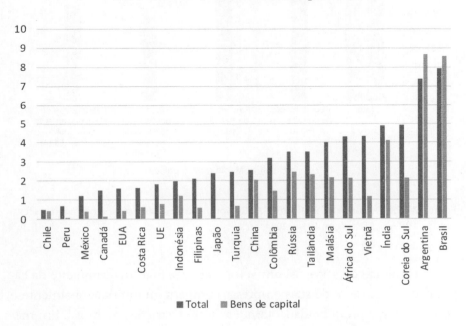

Fonte: OCDE (2021).

---

10. Primeiramente, Caliani e Kannebley Jr. (2021) utilizam dados de 1999-2014 e mostram que o uso de medidas antidumping ocasionou destruição de comércio sem compensação de importações de países não nomeados (desvio de comércio), aumentou preços de importação (de países nomeados e não nomeados) e elevou o custo das importações, favorecendo a proteção da margem de lucro da indústria nacional. Na mesma direção, Kannebley Jr., Remédio e Oliveira (2017) indicam que, em média, firmas que operavam em 22 setores (quatro dígitos) beneficiados por medidas antidumping no Brasil no período 2007-2013 experimentaram aumento de *"markup"* (1,5%) e queda de produtividade (5,4%) após a aplicação das medidas.

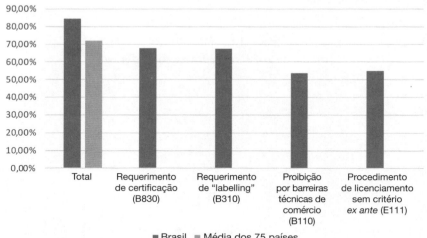

Figura 2. Índice de cobertura
(% de importações sujeitas a pelo menos uma MNT, 2018)

Fonte: WITS. Disponível em: <https://wits.worldbank.org/tariff/non-tariff-measures/en/country/BRA>. Acesso em: 19 jul. 2024.

O comércio de serviços, um vetor cada vez mais determinante da capacidade de países e de suas empresas competirem internacionalmente e aumentarem a produtividade, também sofre restrições no Brasil. Em média, o Brasil tem mais restrições ao comércio de serviços do que a média na região da OCDE.[11] Alguns dos escores mais restritivos são observados nos serviços financeiros (setor bancário comercial e seguros), logística (movimentação de carga) e serviços profissionais (advocacia e contabilidade), que são insumos críticos para o aumento da produtividade.

O descolamento do Brasil se reforça ainda mais quando se considera a pouca participação em acordos preferenciais de comércio, o que afeta diretamente a integração das empresas em CGVs. A participação

---

11. Ver: Índice de Restritividade no Comércio de Serviços (STRI, na sigla em inglês) da OCDE. Valores de 2021, o último ano disponível, podem ser conferidos em: <https://stats.oecd.org/Index.aspx?DataSetCode=STRI>. Acesso em: 18 mar. 2024.

de empresas em CGVs pode gerar ganhos positivos sobre a produtividade, seja por meio da especialização em determinadas tarefas, seja pelo acesso a maior variedade de insumos intermediários de qualidade, seja pela difusão de conhecimento a partir de empresas multinacionais. Tanto o número quanto a profundidade dos acordos comerciais (i.e., indo além de questões relacionadas a acesso de mercados) constituem instrumentos importantes de política para elevar o grau de integração ao comércio internacional e, sobretudo, para elevar a participação de empresas nacionais nas CGVs.

De fato, como mostram Rocha e Ruta (2022), entre os anos 1950 e o fim dos anos 1990, o número de acordos preferenciais de comércio saltou para quase 50. A partir dos anos 2000, o número de novos acordos preferenciais aumentou exponencialmente, atingindo a casa dos quase 300 acordos em 2019. Esse expressivo aumento do número de acordos foi acompanhado pelo aumento de sua "profundidade", que passaram a cobrir não somente provisões de tarifas preferenciais e acesso a mercados, mas também áreas que vão além daquelas associadas à fronteira e que são extremamente importantes para a operacionalização das CGVs, como: investimento; comércio de serviços; procedimentos aduaneiros; política de concorrência; barreiras técnicas ao comércio; medidas sanitárias e fitossanitárias; direitos de propriedade intelectual; entre outras áreas. Em 2019, países da América Latina integravam 84 acordos preferenciais de comércio, um terço do número total em vigência no mundo. O Brasil era signatário de apenas quatro acordos.

Simulações apresentadas em estudos recentes revelam que o Brasil teria muito a ganhar no caso de uma nova abertura comercial. Simulações a partir de um modelo de equilíbrio geral computável apresentadas em Dutz (2018) trabalham com três diferentes cenários: cenário de reformas comerciais coordenadas no Mercosul; acordo preferencial de comércio recíproco entre o Mercosul e a União Europeia (UE); e acordo preferencial de comércio entre o Mercosul e a Aliança do Pacífico.[12] Em todos esses cenários haveria ganhos

---

12. De acordo com Dutz (2018), no cenário de *reformas comerciais coordenadas do Mercosul*, cada membro reduziria unilateralmente suas tarifas em 50% para países fora do bloco, as MNTs se-

positivos (acima da linha de projeção de base para 2030). Simulações realizadas pela OCDE – e apresentadas em Guillemette e Turner (2018) – também apontam para ganhos positivos de uma abertura comercial (Figura 3).[13]

Figura 3. Simulação de ganhos com liberalização de comércio: diferentes cenários

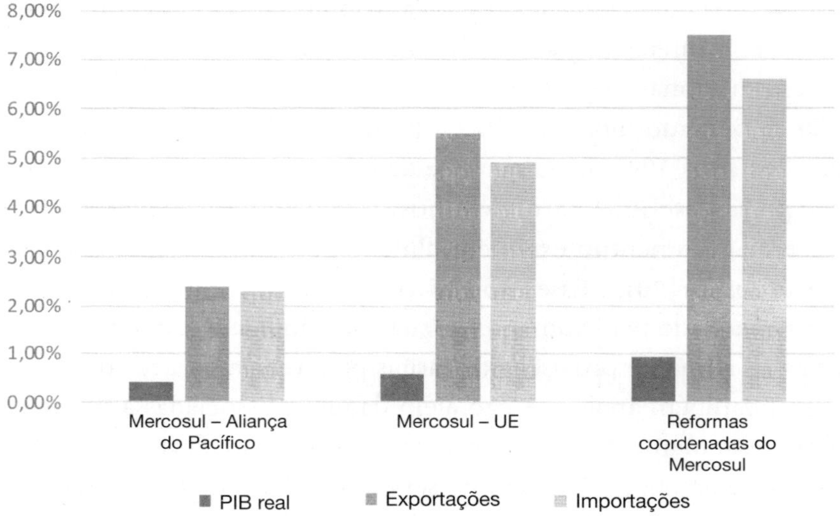

Fonte: Dutz (2018).

---

riam simplificadas entre os países do Mercosul e os impostos de exportação seriam eliminados entre as partes. O segundo cenário reflete um *acordo preferencial de comércio recíproco entre o Mercosul e a União Europeia*, no qual: a tarifa média aplicada pelo Brasil aos produtos da UE passaria de 10,7% para 3,2% em um período de dez anos; a tarifa média na UE para os produtos brasileiros cairia de cerca de 2,5% para cerca de 1%; os equivalentes tarifários das MNTs seriam reduzidos em 15%; e os impostos de exportação seriam eliminados entre os países do Mercosul e da UE. O terceiro e último cenário reflete um *acordo preferencial de comércio entre o Mercosul e a Aliança do Pacífico*, em que cada membro do Mercosul e os membros da Aliança do Pacífico reduziriam gradualmente as tarifas ao longo de dez anos, os equivalentes tarifários da MNT seriam reduzidos em 15% e os impostos de exportação seriam eliminados entre as partes.

13. Guillemette e Turner (2018) trabalham com o seguinte cenário: uma redução das tarifas médias de importação em 7 pontos percentuais até 2025, de forma a alcançar o nível atual dos cinco países da OCDE com as tarifas mais baixas, acompanhada pela abertura gradual da conta de capitais até atingir o nível do Chile em 2025. De acordo com as simulações, essas reformas resultariam em um aumento de 6,3% do PIB real.

Nos últimos anos, o Brasil fez alguns movimentos pontuais para intensificar a integração comercial com o restante do mundo. A leve reforma tarifária no contexto do Mercosul foi uma delas. Entre novembro de 2021 e maio de 2022, o governo brasileiro, em caráter excepcional, e como resposta aos efeitos da covid-19, reduziu em 20% as alíquotas de importação sobre 87% dos códigos tarifários que compõem a Nomenclatura Comum do Mercosul (NCM). Em julho de 2022, o Conselho do Mercado Comum do Mercosul reduziu de forma permanente e para todos os membros do bloco as alíquotas desse mesmo universo tarifário em 10%. Com isso, torna-se permanente uma parcela da redução tarifária já implementada pelo Brasil. Essa foi a redução mais abrangente já adotada no Mercosul desde a criação da Tarifa Externa Comum (TEC).

Na área de acordos comerciais, o país conseguiu avançar nos acordos com a União Europeia e com a European Free Trade Association (Efta). Contudo, esses acordos ainda não foram ratificados e enfrentam impasses relevantes. O acordo Mercosul-União Europeia tem sido uma prioridade para o Brasil há bastante tempo. Após 20 anos de negociação, o Mercosul e a União Europeia finalizaram negociações em junho de 2019. Mais recentemente, em junho de 2020, as duas regiões concluíram as negociações do capítulo político e de cooperação, fato que marca a decisão dos governos de avançar em diversas áreas do acordo.

Vale destacar que a normativa negociada entre os dois blocos é, em muitas áreas, mais profunda e moderna do que a vigente no próprio Mercosul.[14] Na prática, o acordo ainda não foi ratificado pelos respectivos Parlamentos e ainda não entrou em vigência.[15] Da mesma forma, as

---

14. Mais especificamente, o acordo com a União Europeia adota normativas em áreas em que há um vazio regulatório no bloco sul-americano. Como ressalta Maduro, Motta Veiga e Rios (2020), o fato de a agenda de integração do Mercosul ser incompleta representa um fator de risco para a sobrevivência do bloco como instância de integração regional relevante após a implementação do novo acordo.

15. Nesse sentido, há de destacar a possibilidade de que o acordo entre em vigência bilateralmente, à medida que os Congressos dos países do Mercosul o tenham ratificado, sem a necessidade de se esperar que o processo de ratificação tenha sido concluído por todos os países-membros do bloco. Isso representaria um distanciamento significativo de um dos princípios orientadores que regeram as negociações birregionais durante boa parte dos 20 anos que durou o processo negociador.

negociações entre Mercosul e Efta (integrada por Islândia, Liechtenstein, Noruega e Suíça) também foram concluídas porém não ratificadas. Além disso, há negociações em andamento com Canadá, Coreia do Sul, Indonésia, Líbano, Singapura e Vietnã.

Na área de barreiras não tarifárias, o Brasil também progrediu em algumas frentes. Entre as medidas adotadas para simplificar as operações de comércio exterior a partir de 2019, destaca-se a eliminação das exigências de licenças de importações automáticas e não automáticas – mais precisamente, 700 mil licenças gerenciadas pela Secretaria de Comércio Exterior (Secex) –, além da abolição do mecanismo de "preço mínimo", que embutia a aplicação de licenças não automáticas a 297 códigos da NCM. Em termos de facilitação de comércio, duas reformas merecem atenção: a ampliação do Portal Único de Comércio Exterior com a integração do módulo de importação e a ampliação do programa brasileiro de Operador Econômico Autorizado (Programa OEA), através da implementação do OEA-Secex, que oferece aos atores privados certificados os benefícios de redução das informações necessárias para a solicitação de ato concessório de suspensão de *drawbacks*.

Em paralelo, houve também a inclusão de serviços na suspensão de *drawback*, medida que entrou em vigor em 2023. Mais recentemente, em 2022, a alíquota do Adicional ao Frete para Renovação da Marinha Mercante (AFRMM) foi reduzida de 25% para 8%, diminuindo o custo de importação pelo modal marítimo. Finalmente, destacam-se as reformas do sistema brasileiro de defesa comercial com a reestruturação dos processos de interesse público e de investigação de subsídios e medidas compensatórias.

Olhando adiante, ainda há muito a avançar. Dada a demora usual para a conclusão de acordos multilaterais, é aconselhável apostar em aberturas unilaterais para que os benefícios da abertura comercial sobre a produtividade econômica não sejam demasiadamente retardados. Nesse sentido, é importante aprofundar o processo de modernização do Mercosul de forma a avançar, gradualmente, na reforma da TEC. Seria importante priorizar os seguintes princípios: diminuição da escalada tarifária da estrutura de proteção, de forma a torná-la mais homogênea; redução do custo das importações de produtos intermediários e de bens de capital; e simplificação da estrutura tarifária, definindo apenas quatro níveis de alíquotas para o imposto de importação: 0%; 5%; 10%; e 15%, que passaria a ser a alíquota máxima. No que tange aos acordos comerciais preferenciais, é preciso continuar avançando, mas em direção às Américas, dado o potencial de *upgrade* para as empresas da indústria manufatureira no Brasil. A negociação de um acordo de livre-comércio profundo com os países da Aliança do Pacífico e, em seguida, a criação de uma abrangente área de livre-comércio na América Latina constituem passos importantes para se aumentar a integração da economia brasileira com o comércio internacional.

2. Competição: avanços recentes e desafios pela frente

Em tese, o governo pode influenciar o nível de competição no mercado de várias formas, seja como regulador, seja como comprador, seja como operador. Em particular, pode alterar: a possibilidade de entrada ou saída do mercado; as condições de competição entre as firmas; e a habilidade dos consumidores de realizarem suas escolhas. Por essa ótica, uma política de concorrência robusta deve ser holística, não se resumindo à aplicação efetiva da Lei Antitruste em si e à advocacia da concorrência – normalmente gerenciadas pelo órgão de defesa da concorrência –, mas também embutindo princípios pró-concorrenciais no desenho e na implementação de intervenções governamentais de diferentes esferas (por exemplo, regulações setoriais, políticas de incentivos a empresas, políticas de compra de governo), e ainda na definição das condições sob as quais empresas estatais competem com empresas privadas.[16]

A despeito dos avanços recentes no sistema brasileiro de defesa da concorrência,[17] a percepção de agentes privados acerca da intensidade

---

16. Para uma discussão a respeito do caráter holístico da política de concorrência, ver: Kitzmuller e Licetti (2012).

17. O sistema brasileiro de defesa da concorrência – reformado em 2011 com a promulgação da nova Lei de Defesa da Concorrência nº 12.529/2011 – é considerado robusto e bem-sucedido para padrões internacionais (OCDE, 2019). Ele é formado pelo Conselho Administrativo de Defesa Econômica (Cade), pela Secretaria de Promoção da Produtividade e Advocacia da Concorrência (Seprac) e pela Secretaria de Acompanhamento Fiscal, Energia e Loterias (Sefel). Ao Cade cabe a responsabilidade exclusiva da aplicação da legislação concorrencial, para iniciar e decidir procedimentos administrativos

de competição no mercado doméstico é pior no Brasil do que em outros países em desenvolvimento, como indicado pelo índice de competitividade global de 2018-2019 disponíveis no relatório Fórum Econômico Mundial de 2019.[18] Entre os 141 países mapeados no referido índice, o Brasil posiciona-se apenas como o número 114, estando, portanto, no quartil inferior de desempenho (Figura 4).

Figura 4. Percepção sobre intensidade da concorrência no mercado nacional (2019, ranking: 1 = melhor, 141 = pior)

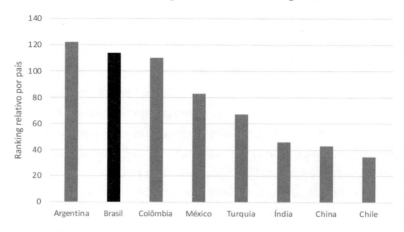

Fonte: World Economic Forum – Global Competitiveness Index.

---

relacionados a violações da concorrência, bem como da análise de atos de concentração. Essas funções de investigação e de tomada de decisão são separadas entre duas unidades diferentes dentro do Cade: enquanto a Superintendência-Geral (SG) tem a atribuição de iniciar e conduzir investigações, o Tribunal Administrativo é responsável por julgar os casos investigados pela SG. As funções de advocacia da concorrência são conduzidas pelo Cade, pela Seprac e pela Sefel. Essas três instituições desempenham, entre si, uma vasta gama de atividades, que incluem: avaliação de impacto concorrencial de atos normativos; estudos e avaliações setoriais para insumo no debate sobre formulação de políticas públicas; estudos de mercado; publicação de revistas e trabalhos acadêmicos; e treinamentos voltados para lidar com fraude em licitações públicas. Cabe ressaltar que este Capítulo não tem como objetivo avaliar o desempenho do Cade nem tampouco a política e a implementação da legislação concorrencial, resumindo-se apenas a discutir intervenções governamentais específicas que alteram a dinâmica concorrencial no mercado doméstico de produtos.

18. Cabe ressaltar que, a partir de 2020, esse relatório não disponibiliza mais os resultados do índice de competitividade global. Os números apresentados aqui são, portanto, os mais recentes.

Esse resultado se deve, em parte, à natureza anticoncorrencial de inúmeras intervenções e regulações no mercado de produtos. O indicador de regulação de mercado de produtos da OCDE – o chamado *"product market regulation"* (PMR) – mede a extensão das barreiras regulatórias à entrada de empresas e à competição num determinado país, em comparação com as melhores práticas internacionais.[19] De acordo com o índice PMR agregado, e tomando como base os valores referentes às regulações válidas em 2018 (último ano disponível), o Brasil aparecia como um dos países em que a carga regulatória era mais restritiva à competição, bem acima da média de países da OCDE e de vários pares da América Latina incluídos na base de dados do indicador (Figura 5).

Figura 5. Restrições regulatórias à competição no mercado doméstico de produtos
(2018, ranking: 0 = baixa, 6 = alta)

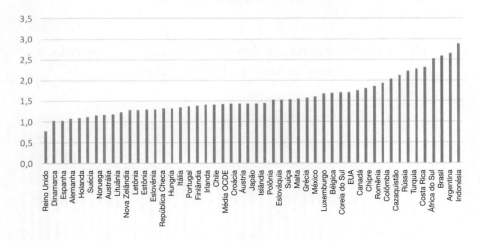

Fonte: Elaboração com base em dados da OCDE. Disponível em: <https://www.oecd.org/economy/reform/indicators-of-product-market-regulation/>. Acesso em: 18 mar. 2023.

19. Para uma discussão mais aprofundada a respeito da metodologia utilizada para o cálculo do indicador PMR da OCDE, ver: Vitale et al. (2020).

Dois principais grupos de intervenção influenciaram esse panorama restritivo à concorrência. De um lado, as restrições regulatórias à entrada de players domésticos e estrangeiros no mercado. O indicador PMR é um agregado de restrições regulatórias à competição e resulta da combinação de dois pilares. O primeiro deles se refere às barreiras à entrada doméstica e estrangeira nos mercados, em particular: i) custos administrativos para a abertura de novas empresas; ii) barreiras à entrada e à competição nos setores de serviços; e iii) barreiras ao comércio e ao investimento externo direto. Os dados de 2018 indicavam que essas barreiras regulatórias eram extremamente restritivas à competição no Brasil, bem acima dos valores médios observados nos países da OCDE. De acordo com a análise apresentada por OECD (2022), esse resultado de 2018 era, em grande parte, influenciado pelos altos custos administrativos para abrir novos negócios (sobretudo em relação a licenças e permissões) e também por elevadas barreiras à competição nos setores de serviços (Figura 6).

Figura 6. Barreiras à entrada doméstica e estrangeira no mercado
(2018, ranking: 0 = baixa, 6 = alta)

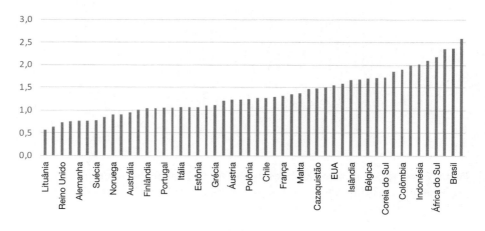

Fonte: Elaboração com base em dados da OCDE. Disponível em: <https://www.oecd.org/economy/reform/indicators-of-product-market-regulation/>. Acesso em: 18 mar. 2023.

De outro lado, encontram-se as regulações associadas ao envolvimento do Estado na economia e seus efeitos distorcivos à competição. Ainda de acordo com a metodologia da OCDE, o segundo grande grupo de barreiras regulatórias à competição se refere às distorções criadas pelo envolvimento do Estado na economia, mais especificamente por meio de: i) atividades de empresas estatais; ii) controles e obrigações de impostos sobre empresas privadas no mercado; e iii) regras para avaliar e simplificar as regulações existentes. Os resultados de 2018 indicavam que as restrições competitivas dessa natureza eram maiores no Brasil do que na maior parte dos países cobertos pela base de dados. Como fatores preponderantes para explicar esse resultado à época, destacam-se a elevada complexidade das regras e dos procedimentos regulatórios, seguida pela baixa qualidade das regras que influenciam a estrutura de governança das empresas estatais[20] (Figura 7, OECD, 2022).

Figura 7. Distorções associadas ao envolvimento do Estado na economia (2018, ranking: 0 = baixa, 6 = alta)

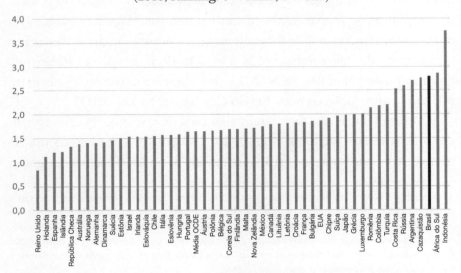

Fonte: Elaboração com base em dados da OCDE. Disponível em: <https://www.oecd.org/economy/reform/indicators-of-product-market-regulation/>. Acesso em: 18 mar. 2023.

20. No que tange às regras de governança das empresas estatais, em particular, merece destaque o fato de os direitos de propriedade destas serem exercidos pela mesma instituição que regula o

Reformas microeconômicas recentes vêm contribuindo para amenizar esse quadro geral. No âmbito das barreiras regulatórias à entrada de atores domésticos e estrangeiros no mercado, houve algumas melhorias. Desde o cálculo do indicador PMR no Brasil, em 2018, o governo avançou em algumas áreas. Por exemplo, a Lei da Liberdade Econômica (Lei nº 13.874/2019) estabeleceu normas claras na redução da burocracia para pessoas jurídicas, com destaque para a isenção de licença prévia para a operação de empresas que exercem atividade de baixo risco e a ampliação do escopo para a aplicação da regra de *"silence-is-consent"*.[21] Na esteira desse processo, foi lançado, sob a gerência da Receita Federal, o programa do Balcão Único no nível federal, que integra os dados entre órgãos de cada esfera do governo e unifica a coleta de todas as informações necessárias para a abertura de empresas.

Mais recentemente, a abertura de novas empresas foi facilitada com a aprovação da Lei nº 14.195/2021. Essa lei promove melhor acesso à informação, simplifica a análise de viabilidade sobre nome empresarial, autoriza o uso de endereço virtual para fins de registro e facilita o processo de abertura para empresas que executam atividades de médio risco, além de simplificar os registros nas Juntas Comerciais. Algumas barreiras à entrada em setores de rede foram removidas, entre as quais se destacam: no mercado de telecomunicações, a criação do mercado secundário de radiofrequência (Lei nº 13.879/2019); e a abertura do setor de gás natural, com a aprovação da nova Lei do Gás (Lei nº 14.134/2021).

Outras medidas que facilitaram a entrada de investidores estrangeiros em outros setores incluem: a liberação, de forma progressiva, do uso de navios estrangeiros na navegação de cabotagem no Brasil, sem a obrigação

---

setor em que elas operam, uma vez que os ministérios que as supervisionam exercem papel tanto na formulação de política quanto na gerência de propriedade, sobretudo quando se considera a prática de indicação de representantes no seu conselho de direção pelos ministérios. Ademais, cabe ressaltar o fato de que as empresas estatais não estão sujeitas às mesmas regras de operação das empresas privadas. Por exemplo, as estatais são excluídas dos procedimentos de insolvência e falência de empresas privadas (Lei nº 11.101/2005).

21. Em particular, o Decreto nº 10.178/2019 – entre os vários que regulamentam a Lei da Liberdade Econômica – estabelece um prazo-limite para a administração pública apreciar pedidos de licença de operação de empresas que executem atividades econômicas de risco alto (nível III). Terminado esse prazo, a ausência de decisão administrativa implicará aprovação automática do ato de liberação da atividade.

de contratar a construção de embarcações em estaleiros brasileiros (Lei nº 14.301/2022); a remoção do limite de 20% para participação do capital estrangeiro em empresas do setor aéreo (Lei nº 13.842/2019); e a eliminação da necessidade de o Banco Central autorizar investimento estrangeiro em instituições financeiras (Circular nº 3.977/2020, do Banco Central).

Houve também algum progresso no que se refere às regulações que influenciam o grau de envolvimento do Estado na economia. Nos últimos anos, ocorreu um movimento para reduzir o escopo da presença de empresas estatais. Além da privatização de empresas específicas – como Eletrobras, BR Distribuidora e Liquigás –, houve desinvestimento em posições acionárias do BNDESPar e da Petrobras. No campo da governança das estatais, a aprovação da Lei nº 13.303/2016 representou um importante passo para aprimorar os mecanismos de governança, por exemplo, ao limitar o escopo para indicações políticas para a presidência, as diretorias e os conselhos de estatais.

No campo das compras públicas, a negociação de adesão do Brasil ao Acordo Geral de Compras Governamentais da Organização Mundial do Comércio (OMC) representou outro importante passo para o estabelecimento de práticas de não discriminação, de transparência, segurança e imparcialidade nas compras públicas, além de abrir mercados de contratação pública entre os países. Houve ainda iniciativas para reduzir a complexidade das regulações: a aprovação da Lei nº 13.848/2019 exige que agências reguladoras tornem públicas suas agendas de regulação, além de tornar obrigatória a análise de impacto regulatório, incluindo o efeito sobre competição, não somente de novas regulações, mas também de regulações vigentes.[22]

---

22. Esse tipo de análise tem como objetivo contrastar os custos e os benefícios de diferentes alternativas regulatórias para um determinado objetivo de política. Avalia a razoabilidade do impacto econômico do ato normativo e subsidia a tomada de decisão pelo órgão ou autoridade competente. A obrigatoriedade dessa análise de impacto regulatório foi estendida para o restante dos órgãos e entidades da administração pública federal, com a aprovação da Lei da Liberdade Econômica (Lei nº 13.874/2019) e a promulgação do Decreto nº 10.411/2020. Esse decreto delega para a Secretaria de Acompanhamento Econômico a competência de acompanhar a implantação do exercício de análise de impacto regulatório, que é preparado pelas agências reguladoras e outros órgãos. Traz, ainda, uma uniformização das metodologias a serem utilizadas, as questões mínimas a serem examinadas, bem como as hipóteses de dispensa e de sua realização obrigatória.

Todavia, ainda há espaço para aprimorar o arcabouço regulatório, de modo a aumentar a pressão competitiva no mercado. No que tange ao regime concorrencial em si, i.e., a políticas e práticas de aplicação da legislação concorrencial, o Brasil, por meio do seu sistema brasileiro de defesa da concorrência (Cade, Seprac e Sefel), está bem equipado e conta com fortes competências e instrumentos de persecução concorrencial.[23] Logicamente, cabe a sucessivos governos manter a isenção e a independência desses órgãos para que suas decisões sejam de alta qualidade. No âmbito das regulações e das políticas desenhadas e implementadas por ministérios, agências reguladoras e outros órgãos governamentais, há espaço para melhoria e reformas concretas.

A rápida análise apresentada nesta seção, com base na metodologia do indicador PMR da OCDE, permite identificar algumas áreas em que avanços futuros podem trazer retornos positivos para o crescimento da produtividade no Brasil. De acordo com OECD (2022), algumas áreas promissoras de reformas regulatórias incluem: i) avançar na melhoria da estrutura de governança das empresas estatais, por exemplo, ao garantir que o mesmo conjunto de leis e regulações vigentes para empresas privadas sejam aplicadas às estatais que operem em atividades comerciais; ii) aprimorar ainda mais os procedimentos de compras públicas, por exemplo, ao exigir que órgãos de governo (em todos os níveis) removam preços de referência e organizem licitações on-line; iii) assegurar que o Balcão Único esteja disponível em Juntas Comerciais em todas as Unidades da Federação; iv) aprimorar as atribuições das múltiplas instituições envolvidas nos exercícios de análise de impacto regulatório (em particular, fortalecer o papel da Secretaria de Acompanhamento Econômico – Seae no que diz respeito à supervisão da implementação

---

23. O desempenho do Cade, por exemplo, é bastante positivo. De acordo com Banco Mundial (2021), o órgão foi o líder entre as agências de defesa da concorrência na América Latina em termos de frequência de detecção de cartéis. Além disso, o Cade tem imposto multas extremamente altas tanto para empresas quanto para pessoas físicas condenadas pela prática de cartéis clássicos. De acordo com OCDE (2019), há algumas áreas em que o Cade pode melhorar o desempenho, incluindo: dar maior prioridade às investigações de abuso de posição dominante; reavaliar o regime de acordos em casos de conduta; e aperfeiçoar a metodologia para o cálculo do valor das multas aplicadas às infrações à Lei de Defesa da Concorrência.

da referida análise pelas agências reguladoras e pelos órgãos da administração pública);[24] v) avançar no processo de simplificação de requerimento de licenças e permissões para a entrada e a operação de novas empresas, incluindo a aplicação mais ampla da regra de *"silence-is-consent"*; e vi) reduzir a prática de regulação de preços, em especial no setor de serviços profissionais, por meio da abolição da tabela de preços mínimos pelas respectivas associações.

3. Políticas de apoio às empresas: quais os resultados até agora e como mudar?

O uso de incentivos a empresas no Brasil tem um elevado custo fiscal. Tais instrumentos assumem diferentes formas: subsídios, créditos direcionados, isenções fiscais, exigência de conteúdo local, preferências governamentais de licitação, entre outras. Dutz (2018) apresenta uma discussão ampla a respeito do tema e estima que os gastos federais com políticas de apoio às empresas mais do que dobraram em termos reais na década passada, saltando de R$ 125 bilhões, em 2006, para R$ 267 bilhões, em 2015, ou cerca de 4,5% do PIB à época. As isenções fiscais, seguidas do crédito subsidiado e de despesas gerais, respondiam pela maior parte do aumento geral das despesas associadas às políticas de apoio direcionado às empresas no país. Em 2022, o Tribunal de Contas da União (TCU) identificou as renúncias tributárias concedidas a empresas no Brasil como um dos riscos que podem comprometer tanto a qualidade dos serviços ofertados pelo governo quanto a eficácia das políticas públicas. Nesse mesmo levantamento, foram apresentadas estimativas de que R$ 329,4 bilhões foram gastos com renúncias tributárias em 2021, incluindo incentivos e benefícios de natureza tributária, financeira e creditícia. Esse total correspondeu a 3,8% do PIB em 2021.

---

24. Mais especificamente, dando à Seae o papel de supervisão formal no processo de implementação das análises de impacto regulatório, com poder de requisitar mudanças e melhorias nas referidas análises submetidas pelas agências reguladoras e por outros órgãos da administração pública.

Há ainda evidências empíricas de que tais instrumentos são pouco eficazes e trazem distorções microeconômicas, ao prejudicarem a alocação de fatores na economia e reduzirem os incentivos das empresas beneficiárias à melhoria de seus processos e produtos. Há uma vasta literatura empírica sobre avaliação de impacto de políticas de apoio às empresas no Brasil. Por exemplo, Pires e Russel (2017) realizam um amplo estudo econométrico com dados de 600 mil empresas beneficiárias de seis programas de apoio às empresas administrados por diferentes instituições (como BNDES Auto, BNDES Card, BNDES Finame, Sebrae, Fampe e FCO).[25] De maneira geral, a análise concluiu que, embora a taxa de sobrevivência das firmas beneficiárias fosse relativamente mais elevada do que o esperado para a média das firmas brasileiras, poucos programas geraram impactos positivos sobre a produtividade ou outros indicadores de performance. Mais precisamente, na maior parte dos casos não foi possível encontrar impacto estatisticamente significativo, ou então foram encontrados resultados inconclusivos.

O estudo ainda ressalta que nenhum dos programas avaliados definia produtividade como uma medida-alvo, nem tampouco exigia que as firmas beneficiárias investissem em novas tecnologias ou adotassem medidas para aumentar a eficiência operacional. Da mesma forma, nenhum dos programas avaliados em Pires e Russel (2017) estabelecia mecanismos formais para monitorar ganhos de produtividade. Outros programas específicos de isenção fiscal foram avaliados em outros estudos e tiveram os resultados compilados numa ampla revisão da literatura apresentada em Dutz et al. (2017). De acordo com o resultado dessa revisão, programas como Simples, Lei da Informática e Lei do Bem, ou Inovar-Auto e Zona Franca de Manaus foram ineficazes e ineficientes.

Esse resultado insuficiente se deve à deficiência na formulação e implementação das referidas políticas. De acordo com Dutz (2018), são três

---

25. Respectivamente: Banco Nacional de Desenvolvimento Econômico e Social (BNDES) Automático; BNDES Cartão; BNDES Financiamento; Serviço Brasileiro de Apoio às Micro e Pequenas Empresas; Fundo de Aval às Micro e Pequenas Empresas; e Fundo Constitucional de Financiamento do Centro-Oeste.

os principais pontos fracos do sistema atual de formulação de políticas de incentivo às empresas: (i) falta de transparência nos objetivos políticos declarados e na definição da falha de mercado que a política visa abordar; (ii) falta de um processo adequado de avaliação de cada programa; e (iii) coordenação insuficiente. Na prática, como ressalta o referido relatório, as políticas de incentivo às empresas foram concebidas para beneficiar empresas e indústrias específicas, como forma de compensar o "custo Brasil", mas poucas delas tinham uma meta explícita de promover o crescimento da produtividade. Além disso, as mesmas políticas eram desprovidas de estrutura lógica adequada, sem identificação apropriada das falhas de mercado que justificassem a intervenção e sem a devida projeção de custos e benefícios. A fragmentação do processo de formulação e gerenciamento dessas políticas – com vários ministérios e órgãos distintos que, muitas vezes, concorrem pelos mesmos beneficiários e têm objetivos que se sobrepõem – adicionava ainda mais complexidade ao problema, comprometendo a eficácia e a eficiência das políticas de apoio às empresas.

Nos últimos anos, houve alguma melhoria no arcabouço regulatório sobre desenho e avaliação de políticas públicas de maneira geral. Primeiramente, com a criação do Conselho de Monitoramento e Avaliação de Políticas Públicas (CMAP), instituído pelo Decreto nº 9.834/2019. Trata-se de uma instância de natureza consultiva – presidida pelo secretário-executivo do Ministério da Economia, à época –, cujo objetivo final é avaliar uma lista de políticas públicas previamente selecionadas que são financiadas por gastos diretos ou subsídios da União. Mais recentemente, e como parte da Emenda Constitucional nº 109/2021 (também chamada de "Novo Marco Fiscal"), criou-se a obrigatoriedade de realização de avaliação de políticas públicas, inclusive com a divulgação do objeto a ser avaliado e dos resultados alcançados.

De acordo com o artigo 37 da referida emenda, a obrigação dessa avaliação recai sobre os órgãos e as entidades da administração pública, que podem atuar de forma individual ou conjuntamente. Ainda de acordo com a emenda, no artigo 165 ficou determinado que as leis orçamentárias – Plano Plurianual (PPA), Lei de Diretrizes Orçamentárias (LDO) e Lei Orçamentária Anual (LOA) – devem observar, no que couber, os resultados do monitoramento e da avaliação das políticas públicas, conforme previsto no artigo 37. De maneira geral, essa emenda, ainda que tenha sido desenhada com outro objetivo, terminou por inserir o tema da avaliação de políticas públicas como dever da administração pública.

Há, contudo, espaço para mais avanços, de modo a se aprimorarem o desenho e a implementação de instrumentos de apoio às empresas. Como bem ressaltado em Dutz (2018), praticamente nenhum país conseguiu elevar o nível de renda *per capita* e a produtividade sem recorrer a políticas efetivas de apoio às empresas. No entanto, para que isso aconteça, é necessário um arcabouço institucional funcional não somente no que diz respeito ao desenho e ao monitoramento das políticas, mas que também seja menos vulnerável às atividades de lobby e à busca por privilégios especiais. Nesse aspecto, Dutz (2018) aponta três princípios fundamentais que devem nortear as reformas para uma nova geração de políticas de apoio às empresas no país: (i) maior transparência na concepção e implementação das políticas, com a identificação da falha de mercado que a política visa sanar e a minimização dos riscos de falha do governo; (ii) maior contestabilidade das políticas, com base em evidências rigorosas de impacto; e (iii) a coordenação efetiva, dentro dos departamentos do governo, entre eles e entre o governo e as empresas.

A exigência da realização de avaliações acerca do impacto dos programas existentes de apoio às empresas, pela Emenda Constitucional nº 109/2021, assim como a criação de processos institucionais para a realização de avaliações periódicas – por exemplo, através da criação do CMAP –, constituíram passos importantes. Há, porém, a necessidade de se avançar ainda em outras frentes complementares. Primeiro, na criação de departamentos especializados em avaliações de políticas nos ministérios. Segundo, na disseminação de recursos tecnológicos e insumos informacionais necessários para municiar as avaliações de política.[26]

---

26. Nesse aspecto, um exemplo de prática a ser replicada é o uso da ferramenta informacional desenvolvida pelo Departamento de Gestão da Informação da Secretaria de Avaliação e Gestão da Informação (DGI/Sagi), que subsidia o monitoramento e a avaliação das políticas públicas desenvolvidas pelo Ministério da Cidadania. Outra experiência a ser replicada, porém do lado do contribuinte, é o portal Políticas Públicas ao seu Alcance, da Assembleia Legislativa de Minas

Finalmente, é importante embutir objetivos e condições nos desenhos das novas políticas de apoio direcionado a empresas. E é de suma importância que o incentivo seja condicionado não à simples sobrevivência das firmas beneficiárias, mas também ao desenvolvimento de suas capacidades de se adaptarem e aproveitarem as novas oportunidades que o mercado e as novas tecnologias oferecem, de forma a aumentar a eficiência, além de estabelecer um caráter temporário (*sunset clauses*) para os incentivos concedidos.

Conclusões

A economia brasileira teve um dos melhores desempenhos do século XX até o fim dos anos 1970, quando comparada com outras economias mundiais. Esse desempenho foi baseado numa visão protecionista e de direção de subsídios e outros incentivos para setores específicos, o que atraía grandes capitais internacionais para o país, a fim de atender a uma enorme demanda por bens e serviços, beneficiando detentores de capital doméstico com acesso a esses incentivos governamentais. Indústrias inteiras e empregos foram criados dentro dessa lógica de substituição de importações e privilégios localizados. Num mundo onde o grau de globalização das atividades econômicas era relativamente pequeno comparado com o que vivemos agora, e numa economia longe da fronteira de produção, com baixos estoques de capital e qualidade fraca da força de trabalho, tal estratégia de crescimento funcionou, ainda que tenha criado ineficiências e estabelecido maneiras de pensar e agir que dependiam de benesses governamentais.

O mundo tem se transformado rapidamente desde então. Em particular, processos de produção estão muito mais interligados, tornando impossível o projeto de competir com outras economias mundiais via integração vertical de processos produtivos dentro de uma só economia.

Gerais, que permite a consulta de diversas informações sobre as políticas públicas desenvolvidas pelo estado conforme diferentes critérios (incluídos região, tema, destinatário etc.).

Ainda que vivamos um processo de enfraquecimento das cadeias globais de produção, devido a riscos geopolíticos tornados claros pela invasão russa da Ucrânia em fevereiro de 2022 e pelo impacto sobre os preços de *commodities* internacionais, o futuro será liderado por economias flexíveis, nas quais a absorção de novas tecnologias e de modelos de produção aconteça de forma eficiente.

Neste mundo, barreiras regulatórias para competição e entrada no mercado doméstico – via limitações à competição internacional ou via distorções nos mercados domésticos de produtos, serviços e trabalho – impedem a inovação, a eficiência e o aumento de produtividade. Em contrapartida, o aumento da concorrência impulsiona esses fatores e leva a que mais empresas e profissionais (de todas as origens) entrem no mercado, o que incentiva mais investimentos e, em última análise, a criação de empregos. A implantação de uma regulamentação pró-competição ajudaria as empresas que operam no mercado doméstico a evitar custos desnecessários. A flexibilidade resultante desse processo deve ser combinada com uma política social sólida, na qual trabalhadores (mas não "empregos") sejam protegidos de choques inesperados e possuam as ferramentas necessárias para se adaptarem às novas realidades (inclusive via sistema educacional muito mais eficiente do que o existente no Brasil – tópico para outro trabalho).

Mostramos neste Capítulo que esse movimento em direção a uma economia mais competitiva tem prosseguido nos últimos anos, mas de forma lenta. Além do mais, os riscos de esse progresso ser revertido ou, pelo menos, de seu ritmo ser enfraquecido são reais, pois visões de mundo contraditórias e inconsistentes com um desenvolvimento econômico verdadeiramente inclusivo e sustentável ainda estão fortemente presentes na sociedade brasileira. Tendo dito isso, o árduo caminho para uma maior eficiência econômica, com maior justiça social, parece claro para nós.

Referências bibliográficas

AGHION, Philippe; AKCIGIT, Ufuk; e HOWITT, Peter (2014). "What Do We Learn from Schumpeterian Growth Theory?", *Handbook of Economic Growth*, vol. 2, pp. 515-563.

ALESINA, Alberto; ARDAGNA, Silvia; NICOLETTI, Giuseppe; e SCHIANTARELLI, Fabio (2005). "Regulation and Investment", *Journal of the European Economic Association*, vol. 3, nº 4, pp. 791-825.

ÁLVAREZ, Fernando; ESLAVA, Marcela; SANGUINETTI, Pablo; TOLEDO, Manuel; ALVES, Guillermo; DAUDE, Christian; e ALLUB, Lian (2019). "RED 2018: Institutions for Productivity: Towards a Better Business Environment", *ScioTeca*. Caracas: Banco de Desenvolvimento da América Latina e Caribe – CAF. Disponível em: <http://scioteca.caf.com/handle/123456789/1410>. Acesso em: 18 mar. 2024.

AW, Bee Yan; ROBERTS, Mark J.; e XU, Daniel Yiu (2011). "R&D Investment, Exporting, and Productivity Dynamics", *American Economic Review*, vol. 101, nº 4, pp. 1312-1344.

BARONE, Guglielmo; e CINGANO, Federico (2011). "Services Regulation and Growth: Evidence from OECD Countries", *Economic Journal*, vol. 121, nº 555, pp. 931-957.

BANCO MUNDIAL (2021). "Fixing Markets, Not Prices: Policy Options to Tackle Economic Cartels in Latin America and the Caribbean". Disponível em: <https://documents1.worldbank.org/curated/en/148021625810668365/pdf/Fixing-Markets-Not-Prices-Policy-Options-to-Tackle-Economic-Cartels-in-Latin-America-and-the-Caribbean.pdf>. Acesso em: jul. 2024.

BUSTOS, Paula (2011). "Trade Liberalization, Exports, and Technology Upgrading: Evidence on the Impact of Mercosur on Argentinian Firms", *The American Economic Review*, vol. 101, nº 1, pp. 304-340.

CALIANI, Giulio; e KANNEBLEY JÚNIOR, Sérgio (2021). "Os efeitos das medidas antidumping do Brasil sobre suas importações", *Pesquisa e Planejamento Econômico*, vol. 51, nº 2, ago.

CONWAY, Paul; DE ROSA, Donato; NICOLETTI, Giuseppe; e STEINER, Faye (2006). "Regulation, Competition and Productivity Convergence", *OECD Economics Department Working Papers*, nº 509, set.

DE LOECKER, Jan; GOLDBERG, Pinelopi K.; KHANDELWAL, Amit K.; e PAVCNIK, Nina (2016). "Prices, Markups, and Trade Reform", *Econometrica*, vol. 84, nº 2, pp. 445-510.

DUTZ, Mark A. (2018). *Emprego e crescimento: a agenda da produtividade. Desenvolvimento internacional em destaque*. Washington, D.C.: Banco Mundial.

_____; BARROSO, Rafael; BEVILAQUA, João; CIRERA, Xavi; FLEISCHHAKER, Cornelius; NUCIFORA, Antonio; e VIJIL, Mariana (2017). "Business Support Policies in Brazil: Large Spending, Little Impact". Background Paper para Banco Mundial, *Um ajuste justo: análise da eficiência e equidade do gasto público no Brasil*. Brasília: Banco Mundial, nov.

GOMES, V.; e RIBEIRO, E. (2015). "Produtividade e competição no mercado de produtos: uma visão geral da manufatura no Brasil", em: DE NEGRI, Fernanda; e CAVALCANTE, Luiz Ricardo (orgs.). *Produtividade no Brasil: desempenho e determinantes – Vol. 2. Determinantes*. Brasília: Ipea.

FERNANDES, A. (2007). "Trade Policy, Trade Volumes and Plant-Level Productivity in Colombian Manufacturing Industries", *Journal of International Economics*, vol. 71, nº 1, pp. 52-71.

GUILLEMETTE, Yvan; e TURNER, David (2018). "The Long View: Scenarios for the World Economy to 2060", *OECD Economic Policy Papers*, nº 22, jul. Paris: OECD Publishing.

HALPERN, László; KOREN, Miklós; e SZEIDL, Adam (2015). "Imported Inputs and Productivity", *American Economic Review*, vol. 105, nº 12, dez., pp. 3660-3703.

KANNEBLEY JÚNIOR, Sérgio; REMÉDIO, Rodrigo Ribeiro; e OLIVEIRA, Glauco Avelino Sampaio (2017). "Antidumping e concorrência no Brasil: uma avaliação empírica", *Documento de Trabalho nº 001/2017*. Brasília: Cade/ Departamento de Estudos Econômicos (DEE), jul.

KITZMULLER, Markus; e LICETTI, Martha Martinez (2012). "Competition Policy: Encouraging Thriving Markets for Development", *Viewpoint, Public Policy for the Private Sector*, note nº 331. Washington, D.C.; Banco Mundial, ago.

LIEBENSTEIN, Harvey (1966). "Allocative Efficiency vs. 'X-Efficiency'", *American Economic Review*, vol. 56, nº 3, jun., pp. 392-415.

LISBOA, Marcos B.; MENEZES FILHO, Naercio A.; e SCHOR, Adriana (2010). "The Effects of Trade Liberalization on Productivity Growth in Brazil: Competition or Technology?", *Revista Brasileira de Economia*, vol. 64, nº 3, Rio de Janeiro: FGV, set.

MADURO, Lucia; MOTTA VEIGA, Pedro da; e RIOS, Sandra Polônia (2020). "Acordo Mercosul-União Europeia: impactos normativos/regulatórios no Mercosul", Nota Técnica nº IDB-TN-1997, ago. Banco Interamericano de Desenvolvimento (BID)/Instituto para a Integração da América Latina e Caribe (Intal).

MUENDLER, Marc-Andreas (2004). "Trade, Technology, and Productivity: A Study of Brazilian Manufacturers, 1986-1998", mimeo.

OCDE (2019). "Revisão por pares da OCDE sobre legislação e política de concorrência: Brasil 2019". Disponível em: <www.oecd.org/daf/competition/oecd-peer-reviews-of-competition-law-and-policy-brazil-2019.htm>. Acesso em: 18 mar. 2024.

OECD (2020). *OECD Economic Surveys: Brazil 2020*. Paris: OECD Publishing. Disponível em: <https://doi.org/10.1787/250240ad-en>. Acesso em: 18 mar. 2024.

_____ (2022). "Regulatory Reform in Brazil", *OECD Reviews of Regulatory Reform*. Paris: OECD Publishing. Disponível em: <https://doi.org/10.1787/d81c15d7-en>. Acesso em: 18 mar. 2024.

PIRES, José Claudio Linhares; e RUSSEL, Nathaniel (2017). "Assessing Firm-Support Programs in Brazil", IDB. Washington, D.C.: Office of Evaluation and Oversight – OVE.

RESTUCCIA, Diego; e ROGERSON, Richard (2017). "The Causes and Costs of Misallocation", *Journal of Economic Perspectives*, vol. 31, nº 3, pp. 151-174.

ROCHA, Nadia; e RUTA, Michele (orgs.). (2022). "Deep Trade Agreements: Anchoring Global Value Chains in Latin America and the Caribbean". Washington, D.C.: Banco Mundial.

ROSSI JÚNIOR, José Luiz; e FERREIRA, Pedro Cavalcanti (1999). "Evolução da produtividade industrial brasileira e abertura comercial", *Textos para Discussão*, nº 651. Brasília: Ipea, jun., pp. 1-33.

SCHOR, Adriana (2004). "Heterogeneous Productivity Response to Tariff Reduction: Evidence from Brazilian Manufacturing Firms", *Journal of Development Economics*, vol. 75, nº 2, dez., pp. 373-396.

TOPALOVA, Petia; e KHANDELWAL, Amit (2011). "Trade Liberalization and

Firm Productivity: The Case of India", *The Review of Economics and Statistics*, vol. 93, nº 3, pp. 995-1009.

TRIBUNAL DE CONTAS DA UNIÃO (2022). *Lista de alto risco na administração pública federal.* Disponível em: <https://sites.tcu.gov.br/listadealtorisco/>. Acesso em: 18 mar. 2024.

VASCONCELOS, Rafael (2017). "Misallocation in the Brazilian Manufacturing Sector", *Brazilian Review of Econometrics*, vol. 37, nº 2, nov., pp. 191-232.

VELOSO, Fernando; MATOS, S.; FERREIRA, Pedro Cavalcanti; e COELHO, Bernardo (2017). "O Brasil em comparações internacionais de produtividade: uma análise setorial", em: BONELLI, Regis; VELOSO, Fernando; e PINHEIRO, Armando Castelar (orgs.). *Anatomia da produtividade no Brasil.* Rio de Janeiro: Elsevier, pp. 63-107.

VITALE, C. et al. (2020). "The 2018 Edition of the OECD PMR Indicators and Database: Methodological Improvements and Policy Insights", *OECD Economics Department Working Papers*, nº 1.604. Paris: OECD Publishing. Disponível em: <https://doi.org/10.1787/2cfb622f-en>. Acesso em: jul. 2024.

7. Política econômica, reformas e o cuidado com a política pública

Marcos Lisboa[1]

O Brasil anda a viver de crise em crise. Nos momentos de euforia, resgatamos projetos de desenvolvimento econômico com base em uma agenda coordenada pelo Estado para viabilizar ambiciosos projetos de investimento. Invariavelmente, o resultado tem sido decepcionante. Os faraônicos projetos de investimento fracassam e as contas públicas saem de controle, tendo como consequência severa recessão e elevada inflação. Assim ocorreu com os governos Geisel e Dilma, por exemplo, nas últimas décadas.

Nas graves crises, contudo, o país tratou de seus problemas beneficiando-se de gestores públicos admiráveis que enfrentaram uma difícil agenda de medidas para o bem comum. O descontrole dos anos 1980 foi superado por uma longa agenda de reformas: fim da Conta Movimento, redução dos subsídios, abertura comercial, privatizações, reforma legal, que permitiu o contingenciamento e os superávits primários em 1993. O

---

1. Economista, ex-secretário de Política Econômica, ex-presidente do Insper e sócio da Gibraltar Consulting.

Plano Real marcou a transição para o regime de estabilidade econômica, que foi pavimentada por oito anos de reformas.

Nesses ciclos de sonhos desenvolvimentistas seguidos por intensas crises, o país teve o privilégio de contar com gestores que formularam políticas públicas adequadas, cuidaram dos desafios e implementaram reformas que normalizam a economia, superando problemas que pareciam insuperáveis.

Eduardo Guardia contribuiu decisivamente em dois desses momentos. Nos anos de FHC, em conjunto com Amaury Bier, Pedro Parente e muitos outros, Edu contribuiu para enfrentar a importante crise fiscal daquele período. O governo havia estado, em retrospecto, excessivamente preocupado com a retomada da inflação na sequência do Plano Real, concedendo reajustes salariais bem mais altos do que comportava a economia estabilizada. Os governos estaduais, por sua vez, dilapidaram os bancos estaduais para viabilizar investimentos públicos que se revelaram ineficazes.

O resultado foi a forte crise de confiança de 1999, acionada pela mudança do regime cambial em contraposição às discussões ocorridas durante a campanha eleitoral. A equipe econômica, liderada por Pedro Malan, cuidou do problema, fazendo um ajuste fiscal. Havia a necessidade de aumentar a arrecadação. Havia também a necessidade de sistematizar corretamente as contas públicas, ajustar o crescimento da despesa e criar regras para o crescimento sustentável da receita nos anos seguintes.

O ajuste fiscal de 1999 contribuiu para amenizar uma grave crise. Nos anos seguintes, a condução da política monetária por meio do modelo de metas de inflação, liderada por Arminio Fraga, mais o ajuste fiscal e a adoção do regime de câmbio flutuante mudaram o jogo. As históricas crises do Balanço de Pagamentos tornaram-se temas da história econômica, mas não mais do presente. A gestão de política econômica conduzida no segundo governo FHC permitiu superar algumas das restrições tradicionais da economia brasileira. Mas isso não significou o fim dos problemas.

A crise de 2002 foi de outra natureza. Havia a incerteza sobre a condução da política econômica do novo governo, em boa medida em decorrência dos discursos tradicionais do Partido dos Trabalhadores, que prometia a retomada dos velhos projetos desenvolvimentistas, descuidando das políticas fiscal e monetária. Havia receio de calote no pagamento da dívida pública. Não foi o que ocorreu. O novo governo, em 2003, manteve a agenda econômica do segundo mandato de FHC, garantindo a autonomia operacional do Banco Central e até mesmo aumentando a meta de superávit primário. A agenda da equipe econômica do primeiro governo Lula foi ainda mais conservadora do que a de FHC. Aprendemos com nossos antecessores.

A transição entre FHC e Lula foi imensamente construtiva. A equipe econômica que deixava o governo cooperou com os recém-chegados, explicando detalhadamente os problemas existentes e a agenda que restava implementar. As contas externas estavam fortalecidas por um acordo com o Fundo Monetário Internacional (FMI), concebido por quem deixaria o governo. A herança de FHC esteve longe de ser maldita. Pelo contrário. A política econômica do primeiro governo Lula teria sido muito mais difícil, não fosse o legado da equipe econômica liderada por Pedro Malan e FHC.

A equipe econômica que saía deixava uma casa arrumada. Contas públicas em ordem e transparentes. Diálogo sereno sobre os problemas e os desafios. Apoio incansável para auxiliar na transição. A equipe ainda tinha construído uma solução para os problemas das dívidas dos governos estaduais e conseguira a aprovação da Lei de Responsabilidade Fiscal, que contara com a importante contribuição do Congresso Nacional. Não era pouca obra.

O primeiro governo Lula conseguiu enfrentar as dificuldades econômicas de 2003 graças à boa herança que deixara o governo FHC, que contava com Pedro Parente, Amaury Bier, Eduardo Guardia e muitos outros. A ordem dos nomes não importa, e esta talvez tenha sido uma lição daquela equipe. Havia o trabalho de muitos, com habilidades diferentes, mas que compartilhavam a ambição comum de contribuir para o bem comum. A reforma administrativa de Bresser-Pereira, alguns anos antes, viabilizara contratar gestores públicos de admirável qualidade e constituir um corpo burocrático estável que muito acrescentaria nos anos vindouros.

Pouco mais de 13 anos depois, o país se encontrava em nova crise. Os anos de bonança resultaram em novos delírios de grandeza, projetos faraônicos, crise das contas públicas e investimentos públicos malsucedidos. Subsídios para investimentos privados por meio de programas – como o Programa de Sustentação do Investimento (PSI) – coordenados pelo Banco Nacional de Desenvolvimento Econômico e Social (BNDES) com base em recursos do Tesouro Nacional não tiveram êxito. As empresas estatais haviam sido capturadas por interesses pouco republicanos em razão das escolhas de alianças do presidencialismo de coalizão do governo Lula.

A recessão que se iniciou no fim de 2014 foi uma das duas mais graves da nossa História.

O governo Temer, que assumiu após o *impeachment*, teve que retomar a sustentabilidade fiscal, disseminada por meio de subsídios a investimentos, muitos fracassados. Além disso, as empresas estatais estavam corroídas por gestões contaminadas por grupos de interesse e pela mesquinharia do oportunismo. Difícil exagerar os problemas que enfrentavam a Petrobras, a Eletrobras e a Caixa Econômica Federal naqueles anos. Basta examinar seus balanços daquela época.

A equipe econômica do governo Temer, com jeito e técnica, enfrentou o desafio. O teto de gastos resultou em uma rápida queda da taxa neutra de juros e da inflação, o que permitiu uma queda acentuada em poucos meses da taxa Selic, que caiu de 14,25%, em outubro de 2016, para 6,25%, em março do ano seguinte.

A economia saiu da recessão severa que herdara do governo anterior. Maior atividade econômica, menor inflação, menor taxa básica de juros. As contas públicas foram postas em ordem. Interrompeu-se a contabilidade criativa. Os números como os números são. Com persistência e técnica, as empresas estatais foram saneadas. O trabalho na Caixa Econômica Federal e na Eletrobras foi excepcional, liderado por Ana Paula Vescovi e Wilson Ferreira. Assim como o desenvolvido na Petrobras por Pedro Parente.

Coordenando as ações da equipe econômica, havia Eduardo Guardia.

Essa é a parte mais visível dos relatos conhecidos. Vale lembrar que havia mais de uma centena de empresas públicas controladas pelo governo federal. Com déficits imensos. E que foram reduzidos significativamente a partir de 2016.

Há, contudo, uma história a ser contada do governo Temer. Como ocorreram os acertos dos desequilíbrios nas empresas estatais, as batalhas para botar a governança e as contas em ordem? Como foram os desafios para coordenar a agenda de política econômica em meio a um governo que assumiu depois de um *impeachment*? Um governo frágil, em meio a uma agenda que parecia impossível.

Havia, porém, uma Câmara dos Deputados liderada por Rodrigo Maia, que apoiou a agenda de ajuste da equipe econômica. Com jeito e diálogo, construiu maiorias que aprovaram as reformas daquele período. O teto de gastos foi aprovado, o que pavimentou a queda da inflação e da taxa básica de juros. A reforma trabalhista foi aprovada, assim como o fim da Taxa de Juros de Longo Prazo (TJLP). Houve muito mais.

Infelizmente, Eduardo, que foi fundamental nessa história, não está mais aqui para nos ajudar a contá-la.

Conheci pouco Edu. Apenas admirei seu trabalho. Conversamos poucas vezes. Ele era jeitoso, eu sou brusco. Sei, pelo relato de amigos, da sua importância em coordenar os trabalhos para viabilizar as medidas de ajuste fiscal e em sanear as empresas estatais. Soube que colocou de pé um convênio com o IBGC, o Instituto Brasileiro de Governança Corporativa, para profissionalizar os Conselhos de Administração. Algo simples, criativo, mas de grande significado, bem no seu estilo. Acompanhei seu esforço para viabilizar as reformas implementadas no governo Temer.

Havia muita gente espetacular naquela equipe econômica. Mansueto Almeida sabe tudo dos números fiscais e talvez tenha sido o melhor porta-voz de qualquer equipe econômica que tenha acompanhado. Marcos Mendes resolve quase qualquer problema. Sua técnica e sua integridade são impecáveis. Ana Paula Vescovi é a melhor gestora que conheci. Aprendi imensamente com Ana quando trabalhamos juntos. E continuo a aprender.

Eduardo Guardia liderava essa equipe invejável. Com jeito, administrava os conflitos e implementava a agenda para o bem comum. Não havia ruído; havia trabalho de equipe. Pouca gente se apercebe, mas, não fosse a Lei das Estatais, aprovada no governo Temer, mais uma vez a Petrobras teria sido forçada a subsidiar seus preços para favorecer uma eleição presidencial. Pena que parece que estamos retrocedendo.

Com a reputação construída durante anos, a transição entre Henrique Meirelles e Edu foi um não evento. Todos sabiam o que esperar e confiavam na capacidade e rumo que ele, agora na liderança do Ministério da Fazenda, daria à política econômica.

Na dramática greve dos caminhoneiros, Edu agiu com firmeza e serenidade impecáveis, sendo transparente sobre os custos das medidas negociadas.

Edu se foi cedo demais. Agradecemos pouco a Edu quando ele estava conosco. Espero que aqueles que Edu deixou possam ouvir da nossa gratidão.

8. A greve dos caminhoneiros de 2018 e a administração da crise no âmbito do Ministério da Fazenda[1]

Marcos Mendes,[2] Thaís Vizioli[3] e Gustavo Guimarães[4]

Introdução

Em 21 de maio de 2018, iniciou-se uma paralisação dos caminhoneiros no Brasil, em protesto contra o alto e volátil preço dos combustíveis, conjugado com o baixo valor dos fretes. A valorização do dólar e o aumento do preço do petróleo no mercado internacional geraram uma

---

1. Os autores compunham a Assessoria Especial do ministro da Fazenda quando da eclosão da greve dos caminhoneiros, em maio de 2018, e participaram diretamente do desenho e da gestão da política de subvenção descrita neste Capítulo. As opiniões expressas são exclusivamente dos autores e não refletem, necessariamente, a visão dos órgãos a que foram ou são vinculados.

2. Doutor em Economia. Pesquisador associado do Insper.

3. Mestre e doutoranda em Economia. Auditora Federal de Finanças e Controle da Secretaria do Tesouro Nacional.

4. Doutor em Economia. Analista do Banco Central do Brasil e professor no Instituto Brasileiro de Ensino, Desenvolvimento e Pesquisa (IDP).

elevação do preço do óleo diesel no país e em grande parte do mundo. Essa elevação do preço e, principalmente, a sua volatilidade (preços se alteravam com uma frequência quase diária) foram o estopim para caminhoneiros interromperem o trânsito em rodovias de mais da metade dos estados.

Já no segundo dia, a manifestação passou a atingir quase todos os estados. A greve, que durou dez dias, ocasionou uma desestruturação generalizada das cadeias de produção, protestos violentos e muita tensão política. Foi interrompido o transporte de alimentos, medicamentos, insumos hospitalares, industriais e combustíveis. Voos foram cancelados, escolas fecharam, hospitais passaram a atender apenas emergências. Centenas de milhões de animais de criação morreram por falta de ração. Para uma população que ainda não havia passado por uma pandemia como a de covid-19, o choque inesperado foi grande.

Uma vez que o governo se viu surpreendido e acuado pelo sucesso do movimento, a tendência seria fazer concessões sem limites: abrir os cofres e pagar o que fosse para retomar a normalidade. Nesse ambiente tenso, o ministro da Fazenda, Eduardo Guardia, teve papel central ao não se deixar levar pela agonia da solução imediata. Conseguiu ser ouvido pelo presidente e pelos demais ministros e, em um curtíssimo espaço de tempo, desenhou um modelo de subsídio explícito que atendia à demanda dos caminhoneiros, mas preservava o Erário e interferia o mínimo possível nos mecanismos de mercado. Além disso, tirou proveito da crise, conseguindo avançar a agenda do ministério voltada para a redução de benefícios fiscais.

1. *As causas imediatas e conjunturais da crise*

Uma tempestade perfeita ocorreu no início de 2018: o preço internacional do petróleo subiu cerca de 20% e houve uma desvalorização do real frente ao dólar de pouco mais de 11% entre janeiro e maio. Isso em um contexto no qual a economia ainda não se recuperara da recessão iniciada em 2014, que derrubara a demanda por fretes. Em contraste com o aumento de 22% no custo do diesel,[5] o valor do frete para viagens longas havia subido menos de 5% entre julho de 2017 e maio de 2018.[6]

A insatisfação dos caminhoneiros com a perda de rentabilidade se acumulou. Então, algumas lideranças foram capazes de organizar uma ação coletiva de forma descentralizada, lançando mão das mídias sociais. E o WhatsApp foi uma ferramenta central para superar a natural barreira à coordenação de ações de uma categoria que, pelas características da profissão, está dispersa e em constante movimento.

A paralisação requeria capital de giro, para sustentar os caminhoneiros sem receitas. Grandes empresas de transporte financiaram o movimento e ajudaram a engordá-lo usando suas frotas para interromper o tráfego nas estradas. O locaute ficou encoberto, uma vez que a imagem pública da greve era feita pelos líderes dos caminhoneiros autônomos.[7]

Surpreendentemente, a população apoiou o movimento, apesar de ser diretamente afetada. No quarto dia de greve, uma pesquisa mostrou apoio de 70% dos entrevistados, chegando a 87% no final do movimento.[8] Isso realimentava a mobilização e pressionava o governo. As tentativas

---

5. Agência Nacional do Petróleo – Preço de revenda. Disponível em: <https://www.gov.br/anp/pt-br/centrais-de-conteudo/dados-abertos/serie-historica-de-precos-de-combustiveis>. Acesso em: 22 mar. 2024.

6. Índice Nacional do Custo de Transporte de Carga Fracionada – NTC&Logística. Disponível em: <https://www.portalntc.org.br/inctf-indice-nacional-de-custos-de-transporte-de-carga-fracionada-3/>. Acesso em: 22 mar. 2024.

7. Matérias na imprensa indicam a importância da participação das empresas de transporte na paralisação. Ver: Leonardo Goy, "Greve de caminhoneiros autônomos é reforçada com adesão de transportadoras", *Folha de S.Paulo*, 24 mai. 2018. Disponível em: <https://www1.folha.uol.com.br/mercado/2018/05/greve-de-caminhoneiros-autonomos-e-reforcada-com-adesao-de-transportadoras.shtml>. Acesso em: 22 mar. 2024; "Polícia federal faz nova operação contra prática de locaute no Rio Grande do Sul", G1, 8 jun. 2018. Disponível em: <https://g1.globo.com/rs/rio-grande-do-sul/noticia/policia-federal-faz-nova-operacao-contra-pratica-de-locaute-no-rio-grande-do-sul.ghtml>. Acesso em: 22 mar. 2024; e Camilla Veras Mota, "Paralisação de caminhoneiros é um misto de greve e locaute, diz sociólogo do trabalho", UOL, 25 mai. 2018. Disponível em: <https://economia.uol.com.br/noticias/bbc/2018/05/25/paralisacao-de-caminhoneiros-e-um-misto-de-greve-e-locaute-diz-sociologo-do-trabalho.htm>. Acesso em: 22 mar. 2024.

8. Ver, por exemplo: Valéria Bretas, "87% dos brasileiros apoiam a greve dos caminhoneiros", revista *Exame*, 30 mai. 2018. Disponível em: <https://exame.com/brasil/apesar-dos-efeitos-87-dos-brasileiros-apoiam-a-greve-dos-caminhoneiros/>. Acesso em: 22 mar. 2024.

de encerrar o movimento e chegar a um acordo com os caminhoneiros ocorreram desde os primeiros dias de paralisação. Todavia, essas tentativas iniciais foram infrutíferas, até o anúncio, em 30 de maio, das medidas econômicas propostas pelo Ministério da Fazenda (MF), além de outras medidas de caráter regulatório, como o tabelamento do preço do frete, realizadas em outras áreas da administração federal e que não serão tratadas neste Capítulo.

Vale lembrar que, a despeito de as manifestações terem se iniciado no dia 21 de maio e sido desmobilizadas no dia 30, as medidas para a redução do preço do diesel e as ações paralelas para findar com a crise foram graduais ao longo do final do mês de maio. No dia 23, a Petrobras, em uma decisão voluntária, anunciou uma redução temporária de 10% do preço à distribuidora e a manutenção desse preço por 15 dias. Entre os dias 25 e 26 de maio, as forças federais foram acionadas para iniciar um desbloqueio das vias e multar manifestantes, com aval do Supremo Tribunal Federal (STF). No dia 27, foi realizado acordo para o fim da greve, o que só se consolidou após o anúncio oficial das medidas econômicas pelo MF, no dia 30 de maio.

2. As causas estruturais da crise

Um conjunto de políticas públicas, adotadas anteriormente, estava por trás do desequilíbrio no mercado de frete. A primeira delas foi a interferência no preço do diesel praticado pela Petrobras, com vistas a segurar a inflação. Quando essa política foi interrompida, a empresa precisou recuperar o atraso. Isso se deu em um momento em que os preços cresciam no mercado internacional, o que ampliou o choque. O Gráfico 1 mostra que no período 2012-2014 o preço do diesel praticado internamente pela Petrobras ficou persistentemente abaixo do preço internacional. Em 2015 a diferença diminuiu, mas os preços internos ainda foram mais baixos. A partir de 2016, a Petrobras iniciou um processo de recuperação financeira, colocando o preço interno acima do internacional. Quando os preços no exterior começaram a subir, em 2017, a companhia acompanhou o movimento.

Gráfico 1. Preço internacional do diesel *versus* preço da Petrobras (R$/litro)

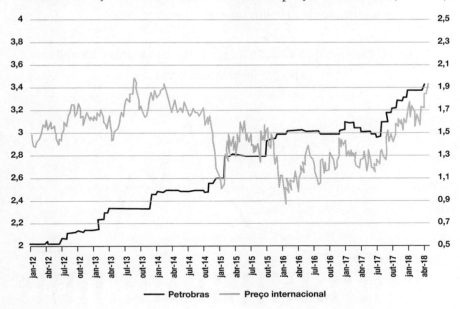

Fonte: *U.S. Gulf Coast Ultra-Low Sulfur nº 2 Diesel Spot Price* (em R$/litro, convertido pela cotação diária do dólar comercial) e Petrobras (preço de venda do diesel A às distribuidoras, sem tributos, em R$/litro).

Outra política foi a sobreoferta de crédito subsidiado para a compra de caminhões novos, que levou a um excesso de oferta no serviço de frete. Entre 2008 e 2017, o Produto Interno Bruto (PIB) cresceu 14% em termos reais, enquanto a frota aumentou 40%.[9] Somente por meio do Programa de Sustentação do Investimento (PSI), o Banco Nacional de Desenvolvimento Econômico e Social (BNDES), fortalecido por empréstimos do Tesouro Nacional, financiou a compra de cerca de 800 mil veículos entre 2009 e 2016 para transportadoras e caminhoneiros autônomos com juros subsidiados. Em junho de 2009, a taxa de juros do crédito para caminhões no BNDES caiu de 13,5% para 4,5% ao ano.

---

9. Dados do *Anuário CNT do Transporte*, 2022. Disponível em: <https://anuariodotransporte.cnt.org.br/2022/>. Acesso em: 9 jun. 2024.

O banco chegou a financiar até 100% do valor dos veículos com juros de 2% ao ano e prazo de até oito anos para pagamento.

Gráfico 2. Desembolsos BNDES – Transporte rodoviário – R$ milhões (a preços de junho de 2022)

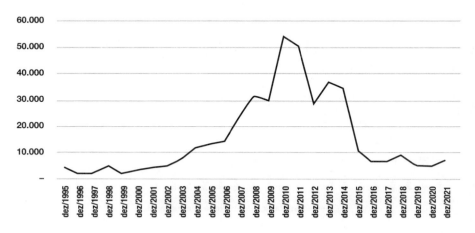

Fonte: BNDES.

A essas políticas somam-se características do mercado de frete prejudiciais aos caminhoneiros autônomos. A primeira delas reside no fato de os caminhoneiros autônomos constituírem o segmento mais frágil da cadeia de transportes. Eles são tomadores de preços não apenas na aquisição de insumos (diesel, pedágio e custos de manutenção), como também na venda de seus serviços de frete. Trabalhando na maioria das vezes como prestadores de serviços a grandes transportadoras, eles não têm poder de mercado para fixar seus preços. Com isso, ficaram espremidos entre o aumento de custos causado pelo choque externo e o baixo valor dos fretes, decorrente dos vários fatores aqui elencados.

Além disso, o fato de a Petrobras ser quase monopolista na produção interna de diesel abre espaço para pressão política sobre a estatal, para que assuma os custos de manter os preços artificialmente baixos. Há uma crença entre os caminhoneiros, e em boa parte da população e do mundo político, de que a Petrobras seria capaz de vender diesel pelo preço que desejasse, sem prejuízo para o país. Isso não é correto. Em primeiro lugar, porque o Brasil é importador de diesel. Preços abaixo do mercado internacional por longo tempo levam à interrupção das importações por empresas privadas e ao desabastecimento. Acresce que preços baixos geram prejuízo para a Petrobras e seus acionistas, sendo o maior de todos o governo federal.[10]

Por fim, o fato de a matriz de transporte de cargas do Brasil ser majoritariamente rodoviária, concentrando cerca de 65% da carga total transportada[11] – concentração bem acima da registrada em países avançados –, torna maior o estrago gerado por uma greve de transportadores rodoviários.

3. O Programa Emergencial: benefícios fiscais e subvenção temporária

No auge da crise, com a economia literalmente "parada", o governo federal, já disposto a reduzir tributos federais sobre o diesel para buscar arrefecer a elevação rápida dos preços do combustível, convocou uma reunião extraordinária do Conselho Nacional de Política Fazendária (Confaz). À época presidido pelo ministro da Fazenda, Guardia, o Confaz reúne secretários de Fazenda, Finanças, Economia, Receita ou Tributação dos estados e do Distrito Federal. A ideia era propor uma ação federativa conjugada, já que o tributo estadual representava, em média, 15% do preço do diesel ao consumidor.[12] Além de ser o maior componente tributário, o Imposto sobre Circulação de Mercadorias e Serviços (ICMS) era o mais volátil, variando a alíquota de estado para estado (entre 12% e 25%) e com incidência sobre o preço (e não quantidade, como

---

10. Ver Oddone (2022).

11. De acordo com dados do Relatório Executivo do Plano Nacional de Logística 2025, da Empresa Nacional de Logística (EPL), de junho de 2018.

12. Segundo dados de 19 de maio de 2018, a composição média do preço final do diesel era: 56% realização Petrobras; 15% ICMS; 13% tributos federais; 9% distribuição e revenda; e 0,7% custo do biodiesel. O diesel na bomba era composto por 90% de diesel fóssil e 10% de biodiesel.

no caso dos tributos federais), o que, em momento de alta elevada, tende a amplificar o preço final ao consumidor.

Em ato inédito,[13] o presidente Michel Temer anunciou que participaria da reunião para debater com os estados a adoção de uma redução do ICMS do diesel, à semelhança do que havia feito o estado do Rio de Janeiro, que reduzira a alíquota de 16% para 12%. A despeito da greve de caminhoneiros ter como principal impacto a paralisação da "circulação de mercadorias", base primordial do ICMS, o resultado das tratativas ficou muito aquém do esperado. Não se obteve maioria para um possível convênio e parte dos estados limitava-se a acusar o governo federal pela política de preços "perversa, absurda e irresponsável" da Petrobras,[14] recusando-se a avançar para uma solução conjunta entre os dois níveis de governo.

Com o governo federal pressionado por todos os lados, tornou-se inevitável colocar na mesa as políticas demandadas pelos grevistas e buscar solucionar o impasse com o que se dispunha, e no menor tempo possível. Basicamente o que pediam era: (a) estabilidade dos preços do diesel; (b) previsibilidade de alterações nos preços; (c) elevação e tabelamento dos valores dos fretes, com seu cumprimento prático; (d) garantia de demanda por serviços, com reserva de um percentual, para os caminhoneiros autônomos, dos fretes contratados pela Companhia Nacional de Abastecimento (Conab), uma estatal federal.

O papel do MF circunscreveu-se a medidas econômicas para debelar a crise. A atuação política e técnica do ministro Eduardo Guardia foi central para a construção das soluções e a minimização dos custos fiscais e econômicos das medidas posteriormente adotadas.

Ocioso dizer que nem o ministro nem sua equipe técnica estavam confortáveis com um subsídio ao diesel. Tratava-se de subsidiar um dos

---

13. A presidência do Confaz é sempre exercida pelo ministro da Fazenda, contudo, em raras oportunidades ele participa das reuniões, sendo geralmente substituído pelo secretário-executivo do ministério.

14. Ver: "Carta aberta dos governadores dos estados integrantes da Sudene", Portal R7, 27 mai. 2018. Disponível em: <https://noticias.r7.com/brasil/governadores-criticam-politica-de-precos--da-petrobras-29062022>. Acesso em: 22 mar. 2024.

combustíveis mais poluentes,[15] cujos ganhos poderiam ir muito além dos caminhoneiros, contemplando, por exemplo, proprietários de carros de luxo. Além disso, o baixo poder de mercado dos caminhoneiros autônomos, frente às grandes transportadoras, indicava o risco de que o subsídio fosse capturado pelas empresas, não melhorando a renda dos grevistas.

Interferir em preços de mercado é sempre um ato de risco. As relações contratuais são complexas e determinações legais nunca conseguem enxergar ou contemplar todos os detalhes que um sistema de preços livres acomoda com facilidade. No caso específico do diesel, não havia um único preço e um único produto. Há uma diversidade de contratos (incluindo ou não frete, assistência técnica, seguros, importação direta ou via *traders* etc.), diferentes mercados regionais com diferentes preços, distintos tipos de diesel. O risco de o subsídio criar distorções nessa variedade de mercados era grande, e de fato se concretizou, como relatado adiante.

O mérito do ministro Guardia foi conseguir minimizar os prejuízos fiscais e econômicos, ao costurar um acordo político para que os benefícios tributários e a subvenção tivessem as seguintes características:

a) um *programa temporário*, para evitar a perpetuação das distorções;[16]
b) *custo fiscal preestabelecido*, evitando-se contas em aberto;
c) *custo explícito* e transparente para toda a sociedade, incluindo a transparência aos valores repassados aos beneficiários do programa;

---

15. Vale destacar que a Organização para a Cooperação e Desenvolvimento Econômico (OCDE) vinha há anos solicitando em seus relatórios que o Brasil elevasse a carga tributária sobre o diesel, que estaria em desalinhamento com as externalidades negativas desse bem. Por exemplo, relatório de fevereiro de 2018 apontava que os impostos sobre combustíveis eram baixos na comparação internacional e que impostos mais altos sobre os combustíveis fósseis ajudariam a reverter o recente aumento na intensidade de CO_2 da economia, contribuindo para um crescimento econômico mais inclusivo. Ademais, tratava-se de medida na contramão da literatura especializada, que defende que a tributação desencoraja o uso excessivo de fontes de energia prejudiciais ao meio ambiente, de forma a estabelecer preços eficientes que reflitam os custos ambientais e demais externalidades negativas associadas. Ver: Parry, Black e Vernon (2021).

16. O que deveria ser o padrão desse tipo de política pública, mas que, na realidade brasileira, é exceção.

d) *compensação* dos custos mediante redução de outros benefícios fiscais e redução de outras despesas, de modo a garantir responsabilidade fiscal;
e) escolha de políticas para fins de compensação que não tivessem apenas o caráter de neutralidade fiscal, mas que pudessem também *melhorar o conjunto de políticas públicas* e, por conseguinte, o bem-estar social;
f) *concentração dos custos* no Tesouro, para evitar prejudicar a Petrobras, as empresas privadas e seus acionistas e minimizar o risco de futura judicialização;
g) *flexibilidade* na fixação do valor da subvenção aos preços, evitando-se longos períodos de preço tabelado e muito distante do equilíbrio de mercado;
h) *participação voluntária* no esquema de subsídio, de modo a evitar a inclusão compulsória de empresas privadas, garantindo-lhes autonomia.

Com base nesses princípios, foram implementados dois instrumentos econômicos atuando de forma conjunta: a redução de tributos federais sobre o diesel e a criação de um mecanismo de subsídio explícito por meio de uma subvenção econômica.

3.1. Redução de tributos

Houve redução de PIS/Cofins e da Cide,[17] com impacto total de R$ 4 bilhões. Atendendo à determinação de compensação do disposto no inciso II do artigo 14 da Lei Complementar nº 101/2000 (Lei de Responsabilidade Fiscal – LRF), no que tange à renúncia de receitas foram tomadas medidas para a redução de outros benefícios fiscais. Editou-se a Medida Provisória nº 836/2018, revogando o Regime Especial da Indústria Química (Reiq). O Decreto nº 9.393/2018 reduziu a quase zero a alíquota utilizada para a compensação tributária a exportadores (Reintegra). O mesmo Decreto

---

17. PIS/Cofins: Programa de Integração Social/Contribuição para o Financiamento da Seguridade Social; Cide: Contribuição sobre Intervenção no Domínio Econômico.

nº 9.394/2018 diminuiu os benefícios fiscais aos produtores de concentrados de refrigerantes situados na Zona Franca de Manaus (ZFM). A Lei nº 13.670/2018 reduziu e acelerou o encerramento do programa temporário de desoneração da folha de pagamentos de alguns setores econômicos. A tabela abaixo apresenta as economias geradas por cada uma dessas medidas.

Medidas compensatórias relativas à redução de tributos

Medida compensatória	Instrumento	Economia em 2018 R$ bilhões
Revogação do Reiq	MP nº 836/2018	0,17
Reintegra	Decreto nº 9.393/2018	2,27
Redução do IPI – Concentrados ZFM	Decreto nº 9.394/2018	0,74
Reoneração da folha	Lei nº 13.670/2018	0,83
Total		4,01

Fonte: Receita Federal do Brasil (ver: Justificação dos Instrumentos Legais listados na tabela).

A soma do ganho de arrecadação com essa redução de benefícios fiscais cobriria integralmente a perda de R$ 4 bilhões com a desoneração do diesel. Contudo, mais do que a responsabilidade fiscal exercida em um momento de tensão, no qual essas considerações tendem a ser jogadas de lado,[18] deve-se ressaltar a ousadia política da estratégia.

Os quatro benefícios fiscais reduzidos ou extintos beneficiavam grupos de pressão de grande força política. Ao mesmo tempo, havia evidências e estudos técnicos mostrando que geravam distorções econômicas e tinham relação custo-benefício desfavorável para o país. Ou seja, sobreviviam apenas por mobilização e pressão de seus beneficiários diretos.

18. Ver, por exemplo, alguns exageros fiscais ocorridos durante a pandemia de covid-19, em que a situação de emergência foi utilizada para todo tipo de concessão de benefícios fiscais e aumento de gastos sem qualquer preocupação com compensações ou temperança nas decisões de gastos.

A revogação do Reiq, por exemplo, visava corrigir uma distorção tributária que permitia que as centrais petroquímicas apurassem créditos de PIS/Pasep[19] e Cofins em montante superior ao efetivamente pago por seu antecessor na cadeia produtiva. Ademais, tal benefício é altamente concentrado: de acordo com dados da Associação Brasileira da Indústria Química (Abiquim), apenas 25 empresas estavam enquadradas no programa. Ainda: havia grande concentração nesse mercado, o que fazia com que a maior parte da isenção fiscal se concentrasse em apenas uma empresa.

A reoneração da folha de pagamentos baseou-se em constatações de que seus custos eram muito superiores aos benefícios. Diversos estudos[20] demonstram que o impacto da medida sobre o emprego foi inexistente ou muito pequeno, com custo muito elevado frente à realidade fiscal do país. O diagnóstico também demonstrava que a política gera complexidade tributária, custos e riscos para as empresas, ao mesmo tempo que aumenta o custo e reduz a eficácia da fiscalização da Receita Federal, beneficiando apenas uma minoria. De acordo com dados da Receita Federal de 2018, dos quase 1,9 milhão de estabelecimentos que apresentaram guias de pagamento de contribuições previdenciárias (GFIP), apenas 84,8 mil (1,8% do total) eram beneficiários da desoneração. Por fim, a contribuição sobre o faturamento deve ser exceção e não a regra no financiamento da Previdência Social, tendo em vista a redução da associação entre contribuições e benefícios.

Quanto ao programa Reintegra, as alterações tiveram motivação semelhante àquela da desoneração da folha, uma vez que foi criado também em 2011 para enfrentar a crise internacional e auxiliar as empresas exportadoras de produtos manufaturados em um momento de sobrevalorização do real. Tal motivação não mais se justificava, tendo em vista a desvalorização do dólar desde meados de 2015.

---

19. Pasep: Programa de Formação do Patrimônio do Servidor Público.
20. Ver: Dallava (2014); Garcia, Sachsida e Carvalho (2017); FGV (2013); FGV (2014a); FGV (2014b); MF (2015a); MF/SPE (2015b); e Scherer (2015).

Por fim, a redução dos créditos do Imposto sobre Produtos Industrializados (IPI) dos extratos concentrados para a preparação de refrigerantes refere-se, na realidade, a uma redução da alíquota sobre esses concentrados de 20% para 4%. Como estabelecimentos instalados na Zona Franca de Manaus são isentos dessa tributação e, ao mesmo tempo, têm direito a crédito fiscal sobre o tributo não pago, uma redução de alíquota diminui os créditos fiscais e leva a aumento de arrecadação. Trata-se de uma distorção tributária no segmento de bebidas açucaradas em clara dissonância com os princípios da seletividade e da não cumulatividade tributárias. Adicionalmente, 85% do benefício tributário era absorvido por três grandes empresas.

Assim, a partir de fundamentações técnicas, o ministro Guardia foi bastante firme ao bancar que seriam essas as fontes de financiamento da redução de tributos sobre o diesel. E aproveitava uma situação de crise para avançar na agenda de redução dos benefícios tributários contraproducentes. Com o detalhe de que o custo da redução tributária do diesel seria temporário, enquanto a redução dos benefícios tributários que a financiaria seria permanente.

Evidentemente, não se ganha todas em uma disputa política tão pesada. A indústria química conseguiu que a revogação do Reiq fosse rejeitada pelo Congresso.[21] A desoneração da folha de pagamentos ganhou um prazo extra, mas houve reduções.[22] O mesmo ocorreu com a redução do subsídio aos xaropes de refrigerante: a redução foi menor que a inicialmente proposta, mas atualmente está em 8%, contra 20% no

---

21. Tentativas posteriores de extinção do Reiq foram igualmente rechaçadas pelo Congresso, à base de muita pressão da indústria beneficiária.

22. O prazo de duração, que havia sido estabelecido apenas até o fim de 2020, foi prorrogado pela Lei nº 14.020/2020 até 31 de dezembro de 2021, e novamente pela Lei nº 14.288/2021, com previsão até 31 de dezembro de 2023. Apesar de ter retornado parcialmente, o custo da desoneração passou de mais de R$ 17 bilhões, em 2016, para R$ 9,4 bilhões, em 2020, de acordo com dados do Resultado do Tesouro Nacional. A Lei nº 14.784/2023 promoveu nova prorrogação da desoneração da folha. Quando este Capítulo estava sendo concluído e revisado, havia uma disputa entre Legislativo e Executivo, com o segundo querendo limitar a desoneração e o primeiro buscando a sua perenidade ou prorrogação.

momento da adoção da primeira redução.[23] A redução do Reintegra, que representava mais da metade do valor envolvido (R$ 2,3 bilhões em um total de R$ 4 bilhões), foi plenamente adotada.

3.2. O Programa de Subvenção Econômica à Comercialização de Óleo Diesel

O segundo braço da estratégia de solução da crise, representado por um programa de subsídio ao preço do diesel, teve seu custo total calculado em R$ 9,5 bilhões e data de encerramento fixada em 31 de dezembro de 2018 (de fato, foi encerrado nessa data). Abriu-se um crédito extraordinário no valor total do subsídio, mas foram cortadas outras despesas para compensar o custo, ainda que os créditos extraordinários fossem excetuados do teto de gastos estabelecido pela Emenda Constitucional (EC) nº 95/2016. Ou seja, apesar de não ser exigida a compensação pelo aumento de despesas, ela foi feita, mais uma vez demonstrando-se responsabilidade fiscal na condução da solução da crise.

A Medida Provisória (MP) nº 839/2018 cortou recursos de mais de 30 projetos e atividades para acomodar a nova despesa no orçamento. Situação diferente do que se adotou durante e após a covid-19, quando os créditos extraordinários foram abertos sem qualquer preocupação em se limitar outros gastos.

Para cálculo e pagamento da subvenção, desenhou-se um sistema em que se tomava um preço internacional de referência (Preço de Referência – PR), fixado pela Agência Nacional do Petróleo, Gás Natural e Biocombustíveis (ANP) com base nos preços internacionais e nos custos de frete e seguros. Calculava-se, então, um Preço de Comercialização (PC), que era fixado pelo Poder Executivo todo primeiro dia do mês,

---

23. Em maio de 2018, foi editado o Decreto nº 9.391, que diminuiu a alíquota do IPI incidente sobre o xarope de refrigerante de 20% para 4%. Já em setembro, após pressões do setor, o governo editou o Decreto nº 9.514/2018, aumentando a alíquota para 12% entre 1º de janeiro e 30 de junho de 2019 e prevendo redução para 8% entre 1º de julho e 31 de dezembro do mesmo ano. Essa redução de alíquotas do xarope foi novamente prorrogada com a edição do Decreto nº 10.254, de 20 de fevereiro de 2020, que fixou essa alíquota do IPI em 8% para o período de 1º de junho a 30 de novembro de 2020.

segundo a fórmula PC = PR - R$ 0,30, e que ficava fixo ao longo de todo o mês, enquanto o PR variava diariamente.

O valor da subvenção a cada dia era dado pela diferença entre o PR do dia e o PC (fixo para todo o mês), de tal forma que "Subvenção = PR – PC". Todo produtor ou importador de diesel que, voluntariamente, se credenciasse no programa e vendesse às distribuidoras o diesel por um valor igual ou inferior ao PC faria jus a receber a subvenção. O volume de diesel vendido pelo participante, multiplicado pelo valor da subvenção, era computado em uma conta de débitos e créditos (conta gráfica), cujo saldo final seria pago no fim do mês.

Assim, por exemplo, se tivéssemos no primeiro dia do mês um PR = R$ 2,30, o PC seria fixado em R$ 2,00. Se no dia seguinte, por conta de flutuações do mercado internacional, o PR caísse para R$ 2,20, o diesel comercializado naquele dia só receberia R$ 0,20 de subvenção (a diferença entre o PC fixado para o mês e o PR daquele dia). Portanto, quedas no preço do diesel se refletiriam imediatamente em menor custo do programa.

Por outro lado, se o preço do diesel subisse, o máximo que se pagaria de subvenção seria R$ 0,30, com a diferença adicional entre o PR e o PC transformando-se em custo do produtor ou importador. Esse era o risco que corria a empresa que se habilitasse ao programa.

Se o PR caísse muito ao longo do mês, ficando abaixo do PC, os participantes do programa passariam a dever para o governo, registrando-se um lançamento negativo na conta gráfica, a ser abatido do crédito detido pelo participante.

O quadro na próxima página exemplifica a dinâmica e as diferentes situações que poderiam ocorrer.

Ilustração do modelo de aferição e pagamento da subvenção ao diesel

	Fixa-se o PC do mês = PR - R$ 0,30	Cai o preço internacional	Sobe o preço internacional	Preço internacional cai muito e PR fica menor que PC
	Dia 1	Dia 2	Dia 3	Dia 4
Preço de Referência (PR): fixado diariamente pela ANP, com base nos preços de mercado	2,30	2,20	2,40	1,90
Preço de Comercialização (PC): preço máximo a ser praticado na venda às distribuidoras por produtores e importadores que quisessem participar do programa – fixado no início de cada mês e mantido fixo ao longo do mês	2,00	2,00	2,00	2,00
Preço efetivamente praticado	2,00	2,00	2,00	2,00

	Fixa-se o PC do mês = PR - R$ 0,30	Cai o preço internacional	Sobe o preço internacional	Preço internacional cai muito e PR fica menor que PC
	Dia 1	Dia 2	Dia 3	Dia 4
Crédito (+) / Débito (-) na conta gráfica do participante	0,30	0,20	0,30	-0,10
Saldo acumulado na conta gráfica por litro comercializado	0,30	0,50	0,80	0,70
Observação			Subvenção limitada a R$ 0,30. Empresa participante arca com R$ 0,10 de custo	Subvenção negativa em caso de PR<PC. Proteção ao Tesouro

3.3. Detalhes e desafios ao longo da execução do programa

Por mais que tenha sido cuidadosa, no sentido de proteger o Tesouro e minimizar interferências no mercado, a implementação da subvenção enfrentou uma sucessão de problemas. Alguns já eram conhecidos ou foram previstos, como a subvenção a um combustível poluente, a subvenção cruzada a beneficiários que não eram caminhoneiros (como donos de carros movidos a diesel) e a possibilidade de captura da política por transportadoras com poder de mercado. No entanto, surgiram outros entraves não antecipados. Trata-se de uma lição prática do que ocorre quando governos interferem em preços de mercado: os problemas surgem de todos os lados.

Em primeiro lugar, a fixação do PR não era inconteste. Como já afirmado, não existe um único preço de mercado. Há inúmeros preços, a depender do tipo de contrato, do tipo de comprador e da localização geográfica da transação. Para aplacar essas distorções, foram fixados PR e PC para quatro regiões,[24] o que nem de perto era suficiente para que se evitassem distorções de preços relativos, interrupções de contratos e prejuízos involuntários a participantes do mercado.

Houve também, antes da implementação do programa de subvenção, um período em que produtores e importadores de diesel realizaram redução de preço, na expectativa de que o governo os compensaria posteriormente. Contudo, na administração pública só é permitido o que a lei autoriza, ou seja, o conhecido "princípio da legalidade", de modo que o pagamento dessa compensação não ocorreu. Adicionalmente, operações não cobertas ou indevidamente afetadas pela subvenção surgiam a todo momento. Foi o caso, por exemplo, das distribuidoras que compravam diesel no mercado internacional por meio de *traders*. Pela letra da lei, quem deveria receber a subvenção seria o *trader*, mas ele era apenas um intermediário, com o custo da transação recaindo sobre a distribuidora, que não podia receber o benefício. Foi preciso alterar a legislação para cobrir essa situação.

A cada medida provisória encaminhada ao Congresso ou ato normativo para aperfeiçoar a política, em um clima político tenso, havia a desconfiança dos caminhoneiros e seus apoiadores de que algo nas entrelinhas visava diminuir o benefício à categoria.

Um mercado que não deveria ser afetado pela subvenção, mas que quase teve empresas indo à falência, foi o do diesel marítimo. A ideia inicial era resolver o problema dos caminhoneiros, mas como não se especificou o tipo de diesel sob subvenção, a Petrobras acabou usando o benefício para entrar no mercado de diesel marítimo, operado por pequenas empresas que não haviam se inscrito no programa e não podiam vender o produto com desconto. Nova necessidade de voltar ao Congresso e enfrentar resistências e desconfianças para especificar que a subvenção seria aplicada apenas ao diesel de uso rodoviário.

---

24. Centro-Oeste e Sudeste; Sul; Norte; e Nordeste.

A operacionalização prática de comprovação de venda de diesel pelo preço que dava direito à subvenção se tornou complexa. A ANP foi o órgão eleito para receber as notas fiscais, conferi-las e autorizar os pagamentos. Não estando tecnicamente habilitada para tal, a autarquia adotou uma postura conservadora, visando proteger a pessoa física de seus diretores e servidores de futuros processos de responsabilização. Conferiam-se individualmente as notas fiscais (evitando-se um sistema de amostragem) e rejeitavam-se todas as notas com mínimas irregularidades. Isso levou a atrasos nos pagamentos, gerando custo de capital de giro às empresas participantes, além de queixas quanto a pagamentos a menor.

Duas questões tributárias geraram bastante dor de cabeça. Em primeiro lugar, a legislação considera subvenção uma renda tributável. Assim, parte da subvenção recebida por cooperar com a política do governo seria tributada. Foi necessário alterar a legislação para lidar com o problema. Mais especificamente, sobre a subvenção incide PIS/Cofins à alíquota de 9,25%. Para não onerar os beneficiários do programa, foi necessário prever mecanismo de compensação dessa perda. Isso foi feito por meio de acréscimo de parcela ao PR (e, consequentemente, ao PC) do período seguinte. Assim, no mês seguinte, o participante poderia comercializar o diesel a um preço superior. No último período, os resíduos de PIS/Cofins foram acrescidos na conta gráfica dos participantes.

A segunda questão tributária dizia respeito ao ICMS. Os preços de referência e de comercialização considerados no programa eram preços sem tributos. Como cada estado tem uma tributação distinta sobre combustíveis, e os dados tributários estão sujeitos a sigilo fiscal, foi preciso desenhar um complexo acordo de cooperação técnica entre a ANP e os fiscos estaduais[25] para que a informação tributária fosse disponibilizada à ANP com a tempestividade necessária.

Havia também o risco de que, na virada de cada mês, quando se recalculava o preço de comercialização (PC), houvesse um salto nos preços

---

25. Convênio de Cooperação Técnica e Operacional nº 02, de 18 de setembro de 2018 – ANP – Confaz – Unidades Federadas.

de mercado, levando ao aumento do preço subvencionado e ao ressurgimento do movimento grevista. Essa preocupação era ainda maior em relação à virada de dezembro de 2018 para janeiro de 2019, quando o programa seria encerrado. Um contexto de preços em aceleração implicaria uma saída brusca do programa, com um salto de preços que provavelmente resultaria em pressões para uma prorrogação.

Por sorte, no fim de 2018, o mercado de petróleo estava em tendência de baixa de preços, e o fim do programa de subvenção se deu suavemente. O mesmo não se pode dizer dos benefícios tributários. Em 2017, o valor dos tributos federais por litro de diesel era de R$ 0,5115, sendo R$ 0,4615 de PIS/Cofins e R$ 0,0500 de Cide. A redução realizada em 2018 zerou a Cide e reduziu o PIS/Cofins para R$ 0,3515. Em 2019, o programa de subvenção foi findado, porém a alíquota do PIS/Cofins e da Cide se manteve reduzida.

Destacamos ainda que, ao longo da execução do programa criado de forma emergencial, diversos aperfeiçoamentos foram sendo normatizados e implementados, sempre com uma discussão transparente com a sociedade, inclusive por meio do instrumento de consulta pública.

Por fim, vale notar que a redução do preço do diesel não foi suficiente para acalmar o movimento. Além de redução e de estabilidade nos preços do diesel, outra demanda referia-se ao tabelamento de fretes. O MF, à época, relutou contra a adoção da medida, tendo em vista os impactos concorrenciais negativos dela decorrentes. No entanto, ainda vigora a Lei nº 13.703/2018, resultado da conversão da MP nº 832/2018, que estabeleceu a Política Nacional de Pisos Mínimos do Transporte Rodoviário de Cargas, a serem fixados pela Agência Nacional de Transportes Terrestres (ANTT).

4. Resultados e breve análise

A despeito das turbulências e distorções geradas pela intervenção governamental, o programa de subvenção conseguiu entregar a negociada redução de preços ao consumidor. Sempre havia o temor de que as margens de lucro fossem engordadas ao longo da cadeia de produção, impedindo o impacto esperado no preço final ao consumidor. Contudo, o clima de tensão e vigilância, inclusive por parte das empresas, induziu o repasse final do subsídio aos consumidores. O Gráfico 3 ilustra a trajetória dos preços ao longo de quatro fases do programa.

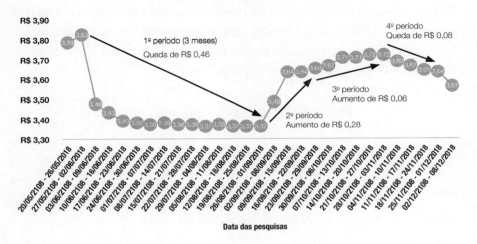

Gráfico 3. Diesel: preço médio ao consumidor – maio a dezembro de 2018 – Brasil

Fonte: Sistema de levantamento de preços (ANP).

Entre o início da vigência do programa e o fim de agosto de 2018, nos três meses iniciais e mais importantes do programa, houve queda sistemática dos preços, totalizando em média R$ 0,46, conforme havia sido prometido/anunciado.[26] Destacou-se queda, já na primeira semana, de cerca de R$ 0,35 no preço médio. Tão ou mais importante que a queda foi a estabilidade de preços observada nesse período crítico para a economia brasileira, que se recuperava de um choque de oferta significativo.

---

26. De acordo com metodologia da própria ANP, todos os cálculos envolvendo preço médio foram ponderados pelas vendas de combustíveis informadas pelas distribuidoras à agência em 2017, por meio do Sistema de Informações de Movimentação de Produtos (i-SIMP).

Esse comportamento de queda e estabilidade em torno da redução esperada foi uniforme nas quatro bases regionalizadas de comercialização estabelecidas: a) Região Norte, exceto estado do Tocantins; b) Tocantins e estados da Região Nordeste; c) estados das regiões Centro-Oeste e Sudeste e Distrito Federal; e d) estados da Região Sul.

Os três períodos seguintes apresentaram oscilações reduzidas, permitindo maior previsibilidade dos preços, em atendimento à demanda dos caminhoneiros. Os movimentos de alta em setembro e outubro refletiram o aumento dos preços do petróleo no mercado internacional (de cerca de 6% e 1,8%, respectivamente), o que podemos observar no Gráfico 4, assim como a queda verificada nos meses seguintes, que permitiu, como já dito, uma saída suave do programa.[27]

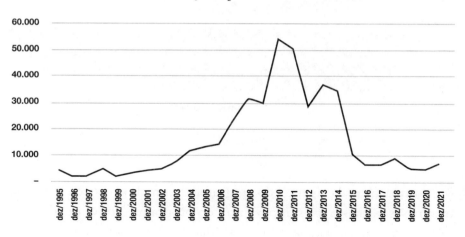

Gráfico 4. Preço do petróleo – US$/barril

Fonte: *World Bank Commodity Price Data – Crude Oil, Average*. Disponível em: <https://www.worldbank.org/en/research/commodity-markets>. Acesso em: 8 jul. 2024.

---

27. Havia um plano de contingência, uma metodologia para realizar uma saída suave do programa, que foi entregue à transição de governo. Vale lembrar que em 1º de janeiro de 2019 assumiria um novo presidente da República de forma simultânea ao fim do programa, isto é, com uma redução no subsídio de até R$ 0,30 por litro. Todavia, essa nova fase do programa não foi implementada, pois o acompanhamento diário dos preços internacionais e nacionais mostrava que os preços de mercado, na prática, já estavam fazendo a suavização, que de fato ocorreu.

A redução dos preços não significa que os principais beneficiários tenham sido os caminhoneiros. Por muito tempo houve reclamações sobre o descumprimento da tabela de fretes, o que indica que as empresas de transporte, contratantes de caminhoneiros autônomos, podem ter absorvido parte dos ganhos. Desde o episódio da greve, e a despeito do atendimento das demandas dos caminhoneiros, o país tem se visto refém e receoso de um novo movimento grevista. No entanto, parece haver indícios de que a grande força por trás do sucesso do movimento foi, de fato, o suporte financeiro dado pelas empresas de transporte.

Ciente da gravidade do problema e com a expectativa de que as soluções adotadas em 2018 eram temporárias e não suficientes para resolver questões estruturais, o MF propôs ao novo governo medidas que pudessem minimizar novos choques nos preços internacionais e seus reflexos no mercado nacional, a fim de se evitarem novas paralisações como a de 2018. Já no início do governo Bolsonaro, o Ministério da Economia, em parceria com o Ministério de Minas e Energia, constituiu uma agenda de trabalho para estudar e propor soluções que, posteriormente, fizeram parte de uma agenda maior com outros ministérios e órgãos, como o Ministério da Infraestrutura, todos sob a coordenação da Casa Civil da Presidência da República.

Em setembro de 2019, após o ataque às instalações de processamento de petróleo saudita, o preço da *commodity*, em um único dia, teve a sua maior oscilação desde a Guerra do Golfo (1990-1991). No primeiro quadrimestre de 2020, por conta da pandemia de covid-19, a Organização dos Países Exportadores de Petróleo (Opep) antecipou um colapso histórico na demanda mundial de petróleo com implicações também na produção do bem. O que demonstrou que a elevada volatilidade dos preços desse bem, insumo essencial em diversas cadeias produtivas, é perene e deve ser incorporado ao planejamento governamental.

Os desdobramentos derivados do conflito na Ucrânia e a elevação dos preços do petróleo em 2022 geraram, novamente, pressão por parte dos caminhoneiros. Esse choque de preços foi ainda mais forte do que aquele que levou à greve em 2018: enquanto os preços de revenda do diesel acumularam alta de 20% nos 12 meses encerrados em maio de

2018, saindo de R$ 3,00 em junho de 2017 para R$ 3,64 em maio de 2018, o aumento acumulado nos 12 meses encerrados em junho de 2022 foi superior a 57% (de R$ 4,60, em julho de 2021, para R$ 7,23, em junho de 2022).[28] Mobilizações grevistas chegaram a ocorrer, mas não se levou a cabo a ameaça. Possivelmente por falta de suporte financeiro e pelo aprendizado adquirido na crise de 2018. Não obstante, os caminhoneiros não suportaram integralmente o custo da elevação dos preços.

A despeito de não ter ocasionado uma greve nos moldes daquela de 2018, para conter o movimento dos caminhoneiros e os preços dos combustíveis, entre eles o diesel, o governo federal zerou todos os tributos federais sobre o diesel e o biodiesel, inicialmente de forma temporária. Mas a desoneração completa vigorou para todo o ano de 2023, com custo estimado de R$ 18,6 bilhões (incluindo, além do diesel, gás de cozinha e do querosene de aviação), tendo sido encerrada a partir de janeiro de 2024. A desoneração total foi estendida, ainda, para a gasolina, o etanol e o GNV, o chamado Gás Natural Veicular, até março de 2023, quando foi encerrada, a um custo de R$ 34,3 bilhões. A ampla desoneração ocorrida em 2022 e com impactos até 2023, e seu elevado custo, contrastam com o cuidado e a limitação fiscal das medidas tomadas em 2018. Adicionalmente, foi aprovado um subsídio mensal para os profissionais autônomos, apelidado de Bolsa Caminhoneiro (EC nº 123/2022), no valor de R$ 1 mil, pago por seis meses ao longo de 2022.[29]

---

28. Conforme dados da ANP, considerando as médias mensais dos preços praticados por revendedores de combustíveis automotivos, em R$/litro. Disponível em: <https://www.gov.br/anp/pt-br/centrais-de-conteudo/dados-abertos/serie-historica-de-precos-de-combustiveis>. Acesso em: 22 mar. 2024.

29. A Lei Complementar nº 192/2022 previu a substituição da alíquota do ICMS em percentual por alíquota fixa por volume comercializado, por deliberação dos estados, através do Confaz, além de prever isenção das contribuições para PIS/Pasep e Cofins sobre os combustíveis até 31 de dezembro de 2022. A Lei Complementar nº 194/2022 afastou as restrições da LRF para instituir diversas renúncias fiscais até 31 de dezembro de 2022, determinando a aplicação de alíquota do ICMS pelo piso para produtos e serviços essenciais, quando incidir sobre bens e serviços relacionados a combustíveis, gás natural, energia elétrica, comunicações e transporte coletivo, e determinou compensação pelas perdas de arrecadação pela União aos entes subnacionais. As Medidas Provisórias nº 1.157 e nº 1.163, de 2023, novamente prorrogaram as alíquotas de contribuições incidentes sobre operações realizadas com diversos combustíveis.

Registre-se que o programa Bolsa Caminhoneiro tende a criar menos distorções de mercado do que a intervenção nos preços feita em 2018. Essa opção chegou a ser ventilada no âmbito técnico naquele ano, mas não houve espaço político para viabilizá-la, visto que as pressões por intervenção nos preços já estavam muito avançadas. No entanto, o custo foi bastante elevado (R$ 5,4 bilhões por seis meses).

A efetiva redução dos custos e riscos associados a novas ameaças e movimentos paredistas passa pela resolução das causas mais profundas que levaram à greve. Nesse caso, há boas e más notícias. Do lado positivo, foram aprovados a lei que desregulamenta a navegação de cabotagem (Lei nº 14.301/2022) e o marco regulatório das ferrovias. Ao longo do tempo, a substituição do modal rodoviário pelos modais marítimo/fluvial e ferroviário reduzirá o poder de pressão da categoria. Registre-se que houve explícito movimento dos caminhoneiros contrários à lei da cabotagem.[30]

Do lado negativo, tivemos a reedição de um programa de subsídio para a compra de caminhões novos. Chamada de "Programa Renovar", a Lei nº 14.440/2022 concedeu benefícios fiscais e creditícios[31] para a troca de caminhões velhos por novos. Esse tipo de política reduz o necessário incentivo à saída de caminhoneiros do mercado, visto o excesso de oferta criado pelos subsídios oferecidos pelo antigo programa do BNDES. Programas com desenhos semelhantes estão sempre em elaboração,[32] com riscos de repetir o erro que contribuiu para a crise de 2018.

---

30. Ver: Giulia Fontes, "O que é o projeto BR do Mar e por que irrita tanto os caminhoneiros?", UOL, 23 mar. 2021. Disponível em: <https://economia.uol.com.br/noticias/redacao/2021/03/23/br-do-mar-senado-caminhoneiros-cabotagem.htm>. Acesso em 24 mar. 2024; e "Caminhoneiros pedem retirada de urgência de projeto de cabotagem do Congresso", Infomoney, *O Estado de S. Paulo*, 28 out. 2020. Disponível em: <https://www.infomoney.com.br/politica/caminhoneiros-pedem-retirada-de-urgencia-de-projeto-de-cabotagem-do-congresso/>. Acesso em: 24 mar. 2024.

31. Aqueles que aderirem ao programa poderão ter acesso a linhas de crédito no BNDES e a remissão de débitos não tributários do veículo baixado como sucata para com o Departamento Nacional de Infraestrutura de Transportes (Dnit), a ANTT e a Polícia Rodoviária Federal, desde que estejam vencidos há mais de três anos e não ultrapassem R$ 5 mil.

32. Ver: Alexandro Martello, "Governo estuda programa permanente de renovação de frota de caminhões e ônibus, diz Alckmin", G1, 8 fev. 2024. Disponível em: <https://g1.globo.com/carros/noticia/2024/02/08/governo-estuda-programa-permanente-de-renovacao-de-frota-de-caminhoes-e-onibus-diz-alckmin.ghtml>. Acesso em: 10 jun. 2024.

Outro aspecto negativo é o perene flerte do governo federal com a metodologia de preços praticada pela Petrobras. Ainda que limitado pelas regras de governança da empresa, reforçadas após a crise gerada pela excessiva intervenção governamental ocorrida até 2016 e pela Lei das Estatais (Lei nº 13.303/2016), o governo tem recorrentes incentivos econômicos e políticos para pressionar a empresa a praticar preços internos desvinculados dos preços no mercado internacional.

Por outro lado, a venda de refinarias, que diminuiria o controle da Petrobras sobre o mercado e, com isso, a pressão por intervenção política na empresa, tem sido revisada. O Tribunal do Conselho Administrativo de Defesa Econômica (Cade) está avaliando o pedido da própria Petrobras para que a empresa mantenha o controle de refinarias colocadas à venda em 2019. O problema veio para ficar e as demandas que surgem são, em geral, ruins para a economia como um todo.

Ainda: é importante destacar que subsídios aos combustíveis são ineficazes no caso de um novo choque de oferta no qual os preços voltem a subir rapidamente. E, cada vez que se utilizam os tributos para a tentativa de redução permanente de preços, de menos mecanismos se dispõe para o próximo choque de preços, o que é comum na indústria do petróleo.

No contexto de uma série de medidas adotadas para reduzir o preço dos combustíveis em 2022, foi publicada a Lei Complementar nº 194, de 23 de junho, que modificou a cobrança do ICMS sobre combustíveis visando a uma redução do ICMS. A despeito de seu impacto na redução do preço final do bem, essa medida teve repercussão e impactos por muitos anos na arrecadação dos entes subnacionais e implicou custos transferidos judicialmente para o governo federal.

Outra medida empregada em 2022, em 14 de julho, a Emenda Constitucional nº 123 ampliou o tratamento tributário favorecido dos biocombustíveis, tornando-os constitucionais. A medida exige que os entes da Federação estabeleçam tributação inferior para os biocombustíveis em relação aos combustíveis fósseis. Esse diferencial de preço para os biocombustíveis amplificará os custos fiscais do governo, especialmente quando subsidiar o preço do combustível fóssil.

O tema permanece como um dos mais desafiadores e críticos para a administração federal e, também, para os entes subnacionais. Construir soluções integradas e de custo fiscal reduzido ou neutro com objetivos de longo prazo, antes do próximo choque de petróleo, deveria ser uma das prioridades dos novos gestores do Executivo e dos novos legisladores. O desenho construído em meio a uma crise não nos parece sustentável para enfrentar os mais do que prováveis novos choques internacionais de petróleo.

Uma solução "tradicional" seria utilizar a Petrobras como veículo de controle de preços no mercado nacional, modificando, por exemplo, sua política de preços. Todavia, essa é uma não solução já conhecida. Por sua vez, são exemplos de boas práticas que podem resolver de forma permanente esse grande desafio sem gerar um custo fiscal elevado para o governo federal: o emprego de tributos variáveis (negativamente) correlacionados com o preço dos combustíveis com mecanismos de automação do processo, para evitar o custo político de se subir o tributo no momento de queda da *commodity*; o incentivo ao uso de energias alternativas e a contínua diversificação da matriz energética; o incremento da competição no setor; a melhoria da transparência de preços nos distintos elos da cadeia; e um desenho adequado na nova reforma tributária para o conjunto de bens e serviços dessa indústria, cuja demanda é inelástica a preços.

Considerações finais

Em 30 de maio de 2018, o governo federal adotou uma combinação de duas medidas econômicas visando à redução do preço à distribuidora do óleo diesel em R$ 0,46, para cumprir a parte dele no acordo que acabou com a greve de caminhoneiros naquele ano. O governo anunciou que manteria os preços estáveis durante 60 dias para dar previsibilidade aos caminhoneiros quanto ao reajuste do combustível. Essa estabilidade foi posteriormente ampliada para três meses.

A expectativa era de que os preços ao consumidor também se reduzissem em torno dos mesmos R$ 0,46. O preço final ao consumidor depende de outras variáveis além do preço à distribuidora – que, por si só, já contém o preço internacional do barril e o câmbio, duas variáveis extremamente voláteis –, como impostos estaduais, margem do revendedor, custos de distribuição e preço do biodiesel. Nesse sentido, a redução poderia ser bem distinta da "meta".

Contudo, mesmo com os riscos e as incertezas envolvidas, o objetivo de redução foi plenamente atingido. Com base nas pesquisas de preços da ANP, no fim de agosto a queda média no preço do diesel nos postos chegou a R$ 0,46. A estabilidade e os preços menores aos equivalentes do mercado internacional foram praticados até o final do programa, que se deu em 31 de dezembro de 2018.

Ainda que a parte relativa aos subsídios tenha se mantido a partir de 2019 e sido ampliada na sequência devido a novos choques, o programa temporário de subvenção, que tinha dotação de R$ 9,5 bilhões, encerrou-se com a apuração e a liquidação de débitos e créditos em abril de 2019 tendo despendido apenas R$ 6,8 bilhões, restando um saldo de R$ 2,7 bilhões.

O cargo de ministro da Fazenda já foi apelidado de "pior emprego do mundo". Poucos profissionais sofrem tanta pressão e têm tantas atribuições quanto o chefe dessa pasta ministerial. Emprego, renda, inflação, impostos, desigualdade e orçamento limitado são só alguns exemplos. Em 2018 não era diferente, ainda mais com uma crise fiscal em processo de ajustamento. Mas tornou-se um ano especialmente difícil devido à surpresa negativa de uma greve sem precedentes, que parou o país.

Eduardo Guardia, que acabara de ser nomeado para o cargo, enfrentou o desafio com serenidade, confiança, técnica e habilidade. Quase ninguém viu, uma vez que o ministro sempre foi discreto e eficiente, como costumam ser as pessoas concentradas em buscar o bem público. Tivemos o privilégio de ver e colaborar com ele e com toda a equipe, que trabalhou com o mesmo espírito público do seu comandante.

Referências bibliográficas

DALLAVA, Caroline Caparroz (2014). *Impactos da desoneração da folha de pagamentos sobre o nível de emprego no mercado de trabalho brasileiro: um estudo a partir dos dados da RAIS*. Dissertação de mestrado, Departamento de Economia. São Paulo: Escola de Economia de São Paulo/FGV.

FGV (2013). *Avaliação do impacto da desoneração tributária da folha de pagamentos nos setores de confecções, couro e calçados e tecnologia de informação e comunicação*. Relatório Final. Ministério da Fazenda/Secretaria de Política Econômica.

_____ (2014a). *Avaliação de impactos econômicos e setoriais da desoneração tributária da folha de pagamentos*. Relatório Preliminar. Ministério da Fazenda/Secretaria de Política Econômica.

_____ (2014b). *Avaliação de impactos econômicos e setoriais da desoneração tributária da folha de pagamentos – Setores selecionados*. Relatório Preliminar. Ministério da Fazenda/Secretaria de Política Econômica.

GARCIA, Felipe; SACHSIDA, Adolfo; e CARVALHO, Alexandre Xavier Ywata de. (2017). "Impacto da desoneração da folha de pagamentos sobre o emprego: novas evidências", *Textos para Discussão*, nº 2.357. Rio de Janeiro: Ipea.

MINISTÉRIO DA FAZENDA – MF (2015a). *Considerações sobre o Projeto de Lei nº 863/2015 – Desoneração da folha de pagamentos*. Mimeo, abr.

_____ MF/SPE (2015b). *Nota de análise sobre a desoneração da folha*. Mimeo, abr.

ODDONE, Décio (2022). "Preços dos combustíveis", em: MENDES, Marcos (org.). *Para não esquecer: políticas públicas que empobrecem o Brasil*. São Paulo/Rio de Janeiro: Insper/Brava/Autografia.

OECD (2018). *OECD Economic Surveys – Brazil*, fev.

PARRY, Ian W. H.; BLACK, Simon; e VERNON, Nate (2021). "Still Not Getting Energy Prices Right: A Global and Country Update of Fossil Fuel Subsidies". *Working Paper*, nº 236, set., FMI.

SCHERER, C. (2015). "Payroll Tax Reduction in Brazil Effects on Employment and Wages", *Working Paper*, nº 602. International Institute of Social Studies.

9. A ARTE DA POLÍTICA ECONÔMICA SEGUNDO EDUARDO GUARDIA

José Augusto Coelho Fernandes[1]

Este Capítulo traz a transcrição da entrevista concedida por Eduardo Guardia, em 13 de maio de 2021, ao *podcast A arte da política econômica*, do Instituto de Estudos de Pesquisa Econômica/Casa das Garças (Iepe/CdG). A entrevista é parte de uma série de 30 *podcasts* com formuladores e gestores de políticas públicas[2] sobre experiências de governos pós-anos 1980.

A entrevista teve como foco explorar a visão de Guardia sobre o processo de reformas associado ao curto período (2016-2018) em que foi secretário-executivo e, em seguida, ministro da Fazenda. As perguntas buscaram examinar a combinação de fatores que permitiram a aprovação de tais reformas, bem como entender o processo de definição de prioridades e de articulação que conduziu a esse intenso momento de transformações. Das respostas de Guardia emergem várias

---

1. Economista, pesquisador associado do Instituto de Estudos de Política Econômica/Casa das Garças (Iepe/CdG) e do Centro de Estudos de Integração e Desenvolvimento (Cindes).

2. As entrevistas estão disponíveis em <www.casadasgarcas.com.br/podcast>, em plataformas de *podcasts* e no livro *A arte da política econômica: depoimentos à Casa das Garças* (Rio de Janeiro: Intrínseca/História Real, 2023).

lições sobre o desenho e a implementação de reformas. Ele enfatiza, por exemplo, a importância de se ter uma agenda clara ("um norte") e de se avaliar o ambiente e as circunstâncias, para identificar as janelas de oportunidades e definir prioridades.

Guardia apresenta *insights* sobre os comportamentos essenciais ao gestor de políticas para viabilizar reformas. Conforme relata, as reformas precisam ser negociadas de modo transparente e acompanhadas por ações de formação de consenso e de constante diálogo intragoverno e com o Congresso Nacional ("ninguém faz nada sozinho"). Ele chama atenção, em vários momentos, para o papel da demonstração do custo das alternativas nas negociações com o Executivo e o Congresso e para o papel da comunicação. Quando indagado sobre o que faria diferente, destaca que dedicaria ainda mais tempo justamente às ações de comunicação.

Guardia conclui a entrevista ressaltando a importância da continuidade das reformas das instituições e da melhoria da qualidade das políticas públicas. Ao mesmo tempo, expressa preocupação com o Brasil ao afirmar que "países também podem dar errado, e há vários exemplos no mundo; precisamos tomar cuidado". Ele oferece um roteiro para se evitar esse cenário e transmite uma mensagem final: "Temos que ter uma compreensão dos desafios, temos de exigir que o país caminhe na direção correta."

A seguir, a transcrição do *podcast* de Eduardo Guardia.

Múltiplas experiências e foco na questão fiscal

Ao longo da vida profissional, procurei mesclar a parte acadêmica com a participação na administração pública e no setor privado. Fiz doutorado na Universidade de São Paulo, iniciando a carreira como um professor focado na questão acadêmica, mas sempre com interesse muito grande na administração pública. Minhas pesquisas de mestrado e doutorado foram voltadas para a questão fiscal no Brasil, um desafio enorme que temos até hoje. A primeira oportunidade de trabalhar em governo surgiu na Secretaria de Fazenda do estado de São Paulo, na gestão de Mario Covas, onde eu cuidava da administração do caixa. De lá fui para Brasília, a convite de Amaury Bier e de Antônio Kandir, para trabalhar na parte de privatizações.

Na sequência, passei para a Secretaria de Política Econômica, de novo com Amaury, o que foi uma experiência fantástica. Dali fui para o Tesouro, onde era adjunto do nosso saudoso Fábio Barbosa, grande amigo, excelente profissional. Quando Fábio foi para o setor privado, no início de 2002, eu o substituí na Secretaria do Tesouro Nacional. Eu tinha 36 anos quando vivi minhas primeiras crises de governo, na transição do mandato de FHC para o de Lula. Antes disso, vale lembrar que havia enfrentado a marcação a mercado e o enorme desafio da gestão da dívida pública, com a desvalorização da moeda. Foi um primeiro contato muito forte com um período de crise em uma situação de comando no papel de secretário do Tesouro Nacional.

Do Tesouro fui para o governo do estado de São Paulo, para ocupar o cargo de secretário de Fazenda do então governador Geraldo Alckmin. Foi uma experiência extraordinária, em que mergulhei na questão tributária através do Conselho Nacional de Política Fazendária, o Confaz, e participei ativamente da gestão do governo e das concessões e privatizações, sempre com a responsabilidade pela parte fiscal. Foi quando resolvi me privatizar e fui para a GP Investments, uma empresa de *private equity*. Depois, virei sócio de uma empresa de gestão de patrimônio, também responsável pela área de *private equity*, e trabalhei muito perto de Luiz Fernando Figueiredo, que era diretor de Política Monetária. Foi o que segui fazendo depois na BM&F Bovespa, a atual B3. Todas essas experiências foram fundamentais para conhecer bem o mercado de capitais.

O conhecimento do mercado de capitais e do setor público é bastante rico, principalmente para se pensar em gestão de políticas e gestão de crises. Da BM&F Bovespa, tive a oportunidade de ser o secretário-executivo do Ministério da Fazenda, a convite do ministro Henrique Meirelles. Quem efetivamente toca aquele ministério é o secretário-executivo, então, foi outra experiência fantástica. Quando Henrique Meirelles saiu do ministério para se candidatar à Presidência da República, ele me colocou no seu lugar como ministro por um período curto, mas intenso.

Ao sair do governo, depois de minha quarentena, fui para o banco BTG Pactual, onde estou até hoje como CEO da Asset. Esse é um momento extremamente interessante para se estar no mercado financeiro, que passa por profundas modificações, com muita coisa acontecendo e enormes oportunidades. No BTG, tenho agora também a chance de ter uma visão internacional do mercado de capitais, o que é muito interessante. Então, minha trajetória profissional é essa boa mistura de vida acadêmica com setores público e privado.

Sobre minha troca de posição dentro do governo, posso dizer que a transição de secretário-executivo para ministro da Fazenda foi relativamente tranquila, porque como secretário-executivo eu já tinha essa função de tocar o ministério. Também sempre tive um relacionamento muito bom com todo o time, um time de extraordinária qualidade que Meirelles havia montado no ministério. Assim, minha transição para a cadeira de ministro foi quase natural.

Primeira crise como ministro

O problema foi que virei ministro no início de abril de 2018 e menos de 30 dias depois estourou a greve dos caminhoneiros. Tínhamos uma agenda de trabalho que já era a agenda do ministro Meirelles, onde o foco era manter a disciplina fiscal, fortalecer o mercado de capitais, atrair investimentos para o Brasil e implementar uma agenda de produtividade e eficiência para a economia brasileira. Então, com 30 dias no cargo, enfrentar a greve dos caminhoneiros, que questionavam a política de reajuste diário do óleo diesel e queriam redução de impostos, sob a ameaça de paralisação do país, não foi tarefa fácil.

Nunca vou esquecer. Eu estava no Palácio do Jaburu, onde o presidente Michel Temer despachava, e, saindo de lá em um domingo à noite, no dia 20 de maio, o presidente disse: "Guardia, amanhã precisamos falar sobre essa questão da greve dos caminhoneiros, essa coisa aí está esquentando, vamos conversar." E acordamos com o país paralisado. Foi tudo muito rápido e intenso, mas considero que tivemos uma gestão de crise eficiente justamente porque também fomos rápidos.

Em dez dias enfrentamos esse problema dificílimo, que impôs um custo fiscal elevado. Mas conseguimos nos comunicar com a população, explicitar os custos fiscais da solução do problema e apresentar alternativas para compensar esses custos. Na verdade, foi uma atuação do governo inteiro. Do meu lado, eu tinha a responsabilidade de evitar que a greve dos caminhoneiros se traduzisse num problema fiscal. O custo até o fim do ano era de quase R$ 10 bilhões, valor bastante alto, mas conseguimos compensar integralmente o custo da greve.

Gestão de crises: fazer escolhas e ser transparente

A grande arte da gestão de crises de governo é saber fazer escolhas. Querem reduzir o preço do diesel em R$ 0,46? Isso custa R$ 9,5 bilhões. Então, vamos acabar com o Reintegra, um subsídio ao setor exportador, vamos desonerar a folha, reduzir alguns incentivos que não fazem nenhum sentido como subsídio, como aquele que beneficiava a produção de refrigerantes na Zona Franca de Manaus. Também acabamos com alguns incentivos na indústria química, mas isso tudo de uma maneira coordenada, transparente e conversada com o Congresso Nacional. O resultado foi que absorvemos o custo, pagamos a conta dessa maneira e conseguimos, em dez dias, acabar com a crise sem nenhum custo fiscal. Aliás, acho que nos saímos até melhor, porque reduzimos benefícios que eram ineficientes e pouco transparentes, tendo como contrapartida a redução do preço do diesel.

O segredo para enfrentar uma crise é ser direto, transparente e, principalmente, calcular o custo das alternativas e enfrentar os *trade-offs*. Evidentemente, ninguém gosta de estar numa crise dessas, mas acho que nos saímos bem e rápido de uma situação tão delicada. Foi uma experiência. É importante lembrar que a greve dos caminhoneiros foi apenas um fato que aconteceu em meio a um momento político extremamente conturbado, pós-*impeachment* da presidente Dilma, sob os desdobramentos da Operação Lava Jato e o início de um processo intenso de reformas.

Agenda, reformas e apoios

Antes de falar da minha experiência nesse processo, é importante ressaltar que tivemos um apoio enorme do presidente Temer e do presidente da Câmara, o deputado Rodrigo Maia. Eles entendiam a importância da agenda de reformas, colocada de maneira muito clara desde o início da transição Dilma-Temer pelo ministro Henrique Meirelles e por todos nós. Esse é um ponto fundamental. Havia um norte a ser seguido e tínhamos clareza da necessidade de implementação dessas reformas, que iam muito além da questão fiscal.

Várias medidas importantes foram tomadas na transição Dilma-Temer. Evidentemente, tivemos o teto de gastos,[3] um tema bastante atual; a reforma da Previdência; a agenda de privatizações; e, no BNDES, a mudança da taxa de juros de longo prazo para a taxa de longo prazo, que reduz os subsídios implícitos dos financiamentos. Em todos esses processos, tivemos o bom senso de saber até onde dava para ir. Porque, nessa questão das reformas, é preciso muito trabalho dentro do governo, além de capacidade de articulação e de comunicação com a população dentro dos limites do possível.

Lembro-me de que trabalhei muito com o ministro de Minas e Energia e Paulo Pedrosa, que era o secretário-executivo, tentando avançar na privatização da Eletrobras. Lembro-me também do deputado Rodrigo Maia me dizendo, de maneira muito franca: "Eduardo, não vamos conseguir, já estamos em final de governo. Não temos condições políticas de avançar na privatização da Eletrobras, mas é preciso completar o processo de privatizações das distribuidoras de energia." Tínhamos feito a privatização da Ceal, em Alagoas, no início do governo, e, no período final, da Eletroacre, no Acre, da Ceron, em Rondônia, da Boa Vista Energia, em Roraima, e da Cepisa, no Piauí. É preciso bom senso para identificar o que dá ou não dá para fazer e dar um passo na direção correta.

Além disso, trabalhamos na questão do marco legal para a privatização de aeroportos, ferrovias, na questão do modelo de negócios do

---

3. Emenda Constitucional nº 95/2016.

pré-sal e dos blocos de petróleo. A importância dessas iniciativas se devia não só ao fato de gerarem recursos, mas também ao fato de trazerem investimentos privados para o país, investimentos que, no meu entendimento, seriam feitos com muito mais eficiência do que na gestão pública. Nossa agenda de reformas priorizava melhorar os marcos regulatórios e ter condições de atração de investimentos em áreas fundamentais.

Não completamos os marcos legais dos setores elétrico, de saneamento e de telecomunicações, mas, após colocarmos a discussão na mesa, algumas coisas foram posteriormente concluídas. Fizemos ainda a reforma do Ensino Médio, de papel fundamental, um belíssimo trabalho da ministra Maria Helena Guimarães de Castro. Além disso, avançamos no cadastro positivo, na Lei de Falências, nas regras de distrato, na duplicata eletrônica, na nova Lei de Finanças Públicas, importante para os governos estaduais, e no fortalecimento das agências reguladoras.

Tínhamos uma visão de governo e de país que ia muito além da questão fiscal e conseguíamos avançar no que era possível a cada momento. Além da estratégia de visão – o que acho que faz diferença e com a qual procurei colaborar –, havia uma participação ativa com os parlamentares e internamente no governo, construindo soluções com outros ministros, colegas dentro do mesmo barco. Ninguém faz nada sozinho, precisamos saber o que é possível em cada etapa do plano de voo da estratégia de reformas no país. Acho que o governo Temer, com todas as dificuldades, foi bem-sucedido nisso tudo.

Importância do diálogo

Naquele contexto, a definição de prioridades e o trabalho no Executivo correram com muito diálogo. Primeiro, era preciso investir no trabalho interno. Há que se construir um consenso dentro do governo para depois se discutir com o Legislativo. Como secretário-executivo, eu e a equipe íamos toda semana discutir com o presidente Rodrigo Maia. O que dá para fazer agora, o que temos de tirar da pauta do Congresso porque não adianta insistir? Brasília é um mundo extremamente complexo e ninguém consegue enxergar tudo sozinho. Há enormes resistências de pessoas que estão lá e sabem operar para bloquear ações, mesmo ações que são boas para o país.

É preciso diálogo para a construção de soluções e, muitas vezes, é preciso saber recuar. Havia 15 projetos que queríamos aprovar, mas sabíamos que não seria possível aprovar todos. Você negocia um pelo outro, mas tem de ter tudo pronto para poder capturar as oportunidades. Esse é o segredo da articulação. Estar pronto para quando a oportunidade aparece e, evidentemente, dar os créditos a quem está tocando cada coisa. Éramos discretos no Ministério da Fazenda. Eu sempre falava: quanto aos créditos, eu não sou político, nunca fui, não quero ser, os créditos são de vocês se conseguirem aprovar. Isso ajuda a fazer com que as coisas andem. Eu tive um excelente professor, que foi o ministro Pedro Malan. Cresci vendo o ministro atuar como profissional. E é dessa maneira, com muito trabalho, muito foco, e trazendo as pessoas certas para o seu lado, que se alcançam os objetivos. É um modo de fazer.

A questão fiscal ainda é o grande problema

Não tenho dúvida ao dizer que a questão fiscal ainda é o maior problema que precisamos enfrentar. Quando aprovamos o teto de gastos, em fins de 2016, o gasto público federal primário girava em torno de 20% do Produto Interno Bruto. Nosso objetivo era que a despesa ao longo de dez anos caísse para 0,5% do PIB ao ano, ou seja, 5% do PIB num período de dez anos, para transformar o déficit primário gerado no governo Dilma em um superávit primário estrutural.

Sabíamos que o teto não resolveria os problemas. O teto era sobretudo uma maneira crível, inclusive olhando para os mercados que financiam a dívida pública, de afirmar que existia um compromisso com o processo de ajuste fiscal e que isso se daria de maneira gradual. Em 2016, com a situação fiscal que tínhamos, que já era delicada, fazer um ajuste em dez anos seria um luxo. Mas conseguimos comunicar e fazer. Então, o teto era uma ponte para que pudéssemos fazer as reformas, a exemplo da Previdência.

Mas há que se ir além, mergulhar na estrutura de despesa do governo. Só no governo federal, a despesa primária era de 20% do PIB, e com a pandemia isso piorou. Houve uma expansão de despesa muito grande e uma redução de receita. No início de 2021, discutia-se a possibilidade de se tirar o teto, mas, nesse caso, o navio desancorava de vez, o que seria grave para o país, porque acentuaria a crise. O teto, por si só, não resolve os problemas, mas força a discussão em torno das reformas. Então, ficamos devendo, porque as reformas não estão completas. Infelizmente, na época em que lançamos o teto, achávamos que poderíamos usar o espaço dos benefícios tributários, que são inaceitáveis, revendo o gasto e os subsídios tributários, despesas públicas pouco transparentes que passaram de 0,5% do PIB em 2010 – um padrão por muitos anos – para 4,5% em 2015.

Sempre acreditei que o teto nos ajudaria nas reformas e na redução das despesas em 0,5 ponto do PIB por ano para termos um superávit primário estrutural, sem o qual não se consegue financiar a dívida. Minha tese era de que deveríamos usar essa ineficiência, o sistema de benefícios tributários que temos, para financiar uma reforma tributária decente, ou seja, para conseguir distribuir melhor a carga tributária. Mas, infelizmente, com a situação que estamos vivendo, teremos de usar esse espaço do benefício tributário para acelerar a geração do superávit primário.

Nossa situação fiscal é delicada. Felizmente, o recado que veio do governo no início de 2021 foi de manutenção do teto. Se o próximo governo não entrar com uma agenda de reforma estrutural do gasto público, vamos ter problemas pela frente. O país gasta muito e se financia de maneira inadequada, pela baixa qualidade da nossa carga tributária. Para completar esse quadro, a dívida cresceu. Temos uma dívida bruta que foi para 90% do PIB, alta para padrões de países com renda média semelhante à brasileira. E temos uma tendência de elevação da taxa de juros, porque os juros ficaram muito baixos e a tendência agora é subir. O ponto de partida hoje é bem pior do que aquele que encontrei em 2016, quando introduzimos o teto de gastos. Esse é o cerne do nosso problema. E tem toda a parte de reformas micro, da agenda de produtividade. Ainda estamos longe de resolver todos os problemas.

Experiências com transições políticas

Na transição FHC-Lula, eu era secretário do Tesouro. Participei ativamente do período, inclusive tive a satisfação de ter como interlocutor, apontado pelo governo do Partido dos Trabalhadores, um grande amigo meu, Bernard Appy. Tivemos uma transição muito civilizada. Muitos dos que participaram da transição Temer-Bolsonaro tinham vivenciado a anterior e todos nós procuramos fazer algo semelhante, a pedido do presidente Temer. Ele encarregou o ministro-chefe da Casa Civil, Eliseu Padilha, de coordenar todas as áreas e pediu que déssemos total apoio à nova equipe de governo.

Eu não conhecia bem o ministro Paulo Guedes, da Economia, mas nossa equipe deu todo o apoio para fazer essa transição. Esta é uma obrigação de quem está no governo: fazer uma transição clara para a equipe que entra. Quando cheguei, em 2016, as circunstâncias eram diferentes. Houve um processo de *impeachment*, foi tudo mais doloroso. Chegamos sem nenhuma informação. É difícil, porque assumir um governo é de uma complexidade extraordinária em todas as áreas.

Posso assegurar que, de maneira geral, no governo Temer e, particularmente, no Ministério da Fazenda, houve uma transição muito civilizada para o governo de Jair Bolsonaro. Algumas pessoas da maior relevância continuaram no governo. Cito o caso de Mansueto Almeida, Esteves Colnago, Marcelo Guaranys, pessoas muito boas que já estavam em nossa equipe e continuaram na equipe do ministro Guedes. Transição é assim que tem que ser, não pode ser diferente. É um compromisso mínimo com o país fazer uma transição civilizada.

Um tema importante: a reforma do IVA

Outro tema da maior importância para o país que precisa ser levado em conta na próxima transição de governo é a reforma do IVA, o Imposto sobre Valor Agregado, porque não se trata de uma questão fiscal, mas de competitividade, de eficiência da economia brasileira. É uma questão federativa relevante. Por isso a complexidade do tema. Tratei dele quando estava no governo federal, depois como secretário de Fazenda do estado de São Paulo, como ministro da Fazenda e com o chapéu do setor privado, onde a reforma do IVA também tem impacto evidentemente relevante.

Qual a maior dificuldade na implementação do IVA? Primeiro, a existência de uma tributação excessivamente concentrada na pessoa jurídica. Há uma tributação baixa na pessoa física, quando comparada à de países desenvolvidos, e uma tributação indireta absolutamente ineficiente, complexa e elevada. Isso envolve uma questão federativa muito grande, porque a tributação indireta é o cerne da tributação dos governos estaduais e municipais, que também dependem de repasses do governo federal. Mas sou cético com relação a essa reforma, porque, além de ela envolver uma questão federativa complexa, nenhum estado quer perder um tostão da arrecadação.

Criou-se também, no Brasil, um sistema complexo de relação do setor privado com o setor público tendo em vista a obtenção de benefícios tributários. Hoje há fábricas se deslocando de um estado para outro sem a menor justificativa econômica, apenas por conta de benefícios tributários. Pode-se até dizer que isso ajuda a desenvolver outras regiões, mas de uma forma cara e pouco transparente. Quebrar isso é uma dificuldade enorme. Lembro-me de quando enfrentei a questão de benefícios tributários no setor automotivo e no setor de refrigerantes na Zona Franca de Manaus, que já mencionei aqui. É uma briga muito grande e enraizada também dentro do Congresso Nacional.

Ao contrário do passado, temos um bom projeto de reforma tributária capitaneado por Bernard Appy, e é preciso dar esse crédito. Bernard teve um papel de destaque na montagem desse projeto, mas não vejo ainda um consenso para a sua aprovação. Lembro-me bem disso. Eu era secretário de Fazenda em São Paulo, em 2005, e o coordenador do Confaz era o secretário da Bahia. Conseguimos trabalhar em um projeto de reformulação do ICMS que não dependia do governo federal. Haveria um período de transição de oito anos e o projeto já estaria em vigor em 2013. Estava tudo acertado e a reunião era só para tirar foto. Era uma reunião do Confaz em São Paulo e, no meio dela, o Ceará votou contra. Foi um caos, ninguém entendeu. O resultado exigia unanimidade.

Fato é que é muito difícil avançar. Esse é um dos nossos problemas. E isso tem um lado bom e um lado ruim. O lado bom é que temos um projeto pelo qual podemos trabalhar, que é esse apresentado por Bernard Appy. E o atual presidente da Câmara, Arthur Lira, já demonstrou interesse nisso. O lado ruim é que não existe consenso no Congresso nem mesmo entre os estados para se avançar. É uma pena, porque esse é um dos pontos mais importantes, quando se pensa em competitividade da economia brasileira. Não dá mais para conviver com essa esquizofrenia que é o sistema do ICMS, crédito para um lado e para outro, benefício tributário e falta de transparência nesse elevado gasto tributário.

Um país com as necessidades do Brasil não pode se dar o luxo de renunciar a tributos de maneira tão pouco transparente, como é o caso da tributação indireta no país – o que também se aplica a outros tributos, não só ao ICMS, que é o maior exemplo. Esse é um dos pontos centrais para acabarmos com essa maluquice que é a guerra fiscal. Resumindo: o Brasil pode ser comparado hoje a uma fábrica de baixa produtividade que cria inúmeras resistências a uma maior integração com o comércio internacional. Espero que em algum momento possamos avançar com essa reforma também.

Setores privado e público: diferentes dinâmicas

Hoje, toda a minha percepção de Brasil se acentua pela experiência em múltiplos setores públicos e privados, cujas dinâmicas são muito diferentes. No setor privado há uma questão fundamental: a permanente pressão decorrente da competição. Se perder o *timing*, se não tiver habilidade de montar o melhor time, com alinhamento de interesses, vai ficar para trás. Há setores, inclusive, em que a tecnologia é disruptiva. Ela vem rapidamente, muda tudo, e a pessoa, quando percebe, já ficou para trás. Então, o tipo de pressão, de urgência, de necessidade vivida pelos melhores profissionais do setor privado é bem diferente da dinâmica vivida no setor público. É evidente que tanto em um quanto em outro a base para que as coisas deem certo é o comprometimento com o trabalho, a competência e a dedicação, mas as dinâmicas são diferentes.

No setor público aprendi que, além da estratégia de saber para onde ir, é preciso ter uma agenda correta, porque não adianta fazer nada com a agenda errada. Supondo que a agenda esteja correta e com prioridades bem definidas, é fundamental, ainda, ter capacidade de comunicação e de convencimento. É preciso lutar com interesses específicos, saber convencer e se comunicar com a população e o Congresso, onde é vital buscar aliados. Ali não existe espaço para voluntarismo, ninguém faz nada sozinho, tem de ter apoio político, um time engajado e alinhado, e saber testar os limites do possível a cada momento. Se achar que vai chegar sozinho e mudar tudo, esqueça. Dessa forma você não vai a lugar nenhum, porque a coisa lá em Brasília é bem mais complicada do que parece.

A gestão pública traz desafios diferentes da gestão privada, que sofre outro tipo de pressão. Não estou dizendo que uma é mais fácil que a outra – as duas são extremamente complexas. Pensando no que eu faria diferente, em alguns momentos acho que deveria ter dado mais ênfase à capacidade de comunicação, a fim de explicar melhor o que estávamos fazendo. Sempre procurei trabalhar com as melhores pessoas disponíveis e dando espaço para o time crescer junto. Isso é importante, mas, em alguns momentos, tanto no setor público como no privado, ficamos tão centrados em resolver os problemas que acabamos dando menos ênfase à comunicação do quê e do porquê aquilo está sendo feito e qual o custo se não for feito. A questão da comunicação clara é fundamental. No setor público isso envolve uma capacidade de negociação muito grande. Então, é rica essa experiência dos dois lados, já que são mundos diferentes.

Um olhar com preocupação sobre o país

Para deixar uma mensagem final, eu diria que temos de olhar para o nosso país com preocupação e atenção. Estamos em um momento de corda esticada demais. Deixamos problemas sérios se acumularem por muito tempo. Sei que as coisas são difíceis. Tenho vários defeitos, mas não sou ingênuo. Não é fácil mudar as coisas, mas precisamos trazer de volta o debate sobre os temas relevantes para o país. Polarização de esquerda, de direita... o debate não é esse. O debate é sobre como fazer o Brasil crescer de maneira eficiente para podermos incluir as pessoas que estão sofrendo. Há uma dificuldade enorme para se alcançar esse objetivo. Sem crescimento, sem eficiência econômica, sem seriedade não vamos resolver nossos problemas centrais.

Infelizmente, como deixamos o Brasil acumular inúmeros problemas, precisamos recolocar o país, o mais rápido possível, em uma agenda de enfrentamento dos temas relevantes. Não adianta enxugar gelo, focar em temas pouco ou nada importantes. Temos que enfrentar as questões tributária, fiscal e de eficiência econômica, ou continuaremos ficando para trás. Países também podem dar errado, e há vários exemplos no mundo. Precisamos tomar cuidado. Nosso país tem uma série de riquezas, mas a gente precisa ter uma liderança com capacidade de coordenação.

Estamos num momento muito delicado no Brasil. Somos um país que tem oportunidades enormes. Vejo isso hoje no mercado de capitais: novas tecnologias, novos setores. Mas vamos olhar o país como um todo e enxergar os problemas que ou simplesmente não estamos conseguindo resolver ou estamos empurrando para debaixo do tapete. Essa é a grande obrigação de todos nós. Temos que ter uma compreensão dos desafios, temos de exigir que o país caminhe na direção correta, porque estamos acumulando uma quantidade imensa de problemas que vão tornando as soluções mais custosas, mais difíceis.

PARTE II
DESAFIOS FISCAIS

10. Regras e arranjos institucionais para a consolidação fiscal no Brasil: renegociação das dívidas subnacionais e teto de gastos

Murilo Portugal Filho[1]

Introdução

Quem já teve experiência profissional na gestão das finanças públicas em nosso país sabe que a primeira ideia para resolver qualquer problema na administração pública é gastar mais. Conhece a propensão de alguns governantes a gastar acima dos recursos disponíveis sem recorrer à desagradável tarefa de aumentar a tributação sobre seus eleitores, preferindo

---

1. Ex-secretário do Tesouro Nacional, ex-secretário-executivo do Ministério da Fazenda, ex-diretor-executivo do Banco Mundial e do Fundo Monetário Internacional, do qual também foi vice-diretor-geral. O autor agradece a Marcos Mendes, que gentilmente revisou este Capítulo e fez úteis sugestões, sem, entretanto, ser responsável por quaisquer erros ou impropriedades do texto.

ampliar a dívida pública a ser paga pelos eleitores do futuro, ou taxar sub-repticiamente via aumento da inflação. Sabe como é difícil resistir à atuação de vários grupos de interesse desejosos de manter, obter ou expandir benefícios tributários ou o gasto público para atender a interesses privados. Entende que os governantes têm enorme e compreensível preocupação em vencer eleições e permanecer no poder, o que pode levar a decisões temporalmente inconsistentes e míopes, com risco de comprometer o futuro, para gerar ganhos políticos de curto prazo. Percebe que o já grande e crescente tamanho do Estado agrava os problemas de assimetria de informações que levam à seleção adversa e ao risco moral, tornando mais difícil alcançar os objetivos estabelecidos nas políticas governamentais.

O papel de arranjos, instituições e regras fiscais é tentar remediar essas "falhas de governo" para manter a solvência da dívida pública, frear a propensão a elevar excessivamente o gasto público, evitar que a taxação exagerada comprometa o crescimento da economia, resistir à visão míope que atribui peso excessivo ao curto prazo e minimizar os problemas de principal-agente que dificultam a ação governamental eficiente. Ou seja, o objetivo de instituições e regras fiscais é minimizar o impacto negativo de falhas de governo no bem-estar coletivo, assim como o objetivo da regulação pública é minimizar os efeitos negativos das falhas de mercado.

As regras fiscais podem ser *numéricas*, como metas para o resultado orçamentário, limites para o endividamento público, metas de receita ou teto de gastos, e podem *ser procedimentais*, como requisitos e processos específicos para o Estado taxar, gastar e tomar empréstimos. Em geral, os principais objetivos de tais regras são alcançar a sustentabilidade da dívida pública, promover a equidade entre a geração presente e as gerações futuras, contribuir para a maior eficiência do gasto público e conter a expansão da carga tributária.

Há intenso debate acadêmico e político sobre a *conveniência* e a *efetividade de regras fiscais*. Segundo as duas maiores críticas ao regime de regras fiscais, elas ou limitam a capacidade de responder a eventos e situações imprevistas ou não produzem os resultados esperados. Como não existe previsão perfeita a respeito de eventos futuros, regras fiscais rígidas e sem cláusulas de escape podem levar a resultados subótimos, ao constrangerem a habilidade do gestor público para responder a grandes choques e a circunstâncias imprevisíveis. A crítica é procedente.

Contudo, um cenário sem regras e sem instituições fiscais pressupõe a existência de um tomador de decisões bem-informado e bem-intencionado, um estadista benevolente, onipotente e esclarecido que sempre decidirá de acordo com o interesse público e de maneira sustentável no longo prazo. E tal premissa não corresponde à realidade na maioria, se não na totalidade, dos casos. É exatamente para suprir a baixa ocorrência do estadista benevolente e esclarecido que as regras fiscais são criadas. Essas regras procuram estabelecer um regime de discricionariedade restringida, tal como o sistema de metas de inflação procura fazer no caso da política monetária.

Evidentemente, existem regras fiscais ruins ou mal formuladas. Uma boa regra fiscal deve ter um desenho alinhado com incentivos corretos, ser relativamente simples, conter cláusulas de escape bem definidas e dispor de um aparato institucional robusto para executá-la. Algumas regras fiscais baseadas em objetivos nobres e desejáveis podem ser capturadas e não produzir os resultados desejados. Um exemplo é a vinculação de receitas tributárias a despesas e setores específicos, muito usada no Brasil. As vinculações de receita acabam produzindo consequências não desejadas, como a ineficiência e a baixa qualidade dos respectivos gastos, o engessamento das receitas orçamentárias para uso obrigatório em certas despesas e o enfraquecimento da função precípua do orçamento público, que é a alocação pelos representantes do povo de recursos escassos para fins meritórios, porém competitivos entre si.

Um estudo do Fundo Monetário Internacional (FMI)[2] sobre regras fiscais numéricas mostra que, embora em 1990 poucos países adotassem tais regras, 80 já o faziam em 2009. O estudo conclui que, na média, regras fiscais numéricas têm sido associadas a uma melhora do desempenho

---

2. *Fiscal Rules – Anchoring Expectations for Sustainable Public Finances* (Washington, D.C.: Fundo Monetário Internacional, 2009). Disponível em: <https://www.imf.org/external/np/pp/eng/2009/121609.pdf>. Acesso em: 29 abr. 2024.

fiscal. Regras fiscais mais fortes e abrangentes são correlacionadas com resultados primários estruturais mais fortes. Consolidações fiscais em ambientes com regras se mostraram significativamente maiores em países que têm regras fiscais do que em países que não as adotam.

Cerca de metade das consolidações fiscais envolvendo quedas num período de três anos de, pelo menos, 10 pontos percentuais da relação Dívida Pública/Produto Interno Bruto (PIB) foi verificada em países que adotavam regras fiscais. Todavia, a evidência empírica não é conclusiva no que se refere à redução dos prêmios de risco dos empréstimos governamentais. Além disso, a correlação não implica causalidade, podendo haver outros fatores que afetem simultaneamente tanto os resultados fiscais como a própria existência de regras fiscais. Por exemplo, uma forte cultura de disciplina fiscal ou melhores condições econômicas podem afetar simultaneamente a existência de regras fiscais e os melhores resultados fiscais.

Este Capítulo examina duas iniciativas de consolidação fiscal no Brasil baseadas em reformas fiscais institucionais: 1) a renegociação das dívidas de governos subnacionais ocorrida entre 1993 e 1997, seguida da Lei de Responsabilidade Fiscal (LRF), de 2000; e 2) a criação de um teto de gastos para as despesas primárias do governo federal em 2016.

Trata-se de homenagem à memória do saudoso colega e amigo Eduardo Refinetti Guardia, que, inicialmente como secretário-executivo do ministro Henrique Meirelles e mais tarde como ministro da Fazenda no governo Temer, usou seu grande conhecimento sobre os desafios fiscais do país, sua inteligência e capacidade de diálogo para auxiliar na aprovação e aplicação da Emenda Constitucional nº 95/2016, que instituiu o teto de gastos para as despesas primárias federais, uma das regras fiscais mais eficazes e difíceis de aprovar já adotadas no país.

1. Renegociação de dívidas subnacionais e Lei de Responsabilidade Fiscal

Desde o fim do regime militar, em 1985, e especialmente após a promulgação da Constituição Federal de 1988, houve constante aumento das bases tributárias dos governos subnacionais e das transferências constitucionais aos mesmos. A receita tributária de estados e municípios cresceu de 8,2% do PIB, em 1983, para 14,2% do PIB, no ano 2000. Apesar do expressivo aumento da arrecadação e das transferências, os governos subnacionais viveram grande parte desse período em déficits fiscais financiados pela elevação das dívidas subnacionais.

Até meados dos anos 1960, as dívidas de governos subnacionais representavam apenas 1% do PIB e equivaliam a 20% das receitas tributárias dos governos subnacionais. Já em meados da década de 1990, a dívida dos governos subnacionais equivalia a 19% do PIB, ou 200% de suas receitas. O déficit fiscal dos governos subnacionais, que, em meados da década de 1980, representava 25% do déficit de todo o setor público, em meados da década de 1990 já correspondia à metade do déficit fiscal do setor público.

Tabela 1. Receita tributária dos estados e municípios (% do PIB)

Ano	Valor
1983	8,15
1984	8,31
1985	8,99
1986	10,24
1987	8,54
1988	8,94
1989	9,37
1990	11,84
1991	11,42
1992	10,75
1993	10,89
1994	12,13
1995	12,88

1996	12,77
1997	12,96
1998	12,96
1999	13,63
2000	14,16

Fonte: Secretaria do Tesouro Nacional.

Diversas tentativas de renegociação das dívidas estaduais foram realizadas no final da década de 1980 e início dos anos 1990. Em 1987, a Lei nº 7.614 reestruturou e refinanciou o passivo de dez bancos estaduais. Em 1989, a Lei nº 7.976 autorizou a União a assumir e refinanciar em 20 anos a dívida externa dos estados, repassando a eles as condições obtidas pelo governo federal na renegociação da dívida externa do país. Em 1991, a Lei nº 8.388 autorizou a renegociação da dívida interna dos estados, mas ela acabou não sendo aplicada porque os pagamentos da dívida externa estadual recém-renegociada não estavam sendo honrados pelos estados. Essa situação gerava forte e justificada resistência da equipe técnica do Tesouro Nacional a entrar em nova renegociação de dívidas estaduais.

O não pagamento e o contínuo crescimento das dívidas estaduais precisavam, todavia, ser resolvidos. A elevação da taxa real de juros aumentara significativamente o peso da dívida para os estados, gerando uma enorme pressão política para seu refinanciamento. Além da pressão dos estados, havia o reconhecimento de que qualquer plano de estabilização econômica para atacar a inflação galopante que assolava o país requeria uma solução para o problema fiscal dos estados, onde se incluíam suas dívidas não honradas.

Foi desenhada então uma estratégia para a renegociação das dívidas dos estados com o governo federal e os bancos federais, baseada na oferta pelos estados de garantias líquidas e certas que pudessem ser rápida e facilmente mobilizadas pelo Tesouro Nacional em caso de não pagamento. A ideia foi usar como garantia dos pagamentos da dívida a ser renegociada as transferências constitucionais do Imposto sobre a Renda e do Imposto sobre Produtos Industrializados que a União faz regularmente aos estados.

A execução dessa estratégia demandava, em primeiro lugar, a aprovação de uma emenda à Constituição Federal para autorizar os estados a dar tais transferências em garantia à União. Isso foi obtido por meio da Emenda Constitucional nº 3, de 17 de março de 1993. No mesmo ano, foi aprovada a Lei nº 8.727, fruto de duras negociações das condições de rolagem entre a Secretaria do Tesouro Nacional (STN) e os secretários de Fazenda estaduais. A Lei nº 8.727/1993 revogava a Lei nº 8.388/1991, anteriormente mencionada, e autorizava o Tesouro Nacional a refinanciar em 20 anos as dívidas dos estados com a União, os bancos federais e a Previdência Social, contratadas ou existentes numa data de corte já passada (30 de junho de 1991).

As taxas de juros e demais condições financeiras das dívidas renegociadas foram mantidas conforme inicialmente contratadas. Tais taxas variavam entre 6% e 7,5% ao ano mais correção monetária pelo Índice Geral de Preços. Entretanto, um limite máximo foi estabelecido para os pagamentos a serem feitos pelos estados ao Tesouro, equivalente a 11% da receita corrente líquida das Unidades Federativas. Os montantes que excedessem esse limite se acumulariam no saldo devedor, que seria refinanciado e pago pelos estados num prazo adicional de dez anos.

O limite máximo para pagamentos foi o ponto mais difícil da negociação. Os estados propunham um limite de 6% e a STN, um limite de 15% da receita corrente líquida. Só após intensas negociações, chegou-se ao limite de 11%. O resultado dessas negociações foi transformado num projeto de lei que teve rápida tramitação no Congresso Nacional. Relatado na Câmara pelo então deputado Germano Rigotto, o projeto se transformou na já citada Lei nº 8.727/1993. Um total de dívidas estaduais com entes federais equivalente a US$ 28 bilhões – ou 7,2% do PIB à época – foi refinanciado nos termos dessa lei.

O refinanciamento de dívidas estaduais em 1993 funcionou muito bem no sentido de que não existiram mais atrasos de pagamento. Quando estes ocorriam, a STN utilizava as transferências constitucionais que deveria fazer aos estados para quitar tais pagamentos. Entretanto, a

STN cometeu o grave erro de se preocupar apenas em receber o que lhe era devido, sem tentar influenciar o comportamento fiscal dos estados. Quando o Plano Real reduziu drasticamente a inflação – de 2.488% em 1993 para 22% em 1994 –, os estados que, assim como a União, também se beneficiavam da inflação para erodir o valor de seus compromissos entraram em severa crise financeira. Como os tributos incidem sobre os preços de bens, serviços, transações, lucros e salários, havia certa indexação natural das receitas tributárias, que, assim, eram mais bem indexadas do que as despesas públicas, cujo valor era corroído diuturnamente pela inflação. Era uma espécie de "efeito Tanzi" ao contrário.

Muitos estados, não acreditando no sucesso do Plano Real, haviam dado generosos aumentos salariais a seus servidores durante o ano eleitoral de 1994. Com a forte queda da inflação, a receita inflacionária reduziu-se drástica e bruscamente, enquanto os compromissos e as despesas dos estados se mantiveram. Assim, no início de 1995, a maioria dos estados entrou em aguda crise fiscal. Apenas as despesas com pagamento de salários representavam entre 70% e 80% das receitas estaduais, em um caso excediam 100%. Muitos estados obtiveram financiamentos de curto prazo, seja com os próprios bancos estaduais, seja com bancos privados, a elevadas taxas de juros. Embora os estados comprometessem 11% de sua receita para pagamentos da dívida ao Tesouro Nacional, em alguns deles o serviço da dívida total subiu rapidamente, em razão do serviço dessas outras dívidas, chegando a alcançar 30% da receita corrente líquida.

Em março de 1995, houve forte pressão dos governadores eleitos para a renegociação das dívidas estaduais. Em Alagoas, onde a folha de salários representava 107% da receita, o governador, Divaldo Suruagy, ameaçou renunciar ao mandato se as transferências constitucionais dadas em garantia continuassem a ser bloqueadas. Ele deixou cópia de sua carta de renúncia assinada com o secretário do Tesouro, informando que ela seria apresentada à Assembleia Legislativa, caso continuassem os bloqueios das transferências constitucionais para quitar as suas obrigações com a União. Informado da situação, o presidente Fernando Henrique Cardoso confirmou a proposta da STN de continuar utilizando as transferências constitucionais dadas em garantia para quitar as obrigações do estado. A renúncia não se concretizou naquele momento, mas acabou ocorrendo em 1997.

Evidentemente, uma solução urgente precisava ser encontrada para a crise das finanças estaduais. Foi então criado um programa de emergência para financiar as folhas de salário em atraso e o pagamento dos empréstimos bancários de curto prazo com taxas de juros muito elevadas. O Conselho Monetário Nacional aprovou o Voto nº 162/1995, que autorizava o Tesouro Nacional a conceder garantia para empréstimos a serem feitos com essas finalidades aos estados pela Caixa Econômica Federal. Dessa vez, a STN corrigiu o erro da rolagem anterior da Lei nº 8.727/1993 de não tentar influenciar a gestão fiscal dos estados e criou uma subsecretaria encarregada de acompanhar as finanças estaduais. Missões foram enviadas aos estados para levantar a situação fiscal de cada um e propor medidas a serem adotadas por eles, para que pudessem se beneficiar dos financiamentos autorizados pelo Voto nº 162/1995.

Para receber financiamento de curto prazo nos termos do Voto nº 162/1995, os estados precisavam se comprometer a adotar medidas para aumentar as receitas tributárias, privatizar empresas estaduais e reduzir despesas de pessoal. Importantes medidas legislativas foram adotadas na ocasião. A Lei Complementar nº 82/1995, conhecida como Lei Camata, por exemplo, estabeleceu um teto de 60% das receitas para gastos com a folha de salários, concedendo prazo de três anos para que os estados se ajustassem. A Medida Provisória nº 1.514/1996 criou o Programa de Incentivo à Redução do Setor Público Estadual na Atividade Bancária (Proes), dando aos estados a opção de privatizar os respectivos bancos, capitalizá-los ou transformá-los em agências de fomento sem capacidade de levantar recursos junto ao público. Com a inflação elevada, o setor bancário se beneficiava do chamado *float* de recursos, o curto período de tempo em que os depósitos e pagamentos em trânsito ficavam sem remuneração. O *float* chegou a representar 50% dos lucros de bancos públicos. Um total de R$ 20 bilhões foi usado para reestruturar os bancos que entraram no Proes. Dos 27 bancos estaduais então existentes, apenas cinco permanecem atualmente, com os demais tendo sido fechados ou privatizados.

Após um ano de implementação frenética de ações de emergência, a Medida Provisória nº 1.560/1996, convertida na Lei nº 9.496/1997, veio complementar o refinanciamento com condicionalidades das dívidas estaduais com seus próprios bancos e o público em geral, refinanciando R$ 102 bilhões, ou 11,5% do PIB. Um princípio básico foi o de que os contratos de refinanciamento anteriores (da dívida externa em 1989 e da dívida com a União e bancos federais em 1993) e os respectivos compromissos seriam mantidos inalterados. O objetivo da Lei nº 9.496/1997 era financiar as dívidas estaduais mantidas com os bancos estaduais e o público sob a forma de títulos públicos estaduais.

Diferentemente dos acordos de refinanciamento anteriores, os estados deveriam fazer um pagamento inicial equivalente a, pelo menos, 20% do montante a ser refinanciado, o que poderia ser feito com a transferência para a União de ativos estaduais, tais como ações de companhias estatais estaduais. Quanto mais alto fosse o valor do pagamento inicial, menor seriam as taxas de juros. Caso os ativos transferidos, ao serem vendidos, tivessem valor superior ao mínimo de 20%, os estados poderiam receber a diferença em dinheiro. A lei determinava que a União deveria vender os ativos recebidos dos estados e usar esses recursos para reduzir a dívida pública federal junto ao público.

As garantias oferecidas pelos estados eram iguais às estabelecidas na rolagem de 1993: as transferências constitucionais feitas pela União e a receita tributária própria dos estados. Os estados que recebessem refinanciamento deveriam manter programas de consolidação fiscal acordados com o governo federal, os quais seriam reavaliados periodicamente, podendo ser alterados. Os estados precisavam se comprometer com metas anuais referentes à dívida que tinham como proporção da receita tributária, ao resultado primário, à arrecadação tributária e a privatizações e concessões. Caso tais metas não fossem alcançadas e não fossem acordadas medidas para corrigir os desvios, a critério do ministro da Fazenda, a taxa de juros desses empréstimos seria elevada para igualar o custo da dívida pública federal.

O limite para os pagamentos de dívida pelos estados ao Tesouro foi elevado de 11% da receita corrente líquida para até 17%, com o limite médio ficando em 13% da receita corrente líquida. De acordo com a Lei nº 9.496/1997, o estado tinha que se comprometer a não emitir títulos de dívida no mercado financeiro privado até o completo pagamento das dívidas com o governo federal. Os limites para empréstimos em bancos comerciais privados foram congelados pelo Banco Central no montante necessário para a rolagem das dívidas existentes.

A partir de 1997, em termos práticos, os estados apenas podiam tomar empréstimos no Banco Mundial e no Banco Interamericano de Desenvolvimento (BID), os quais requeriam aval da União. Programas de Ajuste Fiscal (PAFs) trianuais passaram a ser negociados entre a STN e os estados com metas para o resultado primário, arrecadação tributária, folha de salários e reformas fiscais.

O arcabouço institucional introduzido pela Emenda Constitucional nº 3 e pelas Lei nº 8.727/1993, Lei Complementar nº 82/1995 e Lei nº 9.496/1997 foi eficaz para melhorar as finanças estaduais e duradouro. Como os estados deveriam pagar à União, em média, 13% da receita corrente líquida, que, somadas, representavam ao redor de 8% do PIB, esses acordos geraram um fluxo anual de pagamentos de dívidas pelos estados à União equivalente a cerca de 1% do PIB, o que os forçava a obter, implicitamente, superávit primário, contribuindo para melhorar as contas do setor público consolidado. Além disso, todas as fontes de empréstimos para os estados nos setores financeiros público e privado foram fechadas, restando apenas os empréstimos nos organismos internacionais, que exigiam aval e, portanto, prévia aprovação da União. Esses dois mecanismos garantiram que os pagamentos de dívida pelos estados se transformassem, efetivamente, em superávit primário.

Uma preocupação constante desde a rolagem da dívida de 1993 prevista na Lei nº 8.727/1993 foi assegurar a robustez jurídica dos acordos de rolagem de dívida. Assim, além da legislação federal, a STN exigia que os estados aprovassem leis estaduais autorizando-os a assinar os contratos de renegociação de dívidas, bem como pareceres assinados pelos procuradores-gerais de cada estado em que afirmavam que os acordos de rolagem de dívida eram legais e constitucionais segundo tanto a Constituição Federal quanto as Constituições estaduais.

Essa robustez jurídica foi providencial, pois muitos governadores posteriormente ingressaram com ações no Supremo Tribunal Federal (STF) para anular, declarar inconstitucionais ou suspender os acordos de rolagem das dívidas estaduais. Até mesmo o ex-presidente Itamar Franco, que lançou o Plano Real, propôs e sancionou a Lei nº 8.727/1993, quando governador do estado de Minas Gerais declarou moratória de suas dívidas com a União e foi à Suprema Corte questionar, sem sucesso, o arcabouço jurídico da rolagem das dívidas estaduais.

As renegociações de dívidas estaduais de 1993 a 1997 e os PAFs negociados pela STN com os diversos estados causaram um forte ajuste fiscal dos governos subnacionais antes mesmo que a Lei Complementar nº 101/2000, conhecida como Lei de Responsabilidade Fiscal, fosse aprovada e entrasse em vigor, em maio de 2000. A LRF, que consagrou o objetivo de disciplina fiscal para os três níveis de governo, teve o trabalho facilitado no caso dos estados pelo ajuste fiscal que já vinha ocorrendo desde 1997.

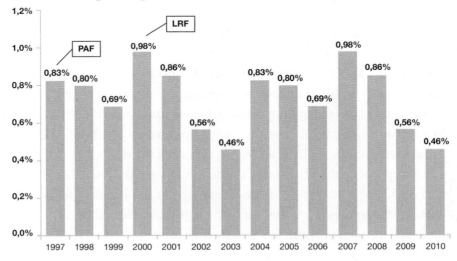

Fonte: Banco Central do Brasil e Instituto Brasileiro de Geografia e Estatística (IBGE).

A LRF é abrangente, abarcando os três níveis de governo – federal, estadual e municipal – e os três Poderes da União – Executivo, Legislativo e Judiciário. Conseguiu preservar e reforçar o ajuste fiscal que já vinha sendo executado havia alguns anos. E tem como objetivo assegurar a disciplina fiscal por meio de regras, transparência e responsabilização, por isso um conjunto detalhado de regras e mecanismos de execução foi estabelecido. Os três principais tipos de regra são: 1) a obrigação de cada nível de governo de estabelecer *ex ante* metas trianuais para os principais indicadores fiscais; 2) a existência de mecanismos de correção, em caso de não cumprimento ou não atingimento das metas definidas; e 3) a existência de sanções fiscais, civis e penais para políticos e funcionários públicos envolvidos em caso de não cumprimento de seus dispositivos.

Nos termos da lei, metas anuais precisam ser estabelecidas para as receitas e despesas públicas e para os resultados primário e total, bem como limites para a dívida pública. A lei exige que os relatórios de acompanhamento da execução fiscal especifiquem as premissas sob as quais as metas foram calculadas, a análise dos riscos fiscais e as medidas a serem adotadas, se tais riscos se materializarem. Os relatórios sobre a execução fiscal devem ser trimestrais. Incentivos fiscais ou aumentos permanentes das despesas correntes apenas podem ser aprovados se as medidas de receita para cobrir seus custos forem simultaneamente aprovadas.

Há limites para as despesas de pessoal como percentual das receitas correntes líquidas para cada nível e ramo de governo. As operações de crédito são limitadas ao valor dos investimentos previstos no orçamento. Aumentos salariais são proibidos a menos de seis meses de eleições. A lei proíbe a realização de restos a pagar não financiados no fim dos mandatos do presidente da República, de governadores e prefeitos. Também proíbe os bancos públicos de emprestar aos seus principais acionistas.

A Lei nº 10.028/2000, editada paralelamente à Lei de Responsabilidade Fiscal, estabeleceu penalidades para os políticos eleitos e funcionários públicos em certos casos de descumprimento das prescrições da LRF. Tais penalidades vão desde multas equivalentes a 30% do salário, como na ocorrência de não publicação dos relatórios previstos, até a perda de mandatos eletivos, inabilitação para concorrer a eleições e sentenças de prisão, que podem alcançar quatro anos para ofensas mais sérias, como contratar operações de crédito em desacordo com os requisitos da lei.

Lamentavelmente, a partir de 2010 tal arcabouço começou a ser fragilizado por medidas que afrouxavam a restrição fiscal dos estados.[3] Aproveitando um período de valorização cambial, a União passou a conceder garantias para a tomada de empréstimos externos pelos estados em bancos privados internacionais. Os objetivos seriam trocar dívida doméstica por externa a taxas de juros menores, porém expostas ao risco cambial, que, mais tarde, se materializou. Na verdade, o diferencial de custos financeiros servia para expandir o gasto.

Como bem salienta Marcos Mendes,[4] uma série de leis complementares foi aprovada, com estímulo do governo federal, para facilitar o endividamento dos governos subnacionais, o que tornou a LRF pouco eficaz.[5] A Lei Complementar nº 148/2014 abriu caminho para alterar profundamente as condições financeiras dos refinanciamentos realizados ao amparo das leis nº 8.727/1993 e nº 9.496/1997, autorizando a União a reduzir a taxa de juros anual de 6% para 4% e trocar o indexador das dívidas do Índice Geral de Preços (IGP) para o Índice de Preços ao Consumidor Amplo (IPCA). A União deveria dar descontos sobre os saldos devedores que corresponderiam à diferença entre as condições financeiras originalmente acordadas e as novas condições, estabelecidas na Lei Complementar nº 148/2014.

Inicialmente, tais medidas eram autorizativas e não obrigatórias – apenas autorizavam a União a rever as condições financeiras. A Lei Complementar nº 151/2015 determinou que a União adotasse tais

---

3. Ver: Acauã Brochado e Itanielson Cruz, "Estímulo ao endividamento de estados e municípios", em Marcos Mendes (org.), *Para não esquecer: políticas públicas que empobrecem o país* (Rio de Janeiro/São Paulo: Autografia/Insper/Fundação Brava, 2022).

4. Marcos Mendes, *Para não esquecer: políticas públicas que empobrecem o país* (op. cit.).

5. Marcos Mendes, *Regras fiscais e o caso do teto de gastos no Brasil* (São Paulo: Insper, 2021). Disponível em: <https://www.insper.edu.br/wp-content/uploads/2021/09/Regras-fiscais-e-o-caso-do-teto-de-gastos-no-Brasil-2021_Marcos-Mendes.pdf>. Acesso em: 29 abr. 2024.

alterações, que deixaram então de ser facultativas e se tornaram obrigatórias. Tais mudanças enfraqueceram juridicamente o arcabouço anterior. A partir daí, os estados passaram a litigar com êxito no STF para suspender ou alterar suas obrigações de pagamento.

Em decorrência dessas medidas e da profunda recessão de 2014 e 2015, ocorreu substancial piora da situação financeira dos estados. Nova lei complementar, a de nº 156/2016, decorrente de determinação do STF, autorizou a União a conceder o prazo adicional de 240 meses para o pagamento das dívidas com ela e a conceder reduções extraordinárias das prestações mensais. Tais descontos alcançavam 100% para as prestações vencidas entre julho e dezembro de 2016, com esse percentual de descontos caindo gradativamente até 5,26% para a prestação vincenda em julho de 2018.

A legislação de 2016, além de atender às circunstâncias causadas pela recessão, trouxe alguns avanços relevantes. Buscou a convergência dos indicadores das metas fiscais estabelecidas nos PAFs com os conceitos utilizados na LRF. Estabeleceu para os estados que viessem a solicitar o prazo adicional de pagamento a obrigatoriedade de instituírem um teto de gastos para as despesas primárias, restringindo seu crescimento à variação do IPCA nos dois exercícios subsequentes à concessão do prazo adicional de pagamento. O projeto de lei enviado pelo Executivo continha vários aperfeiçoamentos, como a inclusão de terceirizados na despesa de pessoal e a ampliação do período em que não poderiam ocorrer reajustes salariais, entre outros itens, os quais, lamentavelmente, não foram aceitos pelo Congresso Nacional na tramitação da lei.

A dívida dos estados com a União subiu para mais de R$ 1 trilhão, com o Tesouro Nacional sendo impedido de executar garantias em decorrência de decisões judiciais. Um problema que parecia caminhar para a solução na primeira década do século a partir daí voltou a ser fonte de instabilidade fiscal e incerteza. Os estados com o maior nível de endividamento como proporção de sua receita corrente líquida são os mesmos quatro estados que já se encontravam nessa situação no fim da década de 1990 – Rio de Janeiro, Rio Grande do Sul, Minas Gerais e São Paulo –, cujas dívidas vão de 127% (São Paulo) a 199% (Rio de Janeiro) da receita corrente líquida.[6]

A experiência brasileira com o gerenciamento das dívidas estaduais deixa algumas lições relevantes, que eu resumiria assim:

- Corrigir fluxos fiscais, consistente e continuadamente, parece ser mais importante e eficaz do que focar apenas no controle de estoques de dívida. Regras fiscais numéricas podem ajudar a alcançar ambos os objetivos;
- Estoques de dívida são cumulações de fluxos passados, cujos impactos macroeconômicos já foram produzidos. O essencial em relação ao estoque de dívida é manter críveis sua estabilidade e sustentabilidade por meio dos fluxos anuais, de prazos longos contratados para seu pagamento e de custos financeiros razoáveis. Regras fiscais numéricas também auxiliam a alcançar tais objetivos;
- Controlar o crescimento da dívida e a tomada de novos empréstimos é variável crítica para o controle das finanças subnacionais, cujos atores não têm poder de emissão de moeda nem são politicamente responsabilizados por problemas macroeconômicos, não tendo incentivos, portanto, para evitá-los. Sem novos financiamentos, não há déficit. É preciso monitorar tanto os estados tomadores de empréstimos quanto seus emprestadores, utilizando em relação a estes últimos mecanismos de regulação financeira prudencial pela autoridade monetária;
- A adoção apenas de controles fiscais abaixo da linha é mais viável para governos subnacionais, mas cria riscos significativos para a qualidade dos ajustes fiscais, podendo penalizar investimentos e outros gastos prioritários e/ou levar a aumentos de tributação. Embora mais difíceis de adotar, controles de despesas acima da linha precisam ser usados. Os PAFs procuraram atender a tal requisito;

---

6. Ver: "Visão integrada das dívidas da União, dos estados, do Distrito Federal e dos municípios", Tesouro Nacional Transparente. Disponível em: <https://www.tesourotransparente.gov.br/historias/visao-integrada-das-dividas-da-uniao-dos-estados-do-distrito-federal-e-dos-municipios>. Acesso em: 29 abr. 2024.

- Como reformas institucionais e regras fiscais são politicamente difíceis de aprovar, é preciso aproveitar oportunidades e não deixar passar uma crise sem reformas. Grandes crises podem tornar politicamente aceitáveis reformas que anteriormente pareciam impossíveis.

2. Teto para as despesas primárias federais

O continuado e acentuado crescimento, ao longo de várias décadas, das despesas primárias e da dívida pública federais no Brasil, num cenário de tributação já elevada, sugere a conveniência de se conter diretamente a expansão das despesas primárias federais. Desde o início da década de 1990, tais despesas cresceram a uma taxa real anual maior do que o crescimento médio anual do PIB. A despesa primária federal aumentou de 10,8% do PIB, em 1991, para 19,9% do PIB, em 2016, véspera da vigência do teto de gastos.

Desde a década de 1990 até a aprovação do teto de gastos federais, nenhum governo havia conseguido conter o ritmo de crescimento das despesas primárias – mais rápido do que o aumento do PIB –, indicando tratar-se de problema estrutural que requeria mudança institucional significativa. O gasto público no Brasil, de 38,5% do PIB em 2016, era bastante elevado para o nosso nível de renda *per capita*, sendo maior do que a média de todos os demais países do Brics,[7] excluído o Brasil (31,5% do PIB).

Considerando que a carga tributária do Brasil já era também bastante elevada quando comparada à de países de renda *per capita* semelhante, continuar aumentando os tributos mais rapidamente do que o PIB, sem equacionar o crescimento da despesa, não seria solução sustentável. Isso porque distorções continuariam a ser geradas pelo aumento da tributação sobre a ampliação do investimento, do consumo, da eficiência e do crescimento econômico.

---

7. Brics: Brasil, Rússia, Índia, China e África Sul (fundadores).

Nosso problema não era tributação baixa! Ao contrário, a carga tributária brasileira, de 33,7% do PIB em 2015, era maior do que a de nossos pares na América Latina (cuja média alcançava 21,6% do PIB) e já se aproximava da tributação média de 35% do PIB dos países da Organização para a Cooperação e Desenvolvimento Econômico (OCDE), cuja renda *per capita* é bem mais elevada do que a nossa.

Tampouco seria solução adequada financiar a continuidade da rápida expansão dos gastos com elevação da dívida pública. Após forte redução entre 2003 e 2013, a Dívida Bruta do Governo Geral (DBGG) como proporção do PIB voltara a crescer rapidamente, como resultado das políticas macroeconômicas adotadas e da recessão de 2014-2015, alcançando 69,5% do PIB no início de 2016. Nosso nível de endividamento já era maior do que o de nossos pares na América Latina, onde a dívida bruta alcançara em 2015 52,3% do PIB, em média, e do que o endividamento médio dos países emergentes membros do Grupo dos 20, da ordem de 44,7% do PIB.

Quando usado prudente e judiciosamente, o endividamento pode ser um instrumento importante para favorecer o crescimento econômico, seja melhorando a alocação de capital entre seus vários usos na economia, seja diversificando a alocação de riscos para os atores mais preparados para carregá-los. Pode melhorar o bem-estar, ajudando as pessoas, as empresas e os países a progredir, antecipando para o presente parte da renda que se espera gerar no futuro, suavizando as variações temporárias entre receitas e despesas, ou financiando investimentos tão ou mais rentáveis do que a taxa média de juros. Sem finanças sólidas e eficientes, países que são pobres tendem a permanecer pobres.

O endividamento, porém, pode também ser uma faca de dois gumes, prejudicando pessoas, empresas ou países. Quando usadas em excesso ou imprudentemente, as dívidas podem resultar em desastres financeiros, levando pessoas ao superendividamento, empresas à falência e países a custosas crises financeiras, com consequências nefastas para o crescimento econômico e o bem-estar social. Mais preocupante do que o nível da relação dívida pública/PIB é sua trajetória ascendente. Diversos estudos econômicos encontraram relação negativa entre endividamento público e crescimento econômico e chamaram atenção para os perigos do endividamento crescente.

Pesquisa do Banco de Compensações Internacionais (BIS), baseada em dados de 18 países da OCDE entre 1980 e 2010, sugere que um aumento de 10 pontos percentuais na relação dívida/PIB reduz a taxa de crescimento econômico em 0,17 ponto percentual no período seguinte, efeito negativo que aumenta quando a relação dívida/PIB situa-se no intervalo de 92% a 99% do PIB.

Estudo de técnicos do FMI, baseado em dados de 38 países desenvolvidos e de mercados emergentes no período 1970-2007, aponta que um aumento de 10 pontos percentuais na relação dívida/PIB está associado a uma desaceleração do crescimento econômico e da renda *per capita* em torno de 0,20 ponto de percentagem por ano nos países desenvolvidos. No caso dos países de mercado emergente, o impacto negativo seria maior, entre 0,3 e 0,4 ponto de percentagem por ano. Esse estudo encontrou também uma relação negativa elevada entre aumento da dívida pública e investimento. Um aumento de 10 pontos percentuais na relação dívida/PIB está associado a uma redução de 0,4 ponto de percentagem na taxa de investimento.[8]

Outra pesquisa com um painel de 26 países emergentes considerando o período 1994-2011 estimou que para cada 1 ponto percentual de redução do resultado primário, em relação ao resultado primário que estabiliza a relação dívida/PIB, ocorre aumento de 25 pontos básicos no *spread*. Quando a dívida é maior do que 45% do PIB, o aumento no *spread* é ainda maior – cerca de 54 pontos básicos.[9] A boa notícia é que tais efeitos negativos cessam quando a relação dívida pública/PIB entra numa trajetória descendente, mesmo que ainda permaneça, inicialmente, em

---

8. Manmohan S. Kumar e Jaejoon Woo, *Public Debt and Growth* (Working Paper, nº 174: FMI, 2010). Disponível em: <https://www.imf.org/external/pubs/ft/wp/2010/wp10174.pdf>. Acesso em: 29 abr. 2024.

9. Nazim Belhocine e Salvatore Dell'Erba, *The Impact of Debt Sustainability and the Level of Debt on Emerging Market Spreads* (Working Paper, nº 93: FMI, 2013). Disponível em: <https://www.imf.org/en/Publications/WP/Issues/2016/12/31/The-Impact-of-Debt-Sustainability-and-the-Level-of-Debt-on-Emerging-Markets-Spreads-40500>. Acesso em: 29 abr. 2024.

nível elevado por algum período.[10] A experiência internacional indica também que ajustes fiscais feitos com base no controle das despesas são mais duradouros e menos nefastos ao crescimento econômico do que ajustes fiscais feitos com aumento de impostos.

Os tetos de gasto começaram a ser introduzidos a partir de meados da década de 1990 pela Holanda e por países nórdicos, como Suécia, Finlândia e Dinamarca, em resposta a severas crises fiscais. A Holanda adotou o teto de gastos em 1994 em resposta à prolongada crise fiscal que elevara a dívida pública para 77,7% do PIB em 1993. Com a adoção do teto, entre 1994 e 2007 a dívida pública caiu para 46,8% do PIB; as despesas com juros caíram de 10,7% do PIB, em 1993, para 4,8% do PIB; e a taxa de desemprego caiu de 6,8% para 3,2% em 2007. O mecanismo, que permaneceu essencialmente intacto, goza de amplo apoio político.

Uma análise econométrica realizada por técnicos do FMI cobrindo o período de 1985 a 2012, comparando o desempenho fiscal de 57 países – dos quais 26 tinham teto de gastos e 31 não tinham –, mostrou que países que adotaram tetos tiveram desempenho fiscal melhor do que os que não utilizavam tal mecanismo. Nos países com teto, os resultados primários foram, na média, melhores, as despesas primárias foram mais baixas e a política fiscal foi anticíclica, se comparados com o período anterior. A volatilidade da despesa primária também diminuiu.[11]

A avaliação da experiência internacional sugere também que tetos de gasto apresentam algumas vantagens em relação a outras regras fiscais numéricas para a dívida ou para o resultado fiscal anual. O teto de gastos foca na parte do orçamento que está diretamente sob o controle do governo, a despesa; não requer a redução de despesas em períodos em que a arrecadação cai e reduz as pressões para elevar despesas nos bons

---

10. Alexander Chudik, Kamiar Mohaddes, M. Hashem Pesaran e Mehdi Raissi, *Is There a Debt--threshold Effect on Output Growth?* (Working Paper, nº 197: FMI, 2015). Disponível em: <https://www.imf.org/external/pubs/ft/wp/2015/wp15197.pdf>. Acesso em: 29 abr. 2024.

11. Till Cordes, Tidiane Kinda, Priscilla Muthoora e Anke Weber, *Expenditure Rules: Effective Tools for Sound Fiscal Policy?* (Working Paper, nº 29: FMI, 2015; e Monitor Fiscal, abr. 2014). Disponível em: <https://www.imf.org/en/Publications/WP/Issues/2016/12/31/Expenditure-Rules--Effective-Tools-for-Sound-Fiscal-Policy-42706>. Acesso em: 29 abr. 2024.

tempos, quando a arrecadação aumenta, sendo assim uma regra acíclica mais compatível com o papel de estabilização da política fiscal; contribui para melhorar a composição e a eficiência da despesa pública, pois pode forçar escolhas e melhor priorização do gasto público; e é mais simples de formular e monitorar do que outras regras fiscais.

Para serem instrumentos eficientes no controle da despesa pública, os tetos de gasto devem: ter ampla abrangência e cobrir, se não a totalidade, a maior parte das despesas primárias; ser estabelecidos como um limite nominal ou real para as despesas e não como percentual do PIB, caso em que seriam procíclicos; e ter um longo período de duração.

Vários países que instituíram tetos de despesa incluíram aí todas as categorias de despesa primária, como gastos com saúde, educação, aposentadorias, benefícios sociais e investimentos. Alguns incluíram, além do Governo Central, também os governos subnacionais (oito dos 26 países estudados).

Diversos países (Finlândia, França, Japão e Espanha) excluíram do teto de gastos as despesas com juros por se tratar de despesa de valor elevado e de natureza volátil, sobre a qual o governo não tem controle no curto prazo. A inclusão das despesas com juros reduziria o espaço disponível para a realização das demais despesas públicas.

Embora o prazo médio de vigência dos tetos fosse entre três e cinco anos renováveis, vários já estavam em vigência havia mais de uma década. Episódios bem-sucedidos de consolidação fiscal duraram, em média, dez anos. Na Suécia, o processo de consolidação fiscal durou mais de dez anos. Na Austrália, no Canadá e na Nova Zelândia, esses episódios levaram entre seis e nove anos.

As circunstâncias fiscais no Brasil e as indicações de estudos sobre a experiência internacional sugeriam que a criação de teto para os gastos governamentais seria uma boa alternativa para o país. Uma tentativa de introdução de um teto de gastos como percentual do PIB, excluindo desse indicador os investimentos públicos, foi articulada entre os ministérios do Planejamento e da Fazenda no primeiro governo do presidente Lula, mas não foi avante, pois a avaliação da Casa Civil foi a de que a proposta era rudimentar e de que "gasto corrente é vida". No início do governo

Temer, uma sugestão de emenda constitucional instituindo um teto de gastos foi apresentada pelo então secretário-executivo do Ministério da Fazenda, Tarcisio Godoy, mas não prosperou.

A ideia só logrou êxito quando o ministro Henrique Meirelles incumbiu Marcos Mendes de redigir a primeira versão da emenda constitucional. A proposta original continha, além do teto de gastos, importantes reformas fiscais, como a extinção do abono do Programa de Integração Social/Programa de Formação do Patrimônio do Servidor Público (PIS/Pasep) e a vedação de aumentos reais do salário mínimo, propostas estas que acabaram sendo abandonadas pelo Executivo antes mesmo do envio do texto ao Congresso para facilitar a aprovação. Sob a coordenação de Eduardo Guardia, que havia assumido a função de secretário-executivo da Fazenda, o texto de Mendes foi discutido por técnicos dos ministérios da Fazenda e do Planejamento. O trabalho incansável de ambos continuou em discussões durante a tramitação no Congresso, até que se chegasse ao texto finalmente aprovado.

A Emenda Constitucional nº 95/2016 representou um ajuste fiscal gradual, sem corte de despesas nem aumento de tributos e, portanto, sem impactos negativos sobre a demanda agregada. O objetivo foi manter a despesa agregada total da União em termos reais. Com as despesas constantes em termos reais, o ajuste ocorreria em razão do impacto do crescimento do PIB sobre a receita tributária, sem redução do nível real da despesa pública e sem aumento de tributos, não se aplicando, assim, à emenda as críticas usuais sobre efeitos recessivos da austeridade fiscal sobre a demanda agregada e o crescimento econômico. A estabilização da dívida ocorreria gradualmente, via crescimento econômico.

Pequenas reduções anuais na despesa como proporção do PIB iriam se acumulando, enquanto ganhos de receitas, gerados pelo crescimento econômico, aumentariam o superávit primário e reduziriam a dívida pública como proporção do PIB. Ao melhorar a sustentabilidade da dívida pública, a emenda deveria levar a uma redução da taxa real de juros de equilíbrio, como de fato parece ter ocorrido, permitindo que o Banco Central reduzisse a taxa Selic sem comprometer o controle da inflação.

Um aspecto a destacar é que o teto de gastos era global, não havendo teto para nenhuma despesa específica, o que preservou completamente a competência do Congresso Nacional e o papel do orçamento público de alocar recursos escassos para fins meritórios, porém competitivos por aqueles que têm o mandato popular para fazê-lo. A única restrição era a de que se o Congresso desejasse alocar mais recursos para um determinado setor ou atividade acima do gasto real executado no ano anterior naquela atividade teria de retirar montante equivalente de recursos de outro programa ou atividade.

Diferentemente do que foi ampla e erroneamente propalado por críticos do teto, nunca houve corte de gastos na educação ou na saúde. Ao contrário, reconhecendo a efetiva e real prioridade da educação e da saúde, um tratamento especial para essas despesas foi estabelecido, criando-se pisos reais específicos de gastos para esses setores. O objetivo foi manter o nível real de gastos realizado como pisos mínimos garantidos para ambos os setores durante todo o período de vigência do teto. O teto proibia a redução de recursos para a educação e a saúde e não impedia que o Congresso alocasse recursos adicionais a esses dois setores, nem para qualquer outra atividade, desde que retirasse recursos correspondentes de outra destinação. Por outro lado, como bem assinala Mendes, o Fundo de Manutenção e Desenvolvimento da Educação Básica (Fundeb) ficou fora do teto e a maior parte das despesas em educação no Brasil é de responsabilidade dos governos subnacionais, aos quais não se aplicava o teto de gastos federal.[12]

O regime anterior de vinculações de receita reduzia incentivos para o aumento da qualidade e da quantidade produzidas nesses setores, já que os recursos teriam que ser repassados de todo modo, independentemente de resultados. Além disso, dificultava a função clássica do orçamento de alocar recursos escassos para objetivos competitivos e contribuía para aumentar a prociclicalidade da despesa pública, com aumentos automáticos de despesa quando as receitas tributárias aumentavam. Entretanto, quando as receitas caíam, na fase de desaceleração do ciclo econômico,

---

12. Marcos Mendes, *Regras fiscais e o caso do teto de gastos no Brasil* (op. cit.).

era impossível cortar tais despesas, tipicamente rígidas, em razão de seu caráter de despesas continuadas.

Parece haver uma visão errada em nosso país sobre o que significa dar prioridade a determinado segmento. Há verdadeira obsessão sobre quanto se gasta em cada área, programa ou setor de atuação governamental. O nível de gasto é tido como a principal indicação da prioridade atribuída a cada área ou programa. Todavia, nenhuma ou pouca atenção é dada ao aumento da quantidade ou à melhoria da qualidade dos bens e serviços públicos produzidos por esses setores, que são, na verdade, os únicos parâmetros que interessam à população. Quanto se gasta em determinado setor ou programa é muito importante para os fornecedores daquele setor, por exemplo para quem vende livros ou merenda escolar, ou para quem vende remédios e serviços hospitalares. Para os fornecedores, a principal preocupação é quanto se gasta. Para a população, a principal preocupação deve ser quanto se produz e a qualidade do que é produzido.

No setor privado, o objetivo é sempre produzir mais e gastar menos. Embora exista uma conexão entre o quanto é gasto e a qualidade e a quantidade do que é produzido, tal correlação tende a ser menor do que um para um. Existem amplas oportunidades no setor público de fazer mais e melhor com menos em termos de custos unitários. É assim que o mundo vem progredindo há séculos, aumentando a produtividade.

Na Emenda Constitucional nº 95 foram também criados subtetos específicos para os Poderes Executivo, Legislativo e Judiciário, reconhecendo-se a independência desses Poderes. Foram também criados subtetos para alguns órgãos pertencentes a tais Poderes, como a Procuradoria-Geral da República e a Advocacia-Geral da União, que fazem parte do Poder Executivo, e o Tribunal de Contas da União, que integra o Poder Legislativo.

Nos Poderes Legislativo e Judiciário, onde os salários já são muito mais elevados do que os do Executivo, 83% das despesas primárias referem-se a despesas de pessoal. Assim, seus subtetos foram mecanismos necessários para a contenção do crescimento desse tipo de despesa. Na verdade, todo o serviço público, para cargos iniciais de suas várias carreiras, já desfruta de salários mais elevados do que os pagos pelo setor privado para funções equivalentes. O teto funcionaria, assim, como instrumento indireto de controle dos gastos com salários no setor público.

Aprovado pelo prazo mínimo de dez anos até 2026, com possíveis mais dez anos de vigência, a critério do presidente da República e do Congresso Nacional, com ampla abrangência da despesa primária sujeita à regra, a adoção do teto de gastos contribuiu para melhora das variáveis financeiras e das expectativas no período 2017-2019. A taxa neutra de juros de equilíbrio parece ter caído significativamente, a taxa de câmbio apreciou, a bolsa de valores subiu e o aumento da confiança de empresários e de consumidores indicou melhora das expectativas.

Sabíamos, porém, que o teto de gastos não era condição suficiente para o ajuste fiscal. Seriam, e continuam sendo, necessárias reformas estruturais para controlar ou alterar certos grupos de despesas obrigatórias cuja dinâmica gera, automaticamente, um crescimento maior do que a inflação. Sem reformas, tais despesas obrigatórias esmagariam as demais despesas contra o teto, tornando sua manutenção difícil e custosa.

A existência do teto de gastos foi um fator essencial para ajudar na aprovação da reforma da Previdência Social, em novembro de 2019, pela Emenda Constitucional nº 103. Do aumento de 8,7 pontos percentuais do PIB ocorrido nas despesas primárias entre 1991 e 2015, 64% (5,6 pontos percentuais) corresponderam a aumento dos gastos com Previdência, assistência social, seguro-desemprego e abono. É possível conjecturar que outras reformas estruturais prosseguiriam com a reforma administrativa, a tributária e a dos subsídios e incentivos fiscais, caso o teto de gastos viesse a ser mantido.

Em 2020, o combate à pandemia de covid-19 transformou-se na prioridade do país e do mundo, interrompendo o ímpeto para reformas estruturais. Foi então acionada a válvula de escape contida na regra do teto, que permitia a realização de despesas não computadas no limite para fins de combate a calamidades públicas. Isso permitiu um aumento temporário extratexto de tais despesas enquanto durasse aquela situação. Em 2020 foram pagos R$ 524 bilhões em despesas federais para mitigar os efeitos econômicos e sociais da pandemia, cerca de 7% do PIB, mostrando que, em momentos de verdadeira calamidade pública, havia soluções possíveis. A DBGG saltou de 74,4% do PIB, no fim de 2019, para 88,6% do PIB, no fim de 2020, e o déficit primário do Governo Central alcançou 10% do PIB (R$ 743,3 bilhões).

Vencida a fase mais aguda da pandemia, o teto mostrou-se um instrumento poderoso para produzir uma rápida recomposição da situação fiscal. Em 2021, com a ajuda da forte aceleração inflacionária e o aumento da arrecadação, mas graças ao teto de gastos, o déficit primário do Governo Central foi reduzido fortemente para -0,4% do PIB (R$ 35,1 bilhões). A dívida bruta do setor público também caiu rápida e fortemente para 79,1% do PIB. Apesar do pequeno déficit do Governo Central, o resultado primário do setor público consolidado mostrou, já naquele ano, superávit de 0,7% do PIB, graças ao desempenho positivo dos governos subnacionais. A melhora do resultado primário continuou até meados de 2022, quando o setor público consolidado registrou superávit primário acumulado em 12 meses de 2,3% do PIB.

Lamentavelmente, novas exceções, dessa vez causadas por motivos eleitorais, foram introduzidas na regra do teto. Além de se manter o justificado aumento das transferências aos mais pobres, foram criados subsídios para grupos como taxistas e caminhoneiros, que não se enquadram em qualquer definição de pobre no Brasil, e implementadas reduções de tributos incidentes sobre combustíveis fósseis na contramão do recomendado, seja por considerações fiscais, seja por considerações ligadas às mudanças climáticas.

Outras práticas menos visíveis foram também utilizadas para burlar e escapar da regra do teto de gastos, como bem assinala Mendes:[13] aumentar o capital de empresas estatais para que realizassem gastos que deveriam constar do orçamento público, como no caso da Engepron, e subterfúgios como estabelecer exigências em privatizações e concessões para que as empresas privatizadas e os concessionários privados realizassem despesas de natureza pública, conforme ocorrido na privatização da Eletrobras e na implantação da tecnologia 5G.

---

13. Marcos Mendes, *Regras fiscais e o caso do teto de gastos no Brasil* (op. cit.).

Todavia, o teto de gastos, apesar das iniciativas para contorná-lo e do descrédito causado pelas medidas mencionadas nos parágrafos anteriores, continuou sendo uma importante ferramenta para se alcançar a estabilização e a posterior redução do endividamento público como proporção do PIB. A enorme pressão para eliminá-lo foi um indicativo de sua eficácia, pois, como diz o ditado, ninguém bate em cachorro morto. Mesmo tendo sido furado algumas vezes para a realização de despesas de menor mérito ou despesas de elevado mérito, mas com fins eleitorais, o teto foi um instrumento relevante para manter a sustentabilidade fiscal no Brasil a partir de 2017.

Os dois candidatos presidenciais mais bem colocados nas pesquisas eleitorais de 2022 anunciaram a intenção de manter e aumentar os pagamentos para o programa de transferência de renda para os mais pobres realizados durante a pandemia, o que é justificável e aceitável e poderia ser compatibilizado com uma elevação do teto de gastos da ordem de R$ 60 bilhões. Após a eleição, porém, o relator-geral do orçamento no Congresso, em articulação com a equipe de transição, anunciou proposta de retirada permanente do Bolsa Família do teto de gastos sem reduzir do subteto do Executivo o valor de R$ 104 bilhões, já constante no orçamento para o programa. Propôs também a exclusão do teto de gastos de R$ 23 bilhões para investimentos públicos e outras despesas, o que significaria, na prática, um gasto adicional ao teto da ordem de R$ 198 bilhões.

A Proposta de Emenda Constitucional (PEC) nº 32/2022 previa a exclusão permanente das despesas com o Bolsa Família do teto de gastos e dos cálculos do resultado primário, bem como de despesas com projetos socioambientais e climáticos custeadas por doações e de despesas de instituições de ensino federais custeadas com receitas próprias, doações ou convênios com estados e municípios e entidades privadas.

A primeira versão do parecer do relator da PEC no Senado Federal (senador Alexandre Silveira – PSD-MG) acatou modificações positivas. No lugar de retirar permanentemente as despesas com o Bolsa Família do teto de gastos, o parecer sugeriu elevar o subteto do Poder Executivo em R$ 175 bilhões ao longo de 2023 e 2024. E excluiu do teto despesas custeadas com empréstimos de organismos multilaterais aos quais o país pertença destinadas a investimentos em infraestrutura de transportes.

Novamente modificada durante a tramitação no Senado, a proposta aprovada permitiu uma elevação do teto de gastos em R$ 145 bilhões, acrescidos de um valor estimado em R$ 23 bilhões para o custeio de investimentos, totalizando um aumento de R$ 168 bilhões. Isso representou um crescimento de 9,8% em relação ao montante de R$ 1,71 trilhão, que era o subteto proposto para o Poder Executivo no Projeto de Lei Orçamentária para 2023, o qual já havia sido ajustado pela variação esperada do IPCA.

Outra modificação de amplo alcance aprovada, mas pouco discutida no processo de aprovação superacelerado, já estabeleceu a futura revogação automática do teto de gastos, condicionada à aprovação de lei complementar a ser enviada pelo presidente da República ao Congresso instituindo regime fiscal sustentável que garanta a estabilidade macroeconômica do país e crie condições adequadas ao crescimento socioeconômico.

Tal dispositivo, na prática, substituiu sub-repticiamente o quórum de 60% dos membros de cada Casa do Congresso Nacional em duas votações separadas para a aprovação de emendas constitucionais pelo quórum de maioria absoluta para a aprovação de lei complementar, ou seja, 41 senadores e 257 deputados, em vez de 49 senadores e 308 deputados. Assim, antes mesmo de se conhecer o teor da proposta do novo regime fiscal, o poder de negociação e aprovação do Poder Executivo foi ampliado, com o governo precisando de menos votos para aprovar sua proposta, ainda inexistente. Na Câmara dos Deputados, emenda supressiva a esse dispositivo, apresentada pelo Partido Novo, foi derrotada.

Outro resultado negativo da revogação automática e sem discussão de conteúdo do teto de gastos foi a volta das vinculações setoriais de receita para a educação e a saúde, da qual a equipe econômica do novo governo agora se lamenta. A Câmara dos Deputados aprovou também aumento de 1,2% para 2% da receita corrente líquida do montante disponível para emendas parlamentares de execução obrigatória pelo

Executivo, montante este que poderia ser usado para as emendas do relator-geral do orçamento.

A desconstitucionalização do teto de gastos seria uma medida saudável se viesse acompanhada de uma desconstitucionalização mais geral das despesas públicas. A praxe adotada no Brasil por grupos de interesse tem sido incluir na Constituição um número excessivo de temas com o objetivo de dificultar sua futura alteração. Essa excessiva constitucionalização de temas tem sido bastante nefasta, servindo algumas vezes para perpetuar privilégios não justificados. Assim, a desconstitucionalização de diversos temas é, a princípio, um enfoque bem-vindo. O que preocupou no caso específico da desconstitucionalização do teto é a existência de proporção significativa das despesas obrigatórias da União que permaneceram constitucionalizadas.

Caso a desconstitucionalização da despesa pública fosse ampla, a desconstitucionalização da regra de despesa teria sido um movimento na direção correta. Entretanto, a manutenção da constitucionalização de despesas relevantes e a desconstitucionalização dos instrumentos de controle do crescimento da despesa foi uma decisão preocupante.

A experiência com o teto de gastos foi curta, porém positiva. Uma regra de despesa pode ser um poderoso indutor à revisão permanente de gastos de menor prioridade. Nossa experiência com o teto de gastos mostrou problemas, mas também apontou potencial positivo que pode ser aprimorado.

3. Propostas para substituir o teto de gastos

Técnicos da Secretaria do Tesouro Nacional apresentaram em 2022 proposta de regra para a taxa de crescimento real da despesa primária como única variável de controle. Tal taxa seria estabelecida para um período de dois anos à frente e variaria segundo o nível e a trajetória da Dívida Líquida do Governo Geral (DLGG). A meta de resultado primário seria mantida como mecanismo de incentivo para um bom desempenho fiscal, podendo permitir, em caso de resultados melhores do que o esperado, taxas de crescimento real da despesa mais elevadas, a depender do superávit alcançado, do nível e da trajetória da dívida pública. A proposta contemplava também a criação de gatilhos, para reduzir o ritmo de crescimento das despesas obrigatórias, e cláusulas de escape, por meio de créditos extraordinários.[14]

Segundo tal proposta, quanto maior for o nível da dívida, menor será a taxa de crescimento real da despesa primária. Da mesma forma, para qualquer nível de dívida, caso esta esteja em trajetória ascendente, o limite para crescimento real da despesa seria menor do que se a dívida estivesse em trajetória declinante. A proposta adota 55% do PIB como um nível desejável de Dívida Líquida do Governo Geral. Tal valor foi escolhido considerando-se que a dívida líquida mediana de países de renda média é de 42% do PIB e o percentil 75 é de 52% do PIB. A Dívida Líquida do Governo Geral no Brasil à época encontrava-se em 59% do PIB.

Tabela 2. Taxas de crescimento real da despesa permitidas pelo arcabouço conforme a evolução do endividamento e a bonificação pelo resultado primário

Cenário fiscal	Dívida em trajetória de crescimento (DLGG)			Dívida em trajetória de queda (DLGG)		
	Dívida acima de 55%	Dívida entre 45% e 55%	Dívida abaixo de 45%	Dívida acima de 55%	Dívida entre 45% e 55%	Dívida abaixo de 45%
Crescimento real da despesa	0,0%	0,5%	1,0%	0,5%	1,0%	2,0%

Fonte: "Reforma do arcabouço de regras fiscais: reforçando o limite de despesa e o planejamento fiscal", *Textos para Discussão*, nº 35, 2022.

---

14. *Reforma do arcabouço de regras fiscais: reforçando o limite de despesa e o planejamento fiscal*, *Textos para Discussão*, nº 35, 2022. Disponível em: <https://publicacoes.tesouro.gov.br/index.php/textos/issue/view/texto35>. Acesso em: 29 abr. 2024.

Caso a DLGG estivesse acima de 55% do PIB e a trajetória da dívida fosse de crescimento, a taxa de crescimento real da despesa primária sujeita ao teto seria de 0%. Caso a DLGG estivesse acima de 55% mas sua trajetória fosse de queda, a taxa real de crescimento da despesa primária seria de 0,5% ao ano. Quando a DLGG estiver no intervalo entre 45% e 55% do PIB, a taxa real de crescimento da despesa primária sujeita ao teto será de 0,5%, ainda que a DLGG esteja em trajetória de crescimento, ou de 1%, caso esteja em trajetória de queda. Se a DLGG estivesse abaixo de 45% do PIB e em trajetória de queda, a taxa real de crescimento da despesa primária sujeita ao teto seria de 2%.

Continuariam a ser excetuadas do teto de gastos as despesas já excluídas (transferências a estados e municípios, transferências para o Fundeb, aumentos de capital de estatais não dependentes, despesas com a realização de eleições) acrescidas da totalidade das despesas com precatórios judiciais e das despesas intraorçamentárias. Gatilhos automáticos seriam acionados sempre que as despesas primárias obrigatórias alcançassem 95% das despesas sujeitas ao teto. Na proposta orçamentária para 2023 tais despesas obrigatórias já alcançavam 93% das despesas sujeitas ao teto, restando apenas 7% para as despesas discricionárias. Tais gatilhos seriam: vedação de reajustes salariais aos servidores públicos, de criação de cargos e de realização de concursos; vedação de criação de novas despesas obrigatórias ou de reajuste de tais despesas acima da inflação; e vedação de concessão de novos subsídios e isenções tributárias.

Segundo estimativas dos autores, realizadas antes dos aumentos do teto aprovados pela Emenda Constitucional nº 32/2022, a proposta resultaria em aumentos reais de 0,5% do teto de gastos em 2023 e 2024. Os autores propuseram um aumento real discricionário de 2% para permitir alguma descompressão das despesas obrigatórias, sugestão que não mais se justifica, tendo em vista o aumento de 9,8% acima do IPCA do subteto do Executivo aprovado pela Emenda Constitucional nº 32/2022. Em 2026 e 2027, o modelo resultaria em crescimento real zero das despesas, seguido de aumentos reais da despesa de 0,5% em 2028 e 2029, que se elevariam para um aumento real de 1% ao ano a partir de 2030. A Dívida

Líquida do Governo Geral atingiria um pico de 63,7% do PIB em 2026 e só mostraria queda consistente a partir de 2030.

Dois dias após a promulgação da Emenda Constitucional nº 32/2022, a Secretaria de Política Econômica (SPE) do Ministério da Fazenda divulgou uma proposta de aprimoramento do teto de gastos.[15] Pela proposta, a variável-alvo seria a Dívida Bruta do Governo Geral (DBGG), no lugar da dívida líquida, como na proposta da STN, e as variáveis instrumento seriam a desmobilização de ativos e o crescimento do PIB. O objetivo seria acrescentar flexibilidade à regra do teto de gastos, permitindo um crescimento real *permanente*, porém inferior à taxa de crescimento do PIB. Foram propostas três faixas prudenciais para o nível da relação DBGG/PIB na operacionalização da proposta: DBGG inferior a 60% do PIB; DBGG entre 60% e 80% do PIB, que é a faixa em que o Brasil atualmente se encontra; e DBGG superior a 80% do PIB.

Quando a relação DBGG/PIB for inferior a 60% e o crescimento do PIB for x (x>1)%, o teto de gastos crescerá (x-1)%. Quando a relação DBGG/PIB estiver entre 60% e 80%, para que haja aumento do teto de gastos a taxa de crescimento do PIB terá que ser superior a x% (x>2)% e o teto crescerá em termos reais (x-2)%. Quando a relação DBGG/PIB for superior a 80%, não haverá crescimento real do teto de gastos. Em todos esses casos, o aumento de despesa seria direcionado em sua totalidade para elevar as despesas discricionárias. A proposta previa também um crescimento real temporário da regra do teto quando ocorressem recessões. Duas quedas trimestrais consecutivas do PIB permitiriam a ampliação do teto de gastos via crédito extraordinário pela média dessas quedas. Essa regra contracíclica funcionaria com qualquer nível da relação DBGG/PIB.

Além do crescimento do PIB, outras variáveis instrumento que permitiriam o crescimento *parcelado* e *temporário* do teto de gastos seriam a desmobilização de ativos, via privatizações ou concessões, ou

---

15. *Uma proposta de aprimoramento do teto de gastos*, SPE, Nota Informativa, 23 dez. 2022. Disponível em: <https://www.gov.br/economia/pt-br/assuntos/noticias/2022/dezembro/spe-publica-a-nota-informativa-2018-uma-proposta-de-aprimoramento-do-teto-de-gastos2019>. Acesso em: 29 abr. 2024.

reformas fiscais estruturais que resultassem em redução de despesas. Segundo a proposta, 50% dos recursos oriundos desses eventos seriam utilizados imediatamente para a redução da dívida bruta. Num segundo momento, não especificado na proposta, 25% dos recursos gerados seriam usados ao longo de vários anos para investimentos em infraestrutura. Outros 25% seriam gastos em programas sociais, como transferência de renda.

Simulações realizadas usando-se um modelo macrofiscal de pequeno porte da SPE e os parâmetros do Relatório de Projeções Fiscais de dezembro de 2022 da mesma SPE indicariam que, no cenário básico, a relação DBGG/PIB seria de 78,7% do PIB em 2030, comparado com 76,2% do PIB caso fosse mantida a regra do teto de gastos vigente antes da Emenda nº 32/2022. As despesas discricionárias se elevariam de 5% com a regra do teto pré-emenda nº 32/2022 para 14% das despesas totais em 2030, e as despesas primárias sujeitas ao teto seriam equivalentes a 16,8% do PIB, em comparação com 14,1%, caso a regra do teto pré-emenda fosse mantida. No cenário-base, a taxa de crescimento médio do PIB seria de 2,4% no período 2022-2030.

Além do cenário-base, foram simulados dois cenários de crise. Num cenário de crise branda, no qual a taxa de crescimento do PIB cairia -0,5% em 2025, recuperando-se lentamente a partir daí, a taxa média de crescimento do PIB no período 2022-2030 seria de 1,3% do PIB. Nesse cenário, a relação DBGG/PIB em 2030 alcançaria 85,6% do PIB. Num cenário de crise forte, no qual o PIB cairia -4% em 2025 e -1% em 2026, a taxa média de crescimento do PIB seria de 0,9% no período 2022-2030. Nesse caso, a DBGG/PIB se elevaria a 91,7%.

Na proposta da SPE, 25% da desmobilização de ativos seria usada para custear programas de transferência de renda. Entretanto, trata-se de uso de receita não recorrente para financiar programas que tendem a ser permanentes e a proposta da SPE não especifica como tais gastos seriam financiados, uma vez exauridos os recursos não recorrentes oriundos da desmobilização.

4. O arcabouço fiscal

O arcabouço fiscal proposto pelo governo Lula é uma tentativa de ajuste fiscal pelo lado da receita, como prometido pelo PT durante a campanha eleitoral. Estabelece que a despesa primária não aumente mais do que 70% do crescimento da receita tributária realizada nos 12 meses até junho do ano anterior, com um piso de crescimento real mínimo para a despesa de 0,6% e um teto de crescimento máximo de 2,5%. Caso o limite de 70% não seja respeitado, no ano seguinte o crescimento da despesa primária não poderá superar 50% do crescimento da receita tributária.

Quando o superávit primário de qualquer ano superar em mais de 0,25% do PIB a meta para o ano, o excedente poderá ser usado para custear investimentos públicos, que também têm um piso anual de gasto de R$ 75 bilhões, independentemente do desempenho da receita ou do superávit primário. Em caráter excepcional, a Lei do Arcabouço Fiscal (Lei Complementar nº 200/2023) autorizou para 2024 que o crescimento real da despesa ocorra segundo o limite máximo permitido para o crescimento da despesa, de 2,5% em termos reais, ainda que a receita cresça menos do que isso.

Foram também anunciadas metas de resultado primário do Governo Central equilibrado em 2024, e de superávits primários de 0,5% do PIB em 2025, e 1% do PIB, com uma faixa de tolerância em torno dessas metas de + ou − 0,25% do PIB. Tais metas só estabilizariam a dívida bruta com uma combinação de crescimento do PIB entre 2% e 2,5% e uma taxa real de juros neutra entre 3,5% e 4% ao ano.

O arcabouço fiscal exige, para funcionar, forte e continuado crescimento da receita, que, todavia, tende a oscilar ao longo do tempo. Além disso, como 93% da despesa é de caráter obrigatório, qualquer dessas despesas obrigatórias, uma vez aumentada em algum ano, não pode ser reduzida.

Esse é o caso, por exemplo, das despesas com educação e saúde, que voltaram a ser indexadas a receitas tributárias. Segundo dispositivos constitucionais repristinados com o fim do teto de gastos, as despesas com educação crescerão na proporção de 18% da receita líquida de impostos, e as despesas com saúde na proporção de 15% da receita líquida de impostos e contribuições.

O governo Lula restaurou sua política de aumentos reais do salário mínimo. A indexação constitucional da pensão mínima ao salário mínimo faz com que tais despesas tenham o mesmo crescimento real do salário mínimo.

Apesar dessas fragilidades, o arcabouço fiscal recebeu dos mercados financeiros o benefício da dúvida. Contudo, sua credibilidade não tardou a ser afetada. Despesas meritórias quanto à sua substância, mas feitas de forma criativa para não reduzir o espaço fiscal, afetaram a credibilidade do arcabouço. Foi o caso, por exemplo, do programa de poupança vinculada para estimular alunos pobres a concluir o Ensino Médio, o qual foi feito como fundo privado, fora do orçamento e administrado pela Caixa Econômica Federal, não consumindo espaço fiscal no limite de crescimento de despesas.

Outro exemplo foi a antecipação para 2023 do pagamento de precatórios alimentícios vincendos em 2024, o qual foi realizado por crédito extraordinário, que é reservado para despesas imprevistas e urgentes, o que certamente não é o caso das despesas com precatórios previsíveis. A estimativa é de que esse pagamento antecipado tenha aberto um espaço fiscal de R$ 44 bilhões para novas despesas primárias em 2024.

O modesto contingenciamento de despesas de R$ 2,9 bilhões no primeiro bimestre de 2024, e principalmente as mudanças das metas de superávit fiscal de 0,5% do PIB para 0% em 2025, e de 1% do PIB para 0,25% do PIB em 2026, foram percebidos como indicação de que não haverá ajuste fiscal ao longo do atual mandato presidencial.

Conclusão

O debate sobre a formulação de regras fiscais continua oportuno no Brasil. Boas regras fiscais devem procurar atender a alguns princípios enfatizados na literatura sobre o assunto, tais como simplicidade, efetiva aplicabilidade, credibilidade, transparência, compatibilidade com as demais regras, as instituições fiscais e a situação do país, e flexibilidade para enfrentar as circunstâncias de difícil previsibilidade. Para facilitar a sua efetividade e aplicabilidade, a regra fiscal deve basear-se em variáveis mais diretamente sob o controle do governo, que são a despesa e a receita públicas e o resultado primário delas decorrente.

O nível e a trajetória da dívida pública, embora estejam sob algum controle do governo apenas no médio e no longo prazos, são também variáveis relevantes a serem consideradas na formulação de regras fiscais, tendo em vista os elevados custos econômicos e sociais associados a crises de dívida pública. Os usuais limites ao endividamento bruto ou líquido como proporções do PIB devem servir como referências para orientar a política fiscal, mas precisam ser usados cuidadosamente para que se evitem possíveis interferências nas políticas monetária e cambial, que, eventualmente, podem acabar prejudicando a estabilidade macroeconômica e provocando aumento da dívida.

Existem outras variáveis essenciais para a sustentabilidade fiscal, como a taxa de crescimento do PIB e a taxa real de juros de equilíbrio da economia, que precisam ser implícita e permanentemente consideradas. Porém, escapam ao controle e à influência diretas do governo, sendo, assim, difícil utilizá-las como variáveis instrumento.

A experiência fiscal brasileira desde meados dos anos 1990 teve como principal instrumento de controle o resultado primário, que é uma variável diretamente sob o controle governamental. A partir da Lei de Responsabilidade Fiscal, em 2000, a apresentação de meta para o resultado primário passou a ser mandatória, tendo sido estabelecidas sanções ao seu descumprimento. No período 2000-2013, o superávit primário anual médio alcançou 2% do PIB. Apesar de ser necessária para o controle das finanças públicas e de ter apresentado resultados positivos por mais de uma década, a meta de resultado primário foi alterada 12 vezes nos 22 anos de vigência da LRF, e se mostrou também insuficiente para, isoladamente, evitar o aumento continuado da dívida pública a partir de 2014. Houve, no período, uma elevação da carga tributária, continuando a ocorrer crescimento da despesa primária mais rapidamente do que o crescimento do PIB.

Outro inconveniente do resultado primário como principal regra fiscal é seu caráter procíclico: permite ao governo elevar os gastos em períodos de expansão da economia, quando a receita tende a crescer, e induz a redução de gastos em períodos de contração da atividade econômica e, consequentemente, da receita tributária. Esse problema é agravado quando os gastos elevados nas fases de expansão da economia são de caráter permanente, como aconteceu no Brasil.

Outra característica operacional desfavorável do uso apenas do superávit primário como principal variável instrumental foi induzir a postergação da liberação de recursos para o final do exercício orçamentário a fim de assegurar o seu cumprimento, o que, entretanto, contribuiu para a má qualidade do gasto e prejudicou, em especial, as despesas de investimento. Apesar desses percalços, a meta de resultado primário continua sendo um instrumento relevante no Brasil e é usada pela maioria dos países, mesmo aqueles que também adotam, paralelamente, regra para a despesa.

Vários países procuram eliminar a prociclicalidade mirando um equilíbrio fiscal estrutural, isto é, eliminando os fatores não recorrentes tanto da receita quanto das despesas e adotando como regra o chamado "resultado primário estrutural". Nesse sentido, são utilizados métodos estatísticos para identificar tendências subjacentes às séries temporais pertinentes para o resultado primário. Embora teoricamente superior, tal sistemática requer a formulação de hipóteses sobre variáveis não observáveis – como o PIB potencial e a taxa de juros de equilíbrio –, e por isso perde em clareza, simplicidade, facilidade de monitoramento e credibilidade.

No Brasil, a Secretaria de Política Econômica do Ministério da Fazenda já realiza e publica estimativas do resultado primário estrutural. Trata-se de informação útil para orientar discussões e decisões. Não obstante, para atender aos critérios de simplicidade e credibilidade, parece mais adequado, no caso brasileiro, que o estabelecimento dos valores para as regras fiscais se baseie em dados observáveis já realizados, sem adoção de ajustes estruturais.

Nas últimas três décadas, o regime fiscal brasileiro tem evoluído na direção correta, mas com velocidade e intensidade insuficientes para assegurar estabilidade fiscal. A Constituição de 1988 estabeleceu várias *regras fiscais procedimentais*, como a "regra de ouro" e outras regras de procedimento para a tributação, a elaboração e a execução do orçamento que, entretanto, se revelaram insuficientes para assegurar a estabilidade fiscal. O descontrole fiscal trouxe a hiperinflação e o excesso de endividamento, os quais, num cenário externo adverso, levaram à crise da dívida externa na década de 1980. O confisco temporário dos ativos financeiros domésticos pelo Plano Collor, uma resposta desesperada e errada ao surto inflacionário, reduziu fortemente a dívida interna, mas abalou a confiança dos poupadores, ocasionando taxas de juros mais elevadas, que ainda persistem, sem equacionar o problema fiscal que até hoje nos persegue.

A partir de meados da década de 1990, na preparação para o Plano Real, a política fiscal do governo passou a buscar resultados primários positivos, enfrentando o descontrole das finanças subnacionais e perseguindo superávits primários em nível federal – políticas que foram mantidas por duas décadas. A Lei de Responsabilidade Fiscal institucionalizou a prática de metas para o resultado primário como uma política de Estado, adotando uma *regra fiscal numérica*. Foram adotadas também iniciativas de desvinculação parcial de receitas tributárias, como o Fundo Social de Emergência, e, temporariamente, fortaleceu-se o regime de câmbio fixo para auxiliar na redução da inflação.

Dúvidas sobre a manutenção do regime de câmbio fixo, potencializadas num período pré-eleitoral por eventos externos adversos, como a crise asiática e a russa, levaram à crise cambial de 1998-1999, que requereu financiamento pelo FMI para ser superada. A continuidade da política de gerar superávits primários expressivos, somada à desdolarização da dívida interna e à decisão de acumular reservas internacionais sabiamente adotadas no primeiro governo Lula, propiciaram, num cenário externo bastante favorável, forte redução da relação dívida pública/PIB. Tais medidas nos permitiram enfrentar com menores custos a crise financeira internacional de 2007-2009 e praticar, acertadamente, uma política macroeconômica anticíclica.

Entretanto, o cenário externo desfavorável pós-crise persistiu por alguns anos e a política anticíclica foi prolongada além do que seria prudentemente recomendável, sendo também implementadas ideias malsucedidas de se usar investimento público, subsídios e intervenção estatais para acelerar a taxa de crescimento do PIB. Tais políticas abalaram a confiança de investidores privados e desembocaram na profunda recessão de 2014-2015. Foi nessa situação que se adotou o teto de gastos, experiência positiva, mas incompleta, abortada pela pandemia e por considerações eleitorais, já comentadas em detalhes.

Com a ausência de uma regra de despesa durante todo o período 1994-2010, o equilíbrio fiscal foi obtido aumentando-se a carga tributária, que se tornou excessivamente elevada para nosso nível de renda *per capita*, em comparação com outros países de renda média. Subsidiariamente, continuaram a ser realizadas tentativas de controle de despesas cada vez mais focadas na redução das despesas de custeio da máquina pública, sobretudo das despesas de investimento, dadas as dificuldades de se alterarem as chamadas despesas obrigatórias estabelecidas no arcabouço constitucional vigente.

A saída foi aumentar a tributação. Em vários momentos foi necessário lançar mão de tributos muito distorcivos, como a tributação sobre a movimentação financeira. Acabamos criando um sistema tributário complexo, disfuncional e prejudicial ao investimento e à atividade produtiva privados. A recusa do Congresso a prorrogar o tributo sobre movimentação financeira sinalizou o desconforto com a política de elevação contínua da carga tributária. Paralelamente, começaram a ser discutidas ideias acerca de uma reforma dos tributos indiretos que eliminasse distorções e reduzisse a burocracia e os custos de cumprimento, mantendo-se, porém, a carga tributária total, tema que finalmente avançou no atual governo e representou grande progresso.

A Constituição de 1988 elevou bastante os gastos sociais, mas não o suficiente para reduzir a pobreza e a desigualdade de oportunidades que persistem em nosso país. Precisamos gastar mais com o nosso sistema nacional de saúde, erroneamente chamado de único na Constituição, e mantê-lo completamente gratuito apenas para os brasileiros com renda abaixo de um determinado patamar, por exemplo, a renda *per capita* ou o salário médio. O sistema nacional de saúde também precisa ser gratuito para todos os brasileiros nos casos de doenças infeciosas transmissíveis e de acidentes. No entanto, deveríamos considerar cobrar dos mais ricos (ou de seus seguradores) que usarem o sistema nacional de saúde para procedimentos complexos e não urgentes.

Precisamos manter e tornar mais eficazes programas de renda mínima para os brasileiros pobres, como o Bolsa Família, cujos valores já foram recente e substancialmente aumentados. É necessário, ao mesmo tempo que tais gastos são mantidos, adotar estratégias que intensifiquem sua eficácia e corrijam erros de desenho que vêm estimulando uma proliferação de famílias unipessoais. É preciso também adotar práticas que estimulem os beneficiários a procurar se libertar da pobreza, mantendo-se os benefícios quando da obtenção de trabalho remunerado até determinado patamar de renda e criando-se políticas de treinamento, apoio e financiamento que estimulem a superação produtiva da pobreza.

Precisamos gastar mais para melhorar muitíssimo a qualidade da educação pública, principalmente no Ensino Fundamental e no Ensino Médio, o que vai requerer programas e estímulos para treinar e tornar os professores melhores, mais participativos e eficientes. Precisamos gastar muito mais com as crianças de famílias pobres na primeira infância, estágio em que começam desigualdades de oportunidades que são muito difíceis ou até mesmo impossíveis de corrigir mais tarde. Precisamos continuar a garantir o valor real das aposentadorias para todos os que perderam a capacidade laboral, por idade ou doença, e um benefício mínimo não contributivo para os idosos pobres, como já existe.

É justo que o salário mínimo seja elevado além da inflação, pois os trabalhadores contribuem para o aumento do produto nacional. Todavia, a taxa de aumento real do salário mínimo não deve superar sistematicamente a taxa de aumento da produtividade para não afetar a estabilidade macroeconômica e o crescimento. Se quisermos continuar estendendo o aumento real do salário mínimo também aos aposentados que não mais trabalham e, portanto, não mais contribuem para o aumento da produtividade ou o crescimento do PIB, cálculos serão necessários para evitar que o aumento real do salário mínimo para todos que o recebem

– trabalhadores e inativos de baixa renda – supere o aumento da produtividade do trabalho.

Precisamos gastar mais com investimentos públicos em infraestrutura e em pesquisas científicas e tecnológicas, atividades que podem elevar a produtividade e o crescimento econômico naquelas áreas que o setor privado não consegue financiar adequadamente.

É possível estabelecer limites para o gasto público total e, ao mesmo tempo, ampliar os gastos sociais e os gastos públicos ligados ao aumento da produtividade e do crescimento, como sugerido anteriormente. É possível fazer isso criando-se uma regra de despesa para que as despesas primárias cresçam a uma taxa inferior à taxa de crescimento do PIB e cortando-se gastos que não tenham impacto comprovado significativo, seja na aceleração do crescimento, seja na redução das desigualdades de oportunidades e da pobreza.

Um exemplo que vem à mente são os subsídios e os gastos tributários que somam mais de 4,5% do PIB. Os recursos concedidos em subsídios tributários deveriam ser paulatinamente reduzidos e redirecionados para ampliar o gasto social e os dispêndios em ciência, tecnologia e investimento público. Por exemplo, o Simples poderia continuar sendo simples, sem ser menos tributos. O sistema atual beneficia profissionais liberais com renda bem superior à renda *per capita*.

O funcionalismo público goza de estabilidade de emprego generalizada e remuneração muito superior aos empregos privados equivalentes, principalmente nos níveis iniciais das carreiras públicas, com tais problemas sendo mais agudos nos Poderes Legislativo e Judiciário e em alguns órgãos do Poder Executivo. Tais circunstâncias deveriam ser reexaminadas, ainda que apenas para novos entrantes no serviço público.

Há diversos outros exemplos de subsídios tributários e gastos ineficientes, como nas estatais dependentes, que deveriam ser reexaminados e poderiam abrir espaço para gastos sociais e/ou investimentos que estimulem o crescimento econômico.

Existem quatro instrumentos para se tentar manter a estabilidade fiscal: inflação, dívida, receita tributária e despesa pública. Felizmente, a nossa população não aceita mais o uso da inflação, votando contra governos associados ao descontrole dos preços. E os políticos e governantes já perceberam isso. Tomar empréstimos com prudência é um instrumento que pode e precisa continuar a ser usado, mas também nesse caso há temor e indícios de que já estamos arriscadamente próximos do limite de endividamento prudente. Ainda que ninguém saiba com precisão qual é esse limite, deveríamos procurar reduzir a dívida pública como proporção do PIB, com a trajetória ascendente da dívida pública sendo interrompida e estabilizada em níveis mais prudentes.

Casos específicos de aumento da tributação podem gerar simultaneamente mais recursos e melhor justiça social e devem ser considerados, mas, sozinhos, não conseguirão resolver o nosso problema fiscal. Por isso, uma regra que mantenha a taxa de crescimento das despesas primárias abaixo da taxa de crescimento do PIB e ações para reduzir e realocar gastos públicos precisam ser consideradas.

Como a própria vida, tudo na vida tem um limite, inclusive o gasto público! Não sabemos precisamente qual é o limite, mas sabemos que existe um limite. É sempre melhor reconhecer antecipadamente e respeitar os limites prudenciais, sobretudo quando as consequências de ultrapassá-los podem ser nefastas.

11. Guardia e a difícil reconstrução da responsabilidade fiscal

Arminio Fraga[1]

Conheci Eduardo Guardia no início de 1999, logo que assumi a presidência do Banco Central do Brasil (BCB), em momento de crise. Lembro-me do que, creio, foi o nosso primeiro encontro, em reunião entre alguns integrantes do BCB e do Ministério da Fazenda. Por alguma razão que agora me escapa, a discussão esquentou, algo que ao longo dos quase quatro anos em que trabalhamos juntos muito raramente aconteceu. Atacado em função de algo que disse, Guardia (depois passamos a chamá-lo de Edu) tirou de letra. Pacientemente foi argumentando com lógica impecável o seu ponto de vista e, ao final, todos saíram satisfeitos com o que ficou combinado e seguros de que, com Edu, teríamos um parceiro competente, confiável, sereno e firme. Dali não viriam bolas nas costas nem gols contra.

Mais adiante, na Secretaria do Tesouro, em 2002, enfrentando uma

---

1. Economista, ex-presidente do Banco Central do Brasil e sócio da Gávea Investimentos.

terrível crise de confiança em relação àquele que, eleito, seria o primeiro presidente do Partido dos Trabalhadores (PT), Edu mais uma vez mostrou suas qualidades sob inacreditável pressão. Àquela altura, lidávamos com um violento colapso na demanda por títulos públicos, o que nos forçava a pensar nos piores cenários. A memória aqui no Brasil é curta, mas aqueles que, como nós, temiam um final tenebroso jamais se esquecerão do pavor que sentimos. A demanda por títulos públicos denominados em nossa própria moeda não passava de dezembro. O final inimaginável já se esboçava com a meteórica alta do dólar, prova de que a saúde da moeda de um país não é um dado, depende da credibilidade de seu governo e de suas contas. Naquele calor infernal, o Tesouro, nas hábeis mãos de Edu, comprou tempo e, assim, permitiu que o presidente eleito e seu competente futuro ministro da Fazenda deixassem claro que não pretendiam destruir a moeda nacional, evento que traria custos incalculáveis para a nação, sobretudo para os mais pobres, a grande maioria.

Outros neste livro darão mais detalhes sobre a notável e longa passagem de Edu pelo setor público. No setor privado, seu trajeto foi igualmente bem-sucedido. Ele esteve em três instituições que atuam em áreas diferentes do setor financeiro. A primeira foi a gestora de patrimônio Pragma, paradigma de competência e campeã da boa governança, uma primeira experiência privada ideal para alguém com o perfil dele. Mais adiante, Edu assumiu a Diretoria Financeira da então BM&FBovespa num período em que presidi o Conselho de Administração da empresa. Como todos sabemos, a B3, além de fascinante e complexa, tem um papel de vitrine do Brasil e de espaço em que empresas brasileiras podem levantar capital para investir e dinamizar a economia. Edu, como sempre, brilhou em sua missão e foi brindado com uma segunda e importante tarefa: a de lidar com todas as relações comerciais e institucionais da empresa, o que fez com o nada surpreendente brilhantismo de sempre. Finalmente, após o que seria o fim de sua derradeira passagem pública como ministro da Fazenda, juntou-se a uma das mais dinâmicas instituições financeiras do país, a BTG Pactual, na qual assumiu a liderança da área de gestão de recursos, um *fit* ideal para ele. E, claro, Edu saiu-se excepcionalmente bem.

Durante boa parte do percurso de nossas vidas profissionais, Edu e eu mantivemos contato e partilhamos ideias e sonhos, onde sua vocação para o bem público sempre ocupou espaço privilegiado. Nos idos de 2014 tínhamos planos de voltar juntos para o governo em caso de vitória de Aécio Neves, mas isso não aconteceu.

Foi no BTG que Edu recebeu a triste notícia de que a sorte lhe faltara. Acompanhei não muito de perto a sua reta final, mas perto o suficiente para saber que a sua foi um exemplo de dignidade e coragem. Ele passava aos amigos, como eu, a sensação de que não queria nos incomodar, vê se pode. Praticamente não tive contato, ao longo dos anos, com Lu, a esposa de toda a vida. O que sei dela veio pelos olhos e pelas palavras de Edu, que claramente viveu plenamente o seu profundo amor por ela.

A seguir, abordarei alguns aspectos e desafios da área fiscal no Brasil. Para tanto, aproveitarei sete colunas entre as que publiquei na *Folha de S.Paulo* de janeiro de 2020 a novembro de 2022. Mantive os títulos, que organizam o assunto, espero.[2] A influência de Edu será óbvia para quem acompanhou minimamente a sua trajetória.

Austeridade: problema ou solução? (26 ago. 2020)

No mundo da economia, a palavra "austeridade" tem sido usada para caracterizar cortes de gastos do governo e aumento de impostos, em geral durante momentos de crise, com custos sociais e políticos elevados. Seria uma espécie de austeridade emergencial. Não surpreende, portanto, que desde a Grande Crise de 2008-2009 o termo tenha adquirido o status quase de palavrão.

As críticas à austeridade têm inspiração keynesiana. Sua origem histórica vem do entendimento de que a manutenção da disciplina fiscal no início da década de 1930 foi um grave erro, pois transformou uma recessão na Grande Depressão. Posto de outra forma, a cautela com o

---

[2]. As colunas estão reproduzidas aqui em sua forma original, salvo pequenos cortes e duas correções que não alteram o sentido dos textos.

gasto durante um momento de incerteza, algo razoável para pessoas e empresas individualmente, provocou uma espiral coletiva recessiva que foi agravada pela obsessão com o equilíbrio fiscal do governo americano. A inovação de Keynes foi propor que o governo gastasse mais, de forma a compensar a queda na demanda privada e assim estancar a espiral.

Cientes dessa lição, nas grandes crises recentes (americana em 2008-2009 e europeia em 2011-2012) muitos países responderam com políticas econômicas expansionistas, tanto monetárias quanto fiscais. Evitou-se assim uma nova depressão, que parecia provável dadas as imensas fragilidades financeiras de então, maiores do que as da década de 1930. A expansão fiscal (e creditícia) chinesa em 2009 certamente foi a mais espetacular da História, assim como foram as inimagináveis taxas de juros em torno de zero praticadas pelo FED e pelo Banco Central Europeu.

Mas nem todos puderam fazer o mesmo. Na crise, países já muito endividados ou financeiramente vulneráveis perderam acesso ao mercado de crédito e acabaram tendo que fazer cortes em gastos e aumentos em impostos justamente quando menos podiam. Nessa situação se viram Grécia, Portugal e Irlanda. Espanha e Itália menos, mas foram afetadas. Todos haviam se endividado a taxas baixas durante a eufórica fase inicial do euro, sobretudo a Grécia, que tomou um verdadeiro porre. Não foram, portanto, vítimas apenas de um choque externo. A austeridade emergencial só não foi maior porque esses países contaram com empréstimos do FMI e (indiretamente) do Banco Central Europeu, que fez merecida fama dizendo que "faria o que fosse necessário" para evitar o colapso do euro.

Nós, aqui no Brasil, conhecemos bem essa situação. Em várias épocas de liquidez internacional abundante acumulávamos dívidas em moeda estrangeira. Em algum momento a liquidez inevitavelmente secava e/ou as contas externas pioravam, e a crise cambial se instalava. Para evitar a moratória e suavizar os ajustes necessários, se apelava para empréstimos do FMI. Mesmo com apoio externo, ainda se fazia necessário algum aperto fiscal e monetário de emergência, feito sem planejamento e justamente quando a sociedade estava mais vulnerável.

Tipicamente nesses momentos o FMI levava a culpa pela austeridade emergencial, percebida como uma imposição. Mas, na verdade, sem o financiamento do FMI o aperto teria sido maior ou, se insuportável, levaria a uma moratória. Em ambos os casos o dano social teria sido ainda maior.

No Brasil, a partir de 2014, a crise foi interna: houve um enorme colapso de disciplina fiscal. A decorrente perda de confiança empurrou a economia em profunda recessão. Não foi possível evitar a austeridade emergencial. Ainda estamos nessa fase, mas repito: o mal já tinha sido feito. Sem o início do ajuste fiscal, teria sido bem pior.

Claramente as crises que levam à austeridade emergencial devem ser evitadas. Como? Segundo o dicionário Houaiss, "austero" significa severo, equilibrado, moderado, simples, que exibe autocontrole, parcimônia. Cabe em épocas tranquilas praticar de forma rotineira a austeridade do dicionário. Ou seja, conduzir a economia de forma a evitar grandes desequilíbrios e fragilidades, notadamente os de natureza social, orçamentária, bancária e cambial. Vale aqui uma analogia médica: quem segue hábitos saudáveis vive bem e aguenta melhor a doença quando ela aparece.

Fim do teto: não se, mas como (29 ago. 2020)

A Emenda Constitucional nº 95, de dezembro de 2016, instituiu o teto de gastos públicos, que congelou em termos reais os gastos do governo federal. O teto sinalizou um bem-vindo entendimento quanto à necessidade de se lidar com o crescimento ininterrupto dos gastos a partir dos anos 1990. Foi parte de uma guinada na gestão macroeconômica do país em resposta ao colapso fiscal que ocorreu a partir de 2014. A partir da guinada, as taxas de juros entraram em trajetória de queda, chegando aos inéditos níveis que prevalecem hoje.

Parecia claro desde o primeiro momento que a manutenção do teto por mais do que alguns anos seria difícil sem que se encarasse de frente a absoluta rigidez dos gastos obrigatórios. Um exemplo pode ajudar aqui. Sob as regras da EC nº 95, se o PIB crescesse a 2,5% por dez anos, o gasto federal cairia de 19% para 15% do PIB. Se todos os gastos públicos ficassem congelados, em termos reais, teríamos uma queda de 35% para 27%. Não faz muito sentido.

Havia esperança de que reformas mais profundas ocorreriam, o que permitiria em algum momento uma flexibilização do teto sem grandes estresses. Mas não foi o caso. Algo se fez, como a reforma da Previdência aprovada no ano passado [2019], mas não foi suficiente: o espaço para cortes nos gastos correntes discricionários praticamente se esgotou e o investimento público está próximo de zero, o que é política e economicamente insustentável.

Não surpreende, portanto, que um exame mais detalhado dos fatos sugira que não se exagere o impacto causal do teto sobre as taxas de juros: a Selic (a taxa de curto prazo fixada pelo BCB) está em 2% e a taxa dos títulos do Tesouro de dez anos, em torno de 7,5%. Ambas caíram bastante desde 2016. Parece razoável atribuir parte relevante da queda na Selic à enorme recessão que nos assola há sete anos. As taxas de longo prazo embutidas na curva de juros estão em torno de 9%. Ou seja, o prêmio de risco segue elevado, espelhando juros reais acima de 4% e ainda algum medo de inflação. E isso num período em que as taxas de juros equivalentes para as economias avançadas caíram em cerca de 1,5 p.p.

Conclusão: o futuro macroeconômico do país ainda está longe de ser confiável. Quem vai investir em um país com indicadores tão incertos? O que fazer então com o teto?

Há quem acredite que um caminho seria abandonar o teto e seguir gastando e acumulando dívida (presume-se que por mais algum tempo). Alguns cogitam prorrogar o orçamento de guerra. Outros entendem que, no limite, seria possível reduzir a taxa de juros de curto prazo a zero (se a inflação permitir) e encurtar ainda mais o perfil de vencimento da dívida (na prática, "emitir moeda"). Acreditam também que haveria espaço para abrir novas frentes de investimento público e privado de boa qualidade. Essa opção conta com o atraente apelo de dispensar a definição de prioridades, bem como parece não impor custos.

Seria bom, mas não para de pé. Falta combinar com os russos. Não há confiança na capacidade do governo de executar bons investimentos.

Tampouco há confiança interna e externa para financiar tal caminho. E não sem razão. Nas atuais condições, nem se fala. Seria mais crise, na certa. Já vimos esse filme. O Brasil não é uma economia avançada. Os reais problemas seguiriam intocados.

Restam então duas alternativas: defender a ferro e fogo o teto ou buscar uma saída mais equilibrada. Não creio que a defesa pura e simples do teto seja uma solução viável por muito mais tempo, pelas razões que expus acima. Melhor planejar o quanto antes uma saída organizada e crível. A operação é muito delicada. Flexibilizar o teto sem uma nova âncora traria consequências dramáticas.

O quadro geral é bastante complexo. O país apresenta déficits primários há sete anos. O Ministério da Economia sinaliza compromisso com o teto. O presidente da República, pensando na reeleição, aposta suas fichas políticas no Renda Brasil e se opõe a cortes em outros benefícios e aumentos de impostos. A PEC Emergencial, que compraria algum tempo para o teto, não parece contar com o apoio do Executivo, pela mesma razão. Claramente a conta não fecha. O que fazer?

Tenho defendido uma estratégia de ajuste estrutural que começou com as reformas do BNDES e da Previdência (3 p.p. do PIB) e que, ao longo de dez anos, liberaria recursos crescentes que poderiam chegar a mais 8 p.p. do PIB no décimo ano. Perdoem-me a repetição, mas não vejo saída para o Brasil que não passe por alguma redução simultânea do nível e das distorções de uma parcela relevante do gasto público.

A economia viria da eliminação de subsídios e brechas tributárias regressivas, de ajustes na folha de pagamentos do setor público e de mais ajustes na Previdência. Boa parte dos recursos ficaria livre para gastos e investimentos em áreas de alto retorno social, como saúde, assistência social, pesquisa básica, educação e infraestrutura, sempre que possível alavancados por capital privado. Ficaria livre também para reduzir a carga tributária.

Seria fundamental que a economia com o funcionalismo fosse obtida através de uma reforma de Recursos Humanos do Estado que promovesse um salto na qualidade nos serviços públicos, seu principal objetivo e importante alavanca para o desenvolvimento. O *lobby* do funcionalismo se opõe, mas espera-se que o entendimento de que há muito privilégio e desperdício a eliminar acabará prevalecendo. O Brasil é um ponto fora da curva global no que tange ao peso do funcionalismo no gasto público. É prerrogativa do Executivo federal encaminhar ao Congresso uma proposta, mas aqui também a reeleição parece atrapalhar.

Parte do resultado da estratégia descrita acima se destinaria à obtenção de um superávit primário capaz de viabilizar uma queda gradual do endividamento público, hoje elevado pelas barbeiragens, emergências e recessões dos últimos sete anos. O ajuste do primário deveria ser gradual, atingindo cerca de 3 p.p. do PIB em três anos. Notem que o espaço de manobra seria limitado. No curto prazo haveria um (pequeno) aumento real no gasto público e um aumento da carga tributária. Com o correr dos anos, à medida que as reformas mostrassem resultado, seria possível aumentar os gastos em termos reais, mas reduzi-los como proporção do PIB. O mesmo vale para a carga. Seria uma decisão política.

Como o único caminho que enxergo é gradual e a nossa credibilidade, baixa, me parece de todo essencial que se aprove o quanto antes uma versão da PEC Emergencial que ofereça ao governo as ferramentas necessárias para se desenhar e executar um orçamento plurianual crível. Esse orçamento deveria indicar com clareza as metas mencionadas acima para o gasto público e o superávit primário. Só assim seria possível uma flexibilização segura do teto.

A bem-vinda discussão em curso sobre uma renda básica universal, que ampliaria e consolidaria os programas de assistência social existentes, teria que, obrigatoriamente, acontecer no bojo desse orçamento plurianual. Um igualmente desejável reforço do SUS teria que fazer parte do processo, disputando espaço com outras prioridades. A discussão de temas isolados é má prática econômica e política.

O tempo é curto e o espaço de manobra, ainda menor. Mas ainda temos a oportunidade de reduzir privilégios, buscar a saúde fiscal do Estado e perseguir um crescimento inclusivo. Isso requer metas claras e factíveis e um plano integrado, como esboçado aqui. Requer também liderança política com visão de longo prazo.

Sobre o tamanho e as prioridades do Estado (25 nov. 2021)

Em Aula Magna proferida em janeiro no encontro anual da Associação Americana de Economia (e publicada em periódico), o professor Emmanuel Saez (UC Berkeley) apresentou, graficamente, a evolução a partir de 1870 da carga tributária para alguns países da Europa e para os Estados Unidos. Apresentou também, para um agrupamento de países da Europa, uma decomposição do gasto público por categoria, ambos como porcentagem do PIB e extraídos do livro *Ideologia e capital*, de Thomas Piketty.

Os dados apresentados consolidam os gastos do Estado como um todo, ou seja, incluem os três Poderes e os governos Central, estaduais e municipais. Na Europa, até o início do século XX, as receitas tributárias não chegavam a 10% do PIB e bancavam o que Piketty denomina de Estado "real" – no sentido de realeza ou soberano. Os gastos desse Estado "mínimo" incluíam itens administrativos, lei e ordem, defesa e infraestrutura. Não cobriam gastos sociais, sendo, portanto, um Estado pequeno.

No início do século XX, os gastos públicos começaram a crescer, e com eles a carga tributária. Foi o nascimento do Estado Social, ou do Bem-Estar Social. Por volta de 1970, o gasto público médio na Europa subira para algo em torno de 45% do PIB, sendo de 40% no Reino Unido e mais do que 50% na Suécia e na França. Interessante notar que nos Estados Unidos esse número ficou em torno de 30%. Desde então essas porcentagens pouco mudaram.

Nas palavras de Saez: "O crescimento do governo no século XX é quase totalmente explicado pelo crescimento do Estado Social, que provê educação, apoio ao cuidado com as crianças, saúde para os doentes, aposentadoria para os velhos e rendas para deficientes, desempregados e pobres." Entre suas origens incluem-se: voto e voz para mais e mais gente, a percepção da seguridade social como instrumento eficiente de compartilhamento de riscos e um desejo de maior mobilidade social, todos tendo o "véu da ignorância" de John Rawls como princípio de convivência e organização social (pense na pergunta: como você desenharia as regras de distribuição do Estado Social se não soubesse em que família nasceria?).

A dispersão no tamanho do Estado entre os países avançados é bastante relevante e espelha diferenças culturais e históricas. Por exemplo, os Estados Unidos desde sempre exibiram certo grau de desconfiança com relação ao Estado. Não surpreende, portanto, que sejam hoje o único país avançado que não oferece cobertura universal de saúde (falta incluir uns 10% da população).

Economistas e outros cientistas sociais se dividem quanto às origens e consequências do Estado Social para o nível de renda de cada país. Saez argumenta de forma convincente que os europeus optaram por trabalhar menos. Outros estudos mostram que a produtividade por hora trabalhada na Europa é semelhante à americana. De um jeito ou de outro, todos atingiram padrões de vida elevados, o que sugere que em cada caso o sistema político produziu um Estado eficaz e, para padrões históricos, grande.

Como se encaixa o Brasil nesse contexto? Na Constituição de 1988 foi feita uma clara opção pelo Estado Social. Avanços importantes ocorreram desde então. O gasto público cresceu bastante e está em torno de 35% do PIB, um nível elevado para um país de renda média. No entanto, há cerca de 40 anos nossa renda *per capita* parou de se aproximar daquela dos países mais avançados, e a desigualdade segue muito elevada e bem maior do que a deles. Há muito a fazer, mas o debate público atual não dá margem a esperança.

Tenho defendido aqui que o Estado brasileiro tem muito espaço para aumentar a sua produtividade. Indício disso é que quase 80% do gasto público vai para a folha de pagamentos e para a Previdência, porcentagem bem superior à de países comparáveis ao Brasil. Nosso Estado é de tamanho médio para grande, mas não parece ser mínimo no sentido estrito da palavra, por não ser o menor possível para cumprir seu papel. Uma boa reforma do RH do Estado é urgente e imprescindível, mas, pelo visto, vai ficar para mais adiante. Há espaço adicional para economias no sistema previdenciário, assim como através da eliminação dos relevantes aspectos regressivos da tributação. Uma vez obtidas as economias, seria desejável e possível redefinir prioridades para o gasto público. Para tanto, não bastaria levar em conta as verbas alocadas aos ministérios – seria necessário considerar também os gastos das demais Unidades da Federação.

Saez apresenta uma decomposição do gasto do Estado consolidado europeu em grandes categorias. Faz falta algo assim para o Brasil. O mais próximo que encontrei (graças a Pedro Herculano de Souza, a quem sou grato) foi o valioso Balanço do Setor Público Nacional (Secretaria do Tesouro Nacional, ano-base 2019), que tem limitações, mas dá uma ideia das magnitudes. Com base nos dados lá obtidos (p. 22), recriei para o Brasil as principais categorias, que listo a seguir, com o valor de seus respectivos gastos, em pontos de porcentagem do PIB.

Gasto total 35, Estado Mínimo 9, Educação 5, Saúde 5, Previdência 13, Gastos e Transferências Sociais 3. Uma decomposição como essa, um pouco mais detalhada, deveria informar o desenho de uma estratégia de desenvolvimento digna do nome. Além da definição de prioridades para o gasto, o exercício esbarra em questões ligadas à arquitetura da Federação e ao tamanho do Estado. Muito assunto para um artigo curto, mas fica o registro. Sem clareza quanto ao destino dos recursos públicos que explicite as escolhas que necessariamente têm de ser feitas, é difícil imaginar um futuro melhor para o país.

Bases para um novo regime fiscal (25 dez. 2021)

Meu tema hoje é o "regime fiscal", ou seja, o conjunto de princípios e regras que norteiam a gestão da política fiscal. Enquanto vigorou a Lei de Responsabilidade Fiscal de 2000, o regime brasileiro funcionou razoavelmente bem. Infelizmente, a LRF não pegou – foi atropelada em 2014 e faleceu. A saúde fiscal do país segue frágil desde então. Embora meritória, a breve tentativa de substituir a LRF por um teto para o crescimento dos gastos fez água recentemente. A combinação de déficits fiscais recorrentes e dívida pública elevada representa uma grave fonte de risco, que pressiona os juros e inibe o crescimento do país.

Apresento, a seguir, elementos para a construção de um novo regime fiscal para o Brasil, com foco nos aspectos macroeconômicos. Começo com uma breve revisão de conceitos.

Quando os gastos superam as receitas, o governo é obrigado a tomar emprestado (do setor privado ou de financiadores externos) para cobrir a diferença (o déficit). A capacidade de um governo se endividar é finita e depende da taxa de juros que seus credores demandam para não optar por outros usos de seus recursos, tais como investir em outros ativos, consumir ou tirar o dinheiro do país. Tudo mais constante, quanto maior o endividamento, mais altos serão os juros que o governo paga. A capacidade de endividamento de um país depende também do tamanho de sua economia e de seu crescimento. Um país que cresce pode se endividar mais do que um que não cresce, pois terá mais recursos no futuro para honrar a dívida (e, portanto, mais facilidade em rolar a dívida).

Déficit primário é o que se obtém quando se exclui do déficit público o gasto com o pagamento de juros. É a variável que o Tesouro controla. Na análise dos temas fiscais é natural olhar os dados como proporção do PIB do país. O crescimento da dívida como proporção do PIB depende do crescimento do numerador (déficit público) e do denominador (o PIB). Por exemplo: com equilíbrio primário, a dívida como proporção do PIB crescerá se a taxa de juros real for maior do que a taxa de crescimento do PIB. Com déficit primário, crescerá mais ainda.

Podemos agora listar quatro pilares básicos para o regime fiscal brasileiro (variáveis sempre como proporção do PIB):

1. A dívida pública deve ser de tamanho tal que, em caso de necessidade, como uma recessão ou pandemia, seja possível financiar sem dificuldade uma política de expansão fiscal.
2. O resultado primário deve ser tal que, em épocas normais, a dívida pública se mantenha estável no nível desejado.
3. O resultado primário deve ser recalibrado de forma a fazer a dívida voltar gradualmente ao nível desejado após expansões fiscais. Ou seja: após um período expansionista, a política fiscal deve passar a ser contracionista.

4. Os prazos dos vencimentos da dívida devem ser longos, sem concentração no curto prazo. Assim reduz-se a probabilidade de crises financeiras e cambiais causadas por contrações na oferta de financiamento.

A definição das metas 1 e 2 é bastante subjetiva, pois depende de uma ampla gama de fatores de natureza econômica, política e histórica. A taxa de juros que o governo paga a seus credores e o prazo médio de sua dívida são bons indicadores. Nesse contexto de incerteza, me parece claro que a função de reação implícita no terceiro pilar é o aspecto mais relevante do regime. Ela é crucial para a estabilidade macroeconômica.

As metas para o primário e a dívida devem ser revistas de tempos em tempos (a cada cinco anos, ou mais). Países institucionalmente estáveis, com um bom histórico econômico, em geral se financiam a juros baixos e prazos longos. Podem, portanto, conviver com dívidas maiores e mais folga no primário. Claramente, não é o nosso caso.

Tem sido a nossa sina ter que cortar gastos e aumentar juros e impostos em momentos de dificuldade, ao invés de praticar uma política expansionista, portanto, anticíclica. A razão é simples: a oferta de crédito para o governo costuma secar na hora do sufoco. Isso em função da ausência de um regime fiscal robusto e de nosso histórico de moratórias, crises e inflações, que não inspiram confiança.

O quadro atual é mais uma vez perigoso. O saldo primário está negativo há anos. O crescimento anda baixo há décadas e os juros, altos. Nesse contexto, uma dívida de 80% do PIB é alta. A leitura diária dos jornais não deixa dúvida: o regime fiscal que tínhamos foi sendo mutilado e esfarelou-se. Estamos diante de uma armadilha. Voluntarismo com a taxa de juros é uma receita suicida, bem sabemos. Não deve causar surpresa que o custo de financiamento do governo ande nas nuvens. Para dez anos, está cerca de 6 pontos percentuais ao ano acima do americano em termos reais, e 9 pontos acima para títulos não indexados à inflação. Não é um quadro sustentável.

Tenho discutido neste espaço as oportunidades disponíveis para a implantação de um novo regime fiscal baseado nos princípios acima descritos. Não seria fácil, mas o impacto seria surpreendente e se faria sentir rapidamente. Em conjunto com outras reformas, viabilizaria um longo ciclo de desenvolvimento como há muito não experimentamos no Brasil. De qualquer forma, sem um regime fiscal robusto, estamos mesmo é fadados a ver a economia piorar ainda mais.

Estabilizadores automáticos do PIB (26 mar. 2022)

Em dezembro do ano passado, apresentei aqui alguns princípios para a construção de um regime fiscal mais robusto. Tratei de temas ligados à gestão da dívida pública e do orçamento, com vistas a viabilizar taxas de juros de curto e longo prazos bem mais baixas que as atuais, bem como espaço de credibilidade para fazer política anticíclica e para lidar com emergências como a pandemia, por exemplo.

Simplificando um pouco, a principal recomendação do artigo foi manter a dívida pública (como proporção do PIB) em nível confortável em épocas normais, de forma a ter espaço para aumentar o gasto (e, por conseguinte, o endividamento) quando necessário. Naturalmente, para evitar que a dívida só suba, é necessário que se reduza o endividamento em momentos de maior tranquilidade. Esse ponto é essencial, mas tende a ser ignorado.

A proposta tem como premissa uma situação fiscal inicial adequada que se deseja preservar. Ocorre que, no momento, o endividamento público caminha para 85% do PIB e o saldo primário para um déficit de 1% do PIB. Tal combinação me parece bastante precária para o Brasil, dado que o Tesouro Nacional paga juros reais de 6%, para todos os prazos – os mais altos do mundo. Com base em um cenário bastante otimista de crescimento a 3% e juros de mercado, seria preciso um superávit primário de 2,5% do PIB para estabilizar a dívida nos níveis atuais. Mas claramente é preciso reduzir o endividamento. Para tal, seria necessário um superávit primário maior.

Importante notar que apenas um ajuste fiscal de natureza macroeconômica não é suficiente para o pleno desenvolvimento da nação. É também indispensável repensar as prioridades do gasto do Estado brasileiro nos três Poderes e nos três níveis da Federação. Espaços grandes para uma correção de rumo existem na folha de pagamentos, na Previdência e nos gastos e subsídios tributários. Mas sinto que a ficha ainda não caiu quanto à importância de fazê-lo.

Faz falta também uma guinada nas prioridades qualitativas do governo, que afetam áreas como o cuidado com o meio ambiente, o combate às desigualdades, o respeito à ciência e a qualidade da nossa democracia. A resultante seria menos incerteza, mais bem-estar, mais eficiência, um ambiente de negócios melhor e, portanto, mais crescimento. Seria um círculo virtuoso que, bem aproveitado, reforçaria inclusive a saúde fiscal do Estado.

No fundo, faz falta a confiança de que temos um sistema político capaz de aprender com nossos erros e corrigir rumos de forma civilizada e sistemática. Esse, a meu ver, o maior problema de todos.

Voltando ao tema do dia, cabe aqui um alerta. A implantação de uma política fiscal anticíclica requer certos cuidados. O orçamento no Brasil contém inúmeras vinculações, que introduzem um indesejável grau de prociclicalidade na política pública e precisam ser substancialmente reduzidas. Adicionalmente, é fundamental que não sejam criadas despesas permanentes sem fontes de receita também permanentes.

Um passo importante na direção desejada seria a adoção de um orçamento impositivo que, uma vez aprovado, seja executado. De cara, daria previsibilidade e mais eficiência à gestão pública. Outra vantagem seria sua característica anticíclica. Vejamos por quê. Em anos de crescimento acima da média, a receita fiscal será maior do que a projetada, com impacto contracionista sobre o saldo primário. Em caso de recessão ocorrerá o oposto, caracterizando a política anticíclica que em geral se tem em mente. Parece razoável que a política social também contenha elementos anticíclicos, como, em tese, o auxílio-desemprego e similares (na prática, não ocorre no Brasil). Tais mecanismos são conhecidos na literatura como *estabilizadores automáticos* do PIB e seriam uma inovação extremamente bem-vinda em nossas bandas.

Os desafios de implantação são relevantes. Na prática, a política social contém elementos procíclicos que precisam ser corrigidos. Desvinculações exigiriam o uso de alocações plurianuais. Receitas ligadas a *commodities* teriam de ser tratadas de forma especialmente cuidadosa (fala aqui um carioca). Hábitos políticos arraigados, como reestimativas de receitas e contingenciamentos, teriam que ser coibidos. Tudo tem solução, mas nada é fácil. Não há como evitar um processo de aprendizado, mas as rodinhas da bicicleta têm que ser removidas.

Uma regra fiscal na linha do apresentado aqui guarda algum paralelo com o sistema de meta para a inflação. Ao Banco Central se dá uma meta clara e a liberdade de utilizar a política monetária para atingi-la, deixando também algum espaço para que procure minimizar as flutuações no nível de atividade. No caso da política fiscal, a definição de metas de endividamento e superávit primário é um tanto subjetiva e sujeita a conveniências de ocasião. Melhor então que se defina uma meta relativamente baixa de endividamento, que valha por longos períodos. Algo como 50% do PIB, acompanhado de um superávit primário suficiente para estabilizar essa relação, daria conta do recado. Chegar a esse nível levaria um tempo, mas alguns passos concretos e uma sinalização crível trariam benefícios de imediato.

Nos países mais avançados, o longo período de taxas de juros nominais em torno de zero fez com que a política monetária ficasse prejudicada como instrumento anticíclico (posto que não havia mais espaço para cortar os juros). Foi então necessário dar mais peso à política fiscal no combate ao risco de deflação, às grandes crises de 2008 e 2011 e à pandemia. A política fiscal é um instrumento menos ágil e bem mais complexo do que a monetária para lidar com as flutuações da demanda agregada. No caso do Brasil, há bastante espaço para a atuação da política monetária. Do lado fiscal, a plena implantação dos estabilizadores automáticos da política fiscal seria mais do que suficiente e representaria um grande avanço.

Quatro ajustes fiscais: um bom e necessário caminho (25 jun. 2022)

O Brasil precisa de quatro ajustes fiscais. Cada um tem seu papel e merece atenção. Antes de discutirmos o caso brasileiro, vale a pena repassar alguns conceitos, sem entrar em muitos detalhes.

Entenda-se aqui por tamanho do governo (estritamente, do Estado) a totalidade do gasto público primário, ou seja, excluindo-se juros. Em uma democracia, a decisão quanto ao tamanho do governo cabe ao Legislativo, em negociações com o Executivo. A decisão é política e se materializa na definição de um orçamento, construído com base em uma avaliação dos custos e benefícios do gasto e da arrecadação. Em particular, o processo deve levar em conta os impactos de cada opção sobre a produtividade da economia e sobre o grau desejado de solidariedade social, ambas a curto e longo prazos. Tal avaliação é extremamente complexa e raramente feita.

A possibilidade de o governo tomar emprestado e aplicar recursos permite que o orçamento opere fora do equilíbrio, dentro de certos limites. O endividamento deve ser tal que não pressione as taxas de juros que o governo paga e dê alguma folga para que o governo possa lidar com emergências, como a pandemia que ainda nos assola.

A política fiscal deve, portanto, definir e atingir quatro objetivos: o tamanho do gasto, o resultado do orçamento (o saldo primário), as prioridades de gasto e o desenho do sistema tributário.

Vejamos agora o caso brasileiro, começando pelo tamanho do governo. Para efeito de comparação, vou usar os dados do mais recente Fiscal Monitor, do FMI. Para evitar o impacto dos gastos com a pandemia, que variaram bastante por país e são excepcionais, usarei dados de 2019. O Brasil gastou 32,4% do PIB, acima dos 29,9% da média dos países emergentes e de renda média (EMs) e abaixo dos avançados (37,1%), sendo 47,9% na Zona do Euro e 33,6% nos Estados Unidos. Se incluirmos como gasto os subsídios tributários, que deveriam estar no orçamento, o gasto é mais alto. Por regressivos, abaixo eu defendo a sua eliminação. Fora isso, minha recomendação é que se analise e discuta o tema.

Para a dívida bruta do governo consolidado (i.e., todas as esferas), usarei dados projetados para 2022, herança para o próximo governo. Tendo chegado a 98,7% do PIB em 2020, a dívida projetada para o fim deste ano está em 91,9%, número bem mais elevado do que a média dos EMs (67,4%). A queda recente ocorreu em função de três fatores não recorrentes: as taxas de juros negativas *ex post* em termos reais, a alta nos preços das *commodities* e os efeitos do teto de gastos sobre a folha de pagamento do governo federal. Com um saldo primário perto de zero, crescimento de 2,5% e juros reais de 5,9% (a taxa atual dos títulos do Tesouro de dez anos), a dívida voltará a crescer. Isso é pura aritmética.

Com uma dívida elevada e crescente, o Brasil terá dificuldades de se financiar em caso de nova surpresa negativa ou erro na política pública. Seria possível encurtar temporariamente o prazo da dívida, para ganhar tempo. Mas, sem respostas substantivas, seria apenas uma fonte de mais risco, uma custosa perda de tempo. A recomendação aqui me parece inequívoca: o próximo governo precisa definir metas plurianuais críveis para o superávit primário, capazes de pôr em queda a trajetória da dívida pública (como proporção do PIB) num cenário realista para o crescimento.

Frequentemente se ouve falar apenas em estabilizar o endividamento, o que exigiria um superávit primário de cerca de 3% do PIB. Nesse caso, com uma taxa de crescimento do PIB maior do que a taxa de juros real, o endividamento cairia com o tempo. Em tese, com muita sorte e competência, seria possível. Mas contar com esse cenário improvável seria uma loucura suicida. Por um bom tempo será necessário programar um superávit primário superior aos 3%.

O quadro atual é preocupante, posto que os gastos com folha de pagamentos estão represados e o investimento público, muito deprimido. Ademais, demandas por gastos mais elevados nas áreas sociais sugerem crescentes pressões fiscais, a perder de vista.

O teto de gastos instituído por emenda constitucional no fim de 2016 congelou os gastos em termos reais e tem sido a principal linha de defesa fiscal desde então. O teto combina duas das áreas de decisão da política fiscal: a eventual obtenção de um superávit primário e a redução dos gastos como proporção do PIB.

A proposta original tinha implicações importantes. Caso o PIB tivesse crescido 2,5% ao ano durante a vigência dos dez anos do teto, os gastos federais como proporção do PIB teriam caído 22%. Me pareceu à época pouco realista. Cinco anos já se foram, anos difíceis, de baixo crescimento. O gasto como proporção do PIB não caiu porque o PIB não andou e, ainda por cima, o teto foi furado. E, do jeito que andam as coisas em Brasília, os riscos de mais furos vêm aumentando.

A verdade é que, além de o cobertor estar muito curto, o orçamento está há tempos engessado e carente de uma profunda revisão de prioridades. Está mais do que na hora de se enfrentar esse desafio. Do lado do gasto não há como fugir de uma reforma do Estado e de uma reforma adicional da Previdência, que corrija pelo menos as lacunas da reforma que foi aprovada. Uma profusão de benesses fanaticamente defendidas por suas corporações precisa ser encarada, para liberar recursos para equilibrar as contas e permitir uma necessária elevação de gastos sociais e investimentos.

Finalmente, a arrecadação vem há décadas sendo instada a acompanhar o crescimento do gasto para evitar o descontrole orçamentário. O resultado foi um sistema repleto de distorções e presa fácil de diversos grupos de interesse, sempre de alta renda. Do ponto de vista da equidade, os pontos maduros para correção são os regimes especiais de tributação da renda (Zona Franca, Simples, Lucro Presumido e outros), que afetam médicos, advogados, artistas, jornalistas e outros, e a tributação da renda do capital. Do ponto de vista da eficiência, urge a criação de um IVA para acabar com o custoso caos vigente. Esse ponto me parece maduro para votação no ano que vem.

Concluo resumindo os quatro ajustes necessários: no que tange ao tamanho do governo, examinar melhor os custos e benefícios das políticas públicas; no que toca ao lado macroeconômico, atingir um superávit primário adequado e sustentável; do lado do gasto, promover um enorme rearranjo de prioridades; e, do lado da arrecadação, buscar eficiência e equidade. O Brasil do jeito que está não vai dar certo. Com ajustes na direção aqui proposta, seria possível reduzir incertezas, alongar horizontes e crescer de forma inclusiva e sustentável.

Um regime fiscal para o desenvolvimento
(com Marcos Mendes, 16 nov. 2022)

O regime fiscal de um país consiste em um conjunto de regras escritas, costumes e práticas que afetam o gasto público, a arrecadação tributária e a dívida pública. Compõem o regime fiscal: as leis, como a de responsabilidade fiscal ou o teto de gastos; a jurisprudência construída em torno de questões fiscais pelos órgãos de controle e pelo Judiciário; os incentivos e as regras não escritas que moldam a forma como o mundo político toma decisões orçamentárias; as relações fiscais entre os diferentes níveis de governo.

O tema é amplo e inclui dimensões quantitativas e qualitativas. Na quantitativa, tratada no presente artigo, a principal questão é se o déficit fiscal do país é sustentável ao longo do tempo. A base fundamental para um regime fiscal sustentável é intuitiva: o gasto e a dívida pública como proporção do PIB não podem crescer indefinidamente.

Em 1999, com a introdução do tripé macroeconômico (meta para inflação, câmbio flutuante e resultado primário positivo), tivemos uma mudança no regime fiscal, complementada pela Lei de Responsabilidade Fiscal (aprovada em 2000), que fixava metas para o resultado primário. Dado que a despesa era rígida e crescente, passou-se a equilibrar as contas da União mediante aumento da carga tributária.

Mas a disciplina imposta pela LRF teve vida curta, vítima de truques contábeis, desonerações e subsídios que reduziram a carga tributária. Ao se aproximarem as eleições de 2014 ocorreu o colapso final da responsabilidade, uma deterioração do primário federal de 4,7% do PIB, de um superávit de 2,2% do PIB em 2011 para um déficit de 2,5% em 2016.

Frente a essa situação, em 2016 foi proposto e aprovado o teto de gastos. Tratou-se de uma iniciativa para induzir uma mudança do regime fiscal do país pela via legal/constitucional. Na prática, sabia-se que o controle do crescimento da despesa dependeria de modificações nas leis que determinam o crescimento obrigatório de despesas, como as da Previdência e Assistência Social, assim como da folha de pagamento do Estado.

A percepção de que o teto poderia induzir um regime fiscal consistente contribuiu para reduzir a taxa de juros que os investidores requerem para aplicar em títulos públicos, o que diminuiu a despesa financeira da União e ajudou a desacelerar o crescimento da dívida. A forte redução de juros decorrente da parada súbita da economia, por causa da covid-19, também ajudou a reduzir os juros e as despesas financeiras.

Mas, com o correr do tempo, os componentes legal, político, jurídico e federativo do regime fiscal, somados aos impactos econômicos e sociais da covid-19, passaram a pressionar a despesa primária, que voltou a crescer em relação ao PIB. Seguidas emendas constitucionais foram aprovadas para elevar o teto e abrigar gastos adicionais, inclusive esta, ora em discussão.

Foi-se a âncora e entraremos em 2023 retomando a rota de insustentabilidade da dívida. Um simples exercício aritmético demonstra que o superávit primário necessário para manter a dívida pública estável está em 1,5% do PIB, um ajuste de 3% do PIB se o déficit de 2023 ficar em 1,5% do PIB. Para reduzir a dívida, seria necessário ampliar ainda mais o ajuste, algo que nos parece recomendável. Os próximos governos, já a partir de 2023, não poderão abandonar o esforço de consolidação fiscal. Precisarão desenhar e aprovar uma regra crível, que ajude na mudança do regime fiscal em suas várias dimensões (legal, política, jurídica e federativa).

A ideia de regra fiscal se contrapõe à noção de discricionariedade. Em regimes fiscais frágeis, como o nosso, em que sempre há a tentação de se endividar "só mais um pouco", a literatura sugere amarrar as próprias mãos, por meio de regras formais que permitam o acompanhamento de metas e que, em caso de violação, imponham custos reputacionais e mecanismos automáticos de ajuste. A regra fiscal tem a finalidade de definir o nível e a trajetória de gastos e receitas compatíveis com a sustentabilidade da dívida pública (sempre como proporção do PIB). Define também trajetórias de convergência de volta para esses níveis quando houver desvio.

No caso do Brasil, parece claro que é muito elevada uma dívida de 77% do PIB com tendência de alta. Um forte indício são as taxas de juros reais que o governo federal paga para se financiar, hoje em torno de 6,0%, um ponto fora de qualquer curva global. Como um primeiro passo, sugerimos ter como meta uma redução da dívida para 65% em dez anos. Consideramos que a melhor forma de o fazer é por meio de uma regra de limitação do crescimento do gasto. A receita seria estimada para um horizonte de tempo e o gasto seria limitado de forma a atingir, na média, o superávit primário necessário para trazer a dívida ao nível desejado.

A LRF cumpriu o papel de âncora fiscal por um tempo, mas o ajuste era feito pelo lado da receita e mediante contingenciamentos. Com isso, o ajuste era procíclico, o crescimento da despesa seguia a sua escalada e induzia as ineficiências decorrentes do contingenciamento. Havendo efetiva limitação da despesa, o orçamento poderia ser impositivo. Isso contribuiria para uma gestão dos recursos públicos mais previsível e eficiente.

Nesse modelo, teríamos um estabilizador automático dos ciclos econômicos. Caso houvesse uma recessão, a receita cairia e, mantido o nível dos demais gastos da regra fiscal, o déficit aumentaria, evitando uma contração fiscal. Cabe discutir, também, mecanismos automáticos da área social, como o seguro-desemprego, que no Brasil carecem de uma boa revisão. Além disso, haveria maior espaço para fixar uma regra mais frouxa para o crescimento de gastos desde que, *ex ante*, benefícios tributários fossem revogados ou se decidisse por aumento da carga tributária. Quanto mais ambiciosa a meta de redução de dívida, e menor o esforço de redução de benefícios fiscais, mais restritiva teria que ser a regra de crescimento da despesa.

Uma cláusula de escape permitiria gastar acima do teto em emergências. Mas logo em seguida o superávit primário necessário para estabilizar a dívida seria recalculado. Essa função de reação é importante e tem amplo amparo na teoria econômica e na História. Estamos aqui propondo metas para a dívida e para o gasto público. Seria uma decisão política, baseada em uma análise de custos e benefícios. As metas serão atingidas mediante um planejamento plurianual em que, periodicamente, o limite de despesa se ajustaria aos parâmetros e projeções observados para a dívida e a receita. Portanto, nossa proposta resgata elementos das duas âncoras que duraram pouco tempo.

No momento, a dívida encontra-se acima do nível desejável, o que exige substancial correção no saldo primário. Os parâmetros quantitativos adotados devem induzir o início imediato do ajuste, evitando-se fixar limites inicialmente frouxos que não imponham sacrifícios ao governante e aos legisladores do momento, jogando a conta para as gerações futuras e seus governantes. Regra alguma tem o poder de blindar para sempre um ambiente macroeconômico propício ao desenvolvimento sustentado e inclusivo de uma nação. Isso posto, é nossa convicção que a regra proposta reforçaria bastante as chances de sucesso de uma estratégia de desenvolvimento do país.

A título de conclusão

Um regime fiscal transparente e organizado é ferramenta essencial para o desenvolvimento de uma nação. O orçamento é um pilar fundamental de sua vida política e econômica. Lá são feitas escolhas de grande impacto, para o bem e para o mal. Num ambiente de descontrole fiscal não há estabilidade e previsibilidade macroeconômica. A resultante incerteza pressiona para cima a taxa de juros e inibe o investimento em todas as suas dimensões. Os fracassos econômicos da década perdida dos anos 1980 e do período que se seguiu ao desajuste fiscal iniciado em 2014 são uma evidência inequívoca dessa tese. Os temas abordados neste Capítulo apontam caminhos para transformar o regime fiscal brasileiro de obstáculo a motor da prosperidade sustentável e inclusiva que tanto buscamos. Nos últimos 50 anos, lições foram aprendidas e esquecidas. Eduardo Guardia esteve sempre na ponta certa do debate sobre os grandes temas fiscais. Que o seu legado não seja esquecido.

12. Gestão fiscal num contexto de irresponsabilidade fiscal crônica

Martus Tavares[1] e José Roberto Afonso[2]

Introdução

Em perspectiva de longo prazo, o Brasil teve vários momentos históricos caracterizados por grandes avanços institucionais na gestão fiscal. Em 1922, foi organizado um Código de Contabilidade da União (Decreto nº 4.536). Em 1964, tivemos a aprovação da Lei nº 4.320, que regulou as normas de elaboração e execução dos orçamentos públicos e adotou até mesmo um regime de competência no gasto muito antes das economias

1. Mestre em Economia pela Faculdade de Economia, Administração, Contabilidade e Atuária da Universidade de São Paulo (FEA-USP) e ministro do Planejamento, Orçamento e Gestão no segundo governo FHC (1999-2002).

2. Pós-doutor em Administração Pública pela Universidade de Lisboa; doutor em Economia pela Universidade Estadual de Campinas (Unicamp); professor do Instituto Brasiliense do Direito Público (IDP) e do Instituto Superior de Ciências Sociais e Políticas (ISCSP), da Universidade de Lisboa; pesquisador do Centro de Administração Pública (CAPP), da Universidade de Lisboa; consultor de organismos internacionais; e consultor em finanças públicas.

avançadas. Em meados dos anos 1980, com o fim da Conta Movimento, foi criada a Secretaria do Tesouro Nacional, sendo para ela transferida a administração da dívida pública federal, antes realizada pelo Banco Central do Brasil (BCB).

Na sequência, os principais avanços institucionais foram consolidados e introduzidos na Constituição de 1988. Ao lado do capítulo do Sistema Tributário Nacional, o das Finanças Públicas validou e aprofundou importantes alterações, como: a unificação orçamentária, determinando que toda e qualquer despesa pública deve estar contida num único orçamento, e este deve ser aprovado previamente pelo Congresso Nacional; a proibição do BCB de financiar despesa pública ou emprestar dinheiro para o Tesouro Nacional; a previsão da aprovação do que se chamou inicialmente de Código de Finanças Públicas, depois convertido na lei complementar que deu origem à futura Lei de Responsabilidade Fiscal – LRF (Dornelles, s/d).

Foram importantes os avanços institucionais nas últimas décadas. Antes, por exemplo, o ministro da Fazenda podia enviar um ofício – hoje seria um e-mail ou uma mensagem por WhatsApp – dando orientação para que o Banco do Brasil financiasse, por meio de emissão de moeda viabilizada pelo saque em suas reservas no BCB, despesas públicas que, por sua vez, deveriam estar no orçamento aprovado pelo Congresso. Assim, tudo podia ser e era, de fato, autorizado! Bilhões e bilhões, por meio de uma canetada do ministro da Fazenda de plantão. As despesas não conheciam regras nem limites! Ou poucas regras e nenhum limite. Tampouco se consolidava a totalidade dos gastos públicos. As normas, os limites e o controle da gestão das finanças públicas eram raros e frágeis. Assim, tudo era possível.

Da crise da Rússia, em setembro de 1998, e da nossa crise cambial de janeiro de 1999 resultou uma clara necessidade de se fazerem novos arranjos institucionais na área fiscal, com melhoria na gestão e nos controles dos recursos públicos. Novamente, vivíamos um contexto propício a avanços na gestão fiscal. O Congresso também compreendeu os novos tempos e tomou a iniciativa, ao aprovar a emenda constitucional da reforma administrativa (Emenda Constitucional nº 19, de 1998), determinando que o presidente da República enviasse projeto de lei complementar para regulamentar o artigo 163 da Constituição Federal. Daí se recuperou a ideia original da Constituinte de 1988 de se criar um Código de Finanças Públicas.

No governo, foram desenvolvidos estudos sobre a matéria, identificando-se projetos de lei em curso e, sobretudo, avaliando-se a experiência internacional, em especial da União Europeia, dos Estados Unidos e da Nova Zelândia. Isso levou à elaboração e aprovação de um anteprojeto de lei, denominado "responsabilidade fiscal", que estabelecia princípios, valores, normas e limites para a gestão da totalidade dos recursos públicos. Esse anteprojeto, antes de ser enviado ao Congresso, foi discutido com autoridades estaduais, municipais, entidades representativas e especialistas, daí resultando a versão final do Projeto de Lei de Responsabilidade Fiscal.

Depois de um ano de tramitação no Congresso, em maio de 2000 foi aprovada a Lei de Responsabilidade Fiscal (LRF), com o apoio francamente majoritário dos membros das Casas. Passados os primeiros anos de aprendizagem e de adaptação às novas regras, começaram a surgir pressões para que se flexibilizassem algumas normas e limites ali fixados, com maior atenção para estados e municípios. A lei nunca foi implantada em sua plenitude, com particular destaque para a não imposição de restrições ao endividamento público federal e a não instalação do Conselho de Gestão Fiscal, conforme previsto.

A análise histórica da formulação e da execução da política fiscal no Brasil passa, indubitavelmente, pelas contribuições do economista Eduardo Guardia. O Edu, como era tratado carinhosamente pelos mais próximos, deu uma importante contribuição para a gestão fiscal no país, tanto por meio dos primeiros trabalhos acadêmicos, na Fundação do Desenvolvimento Administrativo (Fundap), como por meio de sua dissertação de mestrado na Unicamp, *Orçamento público e política fiscal* (1992). Também contribuiu de forma decisiva como executivo da área fiscal, particularmente quando ocupou os cargos de secretário da Fazenda de São Paulo, de secretário do Tesouro Nacional, de secretário-executivo da Fazenda e, depois, de ministro da pasta. Tanto na academia como no setor público, Eduardo sempre tratou as questões fiscais com a devida seriedade e rigor, buscando sempre a maior eficiência e eficácia no uso dos recursos públicos. Fazemos aqui o registro da dívida que temos, que o Brasil tem, pela contribuição e pelo exemplo no trato da coisa pública deixados pelo amigo Edu!

O mundo segue em constante transformação. Os desafios velhos vão sendo enfrentados enquanto novos vão surgindo. Nesse processo, a partir da contribuição de muitos economistas e especialistas, formou-se um consenso para termos uma disciplina mais rigorosa na gestão das finanças públicas no país. Por outro lado, as fases de maior disciplina têm sido seguidas por descasos, por retrocessos. A pergunta que fica é: por que avançamos tanto e depois estagnamos, retrocedemos? Especificamente neste momento, fim de 2022, o que devemos esperar depois de os governos em todo o mundo terem sido chamados a se endividar para enfrentar crises econômicas radicais, como a de 2018, e para amenizar os efeitos da pandemia de covid-19?

Evolução recente do arcabouço institucional

Lições para se avançar no futuro podem ser buscadas nas mudanças estruturais implantadas no passado. Como já mencionado, o Brasil experimentou vários momentos de avanços marcantes no arcabouço institucional da gestão dos recursos públicos. Esses avanços, contudo, foram seguidos de retrocessos que resultaram em necessidade de mais avanço. Temos vivido esses movimentos desde meados dos anos 1960. Nesse espaço de tempo, pela importância que tem nos dias de hoje, vamos nos dedicar, com mais detalhes, ao progresso experimentado a partir de meados dos anos 1980. Para isso, reporto-me, aqui e na próxima seção, a trechos do artigo "Vinte anos de política fiscal no Brasil", publicado em 2005:

> O arranjo institucional-legal de finanças públicas vigente no início dos anos 1980 no Brasil era absolutamente insatisfatório. Prejudicava a boa condução da política macroeconômica e era pouco transparente, dificultando a ação fiscalizadora do Congresso e da sociedade.

A principal característica desse arranjo institucional-legal era a completa confusão de competência entre as autoridades fiscal e monetária. A autoridade fiscal, representada pelo ministro da Fazenda, tomava decisões à revelia da autoridade monetária, representada pelo presidente do Banco Central. E esta, por sua vez, administrava e representava interesses da primeira sem qualquer tipo de prestação de contas (...).

Evidentemente, a inexistência de um órgão que representasse todos os interesses e todas as obrigações do Tesouro Nacional contribuía, sobremaneira, para a confusão prevalecente. Os haveres e passivos da Fazenda Pública eram administrados por diferentes órgãos ligados ao Ministério da Fazenda, como o Banco do Brasil e o próprio Banco Central.

Até o início de 1985, o Banco do Brasil funcionava como agente do Tesouro Nacional, concedendo empréstimos para a Agricultura e para as exportações, fundeados com recursos do Tesouro. O Banco do Brasil também realizava gastos tipicamente fiscais, por meio de uma simples autorização do ministro da Fazenda. O mais grave de tudo isso era a origem dos recursos utilizados. Tudo era financiado com emissão primária de moeda. O ministro da Fazenda determinava a execução de ações – empréstimo ou gasto – e autorizava o Banco do Brasil a utilizar os recursos de suas reservas bancárias mantidas no Banco Central.

Em síntese, por meio de uma simples autorização, o ministro da Fazenda determinava a execução de gastos fiscais sem a aprovação do Congresso Nacional. Esses gastos eram financiados com emissão de moeda, sem conhecimento prévio da autoridade monetária, que era subordinada ao próprio ministro da Fazenda. (Tavares, 2005)

Antes da redemocratização do país, na prática se tinha um pequeno orçamento submetido ao Congresso, quase sempre aprovado por decurso de prazo, e um grande orçamento aprovado pelo ministro da Fazenda, sem o controle da sociedade e do Congresso. Mas as distorções não paravam por aí. Continuando: "Como já mencionado, até 1987 a dívida pública era emitida e administrada pelo Banco Central. O único argumento a favor desse *statu quo* era o de que o BCB emitia bônus em nome do Tesouro Nacional com o objetivo de controlar a liquidez da economia, por meio de operações de mercado aberto. Para atender a esse seu objetivo, o Banco Central estava, automaticamente, autorizado a trocar os prazos e as remunerações desses títulos por meio de novas emissões" (Tavares, 2005).

Nada justificava tal situação, a não ser o "atraso" do nosso arcabouço institucional. Eram evidentes as causas e as consequências desse arranjo, que funcionou relativamente bem enquanto havia crédito externo abundante, enquanto o Congresso não acordava para suas naturais competências, enquanto a sociedade tolerava o descontrole fiscal que a onerava com inflação alta. Entretanto, com as novas restrições de crédito externo, no início dos anos 1980 começou-se a discutir um novo arranjo institucional-legal para a gestão dos recursos públicos. Era necessário redefinir as competências das autoridades fiscal e monetária e instituir controles prévios e *ex post* para a despesa pública, ampliando o papel do Congresso e da sociedade na gestão fiscal.

Assim, nesse novo arranjo, foi encerrada a Conta Movimento no Banco do Brasil, para impedir o financiamento inflacionário de gastos fiscais não autorizados pelo Congresso; foi criada a Secretaria do Tesouro Nacional, para administrar todos os haveres e todos os passivos da Fazenda Pública Nacional; foi criado e implantado o Sistema Integrado de Administração Financeira (Siafi), tornando obrigatório o registro on-line de todas as transações relativas à execução orçamentária e financeira, com os correspondentes lançamentos contábeis; e foi realizado um amplo e exaustivo encontro de contas entre Banco Central e Tesouro Nacional, cabendo a este último o pagamento do correspondente saldo devedor, por meio da emissão de série especial de bônus do Tesouro.

> As linhas gerais do arranjo institucional-legal que estava sendo construído desde meados dos anos 1980 foram reforçadas por diversos dispositivos da nova Constituição Federal (...). Assim, num período de apenas quatro anos foi desenhado e implantado um novo arranjo na área de finanças públicas no país. Por sorte, os trabalhos da Assembleia Constituinte estavam em andamento, o que tornou possível constitucionali-

zar aquilo que correspondia incluir num texto constitucional, tanto em nível central quanto em nível de estados e municípios, que aprovaram suas respectivas Constituições a partir de 1988. (Tavares, 2005)

Constituição de 1988

A Constituição Federal de 1988 foi um marco no avanço institucional-legal da gestão fiscal no Brasil. Não apenas recepcionou, aperfeiçoou e sistematizou a evolução havida nos 20 anos anteriores, como previu e/ou estabeleceu novos conceitos, padrões, valores e limites para a administração dos recursos públicos. Tanto do lado das receitas, com o redesenho do nosso sistema tributário, totalmente compatível com um novo pacto federativo, quanto do lado dos gastos, com novas regras para a alocação eficaz e eficiente dos recursos, bem como para um maior controle dos limites de gastos, permitindo maior transparência para o controle por parte da sociedade, dos contribuintes.

Poderíamos destacar vários pontos sobre a questão da alocação dos recursos. Contudo, o mais importante foi a definição de uma estrutura de planejamento e orçamento, com normas a serem observadas por todos os gestores públicos no processo de alocação dos recursos, desde a definição de prioridade até a prestação de contas do uso de cada centavo arrecadado, tudo passando pelo crivo do Congresso, por meio da discussão e apreciação dos respectivos projetos de lei para o Plano Plurianual, as Diretrizes Orçamentárias e o próprio Orçamento. Todo esse processo foi desenhado para dar total transparência ao uso do dinheiro público, oferecendo à sociedade os instrumentos que lhe permitiriam participar da alocação dos recursos dela própria arrecadados e para ela redirecionados – por meio de programas e projetos das mais diversas áreas de atuação do Estado –, como também fiscalizar essa alocação.

É curioso que "(...) as mudanças promovidas pela Constituinte no capítulo dedicado ao Orçamento Público pouca atenção despertaram até hoje entre os analistas e mesmo as autoridades, em que pese terem sido mais inovadoras do que a reforma do capítulo anterior, que é dedicado ao

Sistema Tributário – a começar pela criação de duas novas figuras: as leis do Plano Plurianual e as Diretrizes Orçamentárias Anuais" (Afonso, 2010). Mas, voltando a trechos do artigo "Vinte anos de política fiscal no Brasil":

> Além dos tópicos sobre planejamento e orçamento, portanto, relativos ao gasto público, a nova Constituição trouxe vários dispositivos que regulam o controle interno de cada Poder e o papel do Congresso Nacional no controle externo, por meio de uma corte de contas (Tribunal de Contas da União) (...).
>
> Na mesma linha, outros artigos da nova Constituição fixaram princípios e limites para serem observados por todos os Poderes e por todos os entes da Federação – União, estados e municípios. Nesse contexto, o Congresso Nacional teve sua competência ampliada, passando a exercer um controle prévio e efetivo sobre matéria de iniciativa do Poder Executivo. Por exemplo: nenhum tributo ou renúncia fiscal pode ser criado ou alterado sem lei; nenhum gasto, subvenção ou subsídio, de qualquer natureza, pode ser realizado sem autorização legal prévia; o Balanço Geral da União e as contas dos três Poderes têm de ser aprovados pelo Congresso, com base em parecer da corte de contas, órgão auxiliar do Congresso Nacional.
>
> A Constituição de 1988 estabeleceu ainda a obrigação de se aprovar uma lei complementar dispondo sobre finanças públicas (uma espécie de Código de Finanças Públicas), dívida pública, concessão de garantias e emissão e resgate de títulos da dívida pública, além de fixar limites para as despesas de pessoal. (Tavares, 2005)

Crise de 1998

As crises externas ocorridas entre 1994 (México) e 1998 (Rússia) resultaram em importantes restrições ao fluxo de financiamento internacional. A situação que se colocou a partir de setembro de 1998, com a suspensão de pagamentos por parte da Rússia, levou o Brasil, que depende de capital estrangeiro para financiar seu crescimento, a reavaliar sua política econômica, movendo na direção de um ajuste fiscal mais forte, com redução da participação do governo na economia.

Assim, em outubro de 1998, o governo federal apresentou à sociedade brasileira seu Programa de Estabilidade Fiscal, fundado em uma premissa básica: o Estado não pode mais viver além de seus limites, gastando mais do que arrecada. Eis um trecho do texto que define o programa:

> O equilíbrio das contas públicas passou a representar um passo decisivo na redefinição do modelo econômico brasileiro. Tratava-se, em essência, da introdução de mudanças fundamentais no regime fiscal do país, com o objetivo de promover o equilíbrio definitivo das contas públicas na velocidade necessária para permitir a consolidação dos três objetivos básicos do Plano Real: estabilidade da moeda, crescimento sustentado com mudança estrutural e ganhos de produtividade, além de melhoria progressiva das condições de vida da população brasileira.
>
> O equilíbrio fiscal sempre foi uma das prioridades do processo de reformas por que vem passando o país desde a implementação do Plano Real. No entanto, as sucessivas crises no mercado internacional, desde a ruptura do modelo do Sudeste Asiático até a recente moratória russa, provocaram um movimento de contração do crédito global, sobretudo (mas não exclusivamente) para os mercados emergentes. A relativa abundância de recursos internacionais, característica dos primeiros quatro anos do processo brasileiro de estabilização, cedeu lugar a um ambiente de forte retração dos capitais.
>
> Ao suprimir as condições favoráveis de liquidez internacional, o contexto externo adverso retirou do Brasil a possibilidade de prosseguir com gradualismo na adoção de ajustes estruturais. Nesse novo cenário, tornou-se imperativo acelerar o processo de ajuste fiscal estrutural para fazer o Estado, de forma definitiva, viver dentro de seus limites orçamentários.
>
> É esse o objetivo imediato do presente Programa. Para tanto, a proposta compreende dois conjuntos de iniciativas. O primeiro, a Agenda de Trabalho, abrange medidas estruturais e mudanças institucionais que visam dar forma apropriada a decisões, procedimentos e práticas

fiscais no futuro. Em segundo lugar está o Plano de Ação 1999-2001, composto por medidas de impacto imediato que farão uma "ponte" entre a situação atual e a que estará em vigor quando as reformas estruturais, antes mencionadas, estiverem produzindo plenos efeitos.

A Agenda de Trabalho ataca a raiz das causas estruturais do desequilíbrio das contas públicas. Compreende: a regulamentação da Reforma Administrativa, já aprovada pelo Congresso Nacional; a aprovação e a regulamentação da Reforma da Previdência Social e a instituição da Lei Geral da Previdência Pública; as reformas Tributária e Trabalhista, imprescindíveis para promover a competitividade do setor produtivo e estimular o crescimento e a geração de empregos; e a Lei de Responsabilidade Fiscal, capaz de instituir ordem definitiva nas contas públicas do conjunto dos Poderes e níveis de governo. (Brasil, 1998)

Neste Capítulo, gostaríamos de detalhar e discutir, pela importância que teve e tem nos avanços institucionais do arcabouço fiscal brasileiro, o processo de elaboração da Lei de Responsabilidade Fiscal, bem como sua implementação no período seguinte.

Lei de Responsabilidade Fiscal: do Executivo ao Congresso

Formado o consenso quanto à necessidade de o país ter suas normas fiscais aperfeiçoadas, reforçadas e sistematizadas num mesmo documento legal, foram iniciados os trabalhos de preparação de um anteprojeto de lei de responsabilidade fiscal para discussão com todos os *players* relevantes. Dada a autonomia político-administrativa das unidades subnacionais na Federação brasileira, era importante que o tema fosse amplamente divulgado e discutido, antes de ser enviado ao Congresso. Era necessário não só que a proposta chegasse ao Congresso com o máximo de convergência, para que tramitasse de forma rápida, como a situação requeria, mas que também se mantivesse o mais orgânica e consistente possível. E aqui nos reportamos a um trecho do livro *Responsabilidade fiscal no Brasil*, de José Roberto Afonso:

O objetivo do projeto da Lei de Responsabilidade Fiscal (LRF), anunciado no âmbito do chamado Programa de Estabilidade Fiscal de 1998, era construir, a médio e longo prazos, um novo padrão de gestão fiscal que permitisse abandonar as práticas e políticas fiscais marcadas exclusivamente por visão e atuação de curto prazo, que eram necessárias naquele momento, mas não suficientes em face da gravidade da crise econômica (...). Assim, o projeto da LRF foi concebido na pretensão de realizar uma mudança estrutural no regime fiscal brasileiro, de modo a se abandonar a prática recorrente de se editarem pacotes tributários de fins de ano: o objetivo era adotar uma visão mais abrangente e intertemporal, compatível com a situação fiscal.

O ponto de partida foi resgatar a motivação da Assembleia Nacional Constituinte e demarcar a fronteira entre as normas gerais de finanças públicas e as do orçamento, e mesmo do sistema financeiro. Foram selecionadas disposições da legislação vigente que teriam a ver com a matéria (em particular as normas que já vinham sendo incluídas nas Leis de Diretrizes Orçamentárias para orientar a elaboração, a execução e a fiscalização dos orçamentos) e também propostas já formuladas para a regulação dos orçamentos, mas que seriam mais próprias para essa lei complementar, por ter caráter permanente.

Foram pesquisadas e estudadas as experiências internacionais, com destaque para as da Nova Zelândia (que estava prestes a adotar uma lei exatamente com a mesma denominação), dos Estados Unidos (com sucessivos e quase sempre fracassados atos para controlar os déficits orçamentários) e da União Europeia (cuja união monetária exigia uma convergência dos resultados fiscais e da dívida que poderiam ser adaptados a um país federativo com ampla autonomia subnacional). A farta literatura econômica, que focava regras e instituições fiscais, também foi consultada, em particular a produzida por organismos multilaterais.

Um aspecto peculiar da elaboração do projeto da LRF no âmbito do Executivo diz respeito à participação popular e às audiências públicas realizadas para discussão e definição de um texto final. Pela primeira vez, uma importante matéria fiscal foi submetida pelo governo federal a consulta pública antes do envio ao Congresso. Na data-limite prevista na emenda constitucional da Reforma Administrativa, em meados de dezembro de 1998, o Poder Executivo federal publicou no *Diário Oficial da União* um anteprojeto de lei complementar, acompanhado de extensa justificativa. Por meio dele abriu ao público em geral espaço para receber sugestões, tendo por objetivo a revisão e elaboração do projeto a ser enviado ao Congresso Nacional poucos meses depois.

O debate público em torno do anteprojeto recolheu cerca de 5 mil sugestões pela internet e foram realizadas inúmeras audiências com diferentes representantes dos governos estaduais e municipais e de entidades organizadas da sociedade. Centenas de sugestões e pleitos, assim recebidos, foram incorporadas ao projeto final do Executivo.

O caso mais marcante diz respeito à mudança na chamada Lei Rita Camata, que seria incorporada à LRF, e que fixava os limites para despesas com pessoal, conforme preceitos constitucionais. Os representantes dos governos estaduais, em particular, foram os que mais pediram para que se mudasse a lei então vigente e se inovasse ao fixar sublimites para cada Poder. Esse processo amplo de debates também assegurou ao projeto, desde antes de seu envio ao Congresso, um amplo apoio dos formadores de opinião e da mídia em geral.

Outra curiosidade histórica é que, em meio aos debates para a elaboração do projeto de lei, técnicos do Fundo Monetário Internacional (FMI) chegaram a criticar o anteprojeto preparado pelo Executivo, por mesclar princípios e regras e compreender matérias muito diversas. Mais especificamente, George Kopitz manifestara muitas dúvidas e críticas ao anteprojeto (...), ao contrário da ideia difundida pelos críticos da proposta, de que o anteprojeto nascia como imposição daquele organismo internacional.

Também vale registrar alguns comentários sobre a natureza da lei. Na época da preparação do projeto da LRF, como ainda hoje, existia vasta literatura estrangeira, inclusive de dirigentes do FMI, mostrando que não havia uma solução ideal, muito menos simplista, para o ajuste fiscal imediato e muito menos ainda para a sustentabilidade a médio e longo prazos do controle da dívida. Na hipótese de a LRF ser limitada à mera busca de ajuste fiscal, poderia ter se restringido a prever em seu próprio corpo metas para resultados fiscais e de endividamento – como no caso europeu, em que o Tratado de Maastricht enfatizava o percentual máximo aceitável de déficit e de dívida, mas que, na prática, algumas vezes se revelava inócuo quando tal limite era superado pelas nações mais poderosas do Bloco e as sanções acabavam suspensas. Se a lei tivesse seguido esse caminho, o da opção por apenas limitar o déficit, resumida num número, num valor, pouco ou nada precisaria ter tratado, por exemplo, sobre como prevenir e evitar que o déficit extrapolasse a meta. Talvez nem precisasse cuidar de como corrigir o resultado que ultrapassasse a meta, porque, por princípio, o limite nunca poderia ser ultrapassado, mesmo em casos de anomalias econômicas (recessão) ou naturais (calamidades). (Afonso, 2010)

Mas a LRF optou por não seguir um modelo como o europeu e não se propôs a apenas fixar um valor, um número de meta fiscal. A LRF objetivou definir novos padrões, normas, regras e mesmo limites para a boa gestão fiscal, buscando novo comportamento por parte dos gestores públicos e procurando assegurar resultados fiscais sustentáveis no longo prazo. E aqui recorremos a mais um trecho de *Responsabilidade fiscal no Brasil*:

O projeto da LRF do Poder Executivo chegou à Câmara dos Deputados em abril de 1999 (...) e logo surgiu uma dúvida, porque alguns achavam que deveriam, ou preferiam, tratar da regulamentação das normas gerais do orçamento – isto é, da revisão da Lei nº 4.320 de 1964, recepcionada pela Constituição de 1988 (...). Porém, o próprio Congresso, na emenda da Reforma Administrativa de 1988, havia cobrado do Executivo um projeto para regulamentar expressamente o artigo 163 da Constituição Federal, como já foi mencionado (...).

Desde o início, o projeto da LRF teve boa receptividade no Congresso, a ponto de ser aprovado em apenas nove meses na Câmara. Depois de 27 reuniões da comissão especial, o parecer favorável foi aprovado, com alterações. (Afonso, 2010)

A aprovação do projeto no plenário da Câmara se deu em janeiro de 2000, com 385 votos a favor e 86 contrários, inclusive da bancada do Partido dos Trabalhadores, que fechou questão e todos os seus deputados votaram contra o projeto da LRF – depois que importantes emendas deles foram incorporadas à lei (sobretudo em torno da separação de funções entre autoridades fiscais e monetárias). Esse resultado tão favorável, acrescente-se, apenas foi verificado quando da aprovação da emenda regulando a aplicação compulsória de recursos tributários no Sistema Único de Saúde (SUS).

O projeto chegou ao Senado em fevereiro de 2000 e, depois de três audiências públicas, foi aprovado com parecer favorável na Comissão de Assuntos Econômicos (CAE). Em seguida, foi aprovado pelo plenário do Senado por outro expressivo resultado: 60 votos favoráveis e 10 contrários. Novamente, a proposta foi rejeitada pelos membros do Partido dos Trabalhadores, conforme se registra no supracitado livro:

> É importante chamar atenção para um ponto que muitos desconhecem: a Câmara dos Deputados, embora tenha preservado todos os princípios propostos pelo Executivo, promoveu expressivas mudanças na estruturação da lei e em sua técnica redacional, bem como incluiu importantes alterações que acrescentaram ainda mais austeridade fiscal ao projeto – caso marcante das novas normas sobre a receita (inclusive para explicitar e dificultar suas renúncias) e sobre o Banco Central (separando ainda mais a execução das políticas fiscais e monetárias). (...) é interessante mencionar que o senador Álvaro Dias deu seu voto favorável à LRF na Comissão de Constituição e Justiça do Senado, chamando atenção para as mudanças promovidas pela Câmara dos Deputados para aprimorar o projeto de lei do Executivo federal:
>
>> "A estrutura aplicada ao Substitutivo é bastante diversa daquela apresentada pela versão original do Projeto. (...) observa-se que o texto do Substitutivo, em relação aos termos do Projeto originalmente encaminhado ao Congresso Nacional, retrata as seguintes mudanças promovidas pela Câmara dos Deputados: (a) a inclusão das receitas públicas como tema de relevante interesse para o fim de implantação do novo regime

fiscal; (b) a enfática especificação dos novos papéis reservados às leis do Plano Plurianual, de diretrizes orçamentárias e orçamentária anual, tendo em vista a definição de estratégias, objetivos e metas de política fiscal; (c) a utilização da receita corrente líquida como elemento básico para o cálculo dos diversos limites aplicáveis às despesas e à dívida pública, em lugar da receita tributária disponível originalmente proposta; (d) a manutenção das operações de refinanciamento da dívida mobiliária federal na Lei Orçamentária Anual, em lugar de sua exclusão dos orçamentos públicos, conforme a proposta original; (e) a definição de despesa obrigatória de duração continuada, em lugar da originalmente proposta despesa de longo prazo, para o fim de aplicação do mecanismo de compensação *pay--as-you-go*; (f) a constituição do Conselho de Gestão Fiscal, integrado por representantes de todos os Poderes e esferas de governo, do Ministério Público e da sociedade civil, com o propósito de acompanhar e avaliar a política e a operacionalidade da gestão fiscal." (Afonso, 2010)

Entre a publicação do anteprojeto, no fim de 1998, e a sanção da Lei de Responsabilidade Fiscal, em maio de 2000, passaram-se 18 meses marcados por muitas audiências e reuniões e, sobretudo, por muitos debates em torno do texto colocado em discussão. Centenas de emendas ao anteprojeto foram apresentadas, sendo grande parte aproveitada com melhorias e aperfeiçoamentos. Enfim, a lei aprovada pelo Congresso e sancionada pelo presidente Fernando Henrique Cardoso, em 2 de maio de 2000, não é apenas um marco no arranjo institucional-legal para a gestão das finanças públicas do país. A LRF passou a ser também uma referência para o processo de discussão com a sociedade e de aprovação pelo Congresso para casos de projetos de lei cuja matéria é de amplo interesse nacional.

Lei de Responsabilidade Fiscal questionada e incompleta

A maior parte dos dispositivos da LRF, sancionada em maio de 2000, passou a viger automaticamente, sem necessitar de regulamentação, sendo exceções a imposição de limites às dívidas públicas (que deveria ser aprovada pelo Senado Federal e por lei ordinária) e a composição e a instalação do Conselho de Gestão Fiscal (que deveriam ser aprovadas por lei ordinária).

O grave é que, já nos "primeiros meses de vida", a LRF sofreu questionamentos jurídicos com Ações Diretas de Inconstitucionalidade (ADIs) no Supremo Tribunal Federal (STF) movidas por partidos políticos, em particular o Partido dos Trabalhadores, que, como dito, não havia votado a favor da lei, bem como por associação dos dirigentes dos tribunais de contas do país. "Especificamente, no dia 29 de junho de 2000, com menos de dois meses de vigência, o Partido dos Trabalhadores, o Partido Comunista do Brasil e o Partido Socialista Brasileiro protocolaram, no STF, uma ADI, alegando dois motivos (e pedindo) para que a Justiça derrubasse integralmente a LRF" (Afonso, 2010). Esse tipo de questionamento foi aumentando com o passar do tempo, tanto por receio de penalizações por descumprimento quanto por razões políticas.

Do lado do Poder Executivo federal, nos exercícios fiscais de 2001 e 2002 tudo foi feito para regular alguns poucos dispositivos que não eram autoexplicativos e/ou autoaplicáveis, apoiar as administrações estaduais e municipais para que atuassem de acordo com os princípios, as normas, as regras e os limites da LRF, apoiar as cortes de contas estaduais, bem como os conselhos municipais. Também foi feito um amplo trabalho para educar, capacitar e ajudar entidades da sociedade a cumprir seu papel natural de fiscalizar instituições e gestores públicos.

Enfim, foram dois anos de intenso trabalho de capacitação e treinamento para todos – órgãos de controle, gestores e entidades da sociedade – a fim de que todos estivessem preparados para cumprir e fazer cumprir a Lei de Responsabilidade Fiscal, maior âncora do novo padrão de gestão fiscal implantado no país pós-estabilização da moeda e pós-Plano Real. O desafio era enorme para vencer resistências, superar pré-conceitos e conceitos antigos e inadequados e trazer o novo para o cotidiano de todos. Para criar um comportamento novo. Para formar e desenvolver uma nova cultura para a gestão da coisa pública no Brasil. Nada fácil!

Foi uma implementação difícil. A LRF foi sendo implementada e atacada, ao mesmo tempo. Algumas vezes se avançava mais na aceitação e compreensão da necessidade de seu cumprimento; noutras, a LRF sofria golpes até mesmo de cortes de contas com o estabelecimento de interpretações mais flexíveis que o texto da lei fixava.

Subjacente ao escopo estrito da LRF se tinha clara a necessidade de mudar a forma de ver e encarar a tributação, a gestão dos recursos arrecadados, a alocação e a execução dos gastos por meio dos diversos programas e projetos do orçamento, bem como formar uma cultura de cobrança da eficácia e da eficiência no uso dos recursos públicos.

Em meio a esse cenário, duas matérias da LRF que muito teriam contribuído para seu êxito permanente deixaram de ser regulamentadas, como mencionado anteriormente: a fixação de limites para o endividamento público pelo Senado Federal e a aprovação e o funcionamento do Conselho de Gestão Fiscal. Ressalte-se que nenhum deles dependia de decisão exclusiva do Poder Executivo. Mas, "por ser uma lei de caráter nacional, ou seja, aplicada a todas as esferas de governo e a todos os Poderes, vale ressaltar que os congressistas adotaram como princípio básico na apreciação da LRF não deixar qualquer providência a critério exclusivo do governo federal" (Afonso, 2010).

Atualmente, a situação fiscal do país se apresenta estruturalmente pior do que nos anos 1990. É inegável a redução do endividamento, no longo prazo, de estados e municípios que se submetem mais aos rigores da LRF, mesmo recorrendo, por vezes, a interpretações criativas da forma de contabilizar e medir os gastos públicos. Isso decorre da geração de superávit primário, ainda que com oscilações, mas mostra maior disciplina dos gastos públicos. A União, por sua vez, já se aproxima de uma década de déficit primário e de uma trajetória de expansão da dívida pública, mesmo depois de fixado, constitucionalmente, um teto de gastos para limitar a variação de sua despesa primária.

Como mencionado, o Brasil tem um excelente arcabouço institucional para perseguir uma gestão fiscal responsável, embora sujeito a melhorias e aperfeiçoamentos. Antes de tudo, falta sua aplicação plena, por todos os governos, sem famigeradas interpretações criativas.

A ausência de uma lei geral de contas públicas, que substituiria a Lei nº 4.320, de 1964, tem sido crucial para evitar interpretações e criar facilidades para o não cumprimento de algumas regras da LRF. Afinal, se a LRF define princípios e regras gerais, cabe a uma outra lei complementar definir o que sejam, e como medir corretamente, as principais variáveis fiscais, além de regular o processo orçamentário, contábil e financeiro.

Um exemplo dessas interpretações refere-se ao conceito e à medição de despesas de pessoal, que deveriam ser simples e inquestionáveis, mas não são. Outros exemplos são a aplicação da chamada "regra de ouro", a assunção de compromissos no último ano de mandato do chefe do Executivo e a geração de despesas continuadas, que sempre foram questões mais sensíveis, desde quando se desenhava o anteprojeto da LRF, e merecem um debate mais aprofundado. Dada a experiência acumulada em duas décadas de sua aplicação, também seria útil revisitar as atribuições e a eficiência dos órgãos de controle, interno e externo, em especial para adotar as mesmas leituras e os mesmos critérios nacionalmente.

Responsabilidade fiscal: reforço, atalhos, alternativas

O ciclo econômico, naturalmente, cria dificuldades para a execução da política fiscal. Na bonança, nem sempre se formam poupanças para serem sacadas e usadas nas épocas da tempestade. Nestes tempos, tanto as metas (nos últimos anos, metas da União previram seguidamente déficits primários) quanto a aplicação de determinadas restrições podem – e devem – ser revistas. A própria LRF já suspende restrições, se constatados baixo crescimento econômico ou calamidade.

Desde a sanção da LRF, vivemos ciclos de maior aceitação e maior rejeição, num desgaste permanente. Para aqueles que têm a responsabilidade de definir e executar a política econômica e a convicção da importância do cumprimento das metas fiscais para o crescimento da atividade econômica e do emprego, fica o desafio de convencer a todos da necessidade de se persistir no cumprimento das regras. Para estes, a constante ameaça de não cumprimento da LRF e das metas fiscais se torna uma dor de cabeça, fazendo-os pensar: que outros mecanismos poderiam ser mais eficazes e mais facilmente operados e/ou monitorados?

Foi num contexto como esse que, em dezembro de 2016, o Congresso promulgou a Emenda Constitucional nº 95/2016 (o teto de gastos), limitando por 20 anos a variação dos gastos primários da União. A proposta procurou atender à simplicidade, com apenas três artigos. O dobro desse número seria aprovado posteriormente para suspender a aplicação da restrição aos gastos ali discriminados. Na prática, a Proposta de Emenda à Constituição (PEC) do teto de gastos serve menos para fechar a porteira do aumento de gasto e muito mais para permitir aos parlamentares decidirem os gastos para os quais abrem outra porteira. Não há qualquer diferença (a não ser a necessidade de se ter uma PEC) para a antiga prática, recorrente no Senado, em que se impunha um limite muito reduzido para as dívidas estadual e municipal e, depois, se aprovava uma sucessão de autorizações, ditas extrateto, e sem que o Executivo pudesse exercer eventualmente qualquer poder de veto.

Para alguns de seus defensores, uma regra simples de teto de gastos supriria uma eventual ineficiência da complexa LRF. Acreditavam que, ao limitar o gasto primário federal, o teto teria o condão de forçar o país a adotar reformas que levariam à redução e/ou à racionalização dos gastos. Mesmo exigindo quórum qualificado e decisão exclusiva do Legislativo, uma sucessão de emendas foi aprovada, suspendendo a aplicação e ampliando os montantes dos tetos fixados. Nenhuma reforma ocorreu, salvo a Previdenciária, e mesmo esta não implicou uma redução expressiva dessa categoria de gasto relativamente àquele verificado antes da adoção da emenda – apenas funcionou para interromper a escalada de expansão dos benefícios previdenciários. Enfim, todos querem fugir de restrição, seja qual for, seja como for fixada.

Recentemente um amigo nos alertou: "Nossa especialidade é procurar alternativas para burlar todas as regras estabelecidas, vide Lei de Responsabilidade Fiscal, regra de ouro, teto de gastos."[3] A questão cultural é outro importante fator, pois, em muitos casos, não faltam leis e sanções. Falta à LRF prevalecer e se impregnar na gestão dos recursos

---

3. Antonio de Pádua Passos, ex-funcionário do Banco Central do Brasil e da Secretaria do Tesouro Nacional.

públicos e na fiscalização do seu uso por parte dos governantes, dos gestores e da sociedade, inclusive por parte dos pagadores de impostos.

A própria LRF previa identificar e premiar experiências bem-sucedidas nessa direção, sendo esta uma das atribuições do Conselho de Gestão Fiscal, que, como dito, nunca foi regulamentado. Com isso o país tem perdido a oportunidade de estimular uma mudança cultural focada na responsabilidade fiscal. Do ponto em que estamos, além de identificar casos específicos, será preciso incorporar incentivos à gestão mais responsável, seja nos critérios de rateio de transferências e de autorizações de endividamento em favor dos governos estaduais e municipais, de modo a beneficiar proporcionalmente mais aqueles que foram mais austeros em suas gestões, seja para submeter as autoridades federais a avaliações periódicas de gastos e de suas gestões por entidades independentes, nacionais ou até estrangeiras. Já existem rankings de transparência e de governo eletrônico. Poderíamos adotar e divulgar amplamente indicadores de gestão aplicados não apenas a governos, mas também aos responsáveis por cada unidade gestora, em todas as áreas de atuação do governo.

O momento é oportuno para se ir além da ideia de que a LRF só funcionaria se houvesse punições e punidos, quando o mais importante é que não seja necessário aplicar sanções, uma vez que as gestões e os gestores sejam efetivamente responsáveis. Para estimular tal cultura, já passa da hora de se premiar, no mínimo com divulgação pública, aqueles que forem mais responsáveis, mais eficientes e mais eficazes. O ideal será ir além e converter tal reconhecimento em benefícios para as respectivas administrações públicas e proporcionalmente ao grau de esforço fiscal apurado.

Conclusão

Recuperar a memória da criação da LRF é interessante neste momento em que a política fiscal e as suas instituições têm sido colocadas no epicentro da agenda econômica, diante da atual crise financeira global. Essa crise tem exigido reações inteligentes, consistentes e coordenadas dos governos mundo afora.

De fato, a experiência brasileira com a LRF é muito útil. Fortes polêmicas e resistências que cercaram sua proposição subitamente se transformaram em consenso, pode-se dizer, até mesmo em unanimidade. O reconhecimento internacional a consagrou como uma das legislações mais austeras e de melhores resultados quando aplicada em federações. Mas, ainda assim, o contexto atual pode esconder algum desconhecimento ou esquecimento em relação aos passos iniciais na construção dessa lei.

Novos desafios, como os atuais, sempre surgem para o regime fiscal. Por isso é importante relembrar como a LRF foi pensada, proposta, debatida, votada e implantada; conhecer como as resistências foram enfrentadas; saber onde falhamos e por que falhamos. Assim, saberemos melhor o que devemos fazer neste momento, o que deve ser aperfeiçoado.

A elaboração deste breve histórico da Lei de Responsabilidade Fiscal, 22 anos depois de sua sanção, não deixa de ser uma boa oportunidade para se aprovar e implementar avanços e melhorias, dada a retomada da discussão do arcabouço fiscal do país. Desta vez não estamos sozinhos nesse desafio. A discussão se faz presente também nos países ricos. Estamos todos no mesmo barco e no mesmo momento!

É imprescindível completar a aplicação de todas as normas previstas originalmente na LRF, especialmente pela União, a esfera de governo mais imune a seus rigores, e aproveitar tal oportunidade para criar uma cultura de responsabilidade no trato da coisa pública no país! Precisamos revisar e assegurar eficiência ao *enforcement* das regras fiscais já existentes. Estamos seguros de que o novo arcabouço, que muitos defendem para as economias avançadas, na essência é o "velho" arcabouço que o Brasil adotou e implementou, pelo menos parcialmente, nos últimos 20 anos: a Lei de Responsabilidade Fiscal.

Lógico que sempre cabem ajustes e aperfeiçoamentos, mas não se faz necessário mudar a essência do que se definiu como gestão fiscal responsável nos idos de 2002. Precisamos transformar a LRF, de princípios e valores, em prática do dia a dia. Transformar o contexto de irresponsabilidade crônica em uma cultura de responsabilidade fiscal. Pela História brasileira, momentos de grave crise sempre foram propícios a reformas importantes.

Em síntese, entendemos que as medidas para conter ou reverter a grave situação atual são de três ordens: fiscal *stricto sensu*, fazendo alguns ajustes pontuais nas regras vigentes; administrativa, repriorizando os gastos e melhorando a sua gestão; e reformista, atacando pontos não contemplados em reformas anteriores e que, no conjunto, garantam trajetórias sustentáveis para a dívida pública e para programas sociais. Mas, quaisquer que sejam as alterações aprovadas para um novo arcabouço, teremos que cuidar da questão cultural. É imprescindível criar uma cultura de responsabilidade no trato das contas e da coisa pública!

REFERÊNCIAS BIBLIOGRÁFICAS

AFONSO, José Roberto (1998). *Proposta para estabelecer um Código de Finanças Públicas e criar regime de responsabilidade fiscal: quadro comparativo*. Rio de Janeiro: BNDES, nov.

_____ (2010). *Responsabilidade fiscal no Brasil: uma memória da lei*. Rio de Janeiro: FGV, mai.

BRASIL (1998). *Programa de estabilidade fiscal*. Brasília, out.

DORNELLES, Francisco (s/d). *O sistema tributário da Constituição de 1988*. Brasília: Câmara dos Deputados, mimeo.

FUNDO MONETÁRIO INTERNACIONAL – FMI (2001). *Relatório sobre a observância de padrões e códigos. Módulo de transparência fiscal: Brasil*. Departamento de Assuntos Fiscais, FMI. Brasília.

GUARDIA, Eduardo (2004). "As razões do ajuste fiscal", em: GIAMBIAGI, Fabio; REIS, José; e URANI, André (orgs.). *Reformas do Brasil: balanço e agenda*. Rio de Janeiro: Nova Fronteira.

RESENDE, Fernando (1996). "O processo da reforma tributária", *Textos para Discussão*, nº 396, Brasília: BNDES.

TAVARES, Martus (2000). *Discurso na cerimônia de sanção da Lei de Responsabilidade Fiscal*. Brasília, mai.

_____ (2005). "Vinte anos de política fiscal no Brasil: dos fundamentos do novo regime à Lei de Responsabilidade Fiscal", *Revista de Economia & Relações Internacionais*, vol. 4, nº 7, jul.

_____; MANOEL, Álvaro; e AFONSO, José Roberto (1999). *Uma proposta para um novo regime fiscal no Brasil: o da responsabilidade fiscal*. Comissão Econômica para a América Latina e o Caribe – Cepal.

TER-MINASSIAN, Teresa (2002). *Relatório sobre a observância de padrões e códigos. Módulo de transparência fiscal: Brasil*. Departamento de Assuntos Fiscais, FMI. Brasília.

13. Trinta anos de política fiscal no Brasil: andamos em círculos?

Felipe Salto[1] e Josué Pellegrini[2]

Introdução

A trajetória profissional de Eduardo Guardia é inseparável da evolução da questão fiscal no Brasil, pelo menos desde o início dos anos 90 do século passado. Seu nome passou a ser mais conhecido por suas pesquisas na área fiscal, culminando na dissertação de mestrado apresentada em 1992 na Universidade Estadual de Campinas (Unicamp). Posteriormente, ele ocupou vários cargos de alto escalão, sempre com grandes desafios na gestão das contas públicas.

Em que pese a contribuição de Guardia e de muitos que lutaram pela criação de instituições fiscais sólidas no Brasil, os desafios ainda são enormes. Alguns arranjos passam a impressão de que se consolidou um novo

1. Ex-secretário de Fazenda e Planejamento do estado de São Paulo e ex-diretor-executivo da Instituição Fiscal Independente (IFI). É sócio e economista-chefe da Warren Investimentos.
2. Doutor em Economia pela Universidade de São Paulo (USP). Foi consultor do Senado Federal e diretor da Instituição Fiscal Independente (IFI). Atualmente é economista da Warren Investimentos.

patamar de solidez, mas a impressão se desfaz com medidas fiscais mal-ajambradas. Não há como saber se as idas e vindas são parte do processo de amadurecimento ou se o país caminha em círculos. Certeza mesmo é a falta que Guardia fará nas inevitáveis batalhas que virão em busca da criação de instituições que possam levar o país ao desenvolvimento econômico e social.

Este Capítulo trata da evolução da situação fiscal do Brasil nos 30 anos transcorridos desde o advento do Plano Real. A intenção é mostrar o processo de idas e vindas comentado acima, com foco na evolução dos agregados e das regras fiscais de modo abrangente, dada a limitação de espaço. Nos momentos oportunos, destaca-se a atuação de Guardia.

1. A consolidação do Plano Real e o desafiador 2002

No primeiro mandato de Fernando Henrique Cardoso (1995-1998), após a adoção do Plano Real, em 1994, foi necessário um sacrificante período de "quebra" de expectativas inflacionárias, ainda mais com a ocorrência de crises externas, a exemplo da mexicana, no fim de 1994, e da asiática, iniciada em meados de 1997. A ocorrência de taxa de câmbio valorizada e de elevada taxa real de juros caracterizou o período no Brasil. Ao mesmo tempo, foram adotadas medidas estruturais, como a renegociação da dívida estadual, a reforma previdenciária (Emenda Constitucional nº 20, de 15 de dezembro de 1998), a redefinição da participação do Estado na economia e o saneamento dos bancos públicos e privados.

Já o segundo mandato de Fernando Henrique Cardoso (1999-2002) começou sob os efeitos de nova crise externa, a russa. Na busca da preservação e consolidação do Plano Real, adotou-se o chamado tripé macroeconômico, em 1999. Esse tripé criou um novo regime cambial, monetário e fiscal para o Brasil. A taxa de câmbio passou a flutuar livremente, diferentemente da banda cambial, prevalecente nos anos iniciais do Plano Real. Introduziu-se o regime de metas para a inflação, perseguidas com o uso da taxa de juros, sem o compromisso de sustentar um câmbio valorizado. No plano fiscal, por fim, foram feitos ajustes destinados a produzir superávits primários capazes de garantir a sustentabilidade fiscal do país.

É preciso que se diga, entretanto, que o ajuste fiscal começou logo em novembro de 1997, com o anúncio do chamado "Pacote 51", com 51 medidas, notadamente na área tributária. No fim de 1998, já sob os efeitos da crise russa, adotou-se o Plano de Estabilização Fiscal e firmou-se o acordo com o Fundo Monetário Internacional (FMI), quando foram estabelecidas metas de superávit primário para 1999, 2000 e 2001.[3]

O novo regime fiscal foi consagrado em maio de 2000 com a aprovação da Lei de Responsabilidade Fiscal, que estabeleceu uma regra permanente de meta de resultado primário a ser definida, a cada ano, na Lei de Diretrizes Orçamentárias. Essas providências foram fundamentais para a consolidação do Plano Real, que até então, no plano fiscal, ficou restrito à adoção, em 1994, do Fundo Social de Emergência (Emenda Constitucional de Revisão nº 1, de 1º de março de 1994), convertido em Desvinculação da Receita da União (DRU), em 2000.

O resultado das medidas tomadas no âmbito do novo regime fiscal pode ser visto no Gráfico 1, que indica o resultado primário do Governo Central, em percentual do Produto Interno Bruto (PIB), no acumulado dos últimos 12 meses para o período 1997-2003.[4] Conforme se verifica, de relativo equilíbrio no fim de 1997, houve superávit de 0,8% do PIB em 1998 e de 1,9% do PIB em 1999, esforço este mantido e até acrescido nos anos seguintes.

---

3. Uma revisão da evolução da política fiscal no Brasil pode ser vista em Salto e Almeida (2016).

4. As informações sobre o resultado primário da União aqui utilizadas foram extraídas do *Relatório do Tesouro Nacional*, produzido pela Secretaria do Tesouro Nacional. A série tem início em 1997. Disponível em: <https://www.tesourotransparente.gov.br/publicacoes/boletim-resultado-do-tesouro-nacional-rtn/2022/7>. Acesso em: 17 abr. 2024.

Gráfico 1. Resultado primário do Governo Central – 1997-2003 – % PIB

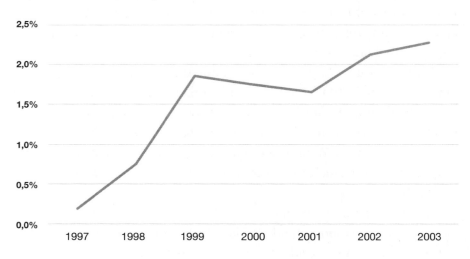

Fonte: Secretaria do Tesouro Nacional.

Goldfajn (2002) mostra, pela ótica de quem via os acontecimentos no início de 2002, que, mesmo sob hipóteses bastante conservadoras, a tendência da dívida pública era de estabilidade ou de redução frente aos níveis vigentes. Além do superávit primário sustentado, a taxa de juros e a taxa de câmbio estavam suficientemente elevadas, de maneira que suas tendências mais prováveis fossem de redução, o que ajudaria a manter o endividamento público sob controle.

Em que pese esse quadro, 2002 foi um ano bem complicado para o país. O ambiente externo continuava desafiador, especialmente após a adoção do *"corralito"* na Argentina, no fim de 2001, que trouxe graves consequências para o país vizinho. No plano interno, no segundo semestre desse ano, foi necessário aplicar um rigoroso racionamento do consumo de energia elétrica no Brasil para evitar o colapso do sistema. Contudo, internamente, o acontecimento mais decisivo foram as eleições presidenciais.

As pesquisas eleitorais apontavam sistematicamente, ao longo de 2002, a vitória do candidato Lula, do Partido dos Trabalhadores (PT). Como o partido havia sido crítico da política econômica adotada desde a preparação do Plano Real, o ano foi caracterizado por enorme incerteza quanto ao futuro da economia em um novo governo, notadamente quanto ao risco de desmontagem do tripé macroeconômico. A trajetória da taxa de câmbio no ano refletiu a instabilidade então observada, conforme registra o Gráfico 2.[5] De R$ 2,32, no último dia de 2001, o dólar chegou a R$ 3,96 em 22 de outubro de 2002, uma desvalorização de mais de 70%.

Gráfico 2. Taxa de câmbio – 2001-2003 – R$ 1,00

Fonte: Banco Central do Brasil.

Esses períodos de incerteza costumam dificultar bastante a gestão da política econômica e das contas públicas em particular. Eleve-se ao quadrado o desafio na gestão da dívida pública, executada pela Secretaria do Tesouro Nacional, a cargo de Guardia naquele delicado ano de 2002. A dívida pública no período era fortemente sensível à taxa de câmbio. A dívida externa correspondia a 28,6% do total do passivo, enquanto os títulos públicos federais indexados a essa taxa em poder de mercado chegavam a 27,3%, ambas tomando-se a média em 2002.[6]

---

5. Cotação diária do dólar americano na venda, retirada das séries temporais do Banco Central.

6. As informações a respeito da composição das dívidas mobiliárias interna e externa da União podem ser obtidas na publicação mensal da Secretaria do Tesouro Nacional intitulada *Relatório mensal da dívida*. Disponível em: <https://www.tesourotransparente.gov.br/publicacoes/relatorio-mensal-da-divida-rmd/2022/7?ano_selecionado=2022>. Acesso em: 17 abr. 2024.

O Gráfico 3 apresenta a evolução da dívida pública em relação ao PIB.[7] Observe-se que a dívida subiu mais de 10 pontos percentuais do PIB ao longo de 2002, passando de 61,9%, em dezembro de 2001, para 72,7%, em setembro de 2002. Esse nível de setembro só seria alcançado novamente cerca de 15 anos depois.

Gráfico 3. Dívida pública – 2001-2003 – % PIB

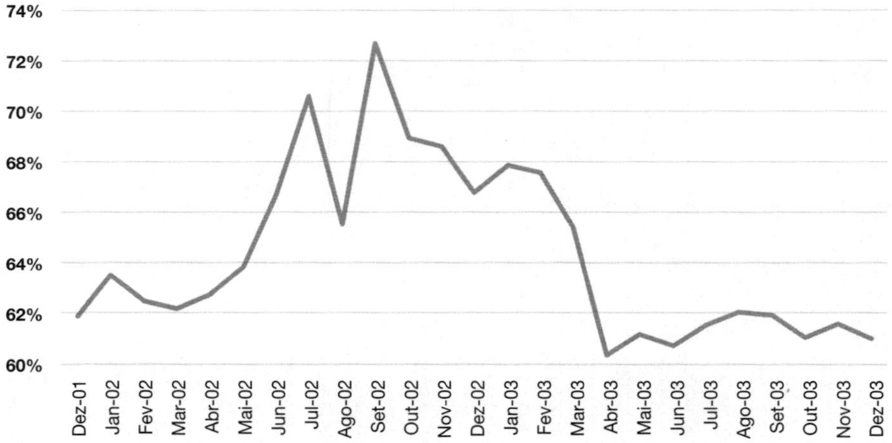

Fonte: Banco Central do Brasil.

A superação do delicado período só foi possível com os crescentes sinais de que o novo governo não promoveria ruptura na política econômica então adotada, conjugada à competência da equipe econômica do governo que se encerrava. Equipe composta por nomes como Pedro Malan, no posto de ministro da Fazenda, Arminio Fraga, no comando do Banco Central do Brasil (BCB), e o próprio Guardia, na gestão da dívida pública.

7. O indicador de dívida pública empregado neste Capítulo é o da Dívida Bruta do Governo Geral (DBGG), calculada e divulgada pelo Banco Central. Disponível em: <https://www.bcb.gov.br/estatisticas/tabelasespeciais>. Acesso em: 17 abr. 2024. A atual série começa em dezembro de 2006. Dois ajustes foram feitos na série anterior para que fosse compatível com a atual. A carteira de títulos públicos do Banco Central foi substituída por suas operações compromissadas e os títulos de emissão do Banco Central foram acrescidos.

Já na vigência do primeiro mandato de Lula, em 2003, há que se destacar a decisão do governo de manter os pilares da política macroeconômica, bem como de empossar uma equipe econômica comprometida com essa opção, encabeçada por Antonio Palocci, no Ministério da Fazenda, e Henrique Meirelles, no Banco Central. Exemplos disso foram o reforço do superávit primário, em 2003, conforme se vê no Gráfico 1, e o aumento da taxa de juros, com vistas a controlar a inflação que havia subido bastante em razão da forte desvalorização cambial.

Diante desse quadro, superadas as incertezas, os fundamentos macroeconômicos indicados por Goldfajn (2002) voltaram a prevalecer, com reflexos em variáveis econômicas centrais. Os Gráficos 2 e 3 trazem a recuperação da tranquilidade no curso de 2003, notadamente nos primeiros meses.

A taxa de câmbio caiu significativamente e se estabilizou entre R$ 2,8 e R$ 3,0, a partir de abril de 2003. A taxa de juros também pôde ser reduzida, após o aumento inicial. Já a dívida pública caiu para cerca de 61% do PIB, também em abril, voltando ao nível verificado em dezembro de 2001, antes dos efeitos da enorme incerteza observada ao longo de 2002.

2. Os dois primeiros mandatos presidenciais de Lula (2003-2010)

O primeiro governo Lula (2003-2006) também conteve medidas estruturais importantes, além da preservação do tripé macroeconômico. Foram os casos da mudança do artigo 192 da Constituição Federal, que trata do sistema financeiro (Emenda Constitucional nº 40, de 29 de maio de 2003), e da reforma da Previdência do setor público (Emenda Constitucional nº 41, de 19 de dezembro de 2003). Ademais, medidas na área do crédito ajudaram a impulsionar a intermediação financeira no país.

Tratou-se também de um período de elevado crescimento econômico, fruto da preservação e da continuidade das reformas, dos ajustes feitos no período anterior e do impulso dado pela economia mundial, com a China em destaque. Como reflexo do aumento das exportações e dos preços das *commodities*, o saldo comercial evoluiu de modo bastante favorável. Some-se a isso o forte aumento das entradas de capital no país, em razão da melhora da situação doméstica.

Na tentativa de se evitar uma grande valorização cambial, os fluxos externos foram utilizados de início para pagar a dívida externa da União, inclusive o FMI, e, em seguida, acumular enorme montante de reservas internacionais, mantido até o presente. As contas da União, na condição de credora externa (reservas superiores à dívida externa), passaram a ser positivamente impactadas pela desvalorização cambial, o oposto do que se observou em 2002, conforme visto.

No âmbito fiscal, as despesas cresceram quase de modo contínuo de 2003 a 2010 (2,3 pontos percentuais de PIB no período), especialmente em razão dos aumentos do valor real do salário mínimo, do piso dos benefícios previdenciários, bem como das despesas assistenciais, inclusive com o Bolsa Família. Já as receitas aumentaram no mesmo ritmo (2,2 pontos percentuais, no mesmo período), impulsionadas pelo crescimento econômico e por algumas medidas na área tributária.

O aumento conjugado de receitas e despesas, por sua vez, possibilitou manter o resultado primário em nível elevado, oscilando entre 2% e 3% do PIB até 2010, à exceção de 2009. A dívida pública só não caiu mais rapidamente no período devido à necessidade de se financiar a aquisição de reservas externas e dos créditos do Tesouro Nacional ao Banco Nacional de Desenvolvimento Econômico e Social (BNDES), concedidos na forma de títulos públicos. Dos 61% do PIB, em dezembro de 2003, observados no Gráfico 3, o passivo caiu para 51,8% do PIB, em dezembro de 2010.[8]

A situação favorável na qual o país se encontrava no fim de 2008 foi decisiva para que pudesse enfrentar adequadamente a crise externa que

---

8. As emissões de títulos transferidos ao BNDES de 2008 a 2010 chegaram a 2,3% do PIB do triênio. Disponível em: <https://www.bndes.gov.br/wps/portal/site/home/transparencia/recursos-do-tesouro-nacional>. Acesso em: 17 abr. 2024. Há que considerar também que houve forte aumento das exigências dos depósitos compulsórios em 2010, o que produziu como contrapartida a redução de 6,2 pontos percentuais do PIB das operações compromissadas naquele ano. Essas operações representam o segundo maior componente da dívida pública, inferior apenas aos títulos públicos em poder do mercado.

viria no fim daquele ano. Nesse contexto, foi possível usar as políticas fiscal e monetária para compensar os efeitos negativos da crise externa sobre a demanda interna, de tal modo que se pôde amortecer o impacto sobre a atividade econômica em 2009.

3. O governo Dilma e a grande deterioração fiscal

O primeiro governo Dilma (2011-2014) foi caracterizado por um forte ativismo da política econômica, opção que ficou conhecida como Nova Matriz Econômica. É bem verdade que os primeiros passos dessa política foram dados já no governo anterior, mas o alcance e a abrangência dessa opção só chegaram a afetar o desempenho da economia de modo mais significativo no transcurso do governo Dilma, especialmente a partir de 2014.[9]

É possível que o receio de uma desaceleração mais acentuada da economia, como a que se originou com a crise de 2008, tenha contribuído para que se seguisse essa opção. Entretanto, o fator decisivo parece ter sido certa descrença em relação ao funcionamento das economias de mercado, propensas ao baixo crescimento em razão de insuficiência de demanda e à geração de desequilíbrios originados de falhas de mercado.

A utilização dos instrumentos de política econômica disponíveis, a exemplo de benefícios tributários, subsídios financeiros e creditícios, e o aumento de gastos públicos levaram a uma acentuada deterioração do quadro fiscal, retratada no Gráfico 4 pela evolução das receitas primárias líquidas e das despesas primárias da União, de 2011 a 2016.[10]

---

9. Sobre a política econômica adotada no primeiro governo Dilma, ver Mesquita (2014).

10. Inclui-se 2016 no governo Dilma, a despeito do afastamento da presidente do cargo em maio, porque os efeitos sobre as variáveis econômicas e fiscais ao longo do ano retratam, em larga medida, políticas adotadas durante sua gestão.

Gráfico 4. Receitas e despesas primárias da União – 2011-2016 – % PIB

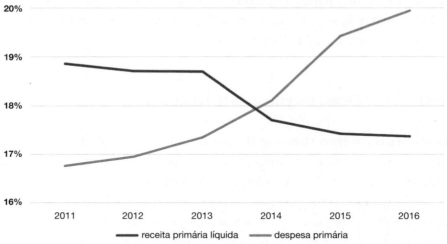

Fonte: Secretaria do Tesouro Nacional.

Como se vê, o Gráfico 4 retrata o "x" da questão fiscal, vale dizer: a receita caiu 1,5 ponto percentual do PIB no período, enquanto a despesa subiu 3,1 pontos percentuais do PIB, o que levou a uma extravagante reversão de 4,6 pontos do PIB do resultado primário em apenas cinco anos (de superávit de 2,1% do PIB, em dezembro de 2011, para déficit de 2,5% do PIB, no fim de 2016).

Deve-se registrar que a redução da receita se deveu, em parte, à desaceleração do crescimento da economia frente ao observado no período anterior. Mas o fato é que se fosse esse o caso, a despesa deveria ter sido gerida de acordo com a evolução da arrecadação. Ademais, parte da queda da receita decorreu do maior uso dos benefícios tributários, que, de acordo com a Secretaria da Receita Federal, subiu de 3,5% do PIB, em 2011, para 4,3% do PIB, em 2016, depois de ter atingido o pico de 4,5% em 2015.[11] Já os gastos aumentaram em grande medida

---

11. A renúncia de receita ocasionada pelos benefícios tributários está disponível em: <https://www.gov.br/receitafederal/pt-br/centrais-de-conteudo/publicacoes/relatorios/renuncia/gastos-tributarios-bases-efetivas>. Acesso em: 17 abr. 2024.

em razão do incremento dos pagamentos de benefícios previdenciários (cerca de 55% do aumento da despesa primária total verificado no período, frente a 30% no período 2003-2010).

Ainda no campo fiscal, uma prática adotada em várias ocasiões, já iniciada no governo anterior, foi a de contornar os indicadores e as regras por meio de diferentes subterfúgios, desacreditando as instituições fiscais do país. Assim, investimentos e desoneração tributária foram desconsiderados para fins de aferição do cumprimento da meta de resultado primário; receitas extraordinárias foram criadas artificialmente utilizando-se operações com bancos e empresas públicas; restos a pagar foram elevados; e despesas executadas por meio de bancos públicos não foram contabilizadas no momento correto, prática que fundamentou o pedido de afastamento presidencial ao Congresso Nacional.

No âmbito da política monetária, a conjugação de taxas de juros baixas e de aumento de gastos públicos gerava pressões inflacionárias, contidas por meio do controle de alguns preços relevantes da economia, especialmente combustíveis e energia elétrica, além do uso da desoneração tributária. Inevitável descompressão dos preços levou a um acentuado ajuste corretivo em 2015, o que fez a inflação, medida pelo Índice Nacional de Preços ao Consumidor Amplo (IPCA), superar os 10% naquele ano. Como resposta, a taxa de juros foi elevada até 14,25% ao ano em julho de 2015, recorde em nove anos.

Em relação à dívida pública, esta encerrou 2013 em 51,5% do PIB, praticamente o mesmo percentual registrado no fim de 2010. Para isso, destaca-se a ajuda dos superávits primários registrados até 2013, ainda que decrescentes.[12] Já a continuidade da compra de reservas internacionais até meados de 2012 e os novos aportes financeiros do Tesouro Nacional ao BNDES impediram uma redução mais significativa da dívida pública.

Após 2013, porém, a dívida pública iniciou persistente tendência de aumento, mesmo com o fim das transferências ao BNDES, em razão dos déficits primários e da elevação da taxa de juros requerida para controlar

---

12. Uma análise da evolução da dívida pública em grande parte do período coberto neste Capítulo pode ser vista em Pellegrini e Salto (2020).

a inflação e compensar a elevada incerteza. Dos 51,5% do PIB observados em dezembro de 2013, o passivo saltou para 69,8% do PIB em dezembro de 2016, expressivo incremento de 18,3 pontos percentuais de PIB em apenas três anos, apesar do resgate antecipado de parte dos créditos concedidos pelo Tesouro ao BNDES, no fim de 2016.

Enfim, durante o governo Dilma, um dos acontecimentos mais marcantes foi a deterioração da situação fiscal, expressa pela piora de 4,6 pontos percentuais do PIB do resultado primário e do aumento de 18,3 pontos percentuais do PIB da dívida pública. A forte queda do PIB de 3,4%, em média, no biênio 2015-2016, se deveu, em boa medida, ao desajuste fiscal então produzido.[13]

É verdade que se tentou corrigir as distorções já em 2015 com algumas providências, a exemplo da mudança nas regras das pensões, no seguro-desemprego e na desoneração da folha de pagamentos. Entretanto, a falta de apoio político ao ajuste, não apontado como necessário durante a campanha presidencial de 2014, e a maior clareza quanto à gravidade dos efeitos da política adotada ao longo dos primeiros quatro anos de governo levaram à interrupção do mandato presidencial, em maio de 2016.

4. A retomada do controle das contas públicas de 2016 a 2018

A situação econômica e fiscal do país em 2016 era, portanto, bastante crítica e desafiadora. Conforme visto, conjugou-se queda de mais de 3% do PIB, inflação acima de 10% e forte deterioração fiscal. A exemplo do que se observou em 2002, a taxa de câmbio expressou a gravidade da situação. A partir de outubro de 2014, a taxa subiu significativamente do patamar de R$ 2,40 para uma média de R$ 3,90 de outubro de 2015 a março de 2016, uma desvalorização de 62%. Outro fato a ser lembrado foi a perda do grau de investimento conferido pelas agências de crédito, em 2015.

Uma vez mais, foi preciso uma equipe econômica competente para reverter o quadro econômico, em particular no aspecto fiscal. Dessa feita,

---

13. Ver, por exemplo, Barbosa Filho (2017).

a equipe formada, ao longo de 2016, contava com Henrique Meirelles, como ministro da Fazenda, e Ilan Goldfajn, na presidência do Banco Central. Guardia seria chamado novamente para dar contribuição decisiva no enfrentamento da crise, como secretário-executivo do Ministério da Fazenda. Em 2018, Guardia substituiria Meirelles como ministro. Na ocasião, apoiou de maneira firme a atuação da Instituição Fiscal Independente (IFI), como testemunhado pelos autores deste Capítulo. A IFI era um órgão novo na área fiscal e o seu reconhecimento pelo Ministério da Fazenda foi fundamental.

Os efeitos fiscais da atuação da nova equipe apareceram já em 2017, quando se logrou, primeiramente, evitar novos aumentos do déficit público para, em seguida, conseguir sua redução. Assim, após estancá-lo nos cerca de 2,6% do PIB verificados em 2016, o déficit caiu até encerrar 2018 em 1,7% do PIB. Quanto à dívida pública, houve desaceleração da trajetória de alta em 2017 para, em 2018, se alcançar a estabilidade entre 75% e 76% do PIB, com o apoio dos resgates antecipados dos créditos do Tesouro junto ao BNDES. As trajetórias do déficit primário da União e da dívida pública, como proporção do PIB, podem ser vistas nos Gráficos 5 e 6.

Gráfico 5. Resultado primário da União – 2011-2018 – % PIB

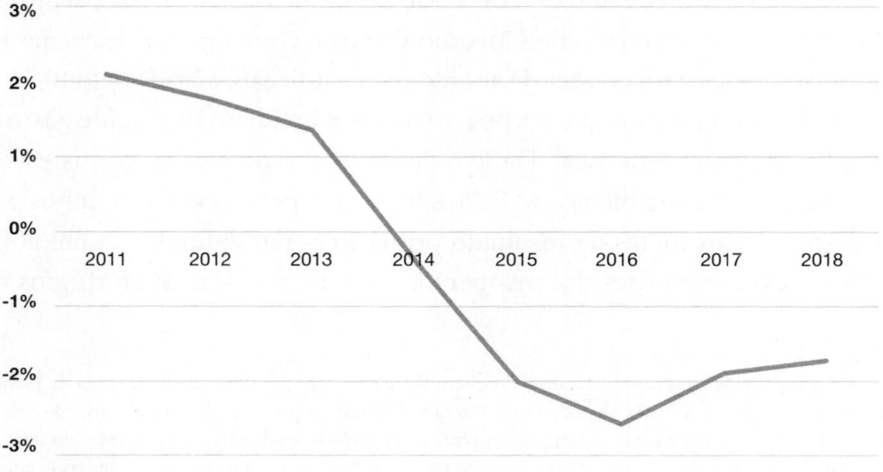

Fonte: Secretaria do Tesouro Nacional.

Gráfico 6. Dívida pública – 2013-2018 – % PIB

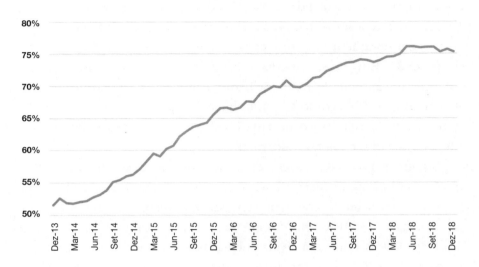

Fonte: Banco Central do Brasil.

Há que se observar, contudo, que a principal providência então adotada pela equipe econômica, com a colaboração do Congresso Nacional, evidentemente, foi a instituição do teto de gastos da União, por meio da Emenda Constitucional nº 95, de 15 de dezembro de 2016.[14] A partir de 2017, os gastos primários do Governo Central, com algumas exceções e ajustes, só poderiam crescer de acordo com a inflação, aferida pelo IPCA.

É curioso observar que o impacto direto e imediato do teto de gastos não foi propriamente fiscal. Dado o desempenho da receita, o ajuste fiscal empreendido no biênio 2017-2018 foi obtido pelas restrições impostas à despesa pelas metas de resultado primário então definidas. A credibilidade dessa regra fiscal foi recuperada, pois aferida sem subterfúgios e

---

14. Outras providências devem ser ainda registradas, a exemplo da substituição da Taxa de Juros de Longo Prazo (TJLP) pela Taxa de Longo Prazo (TLP), mais próxima da taxa de juros de mercado. A TLP passou a balizar, progressivamente, os empréstimos dos bancos federais, em particular do BNDES. Tal mudança levou à redução dos subsídios embutidos nas operações realizadas por essas instituições. É preciso destacar também a chamada reforma trabalhista (Lei nº 13.467, de 13 de julho de 2017) e a nova Lei das Estatais (Lei nº 13.303, de 30 de junho de 2016).

fixada em nível cujo cumprimento efetivamente revertia a deterioração das contas federais.

O efeito inicial mais relevante da regra do teto foi sobre as expectativas dos agentes econômicos, pois representava um efetivo compromisso com a sustentabilidade fiscal. Afinal, foram previstos no ordenamento do país, em nível constitucional, limites para a expansão do gasto primário federal, depois de um longo período de incrementos sucessivos das despesas. O impacto favorável sobre as expectativas, por sua vez, desdobrou-se em reduções das taxas de juros e em estímulo à atividade econômica. Era o que se esperava, após as enormes incertezas observadas no período de 2014 a 2016.

A experiência com a regra do teto de gastos mostrou que havia alguns problemas em sua concepção inicial relativos ao modo como se daria o acionamento das medidas de ajuste, caso o teto fosse ultrapassado, e à concentração dos cortes nas despesas discricionárias, notadamente investimentos. No entanto, os efeitos econômicos positivos da introdução do teto revelaram a importância da existência de regras bem arquitetadas e confiáveis que tornassem claro aos agentes econômicos o compromisso com a sustentabilidade fiscal do país.

5. O governo Bolsonaro e os desafios deixados para a questão fiscal

O governo Bolsonaro começou positivamente sob o aspecto fiscal, com o envio ao Congresso Nacional da proposta da reforma da Previdência Social e dos servidores públicos, enfim promulgada como Emenda Constitucional nº 103, de 12 novembro de 2019. O resultado foi bom, ainda que a falta de empenho durante a tramitação tenha reduzido bastante o alcance do texto aprovado relativamente ao pretendido de início, a exemplo da retirada dos servidores estaduais e municipais.[15]

---

15. Vale observar que se tentou reformar a Previdência no governo Temer, mas a divulgação de áudios que atingiram a imagem do presidente, em maio de 2017, inviabilizou o suporte político necessário para tal mudança.

Os efeitos da reforma ainda estão sendo avaliados, mas, dada a limitação do seu alcance, não se poderia esperar que ela resolvesse em definitivo os desequilíbrios da Previdência. Um possível efeito seria o de evitar novos aumentos da despesa previdenciária em relação ao PIB nos anos seguintes.

Um tanto decepcionante foi a Emenda Constitucional nº 109, de 15 de março de 2021, originada de três propostas enviadas ao Congresso Nacional, em 2019, para se promover uma verdadeira reforma fiscal, com a introdução dos chamados três "Ds": desvinculação, desobrigação e desindexação. As PECs ficaram conhecidas como PEC Emergencial, PEC do Pacto Federativo e PEC dos Fundos. Entretanto, o texto final aprovado ficou muito aquém do que se pretendia inicialmente. Uma mudança positiva foi a inclusão nos artigos 163 e 165 da Constituição Federal, da sustentabilidade da dívida pública como objetivo a ser perseguido pelo país.

Quanto às contas primárias da União, em 2019 prosseguiu-se a política de redução gradual do déficit primário, que caiu para 1,3% do PIB, frente ao 1,7% do PIB de 2018. Em 2020, porém, o custo do enfrentamento da pandemia levou o déficit para 9,8% do PIB. O cumprimento da meta de resultado primário foi dispensado e as despesas extras, notadamente relativas ao Auxílio Emergencial, excluídas do teto de gastos da União.

No biênio seguinte, surpreendentemente, logrou-se reduzir o déficit de modo significativo para 0,4% do PIB, em 2021, convertido para superávit de 0,5% do PIB, em 2022. Contou-se para isso com: (i) o fim de grande parte dos gastos requeridos pelo enfrentamento da pandemia; (ii) o aumento da arrecadação proporcionada pela recuperação da atividade econômica no pós-pandemia; (iii) o forte aumento das receitas não administradas (0,8 ponto percentual de PIB apenas em 2022); e (iv) a elevada inflação, que impulsionou as receitas, ao mesmo tempo que reduziu as despesas, em relação ao PIB. O efeito sobre a arrecadação foi tão pronunciado que possibilitou a fácil absorção da desoneração de tributos sobre combustíveis.

Vale um parêntese sobre esse último item, que traz à baila a contribuição de Guardia, em sua dissertação de mestrado, para o melhor entendimento da relação entre contas públicas e inflação, nos anos 90 do século passado. Gustavo Franco, em Capítulo deste livro, sumariza a contribuição como "efeito Tanzi, ao contrário, pelo lado da despesa". Enquanto o efeito

Tanzi diz respeito ao efeito da inflação elevada sobre o valor real da arrecadação, Guardia explorou o efeito sobre o valor real da despesa.

A dívida pública também foi reduzida por força do aumento nominal do PIB, impulsionado pela inflação, já que o passivo é aferido em relação ao tamanho da economia. Atuou também para conter o endividamento, além da trajetória do déficit no biênio 2021-2022, a venda de reservas externas e a continuidade do resgate dos créditos do Tesouro junto ao BNDES. Por força desses fatores, a dívida pública, depois de subir de 75,3% do PIB, em 2018, para 86,9% do PIB, em 2020, em razão dos gastos da pandemia, caiu para 71,7% do PIB, em 2022.

Em que pese o mérito da expressiva reversão do déficit público no biênio 2021-2022, os fatores elencados acima já indicavam que boa parte do ajuste não seria de caráter estrutural, portanto, não sustentável. A arrecadação foi impulsionada pela inflação elevada e por receitas extraordinárias, de caráter temporário, a exemplo da advinda do elevado preço do barril de petróleo.

As despesas, por sua vez, foram comprimidas pela elevada inflação. Cedo ou tarde, haveria recomposição de relevantes componentes do gasto, a exemplo da despesa de pessoal, previdenciária e assistencial, por meio do reajuste da remuneração dos servidores federais e do salário mínimo. Além disso, algumas mudanças verificadas durante o governo Bolsonaro "contrataram" ou postergaram aumentos de despesa da União, com efeitos mais claramente perceptíveis nos anos seguintes, sem o efeito corrosivo da inflação sobre as despesas.

A primeira mudança foi o aumento de 10%, em 2020, para 23%, em 2026, da complementação da União ao Fundeb,[16] por meio da Emenda Constitucional nº 108, de 2020. Essa medida elevará a despesa da União em cerca de 0,25 ponto percentual do PIB quando o cronograma for concluído.[17] Tratou-se de uma iniciativa do Congresso Nacional, mas sem resistência do Poder Executivo federal.

---

16. Fundeb: Fundo de Manutenção e Desenvolvimento da Educação Básica e de Valorização dos Profissionais da Educação.

17. Trata-se de uma estimativa preliminar. Consiste apenas em aplicar, à complementação em relação ao PIB verificada em 2020, a mesma variação do percentual de complementação que irá vigorar de 2020 a 2026.

A segunda mudança veio com a Emenda Constitucional nº 123, de 14 de julho de 2022, originada da chamada "PEC Kamikaze". Essa emenda introduziu uma série de benefícios, com vistas a influenciar o resultado das eleições presidenciais de 2022. A principal mudança foi o aumento do Bolsa Família, então denominado Auxílio Brasil, de R$ 400,00 para R$ 600,00, ao custo de R$ 26 bilhões. Esse aumento seria mantido até dezembro de 2022, mas, naturalmente, no contexto da campanha presidencial, os candidatos se comprometeram com a permanência do valor extra, o que de fato ocorreu, como se verá adiante.

Outra mudança vem sendo germinada por meio de sucessivas emendas constitucionais desde 2015, refletindo uma crescente fragilidade do Poder Executivo federal frente ao Congresso Nacional. Trata-se do extraordinário aumento das emendas parlamentares, mediante a vinculação à receita corrente líquida de emendas individuais e de bancada. Tal fenômeno, que pode eventualmente se estender também às emendas de comissão, elevou ainda mais o grau de rigidez imposto à gestão fiscal da União.

Vale observar que não se discute aqui o mérito do Fundeb, do Bolsa Família ou das emendas parlamentares. A questão central é que despesas extras significativas foram contratadas, sem compensação adequada, via aumento de receita e/ou corte de outras despesas, o que comprometeu estruturalmente o equilíbrio das contas públicas.

Outras duas medidas elevaram ou postergaram os gastos para os anos seguintes. Leis nacionais forçaram a redução das alíquotas do Imposto sobre Circulação de Mercadorias e Serviços (ICMS) incidentes sobre os bens e serviços ditos essenciais, comprometendo a União com a compensação pela perda de receita dos estados.

De maior impacto, contudo, foram as Emendas Constitucionais nº 113 e nº 114, de dezembro de 2021, que, a um só tempo, criaram dois problemas: postergaram despesas para os anos seguintes e fragilizaram a regra do teto de gastos. No primeiro caso, diante do forte aumento dos precatórios previstos para 2022 em diante, criou-se um teto específico para o pagamento dessa despesa, adiando para o futuro o pagamento do excedente, o que, evidentemente, criaria uma "bola de neve".

Quanto à fragilização do teto de gastos, em 2020 os gastos extras necessários ao enfrentamento da pandemia, notadamente o Auxílio Emergencial, foram acertadamente excetuados do teto. Todavia, nos anos seguintes, a prática foi utilizada para acomodar as demandas por gastos do momento, ainda mais com a aproximação das eleições presidenciais. Assim, as Emendas n°s 113 e 114, de 2021, excluíram do teto parte dos pagamentos de precatórios previstos para 2022 e alteraram a fórmula de cálculo do teto de um modo que o tornou mais elevado nesse ano. Já a citada Emenda nº 123, de 2022, introduziu despesas extras também fora do teto previsto para 2023, a exemplo dos dispêndios a mais com o Auxílio Brasil.

Enfim, o governo Bolsonaro foi capaz de reduzir o déficit primário do Governo Central de 9,8% do PIB, no ano da pandemia, para o superávit de 0,5% do PIB, em 2022. No entanto, há que destacar a insustentabilidade desse percentual, em razão de receitas de caráter temporário e de despesas reprimidas e contratadas para os anos futuros. Fora isso, o destino da regra do teto de gastos foi selado nesse período. A propósito, a meta de resultado primário também foi desacreditada, já que não representou efetiva restrição aos formuladores da política fiscal desde 2020.

A regra do teto de gastos instituída no fim de 2016 foi muito positiva para restabelecer a confiança na sustentabilidade fiscal, conforme visto, diante da forte incerteza que caracterizou o biênio 20215-2016. Por certo continha defeitos e inconsistências. A sua eficácia, porém, assim como a de qualquer outra regra fiscal que dê suporte à sustentabilidade fiscal, dependeria de medidas complementares destinadas a conter as despesas obrigatórias, do contrário as despesas discricionárias seriam reduzidas até o comprometimento da administração pública.

As medidas complementares não vieram, à exceção da reforma previdenciária, com efeitos limitados. Pelo contrário. Na contramão do que o país precisaria, novas despesas de caráter permanente foram criadas sem compensação, como as relativas ao Fundeb, ao Bolsa Família e às emendas parlamentares, além do aumento "exógeno" dos precatórios, tornando a equação mais complexa.

6. O início do novo governo Lula e o agravamento do quadro fiscal

Havia transcorrido um ano e meio do terceiro governo Lula quando este texto sofreu a revisão final. Pode-se dizer que a situação fiscal piorou nesse período frente ao quadro vigente ao término de 2022, mesmo que se levem em conta os problemas herdados da gestão anterior.

O primeiro grande acontecimento fiscal do atual governo se deu nos dias finais de 2022, em acerto do Congresso com o governo recém-eleito. Trata-se da Emenda Constitucional nº 126, de 21 de dezembro de 2022, que impôs o baque derradeiro à regra do teto de gastos. Foram acrescidos R$ 145 bilhões ao limite previsto para 2023, destinados ao incremento permanente dos valores pagos por meio do Bolsa Família. Ademais, outros gastos menores foram excetuados do limite.

Novamente, não se discute aqui o mérito do Bolsa Família. O problema é que não houve qualquer preocupação com a compensação para o elevado e permanente aumento da despesa. A exceção foi a autorização para a transferência ao Tesouro dos saldos não sacados pelos titulares das contas do PIS/Pasep, o que acabou ocorrendo em setembro de 2023, no valor aproximado de R$ 26 bilhões. Entretanto, tratou-se de receita excepcional, válida apenas para 2023.

Outro evento importante foi a decisão de pagar os precatórios acumulados, em razão de um teto específico para essa despesa, em vigor desde 2022, conforme visto. O montante pago em dezembro de 2023 chegou a R$ 92,4 bilhões. A decisão de frear a "bola de neve" foi acertada, mas decidiu-se também pagar os precatórios que se acumulariam em 2024.

Esse adiantamento de despesa foi adotado ainda no caso da compensação dos estados por conta da perda de receita de ICMS com a desoneração imposta em 2022. Além da parcela da compensação acordada para ser paga em 2023, adiantou-se a parcela de 2024. Com isso, os aportes do Tesouro aos entes subnacionais aumentaram R$ 13,1 bilhões em 2023, quando comparados a 2022.

A explicação para o adiantamento de despesas se deve ao fato de que as despesas não consideradas para fins de aferição do cumprimento da meta fiscal de 2023 eram tão elevadas que a regra não serviu como efetiva restrição para as contas federais naquele ano, assim como se deu com a regra do teto de gastos, também fortemente ampliado pela Emenda Constitucional nº 126, de 2022.

Com as despesas extras do Bolsa Família, o pagamento dos precatórios acumulados e o adiantamento de gastos, as despesas totais cresceram de 18% do PIB, em 2022, para 19,6% do PIB, em 2023. As receitas líquidas, por seu turno, caíram de 18,4% para 17,5% do PIB, comparando-se os mesmos anos. Essa queda era esperada, pois, conforme visto, o desempenho de 2022 foi excepcional. Tanto é que a receita voltou ao nível de 2021. Na verdade, a queda poderia ter sido mais pronunciada, não fosse o ingresso dos já citados R$ 26 bilhões das contas não sacadas do PIS/Pasep. A reoneração dos combustíveis foi apenas parcial.

Conjugando-se forte aumento de receita e forte queda da receita, o resultado primário passou do superávit de 0,5% do PIB, em 2022, para o déficit de 2,1% do PIB, em 2023. Mesmo que se descontem despesas que, sob o regime de competência, se refiram a outros anos, o resultado foi bastante ruim, considerando-se o resultado necessário para garantir a sustentabilidade das contas públicas.

Em 2023, ocorreram ainda outros acontecimentos importantes na área fiscal, mas com relevância para a evolução das contas do Governo Central a partir de 2024. Trata-se da definição das metas fiscais para 2024 e para os anos seguintes e da introdução da nova regra fiscal.

O Projeto de Lei de Diretrizes Orçamentárias relativa a 2024 foi enviado ao Congresso Nacional em abril com um ajuste fiscal ambicioso, levando-se em conta o déficit que se vislumbrava para 2023. A meta de resultado primário foi estabelecida em zero para 2024, superávit de 0,5% do PIB para 2025 e superávit de 1% do PIB para 2026. Boa parte do ajuste pretendido está direcionada ao aumento da receita.

De modo até surpreendente, um conjunto de medidas destinadas a elevar a arrecadação de 2024 foi aprovado pelo Congresso Nacional, em 2023. Parte dessas medidas, como a reoneração completa dos combustíveis, a taxação dos fundos fechados e a limitação da compensação tributária, contribuiu para um desempenho muito bom da arrecadação nos primeiros cinco meses do ano, com aumento real de 9% frente a igual período de 2023.

Esse percentual deverá desacelerar até o fim do ano, mas, ainda assim, será um desempenho bastante positivo em 2024, eventualmente recolocando a arrecadação próxima dos 18,4% do PIB observados em 2022. Entretanto, isso não será suficiente, pois as despesas permanecem em nível bastante elevado, podendo chegar a 19% do PIB em 2024. Ademais, parte do ganho de receita de 2024 é temporário e não deverá se repetir nos anos seguintes, a menos que novas medidas sejam tomadas.

A dificuldade para se alcançar as metas previstas levaram à revisão das metas de 2025 e 2026, quando do envio ao Congresso Nacional do Projeto de Lei de Diretrizes Orçamentárias relativas a 2025. A meta de superávit de 2025 foi reduzida de 0,5% do PIB para zero (a mesma de 2024, que não foi alterada), enquanto a meta de 2026 foi reduzida de 1% para 0,25% do PIB. Mesmo assim, as novas metas não deverão ser alcançadas, pois estão excessivamente dependentes de aumentos de receita, diante de despesas que já se encontram em um nível muito alto, próximo de 19% do PIB.

Sem que o governo se convença da necessidade de direcionar parte do ajuste para as despesas, o déficit primário do Governo Central deverá persistir por volta de 0,7% do PIB até o término do atual governo, em 2026. A dívida pública, por sua vez, dada a trajetória do déficit e dos juros, partirá de 71,7% do PIB, em 2022, e poderá chegar a mais de 83% do PIB, em 2026.

A revogação do teto de gastos e sua substituição por uma nova regra fiscal foi propositadamente deixada por último nessa análise do período inicial do novo governo Lula. A revogação se deu por meio da Emenda Constitucional nº 126, de 2022, que também determinou sua substituição por uma nova regra fiscal, via lei complementar. O comando foi atendido com a aprovação da Lei Complementar nº 200, de 30 de agosto de 2023, a valer a partir de 2024.

A nova regra, bem como o teto de gastos, também contempla um limite para a despesa do Governo Central, desta feita, corrigido ano a ano, não mais pelo IPCA apenas, mas, também, por uma parcela da variação real da receita, que pode ir de 50% a 70%, a depender do cumprimento da meta estabelecida para o resultado primário. Além disso, a variação real da despesa não pode ser inferior a 0,6% ou superior a 2,5%.

Não cabe aqui entrar nos detalhes da regra, como as despesas excetuadas do limite, as receitas excluídas para a aferição da sua variação real ou o período considerado para apurar essa variação real. A ideia de ajustar a despesa em percentual inferior ao da receita, ainda que acima da inflação, é positiva. A sua aplicação sem subterfúgios ou ininterruptamente levaria inequivocamente ao distanciamento entre receitas e despesas primárias, gerando o resultado primário requerido pela sustentabilidade fiscal.

Ocorre que a nova regra deveria vir acompanhada de medidas complementares para ajustar a trajetória esperada das despesas obrigatórias à trajetória do próprio limite de despesas ao longo dos anos. Como isso não foi feito, as despesas discricionárias (exceto emendas) serão "espremidas", até inviabilizar o funcionamento da administração pública. Com essa perspectiva, a regra perde a credibilidade e não se presta para convergir as expectativas na direção da sustentabilidade fiscal. É o mesmo problema que selou o destino do teto de gastos.

Entre as medidas complementares teria de estar a mudança das fórmulas de correção das despesas atualmente vinculadas às receitas, como é o caso das despesas com saúde, educação e emendas parlamentares.

Outro sério problema foi a introdução da nova regra de correção do valor real do salário mínimo, com base na variação real do PIB. Como o piso dos benefícios previdenciários e assistenciais (exceto Bolsa Família) estão vinculados ao mínimo, a nova política impacta fortemente mais da metade do gasto federal. Havia opções para minorar os efeitos da política, como considerar o PIB *per capita* ou prever um prazo para a sua vigência, mas foram descartadas.

Soma-se a esse problema o envelhecimento da população, que agravará o quadro previdenciário. Uma nova reforma da Previdência Social será necessária em um prazo bem mais curto do que se previa.

Comentários finais

Tanto o cumprimento de metas fiscais minimamente satisfatórias para 2024 e para os próximos anos do atual governo, como a adoção de medidas que garantam a durabilidade da regra fiscal no médio e longo prazos requerem urgentemente providências pelo lado da despesa. No momento em que se conclui este texto, os efeitos da inércia diante desse problema visivelmente recaem sobre indicadores econômicos relevantes, como taxa de juros, inflação, dólar e bolsa de valores. Entretanto, a instabilidade macroeconômica advinda da percepção de insustentabilidade fiscal comprometerá também o crescimento econômico e o melhor enfrentamento dos problemas sociais.

Isso não quer dizer que a tarefa se resuma ao controle da despesa. Há também a necessidade de melhorar a alocação dos gastos públicos, o que envolve temas como a maior flexibilidade na gestão do orçamento público e a disseminação da avaliação de políticas públicas. Nesse contexto, se inserem providências como uma nova lei de finanças públicas e a reforma administrativa.

Do lado das receitas, os gastos tributários são muito elevados e devem ser reduzidos, além de bem utilizados. É preciso também que se diminua a dependência de receitas extraordinárias e/ou de receitas que gerem distorções econômicas excessivas, a exemplo de ineficiência do sistema econômico, complexidade e regressividade. Aqui se enquadra a reforma tributária.[18]

Feita essa retrospectiva da evolução da situação fiscal no país nos últimos 30 anos e do longo caminho que ainda temos a percorrer, não há como evitar certa sensação de que o país está andando em círculos quando se trata do tema. Ou será que se trata de um tortuoso processo

---

18. A Emenda Constitucional nº 132/2023, a chamada reforma tributária, contém aspectos positivos, mas alguns sérios problemas também. No que tange à questão fiscal, uma nova, relevante e permanente despesa foi contratada para a União, o que agravará o déficit estrutural desse ente. Trata-se das transferências de recursos aos fundos criados no bojo da reforma, notadamente o Fundo Nacional de Desenvolvimento Regional. As transferências partirão de R$ 9 bilhões, em 2029, e crescerão continuamente até atingirem R$ 60 bilhões em 2043.

de aprendizado que algum dia levará a instituições fiscais maduras e responsáveis? Não há como saber. É preciso seguir em frente, agora, infelizmente, sem a contribuição de Eduardo Guardia.

Referências bibliográficas

BARBOSA FILHO, Fernando de Holanda (2017). "A crise econômica de 2014-2017", *Estudos Avançados*, vol. 31, nº 89. São Paulo: USP. Disponível em: <https://www.revistas.usp.br/eav/issue/view/9745>. Acesso em: 17 abr. 2024.

GOLDFAJN, Ilan (2002). "Há razões para duvidar de que a dívida pública no Brasil é sustentável?", *Notas técnicas do Banco Central do Brasil*, nº 25, jul. Disponível em: <https://www.bcb.gov.br/pec/notastecnicas/port/2002nt25fiscalsustainabilityp.pdf>. Acesso em: 17 abr. 2024.

GUARDIA, Eduardo Refinetti (1992). *Orçamento público e política fiscal: aspectos institucionais e experiências recentes – 1985-1991*. Dissertação de mestrado, Departamento de Economia. Campinas (SP): Unicamp. Disponível em: <https://iepecdg.com.br/wp-content/uploads/2022/04/Guardia_EduardoRefinetti_M.pdf>. Acesso em: 15 mar. 2024.

MESQUITA, Mário. "A política econômica do governo Dilma: a volta do experimentalismo" (2014). *Coletânea de capítulos Sob a Luz do Sol, uma agenda para o Brasil*. Centro de Debate de Políticas Públicas, set. Disponível em: <https://cdpp.org.br/wp-content/uploads/2017/02/SobLuzDoSol.pdf>. Acesso em: 17 abr. 2024.

PELLEGRINI, Josué Alfredo; e SALTO, Felipe (2020). "Dívida pública: indicadores, evolução e perspectivas", em: SALTO, Felipe; e PELLEGRINI, Josué Alfredo (orgs.). *Contas públicas no Brasil* (cap. 13). São Paulo: Saraiva.

SALTO, Felipe; e ALMEIDA, Mansueto de (2016). "Responsabilidade fiscal é a chave para voltar a crescer", em: SALTO, Felipe; e ALMEIDA, Mansueto de (orgs.). *Finanças públicas: da contabilidade criativa ao resgate da credibilidade* (Introdução). Rio de Janeiro: Record.

14. A importante parceria entre o Banco Central e o Tesouro na crise de 2002

Luiz Fernando Figueiredo[1] e Sérgio Goldenstein[2]

Consideramos que o período em que trabalhamos no Banco Central do Brasil (BCB) foi, de longe, a nossa experiência mais rica na vida profissional. Ali aprendemos, amadurecemos e pudemos dar o nosso quinhão de contribuição ao país. Em particular, o ano de 2002 foi extremamente desafiador, quando o mercado doméstico se viu afetado por uma crise de confiança sem precedentes, o que gerou enormes dificuldades para o refinanciamento da dívida pública.

Um fator que ajudou muito foi o conjunto de pessoas capacitadas e fazedoras, tanto no BCB quanto no Ministério da Fazenda. Com o trabalho conjunto e a parceria que se formou, tornou-se possível superar os

---

1. Luiz Fernando Figueiredo esteve à frente da Diretoria de Política Monetária (Dipom) do Banco Central do Brasil por quatro anos (entre março de 1999 e março de 2003).

2. Sérgio Goldenstein foi funcionário de carreira do BCB por 11 anos, tendo exercido a chefia do Departamento de Mercado Aberto (Demab) também por quatro anos (entre março de 2001 e janeiro de 2005).

diversos obstáculos. E, falando em parceria, uma figura que se destacou foi a de Eduardo Guardia. No seu extenso e rico currículo, vale lembrar que ele ocupava o cargo de secretário-adjunto do Tesouro Nacional (TN) quando, em maio de 2002, foi nomeado para assumir a chefia do órgão, onde permaneceu até o fim daquele ano. Um período curto, mas muito importante na História do país, além de marcante para os atores de ambos os lados do balcão que vivenciaram aqueles momentos de extrema volatilidade no mercado.

A identificação com o Edu foi bastante rápida, não só por seu conhecimento de finanças públicas, mas também por sua humildade em assuntos que eram mais a praia do BCB, principalmente na relação com o mercado e suas reações. Não há nada melhor do que lidar com alguém desvestido de vaidade e pronto a pensar na melhor solução para problemas que, sobretudo em 2002, eram maiores do que nós.

Foram muitas as batalhas em que lutamos juntos para manter alguma racionalidade naquele período de tanta incerteza e desconfiança com relação ao futuro de nosso país. Em especial, devido ao enorme temor dos agentes de mercado com relação a certas propostas antigas do Partido dos Trabalhadores, o PT (que vinha se tornando o favorito para vencer as eleições presidenciais), como alguma forma de moratória da dívida pública e forte expansão dos gastos públicos.

A crescente preocupação com o risco político se materializou com a disparada do EMBI+ BR, que, na época, era visto como a principal medida de "risco-país". Após uma mínima de 698 pontos-base em março de 2002, o indicador chegou a "incríveis" 2.443 pontos-base em setembro, ou seja, as taxas dos títulos da dívida externa do Brasil passaram a apresentar um diferencial (*spread* soberano) médio de 24,43 pontos percentuais em relação às taxas dos títulos de dez anos do Tesouro dos Estados Unidos.

A demanda por *hedge* cambial, que já havia subido em 2001 devido a uma combinação de diversos choques (culminando nos atentados terroristas em 11 de setembro), continuou forte em 2002, traduzindo-se em significativa depreciação do real (19%, em 2001, e 53%, em 2002) e forte aumento da dívida pública doméstica indexada à taxa de câmbio (que saltou de 22,3%, no fim de 2000, para 28,6%, em 2001; e de 40,7%, em outubro de 2002, caiu para 37,0% no fim daquele ano).

Ao longo de 2002, os agentes econômicos começaram gradualmente a rejeitar os títulos do Tesouro Nacional. Até maio, observou-se, mês a mês, resgate líquido da dívida mobiliária, que nada mais era do que um volume de vencimentos acima do que o Tesouro conseguia emitir. Mesmo assim, a demanda era bastante concentrada nos títulos de curto prazo, que venciam antes da virada do ano. Entre janeiro e maio, o resgate líquido de títulos chegou a R$ 41 bilhões, o que representava cerca de 6,5% do estoque da dívida pública mobiliária em poder do público. Fazendo uma simples regra de três com o estoque atual da dívida, seria o equivalente a um resgate em torno de R$ 450 bilhões.

A situação se agravou a partir de junho, quando a rejeição aos títulos se ampliou, abarcando inclusive os papéis mais curtos. Nos cinco meses subsequentes, de junho a outubro, o resgate líquido alcançou R$ 87 bilhões, representando uma taxa de rolagem de apenas 25%, equivalente a R$ 925 bilhões pelo mesmo cálculo acima descrito. Estávamos em um círculo vicioso. O caixa do Tesouro era cada vez menor, a dívida de curto prazo aumentava e o mercado precificava um risco crescente de *default*, o que reduzia ainda mais a demanda por títulos públicos.

Foram muitas as situações naquele ano em que tivemos de escolher entre o ruim e o muito ruim. Havia uma crise de confiança muito grande e, cada dia que passava, era menos relevante o que era falado e feito pelo BCB e pelo Tesouro; mais importante era a percepção do risco político.

No primeiro trimestre de 2002, as taxas de rentabilidade (deságios) das Letras Financeiras do Tesouro (LFTs), que representavam o principal ativo das carteiras dos fundos de investimento, eram negociadas próximas das médias históricas. No entanto, acompanhando o crescente cenário pessimista dos investidores em relação ao Brasil, os prêmios exigidos pelo mercado para carregar títulos públicos se elevaram. Assim, os deságios das LFTs começaram a subir, refletindo, portanto, maior risco de crédito.

Em paralelo, houve a recomendação da Comissão de Valores Mobiliários (CVM) e do BCB para que os fundos de investimento cumprissem a obrigatoriedade de marcação a mercado.[3] Existia uma situação assimétrica, já que a maioria dos fundos de renda fixa marcava pela "curva do papel" (taxa de aquisição) e mostrava uma cota "enganosa", enquanto outros fundos que detinham os mesmos ativos marcavam a mercado, resultando em cotas negativas e, consequentemente, em resgates por parte dos clientes. Na época, cunhou-se a expressão "fundos caubói" para aqueles que marcavam pela curva. O cliente que "sacasse" primeiro tinha vantagem, ao resgatar com uma cota não afetada pelo que acontecia no mercado secundário de títulos. Já os clientes remanescentes, "morriam" com o prejuízo.

O problema é que com o *enforcement* da marcação a mercado, os fundos de investimento (mesmo os conservadores fundos DI) passaram a apresentar rentabilidade negativa. Entrava-se, desse modo, em mais uma espiral negativa. O "susto" dos clientes com as cotas negativas gerava resgates (com os recursos migrando, por exemplo, para a poupança e o Certificado de Depósito Bancário, o CDB), o que obrigava os gestores a vender as LFTs no mercado secundário, o que pressionava ainda mais os deságios, o que afetava a rentabilidade dos fundos, o que gerava mais resgates...

Entre maio e setembro de 2002, os resgates líquidos dos fundos de investimento alcançaram R$ 57 bilhões, representando um pouco mais de 15% do estoque dessas instituições. Por seu turno, o Tesouro se via cada vez mais em maus lençóis, pois os fundos estavam entre os principais demandantes da dívida mobiliária interna, detendo cerca de 40% do estoque em abril daquele ano.

Como se isso fosse pouco, diversas corretoras, em vez de se centrarem no propósito de realizar a intermediação de títulos, estavam com uma alavancagem em LFT de até 20 vezes o seu patrimônio líquido. Em outras palavras, elas se financiavam via operações compromissadas ao custo da taxa Selic para comprar LFT com deságio de 0,4% e, assim, ganhar esse diferencial alavancado. Contudo, à medida

---

3. Ver *Relatório da Administração 2002*, Banco Central do Brasil. Disponível em: <https://www.bcb.gov.br/htms/reladmbc2002/RelatorioAdmBC2002.pdf>.

que os deságios foram subindo, perdiam capital de giro, pois os preços de lastro das LFTs declinavam acompanhando a alta das taxas. No desespero, as corretoras tinham que se desfazer dos títulos a qualquer preço.

Entre o fim de março e meados de agosto, os deságios das LFTs com vencimento de 2004 a 2006 aumentaram de 0,4% para 2,7%. A precificação do risco de crédito foi magnificada por fatores técnicos do mercado. Havia poucos instrumentos à disposição do BCB e do TN, num contexto de volume baixo de reservas cambiais, Conta Única do TN com valor pequeno, pânico nos mercados locais e demanda quase inexistente por títulos públicos. E, nessa "guerra", estávamos todos pensando no que fazer para evitar que a situação descambasse para o pior cenário. Saíamos do BCB após as 20 ou 22 horas e em várias ocasiões discutíamos depois por telefone, já tarde da noite, sobre quais estratégias poderíamos adotar.

Naquele momento, a principal preocupação era não deixar que o caixa do Tesouro acabasse, o que configuraria uma situação de *default*. Para se ter uma ideia, projetávamos, em maio, que, se as condições de financiamento continuassem como estavam, o caixa poderia ficar zerado até o fim do ano. O objetivo imediato, então, era gerar formas de reforçar a Conta Única, permitindo algum saldo positivo até a posse do novo governo, em 2003, com todas as obrigações sendo cumpridas.

Para tal, seria fundamental uma estreita parceria entre o BCB e o Tesouro, lembrando que, por vedação constitucional, o BCB não poderia financiá-lo. Restava, então, criar mecanismos para que o mercado o fizesse. Dentro de nossa "parceria", capitaneada no Tesouro pelo Edu e no BCB por nós, criamos várias operações que buscavam esse objetivo, ou seja, normalizar o mercado e gerar liquidez para os títulos do Tesouro. Vamos aqui comentar três conjuntos de medidas.

O primeiro, a partir de maio, foi a realização, pelo Banco Central, de leilões de compra definitiva de LFTs totalizando R$ 26,7 bilhões, em coordenação com o Tesouro e tendo como finalidade estabilizar os preços das LFTs. Além disso, foram realizadas dezenas de leilões de troca dos títulos com vencimentos entre 2004 e 2006 por outros com vencimentos em 2002 e 2003 (a maior parte), no montante de cerca de R$ 70 bilhões.[4]

Uma inovação interessante foi que, em algumas dessas operações, a instituição tinha a possibilidade de vender de volta ao BCB até 20% dos títulos de curto prazo numa data futura (novembro ou dezembro de 2002). Ao reduzir o prazo médio em mercado das LFTs e também o seu estoque, houve sucesso em reverter parcialmente a trajetória de elevação dos deságios dos títulos, mitigando os resgates nos fundos de investimento. Cabe frisar que, caso o Tesouro fosse o responsável pela recompra de títulos, o seu caixa se reduziria de forma mais intensa e rápida, o que resultaria num prêmio de risco ainda mais elevado.

O segundo conjunto de medidas foi a alteração da sistemática de realização de operações de mercado aberto voltadas para o equilíbrio da liquidez bancária. A partir de julho de 2002, outras instituições financeiras, além dos *dealers* primários do Banco Central, foram liberadas para realizar operações compromissadas diretamente com a autoridade monetária (operações de *go-around* doadoras de recursos do BCB).[5] Os *dealers* não estavam dando liquidez aos títulos para as instituições menores, tendo em vista o receio de que estas pudessem quebrar e, assim, não receber de volta os recursos emprestados e ter de ficar com os títulos públicos (lastro das compromissadas) das instituições menores.

Portanto, criamos uma sistemática que permitiu a eliminação para os *dealers* do risco assumido como contraparte, aumentando a capilaridade das operações realizadas pelo BCB. Num momento de forte empoçamento de liquidez, em que os grandes bancos não irrigavam a liquidez para as instituições menores, essa medida foi fundamental para que as pequenas instituições tivessem acesso aos recursos para

---

4. Nos leilões de troca, o BCB vendia as LFTs curtas a preços competitivos (leilões de "preço único") e comprava os títulos mais longos a deságios preestabelecidos. Desse modo, sinalizava os preços dos títulos longos, buscando estabilizar os deságios das LFTs. A modalidade de leilão de "preço único" visava evitar a chamada "maldição do vencedor", o que possibilitou a redução do prêmio pedido pelos títulos, pois todos "largariam" com o mesmo preço.

5. Ver *Relatório de Atividades de 1999 a 2002*, Banco Central do Brasil. Disponível em: <https://www.bcb.gov.br/htms/infecon/Dipom/RelDiPomAtividades.pdf>.

financiar suas carteiras de títulos, como era o caso de algumas corretoras. Para facilitar ainda mais esse processo, o Departamento de Mercado Aberto (Demab) passou a adotar preços de lastro (conhecidos como "PU 550") com um *haircut* menor, ou seja, um desconto menor com relação aos preços de mercado.

Por fim, de junho a novembro foram realizadas, pelo BCB, operações de compra de títulos cambiais (R$ 27,1 bilhões de NBCE e R$ 4,8 bilhões de NTN-D) vinculadas à realização de operações de *swap* cambial e à venda, pelo Tesouro, de LFTs. O objetivo principal era, sem alterar a exposição cambial das carteiras dos fundos de investimento, permitir a compensação entre posições ativas e passivas na Bolsa.

O problema havia se originado na venda (pelas tesourarias dos bancos aos fundos DI) de títulos cambiais *"swapados"*. Esse instrumento representava uma espécie de "LFT sintética", ao combinar um título cambial a um *swap* que trocava a exposição cambial por Certificado de Depósito Interbancário (CDI). Na origem da operação, os gestores dos fundos não perceberam que o risco de crédito e de mercado de um título público poderia se diferenciar do risco de um *swap*. À medida que o cupom cambial dos títulos (posição ativa dos fundos) passou a subir mais do que o cupom cambial dos *swaps* (posição passiva dos fundos), os fundos DI começaram a apresentar perdas relevantes na marcação a mercado, somando-se aos resultados negativos das LFTs.

As trocas realizadas permitiram que os fundos zerassem ou reduzissem a exposição nos títulos cambiais *"swapados"*. A compensação entre posições ativas e passivas dos fundos na Bolsa reduziu a volatilidade de suas cotas, além de liberar volume expressivo de margens de garantia desses fundos, o que gerou maior liquidez em suas carteiras. Um fato curioso é que, como a operação de permuta de títulos cambiais por LFT e *swap* tinha várias "pernas", foi logo batizada de "operação centopeia".

Em suma, o conjunto de medidas, várias delas inovadoras e criativas, permitiu que o Tesouro e os agentes de mercado ganhassem algum fôlego, evitando a materialização de um cenário catastrófico. Embora Lula, então candidato a presidente, tivesse assinado a "Carta ao Povo Brasileiro" em junho de 2002, em que se comprometia com a responsabilidade fiscal, o combate à inflação e o respeito a contratos, houve muito ceticismo por parte dos agentes econômicos, que não a levaram muito a sério.

Por outro lado, medidas adicionais foram fundamentais, como o acordo de US$ 30 bilhões com o Fundo Monetário Internacional (FMI) assinado em agosto (com concordância do PT) e a elevação da meta Selic, que saiu de 18% em setembro para 25% no fim daquele ano. Mas o que, de fato, trouxe um ambiente de calmaria ao mercado foi a solidificação da percepção, após as eleições, de que o governo Lula seguiria a racionalidade econômica, mantendo o tripé do governo Fernando Henrique, baseado nos pilares de câmbio flutuante, responsabilidade fiscal e metas de inflação.

Com a troca de governo, Guardia deixou a Secretaria do Tesouro Nacional em dezembro de 2002. A sua missão estava cumprida. O Tesouro, nos dois últimos meses do ano, já conseguiria elevar significativamente a taxa de rolagem no refinanciamento da dívida pública. Em 2003, Guardia assumiu o posto de secretário de Fazenda de São Paulo. O testemunho aqui é o de que, graças às características de pessoas como o querido Eduardo Guardia, acabou sendo possível, em situação tão difícil e adversa, levar o nosso país "a salvo" para o novo presidente.

15. Em busca de um regime fiscal
Mário Mesquita e Pedro Schneider[1]

Eduardo Guardia marcou sua atuação como homem público, com posição destacada no Ministério da Fazenda em duas ocasiões, pela preocupação com a boa gestão fiscal. Menos conhecida, mas também importante, é sua contribuição acadêmica para o entendimento das contas públicas, com a dissertação de mestrado *Orçamento público e política fiscal: aspectos institucionais e experiência recente: 1985-1991*, de 1992. Este Capítulo foi escrito em março de 2023 no espírito das contribuições de Eduardo Guardia, e em sua homenagem.

Metas de superávit primário: histórico e problemas

Um grande número de países de renda média, como o Brasil, e alta, como os Estados Unidos, segue regimes monetários bastante similares. Trata-se usualmente de variações, limitadas, em torno de política monetária voltada para o cumprimento de metas numéricas para a in-

[1]. Mário Mesquita e Pedro Schneider são economistas do Itaú-Unibanco.

flação e a taxa de câmbio flutuante. Os arranjos de política fiscal são muito mais heterogêneos, talvez porque a área fiscal seja a mais política das políticas econômicas.

Durante um longo período, a política fiscal brasileira foi centrada em uma meta para o superávit primário do setor público consolidado. A lógica era a de que o país deveria gerar um superávit primário suficiente para estabilizar a dívida pública ao longo do tempo. Esse arcabouço começou no âmbito de programas de socorro firmados com o Fundo Monetário Internacional (FMI), fortaleceu-se pela legislação do início do século, notadamente a Lei de Responsabilidade Fiscal (Lei Complementar nº 101/2000), e continua presente nos processos orçamentários anuais da política fiscal, como a Lei de Diretrizes Orçamentárias. Entretanto, enquanto meta e métrica central da performance fiscal, o superávit primário vem perdendo relevância desde meados da década passada.

A partir de 2016, o principal pilar da política fiscal, estabelecido pela Emenda Constitucional (EC) nº 95, passou a ser o chamado "teto de gastos". A meta para o resultado primário ainda existe, mas em papel bem secundário. O próprio teto foi, contudo, flexibilizado nos últimos anos, o que suscita uma discussão no meio político, nos mercados e na academia sobre o futuro do regime fiscal brasileiro. Uma alternativa natural, nesse tema como em muitos outros, seria simplesmente voltar ao passado, isto é, restaurar a centralidade da meta de superávit primário dentro do arcabouço de política fiscal. Essa opção embute, porém, sérios problemas.

Um deles, já amplamente reconhecido, é que a meta de superávit primário implica um comportamento procíclico das despesas públicas. Em momentos de aquecimento econômico, as receitas tendem a crescer mais rapidamente e isso, com todo o resto constante, permite um aumento de gastos públicos, de forma a manter o resultado primário. Pior: esse tipo de ajuste pode originar problemas ao longo do tempo. Se o aumento de receitas é de natureza temporária, como quando resulta de altas transitórias de preços de matérias-primas, e o correspondente aumento de despesas assume a forma de transferências sociais ou outros gastos de difícil reversão, a tendência é de redução progressiva da capacidade de gerar superávits fiscais ao longo do tempo.

De 2001 a 2016, as metas de superávit primário foram ajustadas em dez dos 16 anos, sendo aumentadas duas vezes, mas reduzidas oito vezes. As decisões de alterar as metas não seguiram parâmetros homogêneos e resultaram basicamente de decisões discricionárias do Poder Executivo. Isso ocorreu a despeito dos abatimentos introduzidos no cálculo do resultado primário a partir de 2006, usualmente associados a investimentos e cuja amplitude atingiria um máximo entre 2010 e 2015. Os abatimentos correspondiam a apenas 1% do total de gastos primários em 2006, atingindo 5% do total em 2010 e um máximo de 8% em 2015.

Tabela 1. Histórico do regime de metas de primário

Ano	Escopo	R$ bi ou % PIB	Meta inicial Governo Central	Meta inicial Governo Consolidado	Mudança?	Meta final Governo Central (ex--abatimentos)	Resultado Governo Central	Meta final Governo Consolidado (ex--abatimentos)	Resultado Governo Consolidado	Abatimentos?	Abatimento R$ bi	Abatimento % gasto total
2001	Gov. Central e estatais	R$ bi	32		Sim	29	22	-	42	-		
2002	Gov. Central e estatais	R$ bi	29		Sim (+)	31	32	-	48	-		
2003	Setor público	% PIB	2,25%	3,75%	Sim (+)	2,45%	2.53% (39)	4,25%	4.32%(56)	-		
2004	Setor público	% PIB	2,45%	4,25%	Não	2,45%	2.83% (49)	4,25%	4.61% (81)	-		
2005	Setor público	% PIB	2,45%	4,25%	Não	2,45%	2.88% (53)	4,25%	4.84% (94)	-		
2006	Setor público	% PIB	2,45%	4,25%	Não	2,45%	2.46% (49)	4,25%	4.32% (90)	Invest/PPI	3	1%
2007	Setor público	% PIB	2,45%	4,25%	Sim	2,10%	2.33% (58)	3,80%	3.98% (102)	Invest/PPI + RAP	11	2%
2008	Setor público	% PIB	2,85%	3,80%	Não	2,85%	2.46% (71)	3,80%	4.07% (118)	Invest/PPI + RAP	14	3%
2009	Setor público	% PIB	2,85%	3,80%	Sim	1,60%	1.35% (39)	2,50%	2.06% (65)	Invest/PPI	28	5%
2010	Setor público	% PIB	2,15%	3,30%	Sim	2,15%	2.14% (78)	3,10%	2.78% (102)	Invest/PAC + RAP + excesso 2009 + Eletrobras	34	5%
2011	Setor público	R$ bi	82	118	Não	82	92	127,9	129	Invest/PAC + RAP + excesso 2010 (não acionados)	32	4%

Ano	Escopo	R$ bi ou % PIB	Meta inicial Governo Central	Meta inicial Governo Consolidado	Mudança?	Meta final Governo Central (ex--abatimentos)	Resultado Governo Central	Meta final Governo Consolidado (ex--abatimentos)	Resultado Governo Consolidado	Abatimentos?	Abatimento R$ bi	Abatimento % gasto total
2012	Setor público	R$ bi	97	140	Não	97	85	140	105	Invest/PAC	41	5%
2013	Gov. Central e estatais	R$ bi	108	156	Sim (exc. E&M)	108	72	155,9	91	Invest/PAC + desonerações + E&M	65	7%
2014	Gov. Central e estatais	R$ bi	116	-	Sim (abatimentos)	116	-23	-	-33	Invest/PAC + desonerações	67	6%
2015	Setor público	R$ bi	115	143	Sim	-52	-121	-48,9	-111	Invest/PAC	97	8%
2016	Setor público	R$ bi	24	31	Sim	-171	-161	-163,9	-156	-		
2017	Setor público	R$ bi	-139	-143	Sim	-159	-125	-163	-111	-		
2018	Setor público	R$ bi	-129	-131	Sim (entre LDO e LOA)	-159	-117	-161,3	-108	-		
2019	Setor público	R$ bi	-139	-132	Não	-139	-95	-132	-62	-		
2020	Setor público	R$ bi	-124	-119	Sim	Sem meta	-743	Sem meta	-703	Sem meta		
2021	Gov. Central e estatais	R$ bi	-247	-	Sim	-247	-35	-	65	Auxílio Emergencial	84	6%
2022	Gov. Central e estatais	R$ bi	-171	-	Não	-171	54	-	125	-	48	0,027880248%

Fonte: Tesouro Nacional. Elaboração: autores.

O regime teve sucesso limitado. Pode-se argumentar que o país, apesar de momentos de estresse, especialmente em 2002 e 2015, não viveu uma crise da dívida interna durante o período em que perseguiu, com esforço variável, uma meta para superávit primário.[2] Mas a dívida tampouco se estabilizou: saiu de 47,8% e 65,6% do Produto Interno Bruto (PIB), nos

2. A rigor, a dívida, após saltos induzidos pelo efeito de rodadas de depreciação cambial, ficou relativamente estável, no intervalo entre 60% e 70% do PIB, até 2012. A partir de então, o país continuou perseguindo uma meta para superávit primário, mas com esforço declinante, e a dívida mudou de patamar.

conceitos do Banco Central do Brasil (BCB) e do FMI, respectivamente, em 2000, para 69,8% e 78,3% em 2016, ou seja, num ritmo anual médio de 1,4 ou 0,8 ponto percentual do PIB, dependendo do critério utilizado.

Além disso, também é verdade que o regime de metas não funcionou para controlar as despesas, que mantiveram trajetória ascendente até 2016. Esse aumento de gastos foi financiado via aumento da carga tributária em boa parte do período. Com a derrubada da Contribuição Provisória sobre Movimentação Financeira (CPMF) pelo Congresso Nacional em 2007, a perspectiva de novas rodadas de aumento de tributos parece ter encontrado um limite político, levando a um impasse. Não só a tendência de alta de impostos se interrompeu, como também foi substituída por um aumento das desonerações tributárias, que saíram de 2,3% do PIB, em 2007, para 4,3% do PIB, em 2016.

Do lado da despesa, inicialmente tentou-se algum controle do investimento e do custeio da máquina pública, mas com pouco consenso entre Executivo e Congresso sobre corte de gastos e aumento de tributos. Em meio a uma crescente discricionariedade na implementação das regras fiscais existentes, chegou-se a um desajuste que resultou em elevação de juros e de inflação e em profunda contração da economia. O impasse na política fiscal foi solucionado com o teto de gastos (EC nº 95/2016), quando, pela primeira vez, a opção se deu por um ajuste pelo lado das despesas.

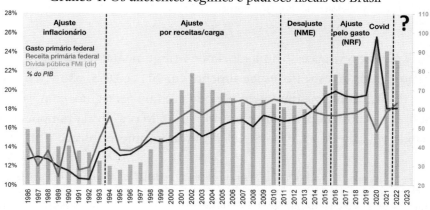

Gráfico 1. Os diferentes regimes e padrões fiscais do Brasil

Fonte: Tesouro Nacional.

Teto de gastos: sucessos e desafios

É evidente, pelos dados expostos no Gráfico 1, que o teto de gastos atendeu aos objetivos de ajuste gradual pela despesa. A regra interrompeu a dinâmica de ao menos 20 anos, em que o gasto primário federal cresceu ao ritmo anual médio de 6%, de tal maneira que o gasto primário do Governo Central, mesmo considerando todas as alterações promovidas em relação ao formato original do mecanismo fiscal – e que vamos detalhar mais à frente –, recuou como proporção do produto. O gasto primário federal, que tinha subido de 14,0% para 19,9% do PIB entre 1994 e 2016, recuou para 18,3% do PIB, em 2021, e para 18,2% do PIB, em 2022. Para 2023, projetamos 19,2%.

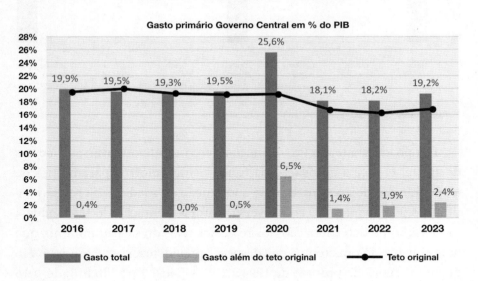

Gráfico 2. Gasto primário do Governo Central e desvio do desenho original do teto de gastos

Fonte: Tesouro Nacional. Elaboração: autores.

Apesar de críticas apontando o contrário, o teto também contribuiu para a implementação de medidas de redução do ritmo de crescimento dos principais gastos obrigatórios, virtualmente estabilizando a despesa previdenciária e reduzindo o gasto com funcionalismo sem, necessariamente, prejudicar o investimento além da tendência histórica.

Gráfico 3. Decomposição do gasto primário do Governo Central entre 1994 e 2022

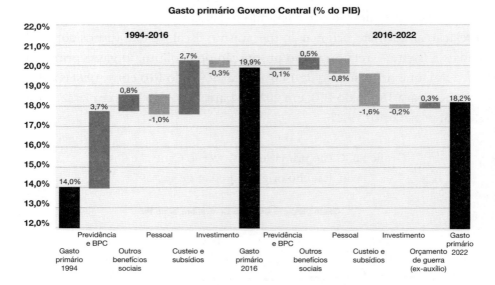

Fonte: Fonte: Tesouro Nacional. Elaboração: autores.

Detalhadamente, na Previdência, o teto incentivou diversas medidas de ajuste. Houve a aprovação da fundamental reforma paramétrica de idade mínima de aposentadoria e a execução de medidas de revisão antifraude. De forma mais controversa, a implementação do teto induz à moderação na determinação dos reajustes reais do salário mínimo, que indexa cerca de dois terços das despesas previdenciárias. Com isso, enquanto no período pré-teto de 1994 a 2016 subiu 3,7 p.p. do PIB, de 2016 a 2022 calculamos que essa despesa tenha recuado 0,1 p.p. do PIB. A própria reforma da Previdência também parece estar tendo impacto superior ao calculado na época de sua aprovação. Em especial, cabe notar que o ritmo de crescimento de beneficiários da Previdência foi de 1,9% a.a., na média, entre 2020 e 2022, frente a uma expectativa de 2,3% a.a.

Gráfico 4. Crescimento de beneficiários
da Previdência abaixo do estimado com a reforma

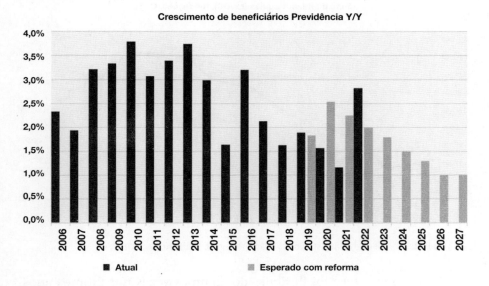

Fonte: Ministério da Previdência.

Quanto à despesa com pessoal, houve redução do número de contratações e limitação dos reajustes salariais aos servidores. O número de servidores federais civis ativos do Poder Executivo recuou de 656 mil em 2016 para 588 mil em novembro de 2022, enquanto o número total, considerando também os inativos, recuou de 1,307 milhão para 1,267 milhão. O menor número de servidores e a ausência de reajustes pela inflação desde 2019 levou o gasto com pessoal a recuar 0,8 p.p. do PIB desde 2016 – vale lembrar que os servidores haviam recebido aumentos médios de 10% ao ano entre 2016 e 2018.

Gráfico 5. Número de servidores federais civis do Executivo recuando

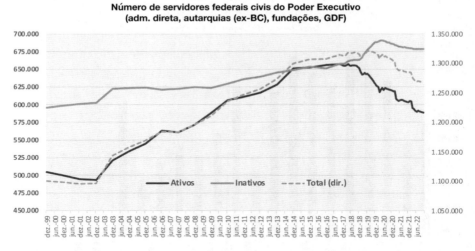

Fonte: Boletim Pessoal/ Ministério do Planejamento. Elaboração: autores.

É fato que o teto foi flexibilizado algumas vezes nos últimos anos. No entanto, os resultados das contas públicas e a comparação com o desempenho fiscal dos demais países reforçam a importância da regra e da manutenção de algum mecanismo de controle de crescimento de gastos. Mesmo durante a calamidade da pandemia, o teto de gastos, com uma cláusula de escape, não impediu as despesas extraordinárias e necessárias relacionadas à ajuda financeira e sanitária a famílias e empresas. E ainda facilitou um ajuste fiscal significativo entre 2020 e 2021, com o déficit primário indo de 9,2% do PIB para um superávit de 0,7% do PIB, e a dívida pública bruta recuando de 86,9% para 78,3% do PIB no período.

O Brasil foi um dos poucos países que registraram melhora de resultado primário e um dos que tiveram menor crescimento de dívida na comparação entre 2019, antes da pandemia, e 2021. É verdade que a elevação da inflação ajudou o processo de ajuste fiscal, mas vários países viveram aceleração inflacionária sem conseguir o ajuste logrado pela economia brasileira. De outra forma, a diferença em pontos percentuais do PIB entre a dívida pública bruta brasileira e a dos demais países emergentes recuou de cerca de 33 p.p. do PIB para 25 p.p. do PIB no mesmo período.

O melhor desempenho fiscal, em meio a sucessivas revisões positivas para a atividade econômica doméstica, mesmo diante de revisões baixistas para o crescimento econômico mundial e de uma alta significativa da taxa de juros, reflete, em parte, o sucesso de uma regra de gastos bem desenhada, com poucas exceções e necessidade de votações em quórum constitucional para ser flexibilizada.

Gráfico 6. Desempenho fiscal melhor em 2019-2021

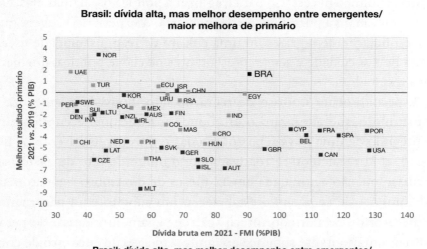

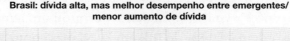

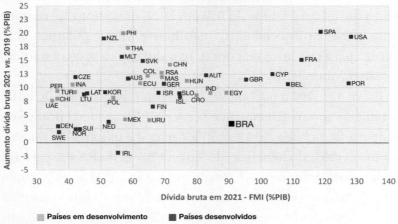

Fonte: Fundo Monetário Internacional. Elaboração: autores.

Mesmo com sucesso, o teto foi mais flexibilizado ainda em 2022, levando a uma perda da credibilidade da regra fiscal. É bem verdade que o principal obstáculo ao cumprimento pleno do teto, na realidade, foi o obstáculo que qualquer outra regra fiscal enfrentaria: não há regra suficiente para disciplinar nenhum governo. Isso porque as regras são introduzidas por instrumentos legais, os quais, mesmo no caso de emendas constitucionais, podem ser alterados se o Executivo encontrar suficiente apoio no Congresso. O que as regras fazem é aumentar o capital político necessário para fragilizar a política fiscal, mas elas, em si, não eliminam a possibilidade de mudança. A experiência sugere que é a combinação de regras com uma cultura de responsabilidade fiscal, aceita pela sociedade e seus representantes na classe política, que gera bons resultados.

Especificamente no caso da regra do teto, houve três emendas à Constituição que alteraram o arcabouço institucional e culminaram na previsão de uma nova repactuação das regras fiscais à frente. A EC nº 113/2021 recalculou retroativamente o limite do teto de gastos segundo a inflação acumulada em 12 meses de dezembro – e não mais a de junho – de cada ano e estabeleceu um subteto para pagamento de precatórios, permitindo antecipação de pagamentos dessas despesas judiciais em montante superior ao limite, em caso de encontro de contas entre credores e União. A mudança permitiu um aumento do gasto primário da ordem de 0,8% do PIB em 2022, mas como até o momento em que este texto foi elaborado não houve uma regulamentação das condições para encontro de contas, os valores não pagos estão criando um passivo contingente.

A EC nº 123/2022, por sua vez, permitiu o pagamento de uma série de benefícios sociais em cerca de 0,4% do PIB, sendo o principal deles o aumento de público de 18 milhões para 21 milhões de famílias, assim como o valor do benefício do Auxílio Brasil de R$ 400 para R$ 600, mas apenas até o fim de 2022. Finalmente, a EC nº 126/2022, conhecida como PEC da Transição, aprovou uma flexibilização final do ajuste pelo lado da despesa, permitindo até 1,6% do PIB (R$ 168 bilhões) em gastos além do autorizado pelo teto em 2023. E incluiu um comando que obrigará o governo a enviar ao Congresso, até 31 de agosto de 2023, lei complementar contendo um novo arcabouço fiscal, que, quando sancionado, automaticamente revogará os artigos do teto de gastos.

O futuro da política fiscal: regras e trajetórias de dívida

Para os próximos anos, a repactuação das regras fiscais e a consequente trajetória da dívida dependerão: (i) do ponto de partida de 2023, de medidas que serão perenizadas e/ou adicionadas com ou sem compensações; (ii) do ritmo de crescimento de gastos compatível com a nova regra fiscal nos anos seguintes; e (iii) da dinâmica das receitas, seja por fatores estruturais, como aumento da produção de petróleo, seja por aumentos ou diminuições de tributos.

Quanto ao primeiro ponto, o mais provável é que as despesas fiquem permanentes e sem uma fonte de financiamento, levando a uma deterioração do resultado primário. Do lado das despesas, a já mencionada aprovação da EC nº 126/2022, se implementada em sua totalidade, implicará um aumento de gastos da ordem de 1,0 p.p. do PIB para 19,2% do PIB, segundo nossas estimativas. Apesar das conhecidas dificuldades operacionais para a rápida elevação do gasto e, principalmente, do investimento público de um ano para outro, marca-se o fim da contenção do ritmo de crescimento anual da despesa e contrata-se um desafio fiscal significativo à frente.

De fato, desde 2001, apenas em dois anos (2007 e 2010) a receita líquida de transferências para estados e municípios alcançou o patamar de 19% do PIB e, ainda assim, com algum peso de receitas consideradas não recorrentes. Se excluídas, em nenhum ano a receita superou o patamar, o que implica, antes mesmo de analisarmos o desempenho esperado para as receitas no curto e no longo prazos, um desequilíbrio significativo. Lembramos – e detalharemos adiante – que não basta um resultado primário zerado para a estabilização da dívida pública, dado que, no Brasil, as taxas de juros implícitas da dívida pública e em termos reais usualmente superam a taxa de crescimento econômico.

É verdade que parte desse gasto é meritória e derivada de consenso na sociedade sobre a necessidade de perenização do aumento de valor e da ampliação de público do Auxílio Brasil. No entanto, esse espaço não deveria ser usado para aumento de gastos sem clareza acerca de sua urgência e de seu financiamento e sem uma discussão mais aprofundada sobre a reformulação das regras fiscais. Um aumento de gastos e de medidas de estímulo fiscal não compensados em um contexto de juros elevados e de desaceleração do crescimento levará a uma nova alta da dívida pública e ao aumento do risco de essa dívida entrar em uma trajetória insustentável.

Antes de se implementarem novos gastos, de imediato e sem compensação, seria importante avaliar o espaço para ganhos relevantes de eficiência que poderiam limitar ou mesmo neutralizar o impacto sobre a despesa e a dívida pública. No Auxílio Brasil, por exemplo, houve um aumento do número de famílias com um único integrante de 16% do total em 2021 para 24% em 2022, provavelmente refletindo o novo desenho do benefício, que passou a pagar os mesmos valores, independentemente do número de filhos. Estimamos que o redesenho do benefício para lidar com essa distorção liberaria R$ 15 bilhões, que poderiam ser usados para aumentar o benefício em R$ 150 para cada filho com até 6 anos.

Ainda no gasto social, com valores mais robustos de transferência de renda para a extrema pobreza, parece fazer ainda menos sentido o dispêndio de recursos com o abono salarial, focado em trabalhadores formalizados que ganham até dois salários mínimos. No âmbito do funcionalismo, uma reforma administrativa que alterasse a estrutura de carreira do setor público, reduzindo salários iniciais, e limitasse as progressões automáticas de carreira poderia ser viabilizada no contexto de uma ampla negociação que envolveria uma possível reposição de três anos sem reajustes salariais. No investimento público e nas emendas parlamentares, o estabelecimento de planos de revisão periódica de gastos (*spending reviews*) poderia oferecer melhor governança, eficiência e priorização aos recursos públicos.

Enfim, como aprovada a EC nº 126/2022, para evitar uma alta da dívida pública à frente, ao longo dos próximos anos o governo precisará tomar medidas para limitar o aumento do gasto previsto, ou reverter esse aumento à frente, ou aumentar suas receitas como proporção do produto.

Gráfico 7. Dificilmente a receita supera os 19% do PIB permitidos pela PEC da Transição

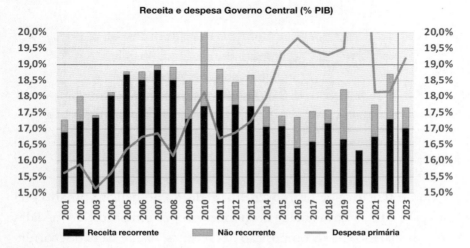

Fonte: Tesouro Nacional. Elaboração: autores.

Quanto às receitas, é importante destacar que em 2022 houve elevado montante de ingressos extraordinários e de efeito relevante de preços conjunturalmente altos de *commodities*. Os eventos não recorrentes foram relacionados sobretudo ao pagamento de dividendos da Petrobras e do Banco Nacional de Desenvolvimento Econômico e Social (BNDES), à privatização da Eletrobras e à nova rodada do leilão de petróleo da cessão onerosa. Na arrecadação de tributos e de *royalties* de petróleo, a receita de *royalties* aumentou 0,6 p.p. do PIB para 1,3% do PIB em 2022. E estimamos que ao menos metade da alta de 1,7 p.p. do PIB para 4,4% do PIB na arrecadação de tributos ligados ao lucro das empresas (Imposto de Renda de Pessoa Jurídica – IRPJ e Contribuição Social sobre o Lucro Líquido – CSLL) seja relacionada a preços de *commodities* mais elevados.

Gráfico 8. Alta das receitas não tributárias e ligadas ao lucro das empresas

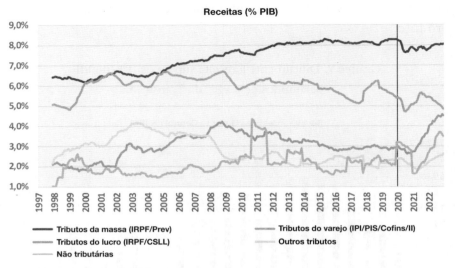

Fonte: Tesouro Nacional. Elaboração: autores.

Como tentativa de promover uma redução no déficit primário previsto para 2023, a nova equipe econômica propôs um pacote de medidas com especial foco na recomposição das receitas, diante da não recorrência dos eventos de 2022. As medidas apresentadas vão na direção correta de buscar arrecadação em cima de distorções e ineficiências. Mas boa parte do seu impacto potencial e sobretudo de sua recorrência à frente é especialmente incerta, pois depende, em sua maioria, de decisões judiciais e do comportamento do contribuinte. As medidas, de forma geral, focam a redução de créditos tributários acumulados do ICMS para o pagamento de PIS/Cofins[3] e incentivos para a redução da litigiosidade no Conselho Administrativo de Recursos Fiscais (Carf), que acumula um estoque de processos que aguarda julgamento da ordem de 11% do PIB. Se bem-sucedidas, podem atenuar momentaneamente o risco fiscal, cujo bom encaminhamento decorrerá do debate sobre a sustentabilidade do novo arcabouço fiscal em substituição ao teto de gastos.

---

3. Imposto sobre Circulação de Mercadorias e Serviços (ICMS); Programa de Integração Social (PIS); Contribuição para Financiamento da Seguridade Social (Cofins).

Sobre o formato do arcabouço, vale lembrar que o mero aumento de uma dívida já elevada em um país emergente traz o risco de um círculo vicioso de inflação e juros altos e manutenção de crescimento baixo. Assim, o mais prudente seria adotar um regime que, em um primeiro momento, buscasse reduzir a dívida ao patamar típico observado em países semelhantes. Antes de discutirmos os tipos de regra fiscal possíveis e adotadas usualmente no mundo, é importante ressaltar os princípios ordenadores de qualquer regra fiscal. Idealmente, em resumo, uma regra fiscal deveria ser simples, previsível e impositiva.

Simplicidade diz respeito ao uso de parâmetros observáveis, estimáveis e já acompanhados como referência da dinâmica fiscal. A criação de outros conceitos ou de metodologias de apuração, mesmo com a intenção de limitar efeitos exógenos às variáveis-chave da regra, traz discricionariedade e pode gerar incentivos adicionais para distorções na metodologia. Além disso, é importante que os fatores sejam replicados facilmente, evitando-se variáveis estimadas, como hiato do produto, ou ajustadas pelo ciclo econômico, pois elas podem variar dependendo da técnica.

A previsibilidade é relacionada à baixa sensibilidade sobre hipóteses, a poucas exceções e a cláusulas de escape bem definidas. Um exemplo é o uso de variáveis que dependam de prognósticos sobre o crescimento real ou nominal como limites em proporção do produto. A exigência de poucas exceções é importante para evitar que tudo se torne uma exceção. Por exemplo, apesar de, frequentemente, se afirmar que as regras não devem atingir o investimento público, não há uma definição exata e única de investimento público. Sobre as cláusulas de escape, houve um aprendizado recente sobre a sua necessidade, desde que mantidas restritas e bem justificadas, como em razão de calamidades e imprevisibilidades urgentes.

Por fim, impositividade é uma condição necessária para que as regras gerem os resultados propostos. Mesmo em casos de descumprimento, é importante haver gatilhos de correção automática ou compensações. É também crucial que a regra não seja rediscutida arbitrariamente a cada ano e que gere uma orientação plurianual do plano fiscal do setor público. Além disso, para evitar a pressão política por mudanças constantes, pode ser interessante manter mecanismos de flexibilização automáticos e temporários, em caso de surpresas positivas, assim como a correção de rumo já mencionada, em caso de surpresas negativas.

A experiência internacional mostra que regras de resultado (como a antiga meta para o superávit primário) e de dívida (como o teto observado nos Estados Unidos) são padrão no mundo, mas que regras de despesa ganharam relevância no arcabouço de política fiscal dos diferentes países a partir da crise de 2008. Segundo dados do FMI, atualmente cerca de 60% dos países emergentes possuem regras de gasto, 70% deles regras de dívida e 80%, regras de resultado.

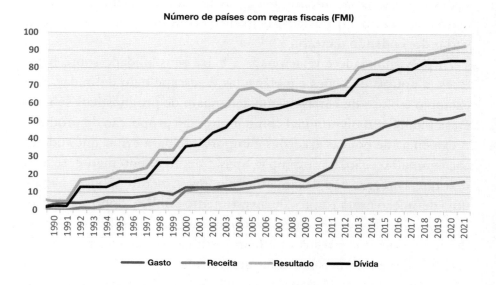

Gráfico 9. Regras de despesa ganham relevância e estão em 60% dos emergentes

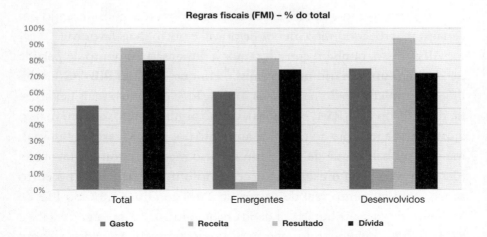

Fonte: Fundo Monetário Internacional. Elaboração: autores.

As regras de despesa oferecem algumas vantagens. Primeiro, propõem-se a controlar uma variável, ao contrário das receitas, sob influência direta dos formuladores da política fiscal. Segundo, estimulam uma alocação mais eficiente dos recursos públicos, ao não permitirem que a mera expansão de receitas, muitas vezes incluída de forma artificial no orçamento, permita novos gastos, sendo assim muito menos cíclica do que uma regra de resultado. Terceiro, a evidência empírica internacional[4] aponta que ajustes fiscais pela receita são mais recessivos do que ajustes pela despesa.

No fim, uma regra fiscal trata da implementação de um ritmo de crescimento real de gasto e do consequente aumento ou diminuição na receita e na carga tributária que serão necessários para manter a dívida pública em trajetória sustentável. Para tentar capturar dinâmicas alternativas para as variáveis relevantes, apresentamos, na Tabela 2, como estariam o resultado primário e a dívida pública bruta em 2027, primeiro ano do governo seguinte, para diferentes combinações de crescimento

---

4. Ver: Alberto Alesina, Carlo Favero e Francesco Giavazzi, "The Output Effect of Fiscal Consolidations", *NBER Working Paper Series* (Working Paper, nº 18.336, ago. 2012); Koji Nakamura e Tomoyuki Yagi, "Fiscal Conditions and Long-Term Interest Rates", *Bank of Japan Working Paper Series* (nº 15-E-10, nov. 2015); e Weonho Yang e Jan Fidrmuc, "Macroeconomic Effects of Fiscal Adjustment: a Tale of Two Approaches", *Journal of International Money and Finance* (vol. 57, out. 2015, pp. 31-60).

real do gasto ao ano e de aumentos na carga tributária, considerando um cenário macroeconômico menos favorável e outro mais favorável.

Além disso, também consideramos a dimensão do ponto de partida de 2023 em um cenário mais otimista, em que 1,0% do PIB (R$ 110 bilhões) é implementado na PEC da Transição, e em outro mais pessimista, de 1,6% do PIB (R$ 170 bilhões). Como argumentado, quanto mais o ajuste focar a redução do ritmo de aumento dos gastos (carga tributária), maior a probabilidade de haver um cenário macroeconômico favorável (desfavorável). Como exemplo, no cenário otimista de gastos no curto prazo, com aumento real de gastos de 2,0% ao ano e 1,0% do PIB de aumento de carga tributária, a dívida bruta em 2027 estaria entre 84% e 92% do PIB, a depender do cenário macroeconômico. Além disso, como o resultado primário seria entre 0,7% e 0,1% do PIB, frente a um resultado que estabiliza a dívida com essas hipóteses em 2,5% e 3,0% do PIB, a dívida estaria ainda subindo em torno de 2,5 p.p. do PIB por ano.

Tabela 2. Cenários fiscais variando ponto de partida, regra fiscal, aumento de carga e cenário macroeconômico

			Cenário macro favorável: Selic 23: 12,50% ; 24: 10,0% ; 25-27: 8,5% ; PIB 23: 1,3% ; 24: 1,0% ; 25-27: 2,25%				Cenário macro desfavorável: Selic 23: 13,75% ; 24: 11,0% ; 25-27: 9,5% ; PIB 23: 0,9% ; 24: 0,0% ; 25-27: 2,00%			
	Gasto real a.a. 2024-27		0,0%	1,0%	2,0%	2,5%	0,0%	1,0%	2,0%	2,5%
Piora fiscal 2023 e aumento imposto 2024 (% PIB)	Otimista gastos EC 126/2022 (PEC da Transição) (1,0% do PIB)	0,0%	(-0.8% ; 76%) (1.0% ; 85%)	(-0.8% ; 76%) (0.3% ; 87%)	(-0.8% ; 76%) (-0.3% ; 88%)	(-0.8% ; 76%) (-0.7% ; 89%)	(-0.9% ; 76%) (0.5% ; 93%)	(-0.9% ; 76%) (-0.2% ; 94%)	(-0.9% ; 76%) (-0.9% ; 96%)	(-0.9% ; 76%) (-1.2% ; 97%)
		1,0%	(-0.8% ; 76%) (2.0% ; 81%)	(-0.8% ; 76%) (1.4% ; 82%)	(-0.8% ; 76%) (0.7% ; 84%)	(-0.8% ; 76%) (0.3% ; 85%)"	(-0.9% ; 76%) (1.5% ; 88%)	(-0.9% ; 76%) (0.8% ; 90%)	(-0.9% ; 76%) (0.1% ; 92%)	(-0.9% ; 76%) (-0.2% ; 93%)
		2,0%	(-0.8% ; 76%) (3.0% ; 78%)	(-0.8% ; 76%) (2.4% ; 78%)	(-0.8% ; 76%) (1.7% ; 80%)	(-0.8% ; 76%) (1.3% ; 81%)	(-0.9% ; 76%) (2.5% ; 84%)	(-0.9% ; 76%) (1.8% ; 86%)	(-0.9% ; 76%) (1.1% ; 88%)	(-0.9% ; 76%) (0.8% ; 89%)
		3,0%	(-0.8% ; 76%) (4.0% ; 72%)	(-0.8% ; 76%) (3.4% ; 74%)	(-0.8% ; 76%) (2.7% ; 76%)	(-0.8% ; 76%) (2.4% ; 77%)	(-0.9% ; 76%) (3.5% ; 80%)	(-0.9% ; 76%) (2.8% ; 82%)	(-0.9% ; 76%) (2.2% ; 83%)	(-0.9% ; 76%) (1.8% ; 84%)
	Pessimista gastos EC 126/2022 (PEC da Transição) (1,6% do PIB)	0,0%	(-1.4% ; 76%) (0.4% ; 88%)	(-1.4% ; 76%) (-0.3% ; 90%)	(-1.4% ; 76%) (-0.9% ; 91%)	(-1.4% ; 76%) (-1.3% ; 92%)	(-1.5% ; 77%) (-0.1% ; 96%)	(-1.5% ; 77%) (-0.8% ; 98%)	(-1.5% ; 77%) (-1.5% ; 100%)	(-1.5% ; 77%) (-1.8% ; 100%)
		1,0%	(-1.4% ; 76%) (1.4% ; 84%)	(-1.4% ; 76%) (0.7% ; 86%)	(-1.4% ; 76%) (0.1% ; 87%)	(-1.4% ; 76%) (-0.3% ; 88%)	(-1.5% ; 77%) (0.9% ; 92%)	(-1.5% ; 77%) (0.2% ; 93%)	(-1.5% ; 77%) (-0.5% ; 95%)	(-1.5% ; 77%) (-0.8% ; 96%)
		2,0%	(-1.4% ; 76%) (2.4% ; 80%)	(-1.4% ; 76%) (1.8% ; 81%)	(-1.4% ; 76%) (1.1% ; 83%)	(-1.4% ; 76%) (0.7% ; 84%)	(-1.5% ; 77%) (1.9% ; 87%)	(-1.5% ; 77%) (1.2% ; 89%)	(-1.5% ; 77%) (0.5% ; 91%)	(-1.5% ; 77%) (0.2% ; 92%)
		3,0%	(-1.4% ; 76%) (3.4% ; 75%)	(-1.4% ; 76%) (2.8% ; 77%)	(-1.4% ; 76%) (2.1% ; 79%)	(-1.4% ; 76%) (1.8% ; 80%)	(-1.5% ; 77%) (2.9% ; 83%)	(-1.5% ; 77%) (2.2% ; 85%)	(-1.5% ; 77%) (1.6% ; 87%)	(-1.5% ; 77%) (1.2% ; 88%)

Dívida em 2027 > 90% do PIB ; entre 85-90% do PIB ; <= 85% do PIB
Fonte: autores.

De modo a guiar a hipótese do ritmo de crescimento de gastos ao ano, convém observar basicamente a dinâmica de três grupos principais de gastos do governo: (i) despesas vinculadas ao salário mínimo, como a Previdência e o abono salarial, e Benefícios de Prestação Continuada (BPC); (ii) funcionalismo; e (iii) investimento público. Na Tabela 3, calculamos quanto seria o crescimento real ao ano do gasto primário federal para diferentes cenários de crescimento real do salário mínimo (nas colunas), de reposição de aposentados e aumento salarial para servidores públicos (nas linhas) e do investimento público, se estável em % do PIB ou se crescerá para as máximas recentes de 2008 a 2014 (nos quadrantes). Vale notar que qualquer crescimento real acima de 1,5% ao ano, aproximadamente o PIB potencial estimado, aponta para uma alta probabilidade de crescimento do gasto em % do PIB, tal que qualquer iniciativa de ajuste fiscal teria de vir ainda mais pelo lado das receitas.

Tabela 3. Crescimento real do gasto primário federal ao ano

		Investimento = cte % PIB* (~2% total)			Investimento = 2008-14* (~2% total)		
	S.m. (~40% total)	0,0%	1,0%	2,0%	0,0%	1,0%	2,0%
Servidores (~20% gasto total)	0% nominal + 50% rep.	0,5%	0,9%	1,3%	1,0%	1,4%	1,8%
	0% real + 50% rep.	1,1%	1,5%	1,9%	1,6%	2,0%	2,4%
	0% real + 100% rep.	1,3%	1,7%	2,1%	1,8%	2,2%	2,6%
	0,5% real + 100% rep.	1,4%	1,8%	2,2%	1,9%	2,3%	2,7%
	0,5% real + 150% rep.	1,6%	2,0%	2,4%	2,1%	2,5%	2,9%

Memo: Demais gastos 30% total (precatórios, subsídios, Bolsa Família, saúde e educação) 1,5% real a.a.
* PIB = 2,0% a.a.
Fonte: autores.

Todos os cenários de dívida simulados incluem a expectativa de um ganho importante de arrecadação nas receitas ligadas ao aumento da produção de petróleo. Especificamente, calculamos que a arrecadação de *royalties* – com a venda de barris de petróleo a que a União tem direito nos campos que seguem o regime de partilha e com os dividendos da Petrobras e o imposto sobre o lucro corporativo de empresas do setor – pode subir em torno de 0,9% do PIB até 2030, podendo até alcançar 1,6% do PIB, dependendo do preço de petróleo em reais no longo prazo.

Tabela 4. Arrecadação adicional em 2030 frente a 2022 com aumento da produção de petróleo (% do PIB)

Oil x BRL	4,50	5,00	5,30	5,50
70	0,6%	0,7%	0,8%	0,8%
80	0,8%	0,9%	0,9%	1,0%
100	1,1%	1,2%	1,3%	1,3%
115	1,3%	1,5%	1,6%	1,6%

Fonte: autores.

Apesar de significativo, o ganho não deve ser suficiente para tranquilizar a situação fiscal. No longo prazo, a receita total deve estar próxima dos patamares atuais, em torno de 18,5% do PIB, sem considerar o aumento de impostos e de receitas extraordinárias na média histórica. Como já argumentado, a despesa prevista para 2022 é de 19,2% do PIB, de modo que é bastante desafiador alcançar um superávit primário compatível com a estabilidade da dívida.

Na Tabela 5, mostramos, no primeiro quadrante, diferentes combinações de crescimento do PIB e juros reais, o primário necessário para estabilizar uma dívida de 90% do PIB. Já no segundo e terceiro quadrantes, comparamos esse primário com o primário observado em um cenário fiscal otimista, com crescimento real do gasto de 2,0% ao ano, gastos iniciais de 2023 mais contidos e um cenário fiscal mais pessimista de 2,5%

de crescimento real ao ano e gastos iniciais de 2023 maiores. Nota-se que nos cenários mais plausíveis de crescimento do PIB entre 1,5% e 2,0% e juro real entre 4,0% e 5,0%, o aumento de imposto necessário para estabilizar a dívida é de, no mínimo, 3,0% do PIB.

Tabela 5. Tamanho do ajuste restante que estabiliza a dívida de 90% do PIB

		Primário que estabiliza a dívida					Otimista gastos (1,0% PIB em 23 + 2,0% real a.a.)					Pessimista gastos (1,6% PIB em 23 + 2,5% real a.a.)				
		PIB médio 2023-2027					PIB médio 2023-2027					PIB médio 2023-2027				
		1,0%	1,5%	2,0%	2,5%	3,0%	1,0%	1,5%	2,0%	2,5%	3,0%	1,0%	1,5%	2,0%	2,5%	3,0%
Juro real neutro	2,0%	1,4%	0,9%	0,5%	0,0%	-0,5%	2,5%	1,7%	1,0%	0,2%	-0,6%	3,5%	2,7%	1,9%	1,1%	0,4%
	3,0%	2,3%	1,8%	1,4%	0,9%	0,5%	3,4%	2,6%	1,9%	1,1%	0,3%	4,4%	3,6%	2,8%	2,0%	1,3%
	4,0%	3,2%	2,7%	2,3%	1,8%	1,4%	4,3%	3,5%	2,8%	2,0%	1,2%	5,3%	4,5%	3,7%	2,9%	2,2%
	5,0%	4,1%	3,6%	3,2%	2,7%	2,3%	5,2%	4,4%	3,7%	2,9%	2,1%	6,2%	5,4%	4,6%	3,8%	3,1%
	6,0%	5,0%	4,5%	4,1%	3,6%	3,2%	6,1%	5,3%	4,6%	3,8%	3,0%	7,1%	6,3%	5,5%	4,7%	4,0%
Memo: primário em 2027 (% PIB) sem aumento de carga tributária		-1,2%	-0,8%	-0,5%	-0,2%	0,1%						-2,1%	-1,8%	-1,5%	-1,1%	-0,8%

Fonte: autores.

Alternativamente à simulação mais genérica a partir de hipóteses sobre o crescimento real do gasto, diversos formatos mais específicos de regra fiscal foram propostos desde o início da perda de credibilidade do teto de gastos. De forma geral, assumem a forma de uma regra de gasto, que pode variar um adicional fixo em relação ao Índice Nacional de Preços ao Consumidor Amplo (IPCA) ou em função de uma combinação da dívida, do PIB e/ou do primário.

Na Tabela 6, resumimos cinco propostas – algumas baseadas em versões públicas, como a divulgada pelos próprios técnicos do Tesouro Nacional em 2022 –, avaliando-as pelos critérios de simplicidade, previsibilidade e impositividade, previsão de aumento de receitas e resultados em termos de crescimento real de gasto ao ano, resultado primário e dívida em 2024 e 2030. Como esperado pelas simulações genéricas, essas regras não conseguem gerar a estabilidade da dívida nesse horizonte. Assim, é natural discutir possíveis fontes de aumento de tributos.

Tabela 6. Propostas de regras fiscais de gastos e resultados estimados

	Hipóteses				Resultados		
	Simplicidade (parâmetros estimáveis/ observáveis)	Previsibilidade (exceções/escape/ hipóteses)	Impositividade (gatilhos/ prêmios)	Aumento tributos/revisão desonerações?	Crescimento real gasto a.a. média 24-30 (24)	Primário e dívida 24/30	Aumento dívida a.a. 24-30
Gasto é função de dívida e PIB do ano anterior (inspirada em SPE governo Jair Bolsonaro)	Alta	Média	Baixa	Não	0,0% real a.a. (24: 0,0%)	(-1,5% ; 81%) (2,1% ; 93%)	2,3%
Gasto é função do PIB médio dos últimos 5 anos	Média	Alta	Média	Não	0,9% real a.a. (24: 0,5%)	(-1,6% ; 81%) (1,1% ; 97%)	2,8%
Gasto é função do nível e dinâmica de dívida e primário 2 anos antes, frente 3 e 4 anos antes (inspirada em Tesouro Nacional)	Baixa	Alta	Média	Não	0,6% real a.a. (24: 3,0%)	(-2,1% ; 82%) (1,4% ; 98%)	3,0%
Gasto cresce 1,5% real a.a. c/ subteto (inspirada em Fabio Giambiagi e Manoel Pires)	Alta	Alta	Alta	Não diretamente	15% real a.a. (24: 4,0%)	(-2,2% ; 82%) (0,0% ; 104%)	3,8%
Gasto cresce 1,0% real a.a. com bônus de primário e queda de gasto tributário	Média	Alta	Alta	Sim (0,9% do PIB)	1,0% real a.a. (24: 1,0%)	(-1,6% ; 81%) (1,7% ; 94%)	2,4%

Fonte: autores.

Na Tabela 7, listamos para cada tributo federal uma medida que seria mais clara de aumento de tributação, considerando apenas o impacto para o governo federal, dado que os estados e os municípios, embora não detalhados ao longo deste texto, têm um histórico de aumentar o seu gasto no caso de aumento de arrecadação. Entre as medidas, destacam-se a reversão da alíquota zerada de PIS/Cofins para combustíveis, a tributação sobre lucros e dividendos, um eventual retorno da CPMF e uma potencial reversão das chamadas desonerações ou gastos tributários.

O Brasil, que é um país de carga tributária já elevada para o seu nível de renda *per capita*, conta com um dos sistemas tributários mais complexos do mundo. A tributação no país também é excessivamente regressiva, concentrada no consumo das famílias e não na renda. O objetivo de uma reforma tributária deveria ser aumentar a eficiência e a progressividade da tributação, reduzindo litígios, melhorando a alocação de recursos e aumentando o crescimento potencial da economia, sem gerar aumento da carga tributária. No entanto, como argumentado anteriormente, a situação fiscal demanda algum tipo de ajuste para se evitar uma trajetória insustentável da dívida pública, e, dada a dificuldade política de se continuar uma redução gradual dos gastos, a alternativa acaba passando por um indesejável aumento das receitas. Nesse sentido, das opções citadas, a melhor seria focar a revisão das desonerações, que somam 4,0% do PIB. A sua reversão poderia provocar menor impacto potencial na atividade econômica, dada a focalização e a eficiência controversas. No entanto, é sabido que a vasta maioria desses benefícios enfrenta dificuldades políticas para ser revista, por envolverem grupos e setores organizados que se aproveitam de regimes diferenciados, como o Simples, a Zona Franca de Manaus, a indústria automobilística, entre outros.

Uma segunda opção seria a volta da tributação federal sobre combustíveis, o que faz sentido em termos fiscais e ambientais, mas tenderia a pressionar a inflação no curto prazo e dificultar ainda mais uma queda dos juros. A opção pela tributação de lucros e dividendos é comumente citada, mas traz o desafio de se evitarem ao máximo exceções – como as incluídas na versão aprovada do Projeto de Lei nº 2.337/2021 na Câmara dos Deputados para empresas do Simples e do Lucro Presumido –, além de estar intrinsecamente ligada à redução dos tributos sobre lucro corporativo (IRPJ e CSLL) e à revisão da tabela de Imposto de Renda de Pessoas Físicas (IRPF). Por fim, a volta da CPMF, apesar de individualmente ser o tributo que, em potencial, mais arrecada, traria distorções significativas para a economia.

Em resumo, o caminho para o equilíbrio fiscal implica escolhas difíceis, determinadas basicamente pelo fato de que tanto a dívida pública quanto a carga tributária já são bastante elevadas em relação a países em estágio semelhante de desenvolvimento. No mundo ideal, e dada a experiência internacional, as escolhas deveriam recair, predominantemente, ainda que não exclusivamente, para o lado do gasto público, com uma regra fiscal crível, transparente e que traga perspectiva de sustentabilidade à trajetória da dívida pública no médio prazo.

O debate atual apenas em torno de aumento de gastos, sem compensações em outras despesas ou receitas, é preocupante. Defender uma regra de gastos não significa defender um Estado mínimo, mas, sim, um Estado viável, dadas as atuais possibilidades de nossa economia. A alta descontrolada da dívida pública gera malefícios para toda a sociedade, principalmente para aqueles que o Estado mais deveria proteger, se corrermos o risco de um novo ciclo de crescimento baixo, inflação e juros altos.

Tabela 7. Aumentos de tributos possíveis

Tributos	Arrec. % PIB	Medida	Legislação	Anterioridade?	R$ bi	% PIB	Gov. Federal (% PIB)
Total federal	21,5%				413	4,2%	3,1%
Tributos sobre o consumo	5,6%				74	0,8%	0,7%
PIS/Cofins	4,1%	Reversão alíquota combustíveis	Lei Simples/MP	Noventena	55	0,6%	0,6%
IPI + II	1,6%	Reversão cortes 35% ex-ZFM	Decreto	-	20	0,2%	0,1%
Tributos sobre a renda - PF	8,0%				35	0,3%	0,3%
Previdência + Outros (CPSS, Sal. Edu., Comp. FGTS)	5,8%	-	-	-	-	-	-
IRPF	2,2%	R$ 6 mil (29%), R$ 7 mil (30,5%), R$ 8 mil (32%), R$ 9 mil (33,5%)	Lei Simples/MP	Anualidade	20	0,2%	0,1%
Grandes fortunas	0,0%	2,4% p/ > R$ 4,7M e 50% sonegação	Lei Simples/MP	Anualidade	15	0,1%	0,1%
Tributos sobre lucro e renda - PJ	3,7%				72	0,7%	0,4%
IRPJ	2,4%	Fim JCP	Lei Simples/MP	Anualidade	14	0,1%	0,1%
CSLL	1,3%	5 p.p. p/ instituições financeiras e commodities	Lei Simples/MP	Noventena	25	0,3%	0,1%
Lucros e dividendos	0,0%	15% (c/ isenções)	Lei Simples/MP	Anualidade	33	0,3%	0,2%
Operações financeiras	0,5%				149	1,5%	1,0%
IOF	0,5%	Crédito: PJ: de 1,5% p/ 2,04% PF: 3% p/ 4,08%	Decreto	Não	10	0,1%	0,1%
CPMF (ex-Pix)	0,0%	Alíquota de 0,32%	PEC	Noventena	139	1,4%	0,9%
Outros	3,7%				13	0,1%	0,1%
IRRF - Capital	0,6%	Tributação LCI/LCA	Lei Simples/MP	Só p/ as novas	5	0,0%	0,0%
Cide - Combustíveis	0,0%	Cada R$ 0,10 na gasolina ou cada R$ 0,05 no diesel	Decreto	Noventena	9	0,1%	0,1%
Demais (parafiscal/FGTS + IRRF-Remessas)	3,1%	-	-		-	-	
Desonerações federais	4,0%			Noventena	70	0,7%	0,7%
PL/IR : PIS/Cofins farmacêuticos/higiene/ termelétricas	0,2%				18	0,2%	0,2%
ZFM, Cesta básica, Simples, N/NE, saúde, educação, automobilística, agronegócio, folha, ESFL	3,3%						
Demais	0,5%				52	0,5%	0,5%

Fonte: autores.

16. Retrospectiva das políticas fiscais da administração Temer

Teresa Ter-Minassian e Luiz de Mello[1]

Introdução

Enquanto secretário-executivo, e em seguida ministro da Fazenda entre 2016 e 2018, Eduardo Guardia, cuja memória pretendemos honrar com este Capítulo, desempenhou papel importantíssimo na definição e implementação da agenda de reformas das finanças públicas no Brasil durante esse período. Assim este Capítulo apresenta uma análise – necessariamente resumida e seletiva – dessa agenda, das suas conquistas e das suas deficiências.

A seção 1 começa com uma breve panorâmica da situação macroeconômica no início do governo Temer, em 2016, centrando-se, em especial, no estado das finanças públicas. Em seguida, a seção 2 analisa

---

1. Teresa Ter-Minassian dirigiu o Departamento de Assuntos Fiscais do Fundo Monetário Internacional (FMI); Luiz de Mello é diretor do Departamento de Economia da Organização para a Cooperação e Desenvolvimento Econômico (OCDE). Os pontos de vista e a análise aqui desenvolvidos são de autoria própria e não refletem, necessariamente, os dos organismos aos quais os autores estão afiliados, nem tampouco os de seus países-membros e parceiros.

as principais iniciativas do governo nas áreas fiscal e orçamentária. A mais bem-sucedida dessas medidas foi a adoção de uma regra de gasto federal, como elemento-chave para o necessário esforço de consolidação das finanças públicas. Outra iniciativa, de menor sucesso, foi a reforma do sistema previdenciário, de modo a resolver algumas de suas deficiências, bem conhecidas e de longa data. O governo também foi obrigado a lidar com uma forte crise financeira nos principais estados e municípios, e nessa seção são discutidos ainda os vários instrumentos utilizados para apoiar os Governos Subnacionais (GSN) em dificuldade. A seção 3 apresenta uma avaliação das principais conquistas dessas políticas e da agenda inacabada, boa parte da qual continua, infelizmente, a ser relevante.

1. *O estado da economia e das finanças públicas no início do governo Temer*

O presidente Temer tomou posse em 2016 no contexto de uma grave crise política e econômica. Os primeiros anos da década de 2010 caracterizaram-se por políticas econômicas mal orientadas, alguma erosão das instituições, crescente incerteza política e perda de confiança empresarial. Encorajado pela rápida e forte recuperação da economia após a crise financeira global de 2008-2009, o governo intensificou o intervencionismo econômico (Castelar Pinheiro e Carvalho Lins, 2018), a utilização de empresas estatais para operações quase-fiscais e uma expansão orçamentária procíclica. O saldo primário do Governo Geral deteriorou-se a partir de 2011, transformando-se num déficit estrutural que perdurou até 2014 (Figura 1, painel A). A dívida bruta do Governo Geral aumentou em 5% do Produto Interno Bruto (PIB) durante o período (Figura 1, painel B). A deterioração subjacente das finanças públicas ficou ainda mais acentuada, uma vez que foi parcialmente camuflada por receitas extraordinárias (anistias fiscais e antecipação do pagamento de dividendos das empresas estatais), exclusão de algumas despesas do cálculo da meta de superávit primário e outros artifícios contábeis.

Essas políticas, juntamente com o fim da subida dos preços das matérias-primas e a turbulência política após o lançamento da Operação Lava Jato, afetaram fortemente a confiança dos mercados, levando a uma retração do investimento tanto privado quanto das empresas estatais. Em 2014, a taxa de crescimento do PIB tinha caído para apenas 0,5%, contra 7,5% em 2010, enquanto a inflação se mantinha acima do limite superior da meta do Banco Central do Brasil (BCB) (Figura 2). Ao mesmo tempo, aumentavam as pressões no plano externo e as agências de risco começaram a reduzir a notação dos títulos do Brasil, que acabaram ficando abaixo do grau de investimento.

A recessão intensificou-se em 2015, em um contexto de política monetária restritiva para conter a aceleração da inflação, tendo sido tomadas medidas para reduzir as despesas discricionárias do governo federal e aumentar as tarifas de eletricidade. A turbulência política continuou a agravar-se, alimentada pela investigação da Lava Jato e por sinais de dissidência dentro do governo quanto ao rumo da política fiscal. Em 2015-2016, o Brasil sofreu a pior recessão desde a década de 1980, com uma queda acumulada do PIB de 7% e um aumento do desemprego para mais de 11% da força de trabalho, enquanto a inflação atingia cerca de 9% ao ano. A deterioração do desempenho econômico contribuiu para a eventual destituição da presidente Dilma Rousseff e a sua substituição pelo vice-presidente, Michel Temer, em agosto de 2016.

As finanças públicas deterioraram-se ainda mais durante o período, refletindo tanto o impacto da recessão nas receitas e no saldo primário quanto o aumento das taxas de juros. Consequentemente, a dívida do Governo Geral aumentou para um nível sem precedentes de cerca de 70% do PIB no fim de 2016 (Figura 1, painéis B e C).[2]

---

2. É de salientar que as relações dívida/PIB da Figura 2 incluem apenas a parte da dívida detida pelo Banco Central que é utilizada para realizar operações de mercado aberto (operações compromissadas). Na definição mais internacionalmente comparável usada pelo FMI e pela OCDE, que inclui todas as obrigações do governo detidas pelo Banco Central, a dívida atingiu 78% do PIB, em comparação com uma média de 49% para os mercados emergentes e as economias de renda média, em 2016 (Monitor Fiscal do FMI, out. 2022).

Figura 1. As finanças públicas deterioraram-se acentuadamente na sequência da crise global

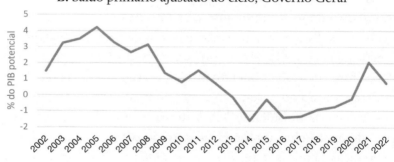

Fonte: Banco Central do Brasil e Ministério da Economia.

Figura 2. O desempenho macroeconômico tem sido irregular

A. PIB, crescimento anual

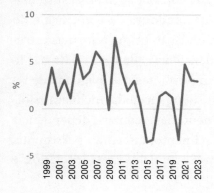

B. Inflação, variação anual do IPCA

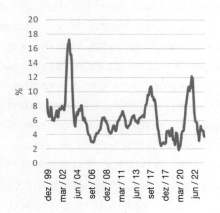

C. Investimento ajustado ao ciclo

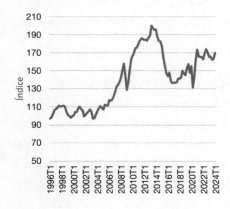

D. Produto potencial, variação anual (previsão para 2022)

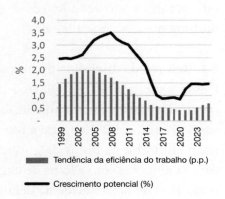

Fonte: Banco Central do Brasil e OCDE.

2. A agenda de reforma fiscal do governo

Perante o contexto econômico difícil descrito na seção anterior, o novo governo reconheceu rapidamente que uma consolidação fiscal sustentada seria fundamental para a recuperação duradoura da confiança e do crescimento econômico, e que essa consolidação exigia reformas estruturais e institucionais para fazer face a deficiências de longa data nas finanças públicas. Os componentes mais importantes dessa agenda de reformas (infelizmente apenas parcialmente bem-sucedida) incluíam esforços para: melhorar a transparência orçamentária e reduzir a dependência de operações quase-fiscais; conter o crescimento, até então persistente, da despesa pública, abrangendo pensões e benefícios previdenciários; e reforçar as finanças públicas dos GSN.

Era necessário avançar em todas essas áreas para melhorar o desempenho da economia e assegurar aumentos sustentados a longo prazo do nível de vida da população, num contexto de taxas decrescentes de crescimento do produto potencial numa economia marcada por deficiências estruturais e microeconômicas (Figura 2, painel C). Esses esforços estão brevemente descritos a seguir.

2.1. Reforço da disciplina fiscal e adoção de uma regra de gasto

Desde a sua adoção, em 2000, a Lei de Responsabilidade Fiscal (LRF) constituiu a pedra angular do arcabouço institucional das finanças públicas no Brasil. A LRF enfatiza a transparência orçamentária e a disciplina fiscal em todos os níveis de governo por meio de tetos para a dívida e para as despesas com a folha de pagamento. Mantém, simultaneamente, certo grau de flexibilidade na definição de metas anuais para o saldo primário dos respectivos níveis de governo.

A LRF foi fundamental para melhorar a transparência das finanças públicas e reforçar a disciplina fiscal.[3] A lei contribuiu, juntamente com a recuperação econômica e o aumento dos preços das matérias-primas,

---

3. Existe uma vasta literatura sobre as características e a eficácia da LRF. Ver, entre outros títulos: FGV (2010).

para a manutenção de excedentes primários consideráveis (embora em queda) até 2013. No entanto, a LRF não foi capaz de evitar o aumento progressivo da despesa primária, especialmente durante os anos de crescimento, nem o endividamento público (Figura 3).

Figura 3. A longa ascensão da despesa primária federal
(em percentagem do PIB)

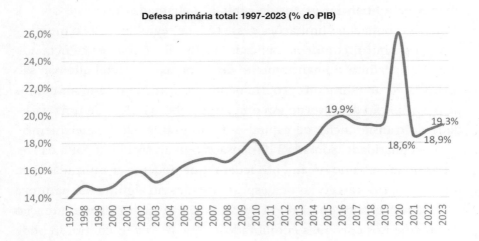

Fonte: Ministério da Economia.

Além disso, vários requisitos importantes da LRF ficaram por implementar, incluídas a definição pelo Senado Federal de um teto para a dívida federal em relação às receitas líquidas e a criação de um Conselho de Gestão Fiscal, encarregado de assegurar a transparência e a aplicação de normas contábeis uniformes em todo o Governo Geral. A abrangência da lei foi reduzida devido à exclusão de duas grandes empresas federais não financeiras (Petrobras e Eletrobras) das metas fiscais. As empresas estatais financeiras, como o Banco Nacional de Desenvolvimento Econômico e Social (BNDES), que não são incluídas no âmbito de aplicação da LRF, foram amplamente utilizadas para operações quase-fiscais. Como indicado na seção anterior, na primeira metade da década de 2010 ocorreu uma proliferação de estratagemas e práticas contábeis não ortodoxas para mascarar a deterioração dos resultados orçamentários, prejudicando bastante a reputação anteriormente conquistada do país em matéria de transparência fiscal. Finalmente, apesar de várias tentativas no Congresso Nacional, não foi possível modernizar a ultrapassada legislação de 1964 que rege o processo orçamentário.

Outra peça importante da arquitetura institucional fiscal-orçamentária é a exigência constitucional de que o crédito contraído seja usado apenas para financiar gastos de capital (a chamada "regra de ouro"). Além das conhecidas limitações desse tipo de regra em todo o mundo,[4] a regra de ouro, conforme aplicada no Brasil, tem a deficiência adicional de permitir o financiamento de despesas de capital que não são relativas ao investimento propriamente dito. Incluem-se aí aumentos de participação do governo em empresas públicas, além de uma variedade de transferências de capital e de programas de financiamento.[5] Essa peculiaridade, somada à dimensão comparativamente alta das receitas financeiras no orçamento federal que podem ser utilizadas para financiar várias categorias de despesa, até mesmo algumas de natureza recorrente, implica que a regra de ouro não se traduz na manutenção de orçamentos correntes equilibrados e que o crédito contraído pode exceder substancialmente os investimentos realizados. Assim, a regra de ouro tem um efeito disciplinador na política fiscal ainda mais limitado no Brasil do que em outros países e tem sido ineficaz na salvaguarda dos investimentos públicos.

O governo tomou várias medidas para reforçar a disciplina fiscal. Em particular, buscou melhorar as projeções de receitas, evitar o aumento dos "restos a pagar" e aprimorar a análise dos riscos fiscais. Também as operações quase-fiscais envolvendo empresas federais financeiras e não financeiras foram limitadas. O quadro institucional foi também reforçado com a criação, em 2017, de uma Instituição Fiscal Independente (IFI),

---

4. Para uma discussão sobre os prós e os contras das "regras de ouro", ver Ter-Minassian (2010).

5. Os investimentos representaram menos da metade das despesas de capital (valor líquido de amortizações) no período 2005-2017. Ver: Couri et al. (2018).

sob a égide do Senado, incumbida de amplas responsabilidades de avaliação e apresentação de relatórios sobre a política fiscal.

O componente mais importante da agenda do governo para reforçar a responsabilidade fiscal foi a adoção, em dezembro de 2016, de uma Emenda Constitucional (EC), a EC nº 95, que limita o crescimento das despesas em nível federal (excluindo-se as transferências constitucionais para os estados e municípios, as despesas extraordinárias relacionadas a desastres naturais e os gastos relativos à recapitalização de empresas estatais federais não dependentes) ao Índice Nacional de Preços ao Consumidor Amplo (IPCA) durante 20 anos, com a possibilidade de uma revisão por iniciativa da Presidência da República a partir do décimo ano (2026).

A EC nº 95 redefiniu os limites constitucionais para as despesas em saúde e educação, que, a partir de 2018, passaram a ser reajustadas em função da inflação e não do crescimento do PIB nominal nem das receitas. A emenda constitucional estabelecia, da mesma forma, algumas disposições para promover o seu cumprimento, como o requisito de que as propostas legislativas relativas à elaboração de novas despesas obrigatórias ou isenções fiscais apresentassem uma avaliação do respectivo custo orçamentário, além da provisão de vários ajustes[6] automáticos em caso de não cumprimento.

2.2. Esforços para reformar o sistema previdenciário

Havia um amplo consenso entre especialistas brasileiros e internacionais de que o sistema previdenciário no início do governo Temer era injusto do ponto de vista distributivo e insustentável do ponto de vista orçamentário.[7] O sistema era bastante generoso para os padrões internacionais no que dizia respeito à idade da aposentadoria e às taxas de reposição. Ambos os regimes previdenciários – para os trabalhadores do setor privado (Regime Geral de Previdência Social – RGPS) e do setor público (Regime Próprio de Previdência Social – RPPS) – permitiam a

---

6. Estes incluíram congelamentos em novas despesas obrigatórias, aumento dos salários dos funcionários públicos, novas contratações e concessão de benefícios tributários.

7. Ver, por exemplo: World Bank (2017) e Cuevas et al. (2018).

aposentadoria apenas por tempo de serviço, independentemente da idade, o que já não era permitido em nenhum país da OCDE. Fora isso, a idade média de aposentadoria dos trabalhadores que se aposentavam por idade era baixa para os padrões internacionais, especialmente para certos grupos (mulheres, trabalhadores rurais e funcionários públicos) e em defasagem com o aumento da expectativa de vida.

Consequentemente, a idade média efetiva de aposentadoria no RGPS era de cerca de 60 anos, o que implicava uma expectativa de vida residual superior a 22 anos (que deverá aumentar gradualmente para 25 anos nas próximas décadas). A idade média de aposentadoria dos funcionários públicos era ainda mais baixa. E muitos trabalhadores recebiam uma pensão equivalente ao seu salário final, o que envolvia uma taxa de reposição de 100%, muito acima dos limites prevalentes nos países da OCDE. As taxas médias de reposição estavam também acima da média da OCDE. Contrariamente à experiência dos países da OCDE, as pensões dos trabalhadores rurais e os benefícios assistenciais (não contributivos) eram indexados ao salário mínimo, o que tinha como consequência indesejável o fortalecimento dos incentivos à informalidade no mercado de trabalho.[8]

Por conta de todas essas peculiaridades, as despesas previdenciárias no RGPS estavam em cerca de 8% do PIB, enquanto as dos regimes federais e subnacionais para os funcionários públicos superavam 4% do PIB, o que excede os níveis correspondentes em qualquer país da OCDE. O déficit combinado dos vários sistemas (apesar das taxas de contribuição relativamente elevadas) aproximava-se dos 4,5% do PIB. Essa tendência foi particularmente preocupante à luz das projeções demográficas para o Brasil, que apontam para um aumento acentuado e sustentado do índice de dependência (a percentagem de pessoas com 65 anos ou mais na população em idade ativa). Assim, na ausência de reformas, previa-se que as despesas e os déficits dos sistemas previdenciários aumentariam para níveis insustentáveis a médio e longo prazos.[9]

---

8. Para mais informações e discussão, ver De Mello e Giambiagi (2006).

9. Por exemplo, as simulações do Banco Mundial sugerem que, na ausência de uma reforma, as despesas federais com pensões absorveriam 100% do teto de gastos em 2030 (World Bank, 2017). Os déficits dos sistemas previdenciários subnacionais também deverão aumentar rapidamente

Do ponto de vista da equidade, o sistema previdenciário também apresentava falhas. O sistema era eficaz em termos de redução da pobreza entre os idosos, mas, ao mesmo tempo, apresentava um efeito regressivo na distribuição da renda: calcula-se que mais de 80% dos subsídios previdenciários (a diferença entre os benefícios pagos e as contribuições) associados ao RGPS incidiam nos três quintis superiores da distribuição de renda, e apenas 4% deles no quintil inferior. As pensões também eram muito mais elevadas no RPPS do que no RGPS e destinavam-se a um grupo (funcionários públicos) que, em média, tem renda superior à dos trabalhadores comparáveis do setor privado.

O reconhecimento dessas graves deficiências do sistema previdenciário já tinha motivado repetidos esforços de reforma, em sua maioria de natureza paramétrica, exceto a reforma estrutural do RPPS de 2003, que introduziu um regime de contribuições definidas (Previdência Complementar) para os novos funcionários públicos. O esforço de reforma foi considerável e obteve alguns avanços entre 1998 e 2003, mas não corrigiu as deficiências fundamentais do sistema. Em 2015, foram introduzidos alguns ajustes específicos, mas que, mais uma vez, estavam muito aquém de uma reforma abrangente.

Em dezembro de 2016, o governo propôs uma reforma paramétrica mais abrangente, visando reduzir tanto as diferenças entre os vários regimes previdenciários quanto as possibilidades de aposentadoria antecipada. Na versão aprovada pela comissão competente na Câmara dos Deputados, a proposta previa um aumento da idade mínima legal de aposentadoria para 65 anos para os homens e 62 anos para as mulheres. Incluía, igualmente, a eliminação das pensões por tempo de serviço e um aumento de 15 para 25 anos de contribuição mínima necessária para a aposentadoria por idade. Os contribuintes cujo histórico contributivo se situasse aquém do mínimo de 25 anos de contribuição teriam direito a uma pensão assistencial, equivalente ao salário mínimo.

---

nos próximos anos. O Banco Mundial estimou que, até 2030, vários estados e municípios precisariam gastar um terço das suas receitas correntes líquidas para financiar os déficits dos respectivos sistemas previdenciários.

A reforma mudaria a fórmula de cálculo dos benefícios, de 70% do maior salário com um adicional de 1% por ano de contribuição (o que resultaria numa taxa de reposição de quase 100% para muitos trabalhadores), para 70% do salário médio mais uma percentagem variável (aumentando de 1,5% para 2,5%) por ano de contribuição acima de 25 anos. A nova fórmula de cálculo implicava que seriam necessários 40 anos de contribuição para que um trabalhador alcançasse uma taxa de reposição de 100%. A reforma, que reduziria igualmente a possibilidade de acumulação de aposentadoria por idade e por morte, aplicar-se-ia ao RGPS e ao RPPS federal, excluindo-se o regime de aposentadoria dos militares. Os GSN teriam um período de seis meses para aprovar as reformas dos respectivos regimes de aposentadoria ou seriam obrigados a adotar a normativa federal.

A reforma proposta representava um passo à frente do ponto de vista da equidade, uma vez que acarretaria maior redução dos benefícios líquidos para os futuros aposentados de renda alta e também reduziria gradualmente o diferencial de aposentadorias a favor dos funcionários públicos. Se aplicada, teria moderado significativamente o crescimento do gasto previdenciário, mas, de acordo com várias estimativas, não teria sido suficiente para assegurar a sustentabilidade do sistema a longo prazo.[10]

A proposta de emenda constitucional em que se incluía a reforma previdencial estava tramitando no Congresso quando o escândalo de corrupção da JBS eclodiu, em 2017. A turbulência política que se seguiu enfraqueceu o capital político do governo e a capacidade de conduzir a proposta no Congresso. Uma versão modificada foi apresentada e, em última análise, levada a cabo pelo governo Bolsonaro em 2019.

2.3. Reformas das relações fiscais intergovernamentais

Uma terceira área de reforma dizia respeito ao enquadramento institucional para a disciplina fiscal subnacional. A LRF fixou tetos relativamente

---

10. Por exemplo, no citado estudo de 2017 (ver nota 7), o Banco Mundial estimou que o déficit do RGPS após a reforma proposta continuaria a aumentar nas décadas seguintes para mais de 8% do PIB até 2067 (em comparação com o dobro desse nível na ausência da reforma).

elevados para a dívida subnacional e a folha de pagamento, o que não levou a uma redução da despesa na maioria dos estados e municípios, especialmente durante os anos de rápido crescimento das receitas próprias e das transferências. Além disso, as autoridades federais dispunham de um amplo poder discricionário para autorizar o financiamento subnacional com garantia federal.

Esse poder discricionário foi amplamente utilizado nos primeiros anos da década de 2010, mesmo para os estados que receberam notações baixas de acordo com o sistema do Tesouro Federal para avaliar a sua Capacidade de Pagamento (Capag). Embora os créditos contratados se destinassem a promover um aumento sustentado do investimento, na prática abriu-se espaço para um crescimento rápido e contínuo das despesas dos estados com a folha de pagamento e, em especial, com as aposentadorias. Na ausência de normas uniformes, vários estados recorreram a estratagemas contábeis para cumprir o teto de gastos com a folha de pagamento. A rigidez das despesas correntes, em face da desaceleração acentuada das receitas durante a recessão de 2015-2016, criou graves dificuldades de financiamento para muitos estados e grandes municípios, levando a uma nova reestruturação da dívida subnacional.[11]

A reestruturação dessas dívidas envolveu, principalmente, um prolongamento dos prazos de vencimento e longos períodos de carência.[12] Foi também acompanhada de uma série de medidas destinadas a promover o ajuste das finanças dos estados, reforçar o seu monitoramento, melhorar a avaliação da sua capacidade de financiamento e criar um mecanismo de resolução das crises fiscais dos estados. Essas medidas podem ser resumidas da seguinte forma:

a) A reestruturação da dívida de 2016 e o reforço da condicionalidade

Após longas disputas nos tribunais, foi alcançado um acordo intergovernamental, em meados de 2016, em que o governo federal oferecia

---

11. Ver: IFI (mai. 2017) e Ipea (2018).
12. As taxas de juros das dívidas subnacionais assumidas pelo governo federal em 1997 já tinham sido reduzidas em 2014 para o valor mais baixo da taxa Selic ou 4%, mais as alterações no IPCA.

aos estados a possibilidade de reestruturar as respectivas dívidas contratadas antes de 1993 e 1997, em troca de programas reforçados de ajuste fiscal. Mais especificamente, o acordo, mais adiante consagrado na Lei Complementar nº 156, incluía como principais disposições:
- Prorrogação dos prazos de vencimento por um período de 20 anos;
- Período de carência de dois anos para os pagamentos que venciam entre meados de 2016 e meados de 2018;
- Limites ao crescimento das despesas primárias nos dois anos seguintes à reestruturação; e
- Reformulação dos programas de ajuste negociados pelo Tesouro Nacional com cada estado (Programa de Reestruturação e Ajuste Fiscal – PAF), a fim de alinhá-los plenamente com os requisitos da LRF (incluída a adoção de normas contábeis uniformes) e atualizar as metas para seis indicadores fiscais fundamentais, tendo em vista assegurar a sustentabilidade a mais longo prazo das finanças públicas estaduais. O acordo sobre tais programas era uma condição para os estados obterem acesso a novos créditos garantidos pelo governo federal.

Dezoito estados aderiram ao programa de reestruturação, com um refinanciamento da dívida de cerca de R$ 459 bilhões (o equivalente a 7% do PIB de 2017) e uma ampla margem de liquidez a curto prazo (quase R$ 45 bilhões). Os estados que aderiam ao programa podiam também solicitar uma reestruturação das dívidas com os bancos federais, com uma prorrogação de dez anos nos prazos de vencimento e um período de carência de quatro anos. Cerca de R$ 49 bilhões de dívidas adicionais foram refinanciadas por meio desse mecanismo.

b) O aprimoramento da avaliação da capacidade de financiamento dos estados
Durante vários anos, o Tesouro Nacional utilizou um índice para aferir a capacidade financeira dos estados na contratação de empréstimos (o Capag), com base em uma série de indicadores para orientar as decisões sobre a possibilidade de garantia federal para os empréstimos. Esse índice era metodologicamente complexo e poderia ser suplantado de modo legal por uma decisão do ministro da Fazenda (uma disposição amplamente

utilizada no início da década). Com vistas a melhorar a sua transparência, a realização do cálculo e a eficácia na prevenção de financiamentos insustentáveis, o índice foi aprimorado consideravelmente em 2017 e sua aplicação tornou-se obrigatória.[13] O novo índice atribuiu um papel preponderante ao critério de liquidez, e não àquele de endividamento.

c) Um mecanismo de resolução das crises fiscais dos estados

O terceiro pilar do esforço para reforçar a disciplina fiscal subnacional foi a adoção, em 2017, de um mecanismo de resolução chamado Regime de Reestruturação Fiscal (RRF), promulgado na Lei Complementar nº 159. O mecanismo foi inicialmente utilizado para o estado do Rio de Janeiro e estava aberto a outros estados que tivessem dívidas superiores às receitas líquidas e cujas despesas com pessoal, juros e amortizações fossem superiores a 70% dessas receitas, bem como passivos que excedessem os ativos líquidos.[14]

O programa de reestruturação incluía: um período de carência de três anos (renovável uma vez) para os pagamentos de dívidas do estado com o governo federal; suspensão temporária dos tetos da dívida e da folha de pagamento estabelecidos pela LRF; a possibilidade de o estado contrair novas dívidas com garantia federal para fins específicos (em especial, o financiamento de demissões voluntárias de funcionários públicos e a reestruturação das dívidas com as instituições financeiras).

---

13. O novo índice combinou três indicadores: nomeadamente, as relações entre dívida do estado e suas receitas correntes líquidas; entre as despesas correntes e as receitas correntes; bem como entre os passivos de curto prazo e os ativos líquidos. Foram atribuídas as classificações A, B e C a diferentes intervalos de cada um desses índices e foi calculada uma classificação geral para cada possível combinação dos três. Apenas os estados com uma relação entre os passivos de curto prazo e os ativos líquidos inferior a 1 poderiam receber uma notação global de A ou B. Em contrapartida, os estados com uma dívida superior a 150% das receitas correntes líquidas poderiam receber uma garantia federal para novos financiamentos se cumprissem o requisito de liquidez e tivessem um excedente corrente equivalente a mais de 5% das receitas correntes.

14. Os requisitos de elegibilidade para o RRF foram alterados em janeiro de 2021 pela Lei Complementar nº 178, tendo em vista facilitar o acesso de mais estados ao mecanismo. Especificamente, o requisito de despesas foi alterado para despesas correntes superiores a 95% das receitas líquidas ou despesas com pessoal superiores a 60% das receitas líquidas. A nova lei também flexibilizou o anterior requisito de privatização e duplicou a duração do programa para os estados aderentes.

As condições de participação eram bem mais restritivas e específicas do que as do mecanismo geral de reestruturação acima referido. Incluíam, em particular, algumas medidas prévias, como: promulgação de legislação para privatizar empresas estatais; revisão da estabilidade dos funcionários públicos ou adoção de uma regra de gasto; redução das despesas em, pelo menos, 10% ao ano; proibição de utilização de recursos referentes a depósitos judiciais; adoção no sistema previdenciário do estado das reformas adotadas em 2015 para o regime dos funcionários públicos federais; e algumas restrições sobre as despesas com a folha de pagamento e outros gastos (incluindo-se aí a concessão de novos benefícios fiscais) durante a vigência do programa.

A implementação do programa deveria ser acompanhada em cada estado por uma comissão especialmente designada, com representantes de ambos os níveis de governo, que seria responsável por recomendar medidas corretivas atempadas, em caso de ameaça de não cumprimento.

3. Conquistas e agenda inacabada

Qualquer avaliação das políticas fiscais do governo Temer necessita levar em conta a relativa brevidade de sua gestão, que correspondeu a cerca de dois terços de um mandato presidencial normal. Além disso, a influência do governo no Congresso e o apoio popular com que contou foram profundamente afetados pelo escândalo em torno da JBS, que eclodiu em maio de 2017. A repercussão política desse escândalo limitou severamente o âmbito e a eficácia da agenda de reformas do governo no período restante do mandato presidencial, dificultando qualquer iniciativa ambiciosa no sentido de racionalizar o complexo e distorcivo sistema de impostos indiretos federais, apesar do reconhecimento dos benefícios que tal reforma traria em termos de potencial de crescimento econômico.

3.1. A regra do gasto

Indiscutivelmente, a conquista mais importante do governo Temer foi a adoção da regra do gasto, substituída em 2023 por uma nova regra fiscal promulgada pela Lei Complementar nº 200. A regra tinha, a princípio, várias vantagens, entre elas: i) o foco na principal fonte de indisciplina orçamentária (o rápido crescimento das despesas federais) num contexto de carga fiscal global já relativamente elevada; ii) o objetivo de promover um ajuste fiscal gradual, porém sustentado, reduzindo ao longo do tempo a percentagem da despesa federal no PIB; (iii) o objetivo de evitar a frequente prociclicalidade da política fiscal durante os períodos de expansão econômica; iv) o desincentivo à prática comum do Congresso de criar margem orçamentária para despesas adicionais, aumentando as receitas projetadas; e (v) o reconhecimento da necessidade de se promover a disciplina fiscal nos três níveis de governo, por meio da imposição de tetos de gastos separados para cada um deles.

A equipe econômica estava ciente do fato de que, para ser eficaz a longo prazo, a regra do gasto requeria reformas políticas e institucionais que contivessem o crescimento das despesas obrigatórias, reduzissem o elevado grau de vinculação das receitas e modernizassem o processo orçamentário. A proposta de reforma previdenciária foi considerada, com razão, a iniciativa mais importante para reduzir o déficit previdenciário, moderar as pressões sobre as despesas a mais longo prazo decorrentes do envelhecimento da população e começar a corrigir as desigualdades embutidas no regime previdenciário.

Tal como mencionado na seção anterior, a proposta avançou na direção certa, mas ficou muito aquém de garantir a sustentabilidade fiscal do sistema previdenciário a longo prazo. Mesmo a reforma promulgada em 2019 pelo governo Bolsonaro continua a ser insuficiente para esse efeito, uma vez que as últimas projeções atuariais oficiais para o RGPS apontam para um aumento do déficit em meados do século para um nível (equivalente a mais de 9% do PIB projetado) três vezes superior ao de 2020.[15]

No entanto, os benefícios previdenciários não são a única despesa afetada pelo envelhecimento da população. Prevê-se, igualmente, que os gastos com saúde aumentem rapidamente no futuro, devido ao envelhecimento e à alteração do perfil epidemiológico da população, bem como

---

15. Secretaria de Previdência – Sprev (2019).

às pressões de custos induzidas pelas novas tecnologias na área da saúde.[16] Contudo, várias pesquisas identificam amplo potencial para ganhos de eficiência no sistema de saúde.

Em estudo de 2017, o Banco Mundial sugeriu uma série de medidas nesse sentido, os quais incluem: racionalização da rede hospitalar para alcançar um melhor equilíbrio entre acesso e escala; maior utilização de enfermeiros, em vez de médicos, para a prestação de determinados serviços e protocolos para o diagnóstico e tratamento de doenças; melhor integração entre os serviços de caráter curativo (diagnóstico, especializados e hospitalares) e os de medicina preventiva, de modo a racionalizar o acesso a serviços especializados e não urgentes; reformas nos sistemas de pagamentos aos prestadores para melhor refletir o custo dos serviços, seguindo as melhores práticas internacionais nesse domínio;[17] reformas na aquisição, no armazenamento e na distribuição de medicamentos sujeitos a receita médica; e maior utilização de copagamentos para medicamentos e tratamentos médicos em função da capacidade de pagamento do paciente. Cabe reconhecer que a administração Temer fez poucos progressos em todos esses domínios.

Estavam previstas também novas pressões sobre a despesa primária relativa à massa salarial, tanto em nível federal quanto em nível subnacional. Em nível federal, as pressões se deviam, sobretudo, a remunerações relativamente elevadas e, em grande medida, automaticamente crescentes; em nível subnacional, refletiam sobretudo o nível de emprego no setor público. A racionalização da massa salarial federal e a limitação da sua taxa de crescimento à inflação, a fim de cumprir a regra do gasto, exigiria uma reforma global politicamente bastante difícil da função pública. Também nesse domínio não houve progressos significativos.

Além das reformas estruturais, a implementação eficaz da regra do gasto a médio prazo exigia reformas institucionais importantes, em especial no processo orçamentário. Como as despesas obrigatórias correspondem a mais de 85% da despesa primária federal, a adoção de uma

---

16. Ver, por exemplo: Pessino e Ter-Minassian (2021).
17. Ver: Robinson (2007) e OECD (2015).

perspectiva de médio prazo no orçamento tornou-se particularmente relevante. A utilização de um arcabouço de despesas a médio prazo (conhecido internacionalmente como *medium-term expenditure framework*) bem desenvolvido envolveria a identificação e a projeção dos fatores condicionantes das principais categorias de despesa obrigatória com base nas políticas vigentes, evidenciando, assim, a sua coerência (ou não) com o teto de gastos e a necessidade de reformas estruturais corretivas e/ou ganhos de eficiência no gasto. A formulação das projeções de despesa com base nas políticas vigentes e a identificação de medidas corretivas apropriadas devem ser baseadas em um programa contínuo de análise das despesas prioritárias.[18]

A regra do gasto contribuiu, juntamente com a recuperação da economia, para moderar a taxa de crescimento das despesas correntes federais no período 2017-2019 (Figura 3, página 351). O início da pandemia de covid-19, em 2020, exigiu a ativação da cláusula de escape. As despesas primárias federais aumentaram mais de 7 pontos percentuais do PIB por conta das medidas de combate à pandemia e de atenuação do seu impacto nos rendimentos. Embora a relação despesa/PIB tenha baixado substancialmente em 2021, refletindo a desativação de algumas das medidas de apoio e a forte recuperação da atividade econômica, o crescimento das despesas obrigatórias levou a uma compressão crescente das despesas discricionárias, conduzindo a um aumento em gastos não sujeitos ao teto por meio de créditos extraordinários. A regra do gasto tornou-se cada vez mais restritiva, levando a pressões crescentes para que se flexibilizasse a regra.

No intuito de salvaguardar a sustentabilidade fiscal, alternativas à regra do gasto deveriam ser acompanhadas da adoção de uma âncora de dívida a médio prazo, tal como um limite prudencial para a relação entre a dívida pública e o PIB, levando-se em conta uma série de choques exógenos estimados estocasticamente. A regra do gasto poderia ser substituída pela adoção de tetos plurianuais decrescentes (por exemplo,

---

18. Existe uma literatura crescente sobre *spending reviews*. Ver, entre outros: Robinson (2013) e Doherty e Sayegh (2022).

com prazo de três anos) para as despesas primárias federais em relação ao PIB, em conformidade com o patamar-objetivo decrescente da relação dívida/PIB. Os tetos deveriam ser calculados com base em cenários prudentes para o crescimento da economia, das receitas, do pagamento de juros e dos saldos dos GSN, sob a supervisão de uma instituição fiscal independente. A elaboração de projeções detalhadas para as despesas obrigatórias para os três anos evidenciaria o grau de pressão sobre as despesas discricionárias e a necessidade de medidas para moderar o crescimento das despesas obrigatórias.

3.2. As medidas para fazer face às pressões fiscais subnacionais

As medidas adotadas no período 2016-2017 ajudaram a estabilizar a situação financeira dos GSN e reforçaram de certo modo a posição do governo federal na promoção do ajuste fiscal subnacional através do PAF. No entanto, havia ampla margem para melhorar a qualidade das projeções macroeconômicas e fiscais dos programas, dos seus horizontes temporais (centrados no curto prazo), da análise de risco e da especificidade das medidas de ajuste previstas. Além disso, embora 18 dos estados que se beneficiaram da reestruturação da dívida em 2016 tenham assinado o compromisso de adotar uma regra de gasto inspirada na federal, apenas sete deles cumpriram efetivamente a regra no período 2018-2019.

De modo mais geral, os novos resgates não foram acompanhados por avanços consideráveis na resolução das fragilidades – bem conhecidas e de longa data – que caracterizam as relações fiscais intergovernamentais. Nelas se incluem a atribuição de impostos indiretos distorcivos aos estados e municípios,[19] um sistema de transferências que se baseia em parâmetros obsoletos e baixo potencial de equalização da capacidade de gasto entre os entes subnacionais e a grande rigidez do gasto associada a requisitos mínimos de despesa com saúde e educação. E a incapacidade do governo Temer de garantir a aprovação no Congresso da reforma

---

19. A reforma tributária de 2023 contribui para reduzir essas distorções na mediada em que substitui PIS, Cofins, IPI, ICMS e ISS pelo Imposto sobre operações com bens e serviços (IBS) e unifica a legislação do imposto em todo o país.

previdenciária para o serviço público federal implicou que ainda havia ampla margem para conter o crescimento das despesas previdenciárias também em nível subnacional.[20]

As medidas tomadas para racionalizar o indicador Capag e tornar a sua utilização obrigatória para a análise de concessão de garantias federais ajudaram a reduzir a discricionariedade, que tinha enfraquecido as restrições orçamentárias dos governos subnacionais no início da década. O Capag poderia ter sido reforçado ainda mais, atribuindo-se maior peso ao nível da dívida dos estados ou municípios, dada a sua importância para a sustentabilidade fiscal a mais longo prazo. Além disso, o Capag é um indicador estático de capacidade de financiamento e deveria ter sido complementado por análises prospectivas de sustentabilidade da dívida a médio prazo, incluídas projeções prudentes para os cenários de referência e uma série de análises e testes de sensibilidade e estresse.

De modo geral, a reforma do arcabouço de responsabilidade fiscal dos GSN continua a ser uma agenda inacabada, mesmo com algum avanço nos anos mais recentes, como a introdução de incentivos para controlar os encargos[21] salariais subnacionais e a crescente harmonização dos sistemas e dos procedimentos contábeis entre os três níveis de governo.[22] Os principais elementos de uma reforma mais abrangente poderiam ser:

- Substituir o limite demasiado elevado da dívida atual por uma "âncora" de dívida a médio prazo mais baixa;
- Exigir, numa LRF revista, que as políticas fiscais subnacionais sejam comprovadamente coerentes com a âncora da dívida. Os GSN cujas relações dívida/receitas fossem superiores à âncora seriam obrigados a orientar as suas políticas para assegurar uma convergência progressiva com a âncora durante períodos de tem-

---

20. Subsequentemente, a Emenda Constitucional nº 103/2019, que promulgou a reforma previdenciária federal, exigiu que os estados promulgassem reformas idênticas ou semelhantes, ainda que a execução dessa medida continue incompleta.

21. Por exemplo, a EC nº 109/2021 estabelece que os estados e municípios em que as despesas correntes excedam 95% das receitas correntes precisam tomar medidas para conter o crescimento das despesas com pessoal, a fim de se qualificarem para garantias federais.

22. Para pormenores, ver STN (2022).

po especificados. Os demais GSN teriam de assegurar que os seus saldos orçamentários permanecessem coerentes com o cumprimento da âncora a médio prazo. Em ambos os casos, seriam necessárias análises da sustentabilidade da dívida (exceto para os pequenos municípios) para demonstrar a solidez dos orçamentos propostos diante de uma série de potenciais choques exógenos;

- Executar a determinação da LRF de criar um Conselho de Gestão Fiscal responsável pelo acompanhamento da aplicação do quadro revisto de responsabilidade fiscal, em particular através da definição de macroparâmetros comuns para as projeções subnacionais a médio prazo, e da verificação dos pressupostos subjacentes a essas projeções; e
- Fortalecer a disciplina de mercado para os GSN, acelerando a eliminação das garantias federais, exceto para os créditos concedidos por instituições financeiras internacionais multilaterais oficiais. Nesse contexto, os mercados financeiros passariam a basear-se mais em indicadores como o Capag nas suas avaliações da fiabilidade creditícia de cada GSN.

Para serem eficazes a longo prazo, as reformas do arcabouço de responsabilidade fiscal terão de ser acompanhadas por iniciativas mais amplas que resolvam as principais deficiências do sistema de relações intergovernamentais. De particular importância seriam novas reformas para reduzir a rigidez da despesa, incluindo as decorrentes dos requisitos mínimos de gasto, da vinculação de receitas e dos sistemas previdenciários para os funcionários públicos subnacionais.

Em suma, a administração Temer representou um ponto de inflexão na história econômica recente do Brasil. Buscou-se corrigir as deficiências existentes na gestão das contas públicas do país, particularmente por meio da contenção do aumento das despesas correntes, que restringe a capacidade de investimento do governo e gera aumento gradual do endividamento público para níveis elevados, em comparação com outros mercados emergentes. Apesar de alguns avanços, o Brasil ainda tem de enfrentar esse desafio de forma a colocar o endividamento público em uma trajetória descendente e sustentada a médio e longo prazos. Isso é particularmente importante para um país que enfrenta alterações demográficas adversas, grandes deficiências em infraestruturas, crescimento lento da produtividade e necessidade de melhorar a provisão de serviços públicos em vários domínios de intervenção.

Referências bibliográficas

CASTELAR PINHEIRO, Armando; e CARVALHO LINS, Paulo de (2018). "Current Constraints on Growth", em: SPILIMBERGO, Antonio; e SRINIVASAN, Krishna. *Brazil: Boom, Bust and the Road to Recovery*. Washington, D.C.: FMI.

COURI, Daniel Veloso; SALTO, Felipe; BARROS, Gabriel Leal de; e ORAIR, Rodrigo Octávio (2018). "Regra de ouro no Brasil: balanço e desafios", *IFI – Estudo Especial*, nº 5.

CUEVAS, Alfredo; KARPOWICZ, Izabela; MULAS-GRANADOS, Carlos; SOTO, Mauricio; MENDES TAVARES, Marina; e MALTA, Vivian (2018). "Fiscal Challenges of Population Aging in Brazil", em: SPILIMBERGO, Antonio; e SRINIVASAN, Krishna. *Brazil: Boom, Bust and the Road to Recovery*. Washington, D.C.: FMI.

DE MELLO, Luiz; e GIAMBIAGI, Fabio (2006). "Social Security Reform in Brazil: Achievements and Remaining Challenges", *OECD Economics Department Working Papers*, nº 534. Paris: OECD.

DOHERTY, Laura; e SAYEGH, Amanda (2022). "How to Design and Institutionalize Spending Reviews", *How To Notes*. Departamento de Assuntos Fiscais do Fundo Monetário Internacional, nota nº 22/04. Washington, D.C.: FMI.

FUNDAÇÃO GETULIO VARGAS – FGV (2010). "Lei de Responsabilidade Fiscal: históricos e desafios", *Cadernos FGV Projetos*, ano 5, nº 15.

INSTITUIÇÃO FISCAL INDEPENDENTE – IFI (2017). *Relatório de Acompanhamento Fiscal (RAF)*, várias edições.

INSTITUTO DE PESQUISA ECONÔMICA APLICADA – Ipea (2018). *Carta de Conjuntura*, nº 39.

INTERNATIONAL MONETARY FUND – IMF (2022). "Fiscal Monitor", out.

OECD (2015). "Fiscal Sustainability of Health Systems: Bridging Health and Finance Perspectives". Paris: OECD.

PESSINO, Carola; e TER-MINASSIAN, Teresa (2021). "Addressing the Fiscal Costs of Population Aging in Latin America and the Caribbean, with Lessons from Advanced Countries", *IDB Discussion Paper*, nº 859.

ROBINSON, Marc (2007). "Purchaser-Provider Systems", em: ROBINSON, Marc (org.). *Performance Budgeting-Linking Funding and Results*. Palgrave Mcmillan/FMI.

_____ (2013). "Spending Review"; *paper* preparado para o 34º Annual Meeting of OECD Senior Budget Officials, GOV/PGC/SBO, 6. Paris: OECD.

SECRETARIA DE PREVIDÊNCIA – Sprev (2019). *Projeções financeiras e atuariais para o Regime Geral de Previdência Social (RGPS)*. Anexo IV – Metas fiscais. Brasília, mar.

SECRETARIA DO TESOURO NACIONAL – STN (2022). *Boletim de Finanças dos Entes Subnacionais*.

TER-MINASSIAN, Teresa (2010). "Preconditions for a Successful Introduction of Structural Fiscal Balance-Based Rules in Latin America and the Caribbean: a Framework Paper", *Interamerican Development Bank – IDB. Discussion Paper*, nº 157.

WORLD BANK (2013). *Beyond the Annual Budget: Global Experience with Medium Term Expenditure Frameworks*.

_____ (2017). *A Fair Adjustment: Efficiency and Equity of Public Spending in Brazil*.

PARTE III
REFORMAS ESTRUTURAIS

17. Desafios fiscais crescentes para 2026 e muito adiante

Pedro S. Malan[1] e Ana Carla Abrão[2]

Estamos num momento muito delicado no Brasil. Somos um país que tem oportunidades enormes. Vejo isso hoje no mercado de capitais: novas tecnologias, novos setores. Mas vamos olhar o país como um todo e enxergar os problemas que ou simplesmente não estamos conseguindo resolver ou estamos empurrando para debaixo do tapete. Essa é a grande obrigação de todos nós. Temos que ter uma compreensão dos desafios, temos de exigir que o país caminhe na direção correta, porque estamos acumulando uma quantidade imensa de problemas que vão tornando as soluções mais custosas, mais difíceis.

Eduardo Guardia[3]

---

1. Economista, ex-ministro da Fazenda (1995-2002) e ex-presidente do Banco Central (1993-1994).

2. Economista e ex-secretária de Fazenda de Goiás (2015-2016).

3. Trecho de entrevista concedida por Eduardo Guardia, em 13 de maio de 2021, ao *podcast A arte da política econômica*, do Instituto de Estudos de Pesquisa Econômica/Casa das Garças (Iepe/CdG). A entrevista, transcrita neste livro (pp. 184-197), é parte de uma série de 30 *podcasts* com formuladores e gestores de políticas públicas sobre experiências de governos pós-anos 1980. Estão disponíveis em <www.casadasgarcas.com.br/podcast>, em plataformas de *podcasts* e no livro *A arte da política econômica: depoimentos à Casa das Garças* (Rio de Janeiro: Intrínseca/História Real, 2023).

Introdução

O ano de 2024 marcou o 30º aniversário do real – a moeda de relativamente estável poder de compra lançada em 1994 e que, passadas três décadas, firmou-se como a (esperemos) definitiva unidade de conta e de referência para contratos da economia brasileira. O ano de 2024 marcou ainda o 25º aniversário do regime cambial de taxas flutuantes e do regime monetário de metas de inflação, ambos instituídos em 1999. O regime de responsabilidade fiscal, cuja lei que leva seu nome também comemora, em 2025, 25 anos de aprovação pelo Congresso Nacional (Lei Complementar nº 101, de maio de 2000), estabelece as condições para o respeito às restrições orçamentárias e, portanto, para a solvência intertemporal das contas públicas.

Criticada desde o início por aqueles que acreditam – equivocadamente – que a responsabilidade fiscal é "incompatível com a responsabilidade social", a Lei nº 101/00 foi frequentemente questionada na Justiça e por vezes reinterpretada pelo Judiciário e alterada no Congresso. Assim, ao longo do tempo, foi sendo enfraquecida em vários dos seus dispositivos, em particular aqueles que se aplicam aos entes subnacionais. Ainda que a lei tenha sido responsável por evitar, por mais de dez anos, a reedição da crise de sobre-endividamento dos estados que aflorou nos anos 1990, os sucessivos ataques que sofreu respondem pela crise fiscal que ainda hoje impera em vários dos entes subnacionais.

É preciso resistir às frequentes demandas para que a Lei nº 101/00 seja ainda mais "flexibilizada", a fim de acomodar pressões de gastos por parte daqueles que consideram que "gasto é vida", que "certos gastos não são gastos" e que o "efeito multiplicador" do conjunto é o verdadeiro motor de crescimento sustentado no longo prazo. Mais do que resistir a essa tendência, é preciso fortalecer a Lei de Responsabilidade Fiscal (LRF), resgatando seus conceitos e princípios de forma a recolocar nos trilhos a trajetória da despesa pública em uma perspectiva de médio e longo prazos.

No Brasil de hoje é fundamental um esforço para aprofundar o entendimento coletivo sobre a relação entre gasto público, carga tributária, déficits fiscais e estoque da dívida pública. Três são as razões que destacamos aqui. Primeiramente, porque uma sociedade moderna deve julgar sua carga tributária em função da quantidade e da qualidade dos serviços públicos prestados em contrapartida. Além disso, deve analisar a extensão em que o nível e a composição tanto do gasto público como da carga tributária afetam a eficiência da economia, pois dela dependem o crescimento econômico, a redução da pobreza e a melhoria das condições de vida da população.

Finalmente, é imprescindível entender que o nível e a composição da dívida pública, e sobretudo sua trajetória ao longo do tempo, definem as perspectivas de solvência do setor público, o espaço aberto ao investimento privado e as expectativas quanto à redução dos juros reais. Dívida, tributação, gasto público, eficiência e equidade são, portanto, temas inter-relacionados que deverão estar no centro do debate público sobre crescimento sustentado no longo prazo com inflação sob controle, além de tão importante quanto – melhorias consistentes em nossos inaceitáveis níveis de pobreza e desigualdade. Este último é o tema central do debate que mereceria ser ampliado e investigado hoje – e por muitos anos à frente.

Este artigo se inspira na "grande obrigação" a que Eduardo Guardia se refere no trecho em epígrafe. Não temos aqui a pretensão de apresentar problemas de forma profunda nem tampouco de apontar soluções mágicas que, sabemos, não funcionam se desconsideramos a variável política, tão presente quanto relevante. Temos, sim, a ambição de chamar atenção para a necessidade de retomarmos o debate em torno desses problemas, mas ampliando-o para fora dos círculos econômicos. A construção – econômica e política – de uma agenda é urgente. Contudo, essa agenda precisa ir além da próxima eleição e precisa influenciar, de forma estrutural, mudanças na trajetória que estamos trilhando – dando mais atenção aos temas tratados neste artigo, que estão se acumulando e "tornando as soluções mais custosas, mais difíceis", para novamente citar a epígrafe que abre este artigo.

Iniciamos sugerindo que os desafios fiscais, embora menores que os nossos, são hoje desafios globais, como revelam as experiências dos Estados Unidos e do Reino Unido. Na sequência, trazemos a referência de Olivier Blanchard,[4] ao buscar responder a três perguntas fundamentais que mostram que soluções que servem a países desenvolvidos podem não "viajar bem" para nações em diferentes estágios de desenvolvimento e/ou conjunturas macroeconômicas. Seguimos nas próximas seções com a proposta de jogar luz nas escolhas de política pública que fizemos, e que hoje demandam um debate mais encorpado, e nos problemas que estamos escondendo debaixo do tapete. A seção final visa motivar a busca de soluções por meio de uma construção em que economia e política se encontrem.

Desafios fiscais – Estados Unidos e Reino Unido

Nos últimos 50 anos, os gastos totais do governo federal como percentagem do Produto Interno bruto (PIB) nos Estados Unidos foram, em média, de 21% (com apenas seis casos abaixo de 19% e seis acima de 23%). Também em média, nesse período de 1974 a 2023, as receitas totais foram de 17,3% como percentagem do PIB, resultando em um déficit fiscal de -3,7% do PIB e um resultado primário de -1,6% do PIB, com os juros líquidos sobre a dívida representando, em média, 2,1% do PIB nos mesmos 50 anos.

Vale registrar a importância das respostas do governo americano a duas crises com uma fortíssima e concentrada expansão fiscal. A primeira crise foi a de 2008-2009, a mais séria crise financeira global desde a Depressão dos anos 1930. Os gastos do governo aumentaram de 19,1% do PIB, em 2007, para 24,3%, em 2009, um aumento de 5,2 pontos percentuais (p.p.) do PIB em apenas dois anos (permanecendo acima de 23% em 2010 e 2017). Na resposta à crise provocada pela pandemia de covid-19, os gastos aumentaram de 21%, em 2019, para 31,1%, em 2020, um aumento de 10,1 p.p. do PIB em apenas um ano. No ano seguinte,

---

4. Um dos mais respeitados macroeconomistas acadêmicos do mundo, Olivier Blanchard é ex-economista-chefe do Fundo Monetário Internacional (FMI), *Robert Solow Emeritus Professor of Economics* do Massachusetts Institute of Technology (MIT) e *Fred Bergsten Senior Fellow* do Peterson Institute for International Economics.

os gastos continuaram em níveis sem paralelo na sequência histórica: 30,1%, declinando para 25,1% em 2022; 22,7% em 2023; mas voltando a subir e alcançando 24,2% em 2024.

Os déficits fiscais de 2023 e 2024 foram, respectivamente, de -6,2% e -7,0% do PIB, e estão projetados para permanecer em -6,5% e -6,9% entre 2025 e 2034. Os juros da dívida passaram de 2,4%, em 2023, para 3,1%, em 2024, e estão estimados em 3,4%, em 2025, e 4,1%, em 2034, superando em muito o pico de pagamentos de juros de 3,2% em 1991. Consequentemente, os resultados primários – os relevantes para a dinâmica e a sustentabilidade da dívida pública – alcançaram -3,8% e -3,9% do PIB em 2023 e 2024 e estão calculados em -3,1% e -2,7%, respectivamente, para 2025 e 2034. O Departamento de Orçamento do Congresso americano (Congressional Budget Office – CBO) projeta, à luz desses números e de sua expectativa em torno do crescimento da economia, que a dívida pública como percentagem do PIB dos Estados Unidos alcançará: 99% em 2024; 122% em 2034; e 139% em 2044. Para um PIB previsto em US$ 28,2 trilhões, em 2024, e US$ 50,6 trilhões, em 2034.

Apesar do patamar preocupante, tanto o CBO quanto o FMI, em seu Relatório Anual de 2024 sobre a economia americana, consideram que essa trajetória da dívida pública é sustentável. As razões para tal seriam as de que os déficits primários estariam mais ou menos constantes em torno de US$ 1 trilhão no período 2024-2034 e, portanto, declinantes em relação a um PIB crescendo a uma taxa anual de quase 6% ao ano (em termos nominais), em média, na década que vai de 2025 a 2034.

O que importa para a dinâmica da dívida é a diferença entre a taxa de crescimento da economia (g) e a taxa de juros (r), que representa o custo da dívida, e aqui as expectativas desempenham papel crucial. Tanto o CBO quanto o FMI julgam que essas expectativas estarão sempre sendo forte e positivamente afetadas por características muito especiais da economia americana, limitando o risco de sérios problemas de dívida pública para os Estados Unidos. Cabe listar tais características: a profundidade dos mercados financeiros do país; a abrangência de seu *pool* de investidores; o papel do dólar no sistema monetário internacional; a capacidade já demonstrada pelo Banco Central americano (Federal Reserve

Board – FED) de lançar mão de operações não convencionais de política monetária e de realizar operações de compra em larga escala de papéis do Tesouro ou do setor privado em *"unusual and exigent circunstances"*; e a força e a resiliência das instituições americanas (que independeriam do presidente de turno).

A avaliação positiva para os Estados Unidos, como para qualquer país, sobre a sustentabilidade do nível e de uma determinada trajetória da dívida pública pode fazer sentido, mas é tão crível quanto as premissas que precisam ser utilizadas para se chegar a tal conclusão. E, por certo, qualquer avaliação (positiva ou não) depende das *expectativas* quanto ao curso futuro da diferença entre a taxa de crescimento da economia e os juros da dívida e da trajetória estimada dos resultados primários a serem alcançados nos anos à frente.

Já no Reino Unido, onde o tema fiscal também domina o debate, o primeiro Orçamento trabalhista em 14 anos, apresentado ao Parlamento em outubro de 2024, teve como principal resultado um aumento de impostos de £ 40 bilhões. O maior em uma geração, esse aumento fez recair sobre as empresas o custo do ajuste e do aumento previsto de gastos, deixando clara para a chanceler Rachel Reeves a opção por fazer o ajuste pelo lado da receita, ao combinar os objetivos de aumentar gastos sociais e ampliar os volumes de investimento público e, ainda assim, estabilizar o patamar da dívida pública inglesa e chegar ao fim do mandato trabalhista em níveis inferiores aos atuais.

Nos primeiros 23 anos deste século, a dívida líquida do setor público no Reino Unido passou de menos de 30% do PIB para os atuais quase 100%. Em parte, como no caso americano, em função de importantes choques globais, como a pandemia e a crise de energia motivada pela invasão russa da Ucrânia, no início de 2022. Os efeitos se traduziram – como no resto do mundo – em um aumento da inflação e em consequente alta dos juros. Hoje, com a inflação e os juros em declínio, mas com o crescimento estagnado, as perspectivas econômicas continuam desafiadoras, em particular em função das condições fiscais. Dívida pública em patamar e trajetória crescentes, crescimento econômico moderado e taxas de juros em níveis elevados por quase uma década impõem a necessidade, segundo o Departamento de Responsabilidade Orçamentária (Office of Budget Responsibility – OBR),[5] de um superávit primário de cerca de 1,3% do PIB apenas para estabilizar a dívida no médio prazo. Diferentemente do que ocorria na década de 2010, quando, em média, a dívida poderia ser estabilizada mesmo com um déficit primário de 2,1%.

Como nos Estados Unidos, os desafios fiscais no Reino Unido ganharam outra proporção após a crise financeira de 2008, quando os custos associados à contenção e mitigação dos efeitos da crise levaram o déficit primário a atingir cerca de 10% do PIB e a dívida pública a ultrapassar 80% do PIB. David Cameron assumiu o governo de coalizão em 2010 com o desafio urgente de implementar medidas de austeridade para restaurar a sustentabilidade fiscal e a confiança dos mercados. Assim, com o objetivo de reduzir o déficit e estabilizar a dívida pública ao longo do tempo, lançou um programa de ajuste que incluiu cortes significativos de gastos públicos, reformas nos serviços sociais e na máquina pública e revisão de gastos. É dessa época a criação do OBR e a implementação do processo de revisão de gastos inglês (*Spending Review*).

De lá para cá, a dívida reduziu sua taxa de crescimento, mas voltou a crescer fortemente em 2019 e 2020, quando se elevou em 13 pontos de percentagem do PIB e atingiu 96,5% do PIB. Isso porque, durante a maior parte deste século, o custo fiscal do elevado estoque de dívida do governo foi, em parte, compensado pela queda das taxas de juros e pela baixa inflação, que mantiveram os pagamentos de juros do Governo Central em cerca de 2% do PIB. Mas ambas as tendências se inverteram repentinamente em 2023, elevando os pagamentos líquidos de juros para 3,8% do PIB em 2022-2023 – o maior desde 1981-1982. Atualmente em 97,6% do PIB, o OBR prevê que o estoque da dívida inglesa permaneça acima de 90% do PIB. Nas projeções de longo prazo do OBR, a dívida cairá apenas no final da década de 2020 e início da década de 2030.

---

5. O Departamento de Responsabilidade Orçamentária (OBR, na sigla em inglês) monitora os planos de gastos e o desempenho do governo do Reino Unido. Duas vezes por ano divulga previsões sobre o estado da economia e das finanças públicas.

Esse quadro motiva hoje um dos principais debates no Reino Unido. O governo trabalhista, de volta ao poder após 23 anos desde o fim do mandato de Gordon Brown, depara-se agora com a necessidade de buscar sustentabilidade fiscal combinando a promessa de retomada do investimento público com responsabilidade fiscal e redução do déficit. A equação só poderá fechar via aumento de impostos, apesar da já elevada carga tributária. Segundo Rachel Reeves, a proposta orçamentária para 2025-2026 foi construída obedecendo "às bases para uma política fiscal estável, buscando a administração prudente das despesas correntes e visando à ampliação responsável dos investimentos públicos".[6] Por conta do rombo de £ 22 bilhões, que Reeves afirma ter sido herdado do governo conservador, serão necessários cortes adicionais de £ 30 bilhões e aumentos de receitas da ordem de, no mínimo, £ 40 bilhões para que se consiga estabilizar a dívida até o fim do mandato do primeiro-ministro Keir Starmer, que assumiu em julho de 2024. Isso considerando os gastos crescentes dos programas sociais (em particular do Sistema Nacional de Saúde) e a promessa de ampliar o investimento público.

As principais medidas se concentram em: i) elevação da contribuição patronal em 1,2 p.p. e redução dos limites a partir do qual ela incide, elevando as receitas de contribuição em £ 25 bilhões até 2030; ii) aumento de £ 3,1 bilhões no orçamento do sistema nacional de saúde (NHS, na sigla em inglês); iii) aumento real de 19% no orçamento da educação (£ 6,7 bilhões adicionais); iv) *trusts* detidas por cidadãos nacionais não domiciliadas no Reino Unido que tenham ativos *offshore* estarão sujeitas a imposto de herança, elevando em £ 2,5 bilhões a receita anual; v) elevação na taxação dos ganhos de gestores de fundos de *private equity*, com impacto de £ 100 milhões por ano; vi) elevação das alíquotas de impostos sobre ganhos de capital; e vii) instituição de novo imposto sobre herança para ações de empresas listadas que estavam isentas.

Essas medidas devem, segundo os analistas ingleses, elevar a carga

---

6. Rachel Reeves, "My Fiscal Rules Will Provide the Stability on Which Growth Depends", *Financial Times*, 24 out. 2024. Disponível em: <https://www.ft.com/content/7258f7ff-7bc7-4371-9bb-7-44dcf4bdf654>. Acesso em: 5 dez. 2024.

tributária do Reino Unido, atualmente em 36%, para 38,3% em 2027-2028. Em contrapartida, o superávit fiscal deve atingir £ 10,9 bilhões no período de acordo com o OBR, atingindo a regra de estabilidade do governo segundo a qual receitas cobrem os custos correntes da máquina pública. A dívida deverá, contudo, aumentar em £ 127 bilhões este ano, superando em £ 40 bilhões as estimativas anteriores, mas começará a cair em um período de três anos, ainda segundo o OBR,[7] mesmo levando-se em conta os £ 100 bilhões em gastos de capital que o governo pretende fazer nos próximos cinco anos.

As respostas dos governos americano e britânico, bem como as da União Europeia em reação às crises de 2008-2009, da pandemia de covid-19, em 2020, e da invasão russa da Ucrânia, em 2022, levaram a significativas expansões de gastos, de déficits fiscais e de aumentos da dívida pública que foram, e são, considerados o preço a pagar para se evitarem retrações excessivas da atividade econômica, da renda e do emprego. As medidas recentes buscam amenizar os efeitos dessas respostas e reforçar a mensagem da sustentabilidade fiscal. Por outro lado, em muitos países em desenvolvimento, essa mesma necessária resposta de expansão de gastos passou a ser vista como um "novo consenso fiscal", um "keynesianismo revivido" que, como nos anos 1930 e no pós-guerra, permitiram, por meio do efeito multiplicador do gasto público sobre a renda e o emprego, a retomada do crescimento, com a demanda gerando a própria oferta em um círculo virtuoso de causação circular cumulativo.

Daí a necessidade de um aprofundamento desse debate, de um maior entendimento das similaridades e, em particular, das diferenças que fazem com que a importação bem-sucedida de conceitos, políticas e práticas dependam, essencialmente, do contexto e das condições econômicas, sociais e político-institucionais de cada país.

---

7. Vale destacar que, para além do OBR, cuja função é apresentar análises independentes e confiáveis das finanças públicas do Reino Unido, também desempenham papel crucial na promoção da responsabilidade e transparência no uso dos recursos públicos o Office for Value for Money (OVfM), que tem como objetivo principal garantir que os recursos públicos sejam utilizados de maneira eficiente e eficaz, avaliando custo-benefício em projetos e serviços públicos, e o National Audit Office, que realiza auditorias das contas do governo, avalia a gestão financeira e examina a economia, a eficiência e a eficácia dos serviços públicos.

As três perguntas de Blanchard sobre a dívida pública

Olivier Blanchard formula três perguntas que nos ajudam a motivar o debate fiscal no Brasil. A primeira delas se refere ao aumento da dívida pública. Quando isso constituiria realmente um problema? A segunda levanta a seguinte dúvida sobre o novo "consenso fiscal" – pós-2008 e pós-covid – nas economias avançadas: esse conceito "viaja bem" para os países ditos emergentes? Finalmente, Blanchard pergunta: se, no caso mais simples, a taxa de crescimento da economia (g) fosse igual à taxa de juros relevante para o serviço da dívida (r), isto é, $r-g = 0$, o problema da dívida se resolveria naturalmente com o tempo? Segue um breve comentário sobre cada pergunta.

A primeira das três perguntas foi formulada em janeiro de 2019.[8] A resposta não exige que se entre em discussões acadêmicas sobre modelos de gerações superpostas aplicados a sistemas previdenciários de repartição e suas extensões para custos fiscais e *welfare costs* da dívida pública. *Se* a taxa de juros da dívida for menor do que a taxa de crescimento da economia, a relação entre a dívida e o PIB irá decrescer, *se* o déficit fiscal primário (que exclui o serviço da dívida) estiver eliminado. O resultado é trivial – dadas as premissas –, independentemente da magnitude dos déficits, da extensão do período em que há déficits e do tamanho da dívida em relação ao PIB.

Blanchard mostra na parte empírica do seu relevante trabalho acadêmico que, desde o início do século XIX, a taxa de crescimento real da economia americana foi sistematicamente superior à taxa de juro real da dívida pública. Ele deixa em aberto, porém, a questão das expectativas dos investidores em papéis da dívida pública – e seus efeitos sobre prêmios de risco – quando as premissas acima descritas não estivessem sendo cumpridas.

Blanchard voltou ao tema fiscal em duas outras ocasiões. A primeira, em junho de 2021, quando publicou (com Josh Felman e Arvind

---

8. Em sua Presidential Lecture, proferida no encontro anual da American Economic Association com o título "Public Debt and Low Interest Rates". Disponível em: <https://paulgp.github.io/speeches/blanchard_2019_aea.pdf>. Acesso em: 5 dez. 2024.

Subramanian) artigo com o título-pergunta: "O novo consenso fiscal nas economias avançadas viaja para os mercados emergentes?"[9] Outras três perguntas surgem: A situação macroeconômica é a mesma? Existe mais incerteza sobre os resultados fiscais? Existe mais incerteza sobre o diferencial entre a taxa de juros e a taxa de crescimento da economia? As respostas foram *não*, *sim* e *sim*, após a análise de dados relevantes de Índia, Brasil, Indonésia, África do Sul e Turquia. Vale dizer que as situações não são as mesmas e que as duas incertezas são muito maiores em mercados emergentes do que em países mais avançados. Estes podem se permitir um *"whatever it takes"* que mercados emergentes dificilmente poderiam manter, exceto em situações de extraordinária e temporária emergência.

O então presidente do Banco Central do Brasil, Roberto Campos Neto, afirmou, em setembro de 2021, que o BCB faria "o que fosse necessário", em termos de elevação da taxa básica de juros, para trazer a inflação (que chegara a cerca de 10% no acumulado de 12 meses) para uma trajetória de convergência para a meta. Esse enorme desafio seria ainda maior se não houvesse apoio do lado fiscal; se fosse preciso lidar com outros *"whatever it takes"*, por parte do resto do governo, do chefe do Executivo e do Congresso Nacional, operando na outra direção, excessivamente preocupados com o resultado das urnas em outubro de 2022. O mesmo argumento vale para 2026.

A terceira e mais recente intervenção de Blanchard é também relevante para a discussão no Brasil de hoje. Em seu blog e em entrevista ao *Financial Times*[10] responde à seguinte pergunta: "Você faz distinção entre elevadas relações dívida/PIB que são de certa forma inevitáveis, dada a nossa situação política, e uma explosão da dívida – como sabemos quando cruzamos esta linha?". A resposta de Blanchard: "Esse é realmente o

---

9. "Does the New Fiscal Consensus in Advanced Economies Travel to Emerging Markets?", Peterson Institute for International Economics, mar. 2021. Disponível em: <https://www.piie.com/publications/policy-briefs/does-new-fiscal-consensus-advanced-economies-travel-emerging-markets>. Acesso em: 5 dez. 2024.

10. Em entrevista ao *podcast* Unhedged, do *Financial Times*: "On Debt Explosions What To Do When r - g = 0", 17 nov. 2023. Disponível em: <https://www.ft.com/content/e0626fe6-3c65-4967-8239-8870903ad88e>. Acesso em: 5 dez. 2024.

problema. Visualmente, uma é uma curva convexa, que explode; e a outra é uma curva côncava, que converge para algum nível. Em tempo real, como você decide qual deles enfrentará? Penso que se decide com base no que o governo parece estar disposto a fazer em termos da sequência dos déficits primários."

O caso mais simples, segundo Blanchard, é quando "r" menos "g" é zero, aproximadamente a situação em que ele acredita que estariam os Estados Unidos hoje. Nesse caso, bastaria perguntar: existe um plano para efetivamente zerar os déficits primários num tempo finito de forma crível? "É tudo fumaça e espelhos ou medidas reais? Se os governos utilizarem uma taxa de crescimento que não seja realista, se utilizarem uma taxa de juros inferior à taxa de mercado, então saberemos que não estão a falar a sério. Tem que haver medidas que façam o trabalho."

A incerteza quanto às taxas reais futuras pode levar a taxas mais elevadas hoje. Não se trata de uma hipótese absurda. Há muitas razões para se pensar que há mais incerteza sobre as taxas reais. "Há que decidir se o aumento vai ser transitório ou permanente. O meu palpite é que uma boa parte dessa incerteza vai desaparecer. Mas nem toda, por isso a mensagem do meu blog era: 'Por favor, tenham planos para uma redução constante dos déficits primários para perto de zero. Lenta, constante, convincente e confiável.'"

No entanto, ainda que a inflação diminua, Blanchard acha que o provável é que as taxas de juros se mantenham mais elevadas na próxima década do que na década que se seguiu à crise financeira de 2008. Essa situação reflete uma série de fatores, incluídos o aumento dos níveis de endividamento, a desglobalização, o aumento das despesas com a defesa, a transição ambiental, as exigências de redistribuição de renda e a inflação persistente. Mesmo as alterações demográficas, frequentemente citadas como justificativas para se baixarem as taxas de juros, podem afetar os países desenvolvidos de forma diferente, visto que eles aumentam em muito as despesas associadas ao crescente envelhecimento da população.

O "não debate" de 2018 e 2022 e a urgência de uma agenda para 2026

A forte deterioração fiscal que o Brasil viveu a partir de 2011 não passou despercebida por Eduardo Guardia. Tanto que, em trabalho de 2016,[11] ele observou que nos quatro anos que vão de 2011 a 2014 a despesa pública como proporção do PIB cresceu mais do que nos 12 anos anteriores. Com efeito, de 1998 a 2010, a despesa primária do governo federal passou de 15% do PIB para 17,4%, um acréscimo de 2,4 p.p., enquanto nos quatro anos subsequentes cresceu 2,7 p.p., atingindo 20,1% do PIB no ano eleitoral de 2014, desconsiderando-se os efeitos das chamadas "pedaladas fiscais". Tão ou mais importante, simultaneamente a esse forte crescimento da despesa primária, a partir de 2010 teve início um intenso processo de aumento das desonerações e dos subsídios, o que levou os gastos tributários a superar 4,5% do PIB em 2014.

Esses movimentos explicam a rápida reversão do resultado primário, cuja queda continuada desde 2006, com forte piora em 2013 e 2014, nos fez passar de um superávit de 2,6% do PIB, em 2010, para um déficit de 1,9% em 2015. Esse quadro estabeleceu uma situação de déficit primário estrutural em todos os anos de 2014 até 2024 e, ao que tudo indica, até 2026, apesar dos esforços do ministro Fernando Haddad, da Fazenda, para elevar a arrecadação e tentar fazer algo pelo lado dos gastos, contra o intenso "fogo amigo". No mesmo período, a dívida bruta do setor público passou de 53,4% para 64,6% do PIB.

Apesar dos fortes estímulos pró-cíclicos, a taxa de investimento começou a declinar já a partir do terceiro trimestre de 2013, só voltando a crescer no fim de 2016, após uma queda total de 26% em relação ao pico anterior, de 2013. A recessão econômica teve início no segundo trimestre de 2014, meses antes da eleição presidencial daquele ano, e acumulou uma retração de cerca de 7% no biênio 2015-2016. Entre 2011 e 2017, a taxa de

---

11. Eduardo Guardia, "Conta Única do Tesouro: flexibilidade necessária e seus bons e maus usos", em Edmar Bacha (org.), *A crise fiscal e monetária brasileira* (Rio de Janeiro: Civilização Brasileira, 2016, pp. 297-313).

crescimento real média da economia brasileira não passou de 0,5% ao ano, e o desemprego chegou ao recorde de 13% no início de 2017.

Guardia mostrou, em 2016, quando assumiu o cargo de secretário-executivo do Ministério da Fazenda no governo Michel Temer, que, entre as dezenas de fontes de recursos específicos constantes de proposta orçamentária, apenas duas fontes primárias não possuíam destinação de recursos determinada. Do total, ele estimava que apenas 10% das receitas primárias não estavam diretamente vinculadas a destinações legais ou constitucionais predeterminadas. Hoje (2024) o percentual de despesas não obrigatórias foi reduzido a 8%, segundo dados do Ministério do Planejamento, e será ainda mais comprimido se continuarmos na atual trajetória.

A raiz dos nossos problemas fiscais reside na trajetória da despesa pública nas últimas décadas e em sua perspectiva para o futuro. Trata-se de não limitar o debate apenas ao patamar de gastos, e sim de concentrá-lo nos fatores que nos levam a um crescimento contínuo desses gastos e à sua rigidez de alocação. Dados do Observatório de Política Fiscal do Instituto Brasileiro de Economia da Fundação Getulio Vargas (Ibre-FGV) mostram que o gasto federal cresce continuamente desde 1992, tendo tido uma elevação sem precedentes ao longo da pandemia, seguida de estabilidade em 17,8% do PIB em 2021 e 2022. Em 2023, a despesa retomou a trajetória de aumento, com o gasto primário atingindo 19,6% do PIB, um crescimento de 1,8 p.p. do PIB.

Esses números se refletem, segundo o Relatório de Acompanhamento Fiscal (RAF) publicado em setembro de 2024 pela Instituição Fiscal Independente (IFI) do Senado Federal, no patamar de 80% do PIB ao fim daquele ano para a dívida bruta do Governo Geral – que inclui todos os poderes da União, dos estados e dos municípios, sem considerar seus ativos e patrimônios. A IFI estima ainda que a dívida pública deverá atingir 84% até o fim de 2026.

Embora o cenário de curto prazo tenha melhorado e poderia melhorar ainda mais, como bem destaca o ex-secretário do Tesouro Nacional Mansueto Almeida, "isto depende da credibilidade do ajuste fiscal. O desafio fiscal continua e, se falharmos, há o risco de abortarmos o cenário de melhora na economia, mesmo no ambiente de redução do risco externo com a queda da inflação e a redução dos juros nos países desenvolvidos".[12] Esse quadro ressalta a urgência de enfrentarmos um debate que passou ao largo das últimas eleições, presidenciais ou municipais, mas que deve ser recolocado na agenda política para que possamos reverter a atual situação fiscal. Trata-se de um debate que precisa ultrapassar os limites dos fóruns econômicos e se inserir na cena política. Para isso, há que entender que as diferenças entre economistas e políticos, como expôs Alan Blinder em uma fala na Universidade de Princeton em 2018,[13] vai muito além da terminologia e do apego às evidências.

Blinder batizou de *"the lamppost theory of economic policy"* um interessante conceito que ajuda a entender a dificuldade de transformarmos o debate econômico sério em políticas econômicas efetivas.[14] Segundo ele, há três motivos para que políticos usem economistas como postes de luz, mas com o objetivo de se apoiarem nele e não como fonte de iluminação. Primeiramente, porque economistas e políticos provêm de diferentes culturas (o autor usa o termo *civilizations*) e por isso eles enfrentam problemas estruturais de comunicação. Afora isso, e na maioria das vezes, as políticas econômicas se materializam em um circo de quatro picadeiros: o da substância, o da política, o da mensagem e o do processo. Todos interagindo ao mesmo tempo "em uma exibição incompreensível de aparente desordem". Ainda segundo Blinder, os economistas tendem a participar quase exclusivamente em apenas um desses quatro picadeiros, que é o da substância, limitando sua capacidade de influenciar no resultado. Finalmente, continua Blinder, há três *"i's"* que dificultam a construção de políticas públicas sólidas:

---

12. Mansueto Almeida, "O desafio do ajuste fiscal continua", *O Globo*, 31 dez. 2023. Disponível em: <https://oglobo.globo.com/opiniao/artigos/coluna/2023/12/o-desafio-do-ajuste-fiscal-continua.ghtml>. Acesso em: 5 dez. 2024.

13. Internacionalmente conhecido como professor da Universidade de Princeton, o economista Alan Blinder foi membro do Council of Economic Advisers, da presidência dos Estados Unidos, *vice-chairman* do Board of Governors of the Federal Reserve System e Economic Advisor das campanhas presidenciais de Bill Clinton, Hillary Clinton e Al Gore.

14. Ver: "The Lamppost Theory of Economic Policy", em Proceedings of the American Philosophical Society, vol. 163, nº 3, set. 2019.

ignorância, ideologia e grupos de interesse (*interest groups*), cada um deles atuando para afastar os conceitos e a substância das políticas econômicas de seu resultado final.

Escapar dos impedimentos da Teoria do Poste de Luz é o desafio que temos de encarar para transformar a boa economia em políticas públicas reais e efetivas. Em particular no campo fiscal, onde o caminho tem sido trilhado na direção inversa, reforçando o distanciamento e comprometendo, cada vez mais, nossa capacidade de crescimento e de desenvolvimento econômico e social. Para tanto, é necessário começar jogando luz sobre os problemas que precisamos enfrentar e que hoje estão se cristalizando e se acumulando, em parte por nossa dificuldade em colocá-los na agenda, apesar da sua constante presença no debate econômico. São eles: vinculações crescentes de receitas; volumes expressivos de subsídios e subvenções fiscais; indexações de benefícios; gastos obrigatórios crescentes para o financiamento da máquina pública; regime fiscal dos entes subnacionais; enfraquecimento da Lei de Responsabilidade Fiscal; e ausência de um modelo sistemático de revisão de gastos. Todos esses problemas apontam, em conjunto, para uma trajetória insustentável de crescimento dos gastos e, consequentemente (dado que r é maior que g, no caso brasileiro), uma elevação continuada da dívida pública com efeitos relevantes para o nosso futuro.

Vinculações de receitas – Amarras crescentes

Estudo recente do Tesouro Nacional representa significativa contribuição para este importante debate. A quarta edição do Relatório de Projeções Fiscais (RPF) da Secretaria do Tesouro Nacional (STN), publicada no início de 2024, ousou olhar para além de 2026 (foco da área política do governo) e projetou ano a ano, para os próximos dez anos (2024-2033), a evolução do que chamou de "despesas discricionárias rígidas" e "demais discricionárias". De acordo com o estudo, se nada for feito, a fatia das despesas obrigatórias sobre as despesas totais passará de 91% no triênio 2024-2026 para 92% no biênio 2027-2028, e nada menos que 95%, em

2030, e 96%, em 2033. Mas, seguramente, algo precisará ocorrer para alterar essa trajetória.

Ainda segundo o RPF, as despesas obrigatórias sujeitas ao limite de despesa apresentam crescimento real médio de 2,7% ao ano entre 2024 e 2033. Destaca-se a evolução de gastos com benefícios previdenciários do Regime Geral de Previdência Social (RGPS), do Benefício de Prestação Continuada (BPC), das despesas com sentenças de custeio e capital e das despesas associadas aos mínimos de saúde e educação. A contrapartida é uma redução contínua nas despesas discricionárias e, em decorrência, a necessidade de uma ampla revisão de gastos – e discussão sobre as atuais vinculações – para que novas políticas públicas possam responder a prioridades que, sabemos, tendem a ser obrigatoriamente dinâmicas no tempo.

O relatório mostra ainda que, pós-2026, o espaço para as demais discricionárias reduz-se contínua e significativamente, quase desaparecendo depois de 2030. Alguém dirá – mas não deveria – que tal prognóstico está muito longe de acontecer e que até lá serão tomadas medidas apropriadas para se remediar o problema. Seria um grave erro ficar esperando que tais medidas possam ocorrer, de fato, em algum momento no futuro.

Indexação dos benefícios previdenciários e sociais ao salário mínimo – A bomba-relógio da despesa primária

Os números impressionam, mas têm como origem análises de sensibilidade elaboradas pela STN e publicadas no Relatório de Riscos Fiscais de 2023, dado o tamanho do seu impacto: o aumento de R$ 1 no salário mínimo (SM) tem como consequência a elevação dos gastos da Previdência Social em R$ 262,9 milhões ao ano. Acrescem-se a esses, R$ 70,5 milhões de aumento no BPC e outros R$ 55,2 milhões nos benefícios do Fundo de Amparo ao Trabalhador (FAT), como seguro-desemprego e abono salarial.

Essa análise de sensibilidade foi realizada pela STN com base nos agregados de despesa que corresponderam a 52,2% das despesas primárias do Governo Central em 2022 e cuja variação está diretamente relacionada ao Índice Nacional de Preços ao Consumidor (INPC) e ao salário mínimo. Ambos afetam diretamente despesas e receitas previdenciárias, sendo que a variação do INPC é o fator de reajuste dos benefícios previdenciários acima do salário mínimo e das faixas de contribuição. Os benefícios assistenciais (Renda Mensal Vitalícia – RMV e BPC) e o abono salarial são afetados diretamente pelo SM e indiretamente pelo INPC, enquanto o seguro-desemprego é afetado diretamente pelos dois índices, uma vez que o piso para o pagamento do benefício é definido no valor de um SM e o teto é reajustado pela variação do INPC.

Considerando a regra de correção do SM, que leva em conta o crescimento do PIB de dois anos antes e a taxa de inflação do ano anterior, o valor atual deverá ser reajustado em pouco mais de 7%, ou seja, com um aumento de pelo menos R$ 100,00 em 2025. Tendo como base a análise de sensibilidade da STN (constante na Lei de Diretrizes Orçamentárias de 2023, mas curiosamente excluída da de 2024), poderíamos ter, nesse caso, um acréscimo de gastos a partir do efeito multiplicador da correção do SM, da ordem de R$ 30 bilhões em 2025.

Gastos com subsídios, subvenções e isenções fiscais – A meia-entrada de tantos

O governo federal dispõe de instrumentos de fomento ou de tratamento diferenciado para determinados setores ou atividades econômicas. Trata-se de subsídios concedidos via execução orçamentária ou por meio da concessão de incentivos fiscais. As três modalidades de subsídios praticadas pela União são: i) benefícios tributários, que se caracterizam por renúncia de receitas; ii) benefícios financeiros, dados por meio de despesas orçamentárias; e iii) benefícios creditícios, concedidos por fundos ou programas que geram taxa de retorno inferior à taxa de captação do governo federal.

Em 2023, o total de subsídios atingiu R$ 647 bilhões, o equivalente a 5,96% do PIB. O valor mostra uma relativa estabilidade em relação a 2022, após dois anos de crescimento. Desses, são os benefícios tributários que respondem pelo montante mais relevante, atingindo R$ 519 bilhões, ou 80,3% do total. Os benefícios financeiros, puxados pelo programa Minha Casa, Minha Vida, que atingiu R$ 9,3 bilhões em 2023, foram os que mais cresceram, ao contrário dos creditícios, que recuaram 12,3% no mesmo ano, mas ainda respondendo por R$ 83 bilhões em renúncias fiscais. Entre os tributários, os que mais cresceram foram aqueles associados ao Imposto sobre a Renda das Pessoas Físicas (IRPF), tanto na rubrica de "rendimentos isentos e não tributáveis" quanto na de "deduções do rendimento tributável", reforçando o caráter regressivo de alguns dispositivos do nosso atual sistema de tributação da renda.

Contudo, não é só no âmbito federal que se encontram renúncias fiscais relevantes. Os entes subnacionais têm, há décadas, usado de criatividade na concessão de incentivos fiscais, muitas das vezes distorcivos, escalando a guerra fiscal de forma crescente. Segundo estudo da Federação Nacional do Fisco Estadual e Distrital (Fenafisco), a renúncia fiscal chegará a R$ 267 bilhões em 2025. Embora tal valor seja equivalente a um quinto da arrecadação tributária desses entes se compararmos com os dados de 2023, para alguns estados, em que a política de incentivos é mais agressiva, essa proporção pode chegar a 35% ou 40% do total da receita tributária, impondo um custo social elevado, pois significa renúncia fiscal e, consequentemente, comprometimento da capacidade de provisão de serviços públicos básicos de qualidade em áreas como saúde, educação e segurança.

Muito já se tentou para limitar essas políticas, interrompendo o leilão de incentivos que se estabeleceu entre estados, em que todos perdem. O Conselho Nacional de Política Fazendária (Confaz) inúmeras vezes buscou racionalizar o debate e construir um convênio que interrompesse de forma definitiva essa guerra. Os avanços nesse campo foram poucos (tanto que a renúncia fiscal não para de crescer), e as resistências em muito contaminaram a discussão em torno da reforma tributária, finalmente aprovada no fim de 2023. Prevê-se a constituição de um Fundo de Compensações e a eliminação dos incentivos de forma gradual, chegando ao fim em 2033. Esta é outra discussão relevante que, considerando os valores envolvidos e os impactos esperados, precisa ser feita à luz do sol.

O Ibre-FGV também se debruçou sobre o assunto e publicou, em novembro de 2024, um estudo que mostra que os gastos tributários aumentaram de 2,9% do PIB, em 2002, para 6,9%, em 2024, quando somamos as renúncias e as isenções nos níveis federal e estaduais. O documento, de autoria de Paolo de Renzio, Manoel Pires, Natalia Rodrigues e Giosvaldo Teixeira Júnior, quantifica esses gastos e chama atenção para a atual falta de transparência e, portanto, de avaliação.

De acordo com o estudo, os gastos tributários federais no Brasil corresponderam a 4,78% do PIB em 2023. Se incluirmos os estaduais, chegamos a 7,2% do PIB. Não há como ignorar esse patamar de renúncias fiscais e seu impacto sobre a sustentabilidade fiscal. Além disso, há que se incluir nas avaliações de impacto e de eficiência das políticas públicas, como bem sugerem os autores, esses gastos tributários com as devidas sugestões de revisão – ou extinção. Isso é importante para que possam ser revisados e avaliados no âmbito das atuais prioridades do país, dando transparência ao montante global de benefícios e isenções, em níveis federal e estaduais, à sua relevância em termos orçamentários, à sua trajetória e a seus reais impactos econômicos e sociais.

Gastos crescentes com a máquina pública – Um modelo que precisa ser reformado

Segundo cálculos do Banco Mundial, o Brasil gastava com despesa de pessoal no setor público, em números de 2019, o equivalente a 13,4% do PIB, com salários de 11,2 milhões de servidores ativos. Isso significa que, numa relação de 74 países, o Brasil se posicionava naquele ano em 7º lugar, à frente de países como Chile, México e Reino Unido. Os dados incluem despesas com pessoal ativo de União, de estados e municípios. A má notícia, porém, não se encerra aí, pois, em particular nos entes subnacionais, há despesas de pessoal não contabilizadas como tal, elevando ainda mais esse número. Mas o número em si não conta toda a história. Afinal, uma despesa maior de pessoal no setor público poderia ter como contrapartida serviços públicos de maior qualidade, em especial em áreas como saúde, educação e segurança pública. Também não é o nosso caso. Dados do Banco Mundial situam o Brasil entre os piores colocados quando se avalia a qualidade dos serviços públicos básicos, ficando o país bem atrás de outros que gastam proporcionalmente muito menos, como os já citados Reino Unido e Chile.

Embora não haja uma bala de prata para resolver essa situação, há, sim, um fator extremamente relevante para que possamos nos mover nessa direção, aliando melhores serviços públicos a maior racionalização nos gastos com despesas de pessoal no setor público. Aqui estamos falando de uma ampla reforma administrativa, focada em um novo modelo de gestão de pessoas que passa por uma profunda mudança no modelo operacional de funcionamento da máquina pública brasileira.

A reforma administrativa do setor público brasileiro, para que o país possa ter uma máquina pública mais eficiente, moderna e que promova a justiça social, se justifica em três grandes dimensões – imprescindíveis – através de: melhoria da qualidade dos serviços públicos básicos; aumento na eficiência do setor público que permita avançar num amplo processo de consolidação fiscal; e aumento da produtividade no Brasil, o que passa, obrigatoriamente, pelo aumento da produtividade do setor.

Em uma série de artigos, um de nós (Ana Carla Abrão), em coautoria com o economista Arminio Fraga e o jurista Carlos Ari Sundfeld, abordou a necessidade do completo redesenho do atual modelo operacional da máquina pública brasileira por meio da revisão de leis e processos que definem os instrumentos de gestão de pessoas no setor público.[15] Essa revisão deve contemplar questões fundamentais como: i) diminuição do número de carreiras e ampliação de competências; ii) planejamento da força de trabalho como condicionante a contratações, promoções e redistribuição;

---

15. Carlos Ari Sundfeld, Arminio Fraga e Ana Carla Abrão, "Uma proposta de reforma do RH do Estado", *O Estado de S. Paulo*, 4 nov. 2018. Disponível em: <https://iepecdg.com.br/wp-content/uploads/2021/05/ReformaRHdoEstado_AACCA.pdf>. Acesso em: 5 dez. 2024. Ver também: Carlos Ari Sundfeld, Arminio Fraga e Ana Carla Abrão, "A urgência de uma reforma do RH do Estado", *Folha de S.Paulo*, 24 nov. 2024. Disponível em: <https://www1.folha.uol.com.br/mercado/2024/11/a-urgencia-de-uma-reforma-do-rh-do-estado.shtml>. Acesso em: 5 dez. 2024.

iii) implantação da avaliação relativa e absoluta de desempenho acompanhada de uma gestão de competências com progressões, promoções e demissões como consequência das avaliações recorrentes de desempenho.

As propostas, em conjunto, criam cinco grandes iniciativas: i) planejamento da força de trabalho e racionalização, redução e padronização dos planos de carreira no serviço público federal; ii) reforço dos conceitos de meritocracia no setor público, por meio da implementação e revisão de dispositivos legais e processos; iii) revisão e reestruturação dos processos de seleção, modernizando e flexibilizando os atuais regimes de contratação no setor; iv) ganhos de produtividade no setor, incorporando soluções digitais de forma mais ampla; v) racionalização dos custos da máquina pública.

Essas iniciativas têm como peça viabilizadora um projeto de lei complementar que, além de ir na direção de desconstitucionalizar dispositivos atuais e evitar o movimento de constitucionalização de tantos outros, concentra-se na construção de um novo modelo baseado em regras mais claras e mais flexíveis. Há ainda que definir critérios e instrumentos que permitam o cascateamento da reforma para os entes subnacionais, entre os quais os custos e as distorções do modelo são muito mais profundos.

Crise dos subnacionais e Lei de Responsabilidade Fiscal – O que morreu e o que sobrevive

Como já abordado, a Lei de Responsabilidade Fiscal foi aprovada em maio de 2000, refletindo os efeitos da renegociação das dívidas de estados e municípios pela União nos anos 1990. Tinha, como principal objetivo, fortalecer e tornar mais transparente a gestão fiscal nos três níveis federativos, definindo diretrizes de execução fiscal e estabelecendo limites e responsabilidades para os administradores públicos. Buscava-se também evitar que novo colapso fiscal se abatesse sobre o país, em particular no nível subnacional. Para tanto, limitava-se a capacidade de endividamento de estados e municípios – fonte principal da crise que acabava de ser resolvida – e se estabelecia um teto para o comprometimento das receitas com despesas obrigatórias, notadamente as de pessoal.

A realidade, porém, evoluiu de forma distinta ao longo destes últimos 24 anos. Embora extremamente eficaz nos dez primeiros anos de vigência, houve um crescente esvaziamento da LRF posteriormente, o que vem contribuindo sobremaneira para a deterioração fiscal não apenas em nível federal, mas também de forma particularmente grave nos níveis estaduais e municipais. A flexibilização dos critérios de endividamento, sobretudo a partir de 2011 e até 2015, e a desatualização do conceito original de gastos de pessoal vêm mascarando a real situação de desequilíbrio fiscal dos entes federados, com a conivência dos Tribunais de Contas Estaduais, que também contam com os critérios antigos para se manterem dentro de limites específicos.

O Tesouro Nacional tem feito, desde 2016, um excelente trabalho de padronização dos números e de divulgação da real situação fiscal nos três níveis federativos, e com um foco muito importante nos subnacionais. Mas isso não é suficiente. As iniciativas de atualização e modernização da LRF, surgidas desde 2015, quando nova crise de endividamento dos estados e municípios brasileiros veio à tona, não avançaram no Congresso Nacional. É hora de retomar esse assunto e propor alterações na lei que permitam que ela volte a exercer, como fez no passado, o papel de orientadora e guardiã da sustentabilidade fiscal nos três níveis federativos.

Nesse sentido, há que atualizar o conceito de despesa de pessoal, incluindo-se aí gastos com pessoal que hoje não são considerados, seja por ausência de critério, seja por interpretações criativas dos tribunais de contas locais. Além disso, embora já conste da versão original da LRF, no *caput* do artigo 18, é necessário que se explicite no §1º do artigo 19 que despesas como auxílios para alimentação, moradia, transporte e outras eventuais verbas indenizatórias pagas de forma periódica e recorrente devem ser contabilizadas para fins de cálculo das despesas de pessoal. Outros pontos também merecem inclusão, caso da retomada de mecanismos de correção, como redução de jornada de trabalho com proporcional redução de vencimentos, e da revisão dos planos de carreira, de forma a padronizar, racionalizar e estabelecer critérios que permitam a redução das despesas de pessoal e sua vinculação à avaliação de desempenho e planejamento da força de trabalho. Critérios de avaliações de renúncias fiscais e seus impactos sobre as receitas próprias nos três níveis federativos, como ressalta o já citado trabalho do Ibre-FGV, merecem igualmente estar nessa discussão. Fora estes, outros tantos se beneficiariam de uma discussão profunda sobre os benefícios da responsabilidade fiscal e da transparência na gestão dos recursos públicos.

Spending Review *e avaliação de políticas públicas são instrumentos necessários e urgentes*

Programas de revisão de gastos (*spending review*) têm como principal objetivo a otimização do uso de recursos públicos por meio da avaliação de programas ou gastos que já não sejam necessários, da extinção de áreas do governo que perderam o sentido e/ou da realocação de recursos para áreas prioritárias. O processo se dá por meio da revisão crítica e minuciosa das despesas do orçamento público com vistas à identificação de ineficiências, redundâncias e, principalmente, de programas cujos custos não são justificáveis ou prioritários em comparação a outras demandas. Daí porque a implementação de um programa de revisão de gastos deveria vir sempre acompanhada de um processo de avaliação de impacto dos programas e das políticas públicas.

Os resultados das revisões devem ser divulgados à sociedade, de forma a engajá-la na discussão de prioridades, impondo ao governo a responsabilidade de prestar contas acerca da destinação dos recursos públicos. Transparência e prestação de contas são ferramentas essenciais para garantir que as recomendações do *spending review* sejam implementadas. Em 2023, dos 38 países-membros da Organização para a Cooperação e Desenvolvimento Econômico (OCDE), apenas um reportou ainda não adotar programas sistemáticos de revisão de gastos.[16]

---

16. Dos 38 países-membros, 35 responderam à pesquisa e 34 (97%) reportaram terem usado *spending review* ao menos uma vez.

O Reino Unido, por exemplo, tem o programa integrado ao seu ciclo orçamentário desde 1998, mas foi durante o programa de consolidação fiscal promovido pelo governo de coalizão de David Cameron que o *spending review* inglês ganhou mais força, incorporando abordagens de avaliação de impacto baseadas em evidências e focada em resultados. Hoje o mecanismo dispõe de ampla aceitação pública e política e é compreendido pelo Parlamento e pela sociedade como importante ferramenta para a melhoria da gestão fiscal e a otimização do uso dos recursos públicos.

Na Austrália, a revisão de gastos é ainda mais antiga: é conduzida desde 1976 e está focada na revisão de políticas públicas e na realocação de recursos de programas ineficientes para programas mais focalizados. Na Suécia, há uma definição de tetos de gastos por áreas temáticas. Em nenhum ciclo orçamentário desde o início do programa, instituído em 1997, esses tetos foram violados, garantindo a sustentabilidade do programa no país.

No Canadá, as chamadas "Revisões Gerais de Gastos" (RGGs), que ocorrem a cada cinco anos, têm desempenhado papel fundamental no aumento da eficiência do governo, assegurando que os recursos sejam direcionados para áreas críticas, como saúde e educação. Outro exemplo é a Nova Zelândia, que introduziu o conceito de "orçamento de desempenho" (*performance-based budgeting*), o qual exige que os órgãos do governo demonstrem como estão alcançando seus resultados e, ao fazê-lo, justifiquem seus orçamentos. O mecanismo tem incentivado a eficiência e a responsabilidade na alocação de recursos.

Esses são apenas alguns exemplos de sucesso da implementação do programa em países da OCDE, mas existem inúmeros outros que executam o programa à sua maneira, consolidando o *spending review* como boa prática do processo inflacionário. A figura seguir apresenta o conjunto de países que, em 2020, já têm implantado um programa de revisão de gastos ou estão considerando implantar.

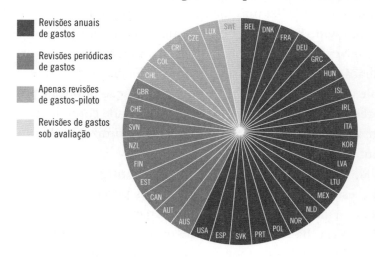

Revisões de gastos em países da OCDE, 2023

Nota: 35 países-membros da OCDE.
Fonte: Pesquisa de Revisões de Gastos da OCDE 2023.

Spending review e *revisão de políticas públicas no Brasil*

O Brasil não ignorou o movimento global que levou à ampla adoção de programas de revisão de gastos como boa prática de gestão orçamentária e fiscal pelos países da OCDE. Tanto que, em 2017, o então senador José Serra apresentou o Projeto de Lei Complementar (PLP) nº 428, que estabelece que o plano de governo a ser remetido anualmente ao Congresso pelo presidente da República incluirá o Plano de Revisão Periódica de Gastos, o qual avaliará medidas de aprimoramento, eficiência e sustentabilidade fiscal das políticas públicas. O agora PLP nº 504/2018 foi remetido à Câmara dos Deputados, após ser aprovado pelo plenário do Senado com apenas dois votos contrários, e lá não avançou desde então, a não ser pela sua distribuição, em março de 2023, para a apreciação da Comissão de Administração e Serviço Público. O PLP cria o Plano de Revisão Periódica de Gastos de forma contínua e transparente, propondo sua inclusão na Lei de Finanças Públicas, com o objetivo de incluir a revisão de despesas no plano de governo e, portanto, nas definições sobre o financiamento de projetos e suas priorizações. Importante seria retomar o tema e avançar.

Pelo lado da avaliação de políticas públicas, também não ficamos parados. Cabe ao Conselho de Monitoramento e Avaliação de Políticas Públicas (CMAP) avaliar políticas públicas por meio dos comitês CMAS[17] (políticas de subsídios) e CMAG[18] (gastos diretos), além de monitorar a implementação das alterações em políticas públicas que são recomendadas pelo CMAP. Este encaminha todo ano ao Congresso os resultados de suas avaliações. Desde 2019, quando o CMAP foi formalmente estabelecido, algumas dezenas de políticas/programas foram avaliadas. Seria crucial ter o CMAP avaliando políticas que, sabemos, têm impacto e relevância maiores, como os mais de 7% do PIB em benefícios fiscais federais e estaduais, conforme sugerido pelos autores do mencionado trabalho do Ibre-FGV. Em ambos os casos, falta avançar e ganhar efetividade.

Gastos parafiscais e exemplos de "flexibilização" do arcabouço

No dia 4 de outubro de 2024, o governo Lula encaminhou ao Congresso dois projetos através dos quais o governo pretende retirar as estatais que dependem do Tesouro do orçamento convencional da União. Atualmente, são 17 empresas que precisam de recursos do Tesouro para manter suas atividades, entre as quais estão: Telebras, Infra S.A., Conab, Embrapa, Codevasf.[19] O orçamento dessas 17 empresas para 2024 estava previsto em R$ 39 bilhões, sendo que apenas R$ 1,7 bilhão provinha de arrecadação própria dessas empresas. O restante é bancado pelo Tesouro. Para o Ministério da Gestão e Inovação em Serviços Públicos, que cuida das estatais federais, a mudança vai servir para que as empresas recuperem a sustentabilidade e não precisem mais da União no médio prazo. Como

---

17. CMAS: Comitê de Monitoramento e Avaliação dos Subsídios da União.
18. CMAG: Comitê de Monitoramento e Avaliação de Gastos Diretos.
19. Telebras: Telecomunicações Brasileiras S.A.; Conab: Companhia Nacional de Abastecimento; Embrapa: Empresa Brasileira de Pesquisa Agropecuária; Codevasf: Companhia de Desenvolvimento dos Vales do São Francisco e do Parnaíba.

notou com propriedade o economista Marcos Mendes, um governo sob crise de confiança não pode se dar o luxo de propor a flexibilização do controle fiscal de estatais independentes sem explicar o que pretende com isso e quais as empresas beneficiadas.[20]

A política fiscal tem se limitado a atingir a meta de resultado primário. Mas isso não é um fim em si. O objetivo do superávit primário é frear o crescimento da dívida. Não adianta atingir a meta e deixar a dívida crescer por outras vias não captadas nas estatísticas primárias. Como chama muito bem atenção Marcos Mendes, é perigosa a ideia de que vale tudo o que não afete o resultado primário. Como já notamos aqui, a trajetória de resultados primários precisa ser analisada, com maior atenção, simultaneamente à sustentabilidade da trajetória da dívida pública como percentagem do PIB ao longo dos próximos anos – e muito além do ano eleitoral de 2026.

Outros exemplos de gastos convenientemente colocados à margem do orçamento têm surgido. Em artigo publicado em setembro de 2023, Marcos Mendes e o também economista Marcos Lisboa retomam o alerta feito quando da aprovação do Arcabouço Fiscal, em 2023.[21] Ali, a tese dos autores era a de que para que a meta de déficit zero fosse alcançada, dado o nosso regime fiscal, em que a rigidez de gastos, as vinculações de receitas e a ausência de medidas de corte de gastos estão constantemente presentes, o governo teria que promover um brutal aumento de receitas. Considerando o nível da carga tributária e a aversão da sociedade (e da classe política) a novos aumentos de impostos, seria muito difícil fechar as contas.

Dois anos depois, essa realidade se impõe. Mecanismos de aumentos extraordinários de receita vêm sendo utilizados à exaustão e, com

---

20. Ver entrevista concedida ao jornal *O Globo*: "Gastos públicos vão manter crescimento real e governo terá de arrecadar mais, prevê Marco Mendes, do Insper", 27 nov. 2024. Disponível em: <https://oglobo.globo.com/economia/noticia/2024/11/29/gastos-publicos-vao-manter-crescimento-real-e-governo-tera-de-arrecadar-mais-preve-marcos-mendes-do-insper.ghtml>. Acesso em: 5 dez. 2024.

21. Marcos Lisboa e Marcos Mendes, "Os gastos parafiscais estão acelerando. As armadilhas do PL nº 1.725", *Brazil Journal*, 15 set. 2024. Disponível em: <https://braziljournal.com/opiniao-os-gastos-parafiscais-estao-acelerando-e-o-pl-1-725-e-um-cavalo-de-troia/>. Acesso em: 5 dez. 2024.

isso, criatividade no campo das despesas começa a surgir. Descumpre-se o Arcabouço Fiscal, ainda que na prática e não no papel. Como se a contabilidade pudesse se descolar da realidade. Mas a verdade é que passamos a reeditar a criatividade fiscal eliminando gastos do orçamento e criando um conjunto de contas paralelas nas quais os gastos parafiscais se escondem ou, como diria Guardia, são varridos para debaixo do tapete.

Vale citar alguns deles. Os mais óbvios e recentes são as manobras para ampliar o auxílio-gás, ou a retirada do orçamento da União dos investimentos das estatais dependentes do Tesouro. Outros exemplos, talvez mais complexos de se rastrear, mas que também se acumulam em contas que atingem a casa das centenas de bilhões de reais, são as transferências dos fundos do Banco Nacional de Desenvolvimento Econômico e Social (BNDES) para financiar operações de *hedge* cambial. Ou a manobra fiscal para financiar o Programa Pé de Meia, para que a despesa não apareça nos números de 2024. Ou, ainda, a medida que permite à Empresa Gestora de Ativos (Emgea) a compra de créditos imobiliários e sua revenda com remuneração descasada dos créditos subjacentes. Como sempre, havendo prejuízo, ele fica com a União.

Como esses exemplos, outras medidas vão sendo tomadas cujo efeito é mascarar gastos novos e fazer de conta que as metas de despesa definidas no Arcabouço Fiscal estão sendo cumpridas. Já vimos esse filme e ele não acabou bem. As "pedaladas fiscais" de 2011-2014 geraram a maior queda do PIB da nossa História recente. Assim que os problemas não mais couberam debaixo do tapete, a realidade se impôs e colhemos quase 7% de queda acumulada do PIB no biênio 2015-2016.

Conclusão

A pressão estrutural de longo prazo por aumento do gasto público, derivada de demandas, desejos, sonhos, expectativas – quer se realizem, quer não –, tem uma longa história entre nós. E tais demandas estarão conosco por muitos e muitos anos à frente, dadas as nossas flagrantes carências em infraestruturas "física e humana" e as inexoráveis pressões e demandas sociais que surgem naturalmente em uma grande democracia de massas urbanas (o Brasil é a terceira maior do mundo) com inaceitável nível de pobreza e desigualdade de oportunidades na partida, que estão na raiz de nossa excessiva concentração de renda e riqueza.

Os governos, contudo, são eleitos para governar e, portanto, são obrigados a responder de alguma forma a tais demandas. Quando a crença, ou "os graus de acreditar", de um governo e de parte expressiva (talvez a maioria) de uma sociedade são de que todas essas demandas exigem ações tidas como "intensivas em Estado", este tende a dispersar de maneira excessiva suas atividades, sobrecarregar-se de responsabilidades, fazer promessas que não pode cumprir, lançar projetos que não tem como financiar ou executar, gerar expectativas de direitos futuros por adquirir e, no processo, assumir dívidas excessivas por equacionar.

A experiência histórica, nossa e de outros, mostra que quando os governos e a sociedade que os elege não têm introjetado como valor um mínimo de sentido de responsabilidade fiscal, seja em relação a seus déficits, seja em relação às suas dívidas, eles sempre encontram formas de expandir ou financiar os gastos, por vezes ao arrepio das normas e independentemente do estatuto jurídico de seus Bancos Centrais. Estes sempre podem e devem agir em momentos de crise. Mas nenhum Banco Central tem o poder de gerar crescimento sustentado da economia no longo prazo através da política monetária se o governo não é capaz de definir, com clareza, suas prioridades, coordenar/articular suas atividades com o Legislativo e executá-las com eficiência e visão de longo prazo. E isso é particularmente verdadeiro na área de finanças públicas, porque nenhum fator de risco é tão perigoso para uma moeda quanto a recusa de lideranças políticas em reconhecer realidades fiscais.

O Brasil conta com pessoas competentes nos setores público e privado que têm todas as condições de – sob lideranças políticas esclarecidas – desenvolver políticas públicas em áreas relevantes para o nosso futuro. Pessoas que sabem que uma boa política pública deve ser medida por sua eficácia e não por sua virtude, nem tampouco pela expressão de sentimentos e/ou por meros enunciados de objetivos a alcançar – meritórios como possam ser. É preciso identificar com clareza os instrumentos a serem utilizados para a realização dos objetivos, que precisam ser críveis aos olhos da sociedade e da opinião pública informada.

A existência de instituições apropriadas e de governos capazes, confiáveis e efetivos operacionalmente é uma das mais importantes características de experiências bem-sucedidas de desenvolvimento econômico e social sustentado no longo prazo. O papel de lideranças políticas responsáveis, em particular do presidente da República e de seus principais colaboradores, é o de contribuir para reduzir, e não aumentar, os graus de incertezas sobre o futuro. E a contribuição deve ser feita não por meio de promessas e discursos, e sim por meio de exercícios consistentes de diálogo com base em moderação, serenidade, postura e compostura que possam inspirar confiança e cooperação na busca de objetivos compartilhados maiores.

Eduardo Guardia, que sabia dessas coisas, foi um dos mais contundentes defensores das instituições fiscais brasileiras. Não só em seu discurso, sempre claro e correto, mas, acima de tudo, em suas diversas e valiosas contribuições como gestor público. Guardia fez muito, e sua prematura partida não significa que seu legado deixe de continuar presente. Suas ideias e seus ideais permanecem defendidos por aqueles que ele tanto influenciou. No debate público, na elaboração e na execução de políticas públicas ou nas ações de gestão pública, haverá sempre alguma influência positiva de Guardia pairando sobre discussões e ações. E que assim seja para que possamos construir o país que ele tanto acreditou poder existir – missão a que dedicou muitos dos melhores anos de sua vida. Que seja sempre lembrado e que este livro possa contribuir para esse propósito.

18. A importância de Eduardo Guardia na recuperação da Eletrobras

Elena Landau[1]

Não tive o privilégio de trabalhar com Eduardo Guardia, como muitos autores deste livro. O que não me impediu de acompanhar com admiração a sua longa carreira na vida pública, desde a primeira participação no governo FHC, passando pela Secretaria da Fazenda de São Paulo, até o seu retorno ao Ministério da Fazenda, no governo Temer. Foi nesta última função pública que deixou a sua marca definitiva, primeiro como secretário-executivo e depois como ministro.[2]

De forma discreta, conduziu reformas macro e microeconômicas

---

1. Economista, advogada e sócia do Sergio Bermudes Advogados.

2. "Um negociador político de grande habilidade. Organizou a economia, que recebeu em frangalhos em 2016. Sob sua liderança tivemos uma das melhores equipes econômicas da nossa História. Discreto e generoso, deixava todos em volta brilhar em seu lugar. O que ele realizou por onde passou me traz alguma esperança: mostra o poder de transformação de um homem com qualidades." Trecho da coluna "O rumo do país é definido pelo Centrão", que publiquei em *O Estado de S. Paulo* em 15 de abril de 2022.

que recolocaram o país em potencial trajetória de crescimento após o desastroso governo Dilma. O desmonte de importantes avanços institucionais havia se iniciado ainda no segundo mandato do governo Lula, em especial em relação às contas públicas, área em que Guardia contribuiu de forma definitiva ao longo de toda a sua carreira.

Não por acaso a marca da administração Temer foi a Proposta de Emenda à Constituição (PEC) do Teto de Gastos, que deu fim à sangria dos recursos públicos. Mas as reformas iniciadas em 2016 foram muito mais amplas. Nas palavras do próprio Guardia em depoimento ao *podcast A arte da política econômica*, da Casa das Garças, elas traziam "uma visão de governo e de país que ia muito além da questão fiscal".[3] Hábil negociador, conseguiu implementar, com ajuda do Congresso Nacional, inúmeras mudanças cruciais para aumentar a eficiência da economia. A lista é grande, vai desde a nova Taxa de Longo Prazo (TLP), que reduziu subsídios implícitos indevidos do Banco Nacional de Desenvolvimento Econômico e Social (BNDES), passando pela reforma trabalhista, até a implementação do cadastro positivo e da duplicata eletrônica. Deixou também a semente de grandes avanços só consolidados no governo seguinte, como a reforma da Previdência, a Lei das Agências Reguladoras, o Novo Marco do Saneamento e a privatização da Eletrobras.

No contexto da agenda fiscal, destaque para a relevância dos processos de privatização e concessões nas suas passagens pela administração pública, incluindo o Programa Nacional de Desestatização (PND), no governo FHC, a privatização do sistema Eletrobras e as parcerias público-privadas (PPPs) no governo Geraldo Alckmin, em São Paulo.[4]

Guardia tinha a correta avaliação de que o avanço da agenda de desestatização demandava melhoria da regulação: "Nossa agenda de reformas priorizava melhorar os marcos regulatórios e ter condições de

---

3. Ver a transcrição do depoimento de Eduardo Guardia no Capítulo 9 deste livro e, ainda, em José Augusto C. Fernandes (org.), *A arte da política econômica: depoimentos à Casa das Garças* (Rio de Janeiro: Intrínseca/História Real, 2023, p. 200).

4. Ver: Mario Engler Pinho Junior e Daniel Sonder, "Lições aprendidas com a primeira parceria público-privada no Brasil: a Linha 4 do Metrô de São Paulo", no Capítulo 4 deste livro.

atração de investimentos em áreas fundamentais."[5] Assim, ajudou na consolidação de regras para os setores de ferrovias, aeroportos e energia. Em 2017 a Consulta Pública 33 (CP33) foi aberta, dando origem ao Projeto de Lei (PL) nº 414, fundamental para a modernização do setor elétrico, debate do qual ele participou junto com o Ministério de Minas e Energia (MME).

Foi exatamente durante a reestruturação financeira da Eletrobras que os nossos caminhos, afinal, se cruzaram. Como conselheira, e depois presidente do Conselho de Administração da Eletrobras, tive a oportunidade de ver implementada a venda de empresas estaduais de energia que estavam sob o comando da estatal, assim como o início da discussão da capitalização da empresa. Em 2016 a Eletrobras registrava uma alavancagem financeira perigosa, resultado da combinação da drástica redução de receitas – consequência direta da intervenção por meio da Medida Provisória (MP) nº 579 nas receitas da companhia – com a elevação de investimentos. A crise iniciada no governo Dilma, que colocou a Eletrobras em situação precária, tornou a sua privatização inevitável.

1. As origens da crise na Eletrobras

Em setembro de 2012, o governo Dilma publicou a MP nº 579, logo convertida na Lei nº 12.783/2013. O objetivo era induzir uma queda nos preços de energia. Para isso foi oferecida a possibilidade de renovação antecipada das concessões de geração de energia, que venceriam, em sua maioria, em 2015. Em troca, as concessionárias deveriam aderir ao regime de cotas de energia. Ou seja, em lugar de atuarem como produtores independentes de energia, que tinham os seus contratos de compra e venda com valores mais próximos dos de mercado, as empresas passariam a vender a energia a preço de custo.

Contas feitas, muitas empresas perceberam que o negócio não valia

---

5. José Augusto C. Fernandes (org.), *A arte da política econômica: depoimentos à Casa das Garças* (op. cit., p. 200).

a pena. Os poucos meses de contrato que restavam garantiam um valor presente superior ao novo prazo oferecido, já que os preços mal cobriam os custos operacionais. Apesar disso, a Eletrobras, uma estatal federal, assinou novos contratos. Para isso contou com voto decisivo da União, acionista controlador. Voto que foi questionado pelos minoritários na Comissão de Valores Mobiliários (CVM) e considerado pela autarquia abuso de poder do sócio majoritário.

Os transtornos ocasionados no setor pela medida provisória foram imensos para geradoras, para distribuidoras, para consumidores. Além da grave crise financeira na *holding* de energia, a MP gerou pressões inflacionárias,[6] trouxe importantes desequilíbrios financeiros para os agentes do setor e criou enorme insegurança jurídica, em decorrência da intervenção nos preços de energia com o consentimento da Agência Nacional de Energia Elétrica (Aneel), a agência reguladora. A MP nº 579 segue até hoje como exemplo do maior erro de política pública do setor de energia. Os seus efeitos se espalharam para além do segmento e levou anos para serem resolvidos, sendo que o impacto sobre as tarifas de energia permanece.

1.1. A Medida Provisória nº 579
Boa parte das concessões do setor elétrico brasileiro vivia uma situação peculiar nos meses que antecederam a publicação da MP nº 579. Muitas, incluindo grande parte de ativos da Eletrobras, e outras, pertencentes a empresas estatais, como a Companhia Energética de São Paulo (Cesp), a Companhia Paranaense de Energia (Copel) e a Companhia Energética de Minas Gerais (Cemig), deveriam pedir prorrogação de suas concessões

---

6. Erros de planejamento, como cancelamento de leilão de energia e estímulo ao consumo, aliados a uma crise hídrica, geraram pressões nos preços. Para cumprir seus contratos, as distribuidoras foram obrigadas a ir ao mercado comprando energia a Preço de Liquidação das Diferenças (PLD) bem elevado. Mesmo com aportes significativos do Tesouro para amenizar o custo desse desequilíbrio, as tarifas subiram 50% entre 2014 e 2016. Uma análise mais detalhada dos impactos da MP nº 579 encontra-se em texto que escrevi para o Capítulo 13 do livro *Para não esquecer: políticas públicas que empobrecem o país*, organizado por Marcos Mendes (Rio de Janeiro: Autografia, 2022).

até o dia 7 de julho de 2012.[7] O prazo estava definido por lei, que exigia que, em até 36 meses do vencimento do contrato, as concessionárias declarassem o desejo de renovação. E mesmo a possibilidade de prorrogação era questionada. Havia, na época, uma situação de grande insegurança jurídica por causa de diferentes interpretações da legislação vigente, que variavam da impossibilidade de novas prorrogações – o que levaria necessariamente à licitação da concessão – ao entendimento de que a prorrogação era parte do arcabouço legal trazido pela Constituição de 1988.

Não era algo novo, havia uma grande variedade de situações no setor que demandavam a regularização contratual para que se adequassem à norma constitucional desde a sua promulgação. Uma legislação era necessária para organizar um quadro marcado por concessões em estado precário, obras a serem terminadas, falta de formalização e prazo, por exemplo. A Lei nº 8.987/1995, a Lei de Concessões, regulamentou o artigo 175,[8] que trata da delegação dos serviços públicos ao setor privado de forma geral, mas foi insuficiente para regularizar o setor de energia e precisou ser complementada pela Lei nº 9.074, do mesmo ano, mais específica para o segmento de eletricidade. Ainda assim, o quadro continuou bastante confuso. Mas havia a expectativa de que o avanço da privatização nos anos 1990 pudesse unificar prazos e condições na assinatura dos novos contratos de concessão decorrentes da troca de controle.

Diferentemente do segmento de distribuição, no qual ocorreram bem-sucedidos programas federal e estaduais de desestatização, na geração e na transmissão boa parte dos ativos continuou estatal, de controle federal ou estadual. A privatização da Eletrobras, que havia sido incluída

---

7. A data-referência dos contratos era 7 de julho de 1995, quando foi promulgada a Lei nº 9.074, que estabelecia normas para outorga e prorrogações das concessões e permissões de serviços públicos.

8. Artigo 175: "Incumbe ao poder público, na forma da lei, diretamente ou sob regime de concessão ou emissão, sempre através de licitação, a prestação de serviços públicos." Parágrafo único: "A lei disporá sobre: I – o regime das empresas concessionárias e permissionárias de serviços públicos, o caráter especial de seu contrato e de sua prorrogação, bem como as condições de caducidade, fiscalização e rescisão da concessão ou permissão."

no PND em maio de 1995, não se completou por causa da forte resistência política. A modelagem de venda escolhida no governo FHC foi realizar leilões específicos, e subsequentes, para as suas principais subsidiárias. O objetivo era implementar um ambiente de competição entre empresas geradoras. A primeira subsidiária a ser vendida foi a Gerasul, e parou por aí. Movimento contrário à venda de Furnas, capitaneado pelo ex-presidente e então governador de Minas Gerais Itamar Franco, inviabilizou a sua privatização e o projeto de desestatização foi abandonado. Os estados também mantiveram as suas geradoras, e o setor continuou dominado por grandes estatais, como Cemig, Copel e Cesp, além da *holding* federal.

Até novembro de 2012, o governo não havia proposto nenhuma nova regulamentação sobre renovação nem estendido o prazo para que as concessionárias se manifestassem. Por causa desse vazio legal, as empresas encaminharam pedidos de renovação das concessões para assegurar seus direitos. De todo modo, era esperada a possibilidade de prorrogação, porque a alternativa – que seria a licitação das concessões – poderia levar à privatização de boa parte do sistema Eletrobras, o que não estava nos planos do governo de então, que havia, inclusive, retirado, por lei, a empresa do PND.[9] Era o assunto mais relevante do setor na época, afinal, o vencimento das concessões atingiria cerca de 20 Gigawatt (GW), ou 20% da capacidade instalada. Na transmissão, venceriam 82% dos contratos; e na distribuição, 40%.

Dadas a gravidade do tema e a insegurança jurídica que permeavam as decisões de investimentos, os agentes do setor vinham estudando o assunto desde 2008. Propuseram alternativas com anos de antecedência, tendo enviado ao governo – a pedido do próprio MME – um conjunto de propostas no fim daquele ano. Não obtiveram retorno. Até que no dia 11 de setembro de 2012 o governo editou a MP nº 579. Só

---

9. Lei nº 10.848, artigo 31, §1º. Em razão da retirada por lei do PND, foi necessária uma autorização legislativa específica para permitir a perda de controle do governo na capitalização da Eletrobras, decidida por Temer. Em geral, basta um decreto presidencial para incluir uma estatal no programa de desestatização, como fez FHC em 1995, desde que não haja lei impedindo a perda do controle da União.

que o seu teor pegou todos de surpresa. Todas as propostas dos agentes privados foram ignoradas, e a intervenção nos preços prevista na regra não estava nos planos de ninguém. Ao contrário, a expectativa era que se aproveitasse o momento da renovação dos contratos para avançar em direção à maior competição.

1.2. Governança precária

São tantos os erros básicos da MP nº 579 que é difícil destacar o pior. Primeiro, a ideia de uma redução artificial nos preços e nas tarifas de energia. Segundo, não foi feita uma análise regulatória prévia, o que teria mostrado de partida a insustentabilidade financeira da proposta, além do retrocesso no modelo de competição, provocando um desarranjo no setor de geração. Terceiro, ocorreram erros grosseiros no cálculo do valor de reversão dos ativos.[10]

A governança do processo falhou por completo. No setor não houve articulação do Executivo com importantes agentes, nem empresariais nem acadêmicos, ignorando-se as contribuições feitas ao longo dos anos. E, pior, a agência reguladora não atuou com a independência e a isenção necessárias para a avaliação de política tão transformadora na operação do setor. O diretor-geral da Aneel chegou a participar da cerimônia de anúncio da medida junto com o governo. Por fim, para evitar o fracasso completo da política, o governo usou o seu poder de voto na Eletrobras para impor a adesão à proposta, sendo a única estatal a aceitar condições tão negativas. A receita para dar errado estava completa.

Os equívocos na sua concepção foram inúmeros. O principal: a imposição de um regime de alocação de cotas na geração, em substituição ao regime de Produtor Independente de Energia (PIE).[11] A MP foi convertida na Lei nº 12.783/2013 e, logo no primeiro artigo,

---

10. Mesmo previsto na Lei de Concessões, o cálculo do valor de reversão dos ativos não estava regulamentado pela Aneel.

11. Artigo 11: "Considera-se produtor independente de energia elétrica a pessoa jurídica ou empresas reunidas em consórcio que recebam concessão ou autorização do poder concedente, para produzir energia elétrica destinada ao comércio de toda ou parte da energia produzida, por sua conta e risco."

impôs a alocação de cotas às distribuidoras, sendo a remuneração fixada unilateralmente, com base em estimativas dos custos de operação e manutenção.

Para a cotização que dava base aos novos contratos, o governo supôs que as usinas e os ativos estavam depreciados, sem previsão, portanto, de indenização. A hipótese utilizada era a de que todos os investimentos estariam amortizados por se tratar de usinas com mais de 30 anos de prazo de outorga, ignorando-se a data em que de fato a usina entrara em operação. Havia situações em que, por razões alheias às concessionárias, muitos anos se passavam entre uma data e outra. O caso mais emblemático foi o da Usina de Xingó, que entrou em operação só em 1997 e não tinha os seus investimentos amortizados em 2012.[12]

No segmento de transmissão esse erro foi ainda maior. Nem todas as concessões tinham o mesmo critério de incorporação de ganhos de eficiência na ocasião das suas revisões tarifárias.[13] Havia estatais com contratos antigos, e as novas, privadas, com sistemas distintos de revisão de tarifas[14] e prazos de outorga. Ainda assim, a MP nº 579 considerava totalmente amortizados os ativos de transmissão existentes em 31 de maio de 2000, independentemente da vida útil remanescente dos equipamentos.

Com tantos erros básicos de avaliação dos impactos financeiros sobre as empresas, a reação contrária do setor foi imediata, forçando a

---

12. Ver: Ana Paula de Barcellos, "A gestão do tempo pela regulação: parâmetros constitucionais para prorrogação de prazos e alguns casos concretos", em: Caio Mario da Silva Pereira Neto e Luis Felipe Valerim Pinheiro (orgs.), *Direito administrativo – Direito da infraestrutura* (São Paulo: Saraiva Jur/FGV, 2017).

13. Nos segmentos regulados, como a distribuição, as revisões periódicas, em geral a cada cinco anos, incorporam ganhos de eficiência na redefinição das tarifas. E por demandarem investimentos em manutenção permanentes, o governo optou por prorrogar os contratos sem ônus para as distribuidoras.

14. Havia vários tipos de concessão: (i) as ditas "prorrogadas" a partir de 1995 com termo final em 2015, previsão contratual de prorrogação por até 20 anos e revisão tarifária periódica a cada quatro anos; (ii) as relativas aos leilões realizados até setembro de 2006, admitindo no contrato prorrogação por até 30 anos, sem previsão tarifária periódica; e (iii) as licitadas a partir da publicação da Resolução Normativa nº 230/2006, com possibilidade de prorrogação por mais 30 anos, para as quais os contratos preveem revisão periódica a cada cinco anos.

edição de outra medida provisória, a MP nº 591, de dezembro de 2012, que retirou a hipótese de amortização total, aumentando o valor total de indenização devido pela União à Eletrobras e às outras transmissoras. Mas o valor era ainda insuficiente, o que gerou um longo processo de judicialização.[15] Mesmo assim, o governo acreditou que as empresas detentoras dos ativos – de transmissão ou de geração – topariam absorver prejuízos em troca de ter suas concessões renovadas. Afinal, desde 2008 a renovação era a principal demanda do setor. O MME tratava o tema de forma política, pois as maiores interessadas na prorrogação eram estatais estaduais, com concessões federais, além, claro, da própria Eletrobras.

Mas as empresas, sociedades de economia mista, sabiam que não poderiam tomar decisões impensadas, sob o risco de serem processadas pelos acionistas minoritários. Logo ficou claro que os três anos restantes de contrato eram mais vantajosos que os 30 anos oferecidos com os preços definidos com base em custo de operação.[16] Alguém no governo não fez o dever de casa e cometeu esse erro primário. Com a proximidade da Assembleia de Acionistas para aprovar a adesão à MP nº 579, que seria realizada no início de dezembro de 2012, aumentava a apreensão dos minoritários da Eletrobras com o uso político da empresa para cumprir uma "missão social": reduzir a inflação e fomentar a produção industrial. O que, de fato, aconteceu.

---

15. A Lei de Concessões, artigos 35 e 36, prevê, no advento do termo final do contrato, que os bens revertem ao poder concedente, que deve indenizar o concessionário pelos investimentos não depreciados ou amortizados. Apesar disso, o cálculo do valor de reversão não foi regulamentado e a dívida com as concessionárias não foi paga de imediato, gerando grande judicialização em torno dos valores devidos.

16. Cláudia Schuffner e Ana Paula Ragazzi, "Eletrobras avalia os impactos da MP", *Valor Econômico*, 16 nov. 2012: "A PricewaterhouseCooper, auditor independente da Eletrobras, informa que a estatal tinha saldo de ativos de geração e transmissão expostos à MP nº 579 (passíveis de indenização) de R$ 32,7 bilhões no dia 30 de setembro. Ela informa ainda que a companhia projeta receitas de R$ 20,39 bilhões, considerando o próximo ciclo de revisão tarifária em 2013, até o vencimento das concessões, em 2015. E mostra que a proposta do governo para a renovação vai gerar receitas de R$ 10,76 bilhões. Esse valor é R$ 22 bilhões menor do que poderia ter se não aceitar o acordo." Disponível em: <https://valor.globo.com/empresas/noticia/2012/11/16/eletrobras-avalia-os-impactos-da-mp.ghtml>. Acesso em: 28 abr. 2024.

Auditores independentes da Eletrobras estimaram uma perda de R$ 22 bilhões e ainda informaram R$ 32,7 bilhões de ativos de geração e transmissão expostos à MP nº 579 e passíveis de indenização no balanço de 30 de setembro. As ações da Eletrobras chegaram a cair 65% até o fim de novembro e fecharam o ano de 2012 com perda de 50% em relação a agosto. Os mesmos cálculos se aplicavam às demais empresas. A adesão à proposta do governo era voluntária e, para surpresa e indignação do governo, Cemig, Copel e Cesp preferiram manter os seus contratos.

Uma rápida análise de impacto regulatório teria evitado erros tão evidentes. A captura política da Aneel permitiu que a MP avançasse, sem nenhuma avaliação técnica, e se transformasse na Lei nº 12.783 em janeiro de 2013. Os minoritários da estatal federal recorreram à Comissão de Valores Mobiliários. A CVM considerou a União culpada pelo descumprimento do artigo 115,[17] §1º da Lei nº 6.604/1976, conhecida como Lei das Sociedades Anônimas, que estabelece que o direito a voto do acionista deve ser exercido no interesse da companhia.[18]

O colegiado da autarquia decidiu pela aplicação à União da multa máxima prevista por lei. A União recorreu da decisão ao Conselho de Recursos do Sistema Financeiro Nacional (CRSFN). E, infelizmente, já no governo Temer, ganhou. Teria sido fundamental a consolidação desse entendimento pelo próprio governo, que, na ocasião da reunião do Conselhinho, vinha patrocinando um choque de gestão nas sociedades de economia mista após a aprovação da Nova Lei das Estatais.

---

17. O artigo115 da Lei das Sociedades Anônimas define que será considerado voto abusivo aquele "exercido com o fim de causar dano à companhia ou a outros acionistas, ou de obter, para si ou para outrem, vantagem a que não faz jus e de que resulte, ou possa resultar, prejuízo para a companhia ou para outros acionistas".

18. A CVM destacou também que a adesão à renovação antecipada das concessões implicaria renúncia ao direito de contestação judicial da indenização. Como o valor da indenização prevista na MP era inferior ao que a companhia tinha em seus cálculos, a União – acionista controlador – teria benefícios ao desembolsar valor menor, em detrimento dos interesses da Eletrobras. Disponível em: <http://conteudo.cvm.gov.br/export/sites/cvm/sancionadores/sancionador/anexos/2015/20150526_PAS_RJ20136635.pdf>. Acesso em: 28 abr. 2024.

2. Efeitos sobre a Eletrobras

A assinatura de novos contratos feriu de morte a Eletrobras. O impacto da MP na companhia está na raiz da decisão pela sua capitalização, que levou à perda de controle da União. A redução das suas receitas a partir de 2013 coincidiu com o período de grandes desembolsos para honrar investimentos em projetos estruturantes contratados poucos anos antes. A relação entre a dívida líquida e a geração de caixa chegou a 8,78 vezes. De 2012 a setembro de 2016, o patrimônio líquido caiu de R$ 68 bilhões para R$ 33,29 bilhões. Em contrapartida, o endividamento avançou de R$ 26,6 bilhões para R$ 43,64 bilhões no período. A percepção do mercado de que a empresa poderia ter dificuldade em pagar as suas dívidas elevou os juros exigidos e reduziu o prazo de pagamento. Como resultado, o custo do serviço da dívida subiu 58% nesse intervalo de tempo: de R$ 2,68 bilhões para R$ 4,23 bilhões entre 2014 e 2016.

A nova Lei das Estatais, Lei nº 13.303/2016, que impôs requisitos mais rigorosos para cargos da administração e uma boa governança, permitiu a recuperação da empresa. No processo de ajuste financeiro, a Eletrobras suspendeu novos investimentos, iniciou uma política de desinvestimentos, com destaque para a venda das distribuidoras do Norte e do Nordeste, e deixou de participar de novos leilões e de empreendimentos. Em consequência, perdeu participação no mercado. Desde 2017 a empresa tenta superar os erros da imposição do regime de cotas, com a chamada "descotização". A capitalização foi a solução encontrada para gerar recursos para a Eletrobras poder pagar pelas novas outorgas das suas concessões, retornando ao status anterior de produtor independente.

2.1. Privatização e capitalização

Uma das primeiras decisões na nova gestão iniciada no governo Temer foi não fazer novos aportes para sustentar as distribuidoras de energia das regiões Norte e Nordeste, que haviam sido federalizadas no governo FHC e estavam sob o controle da Eletrobras. Essas empresas registravam índices de qualidade baixíssimos, com perdas comerciais elevadas, e exigiam permanente aporte da *holding*, que ultrapassou R$ 20 bilhões. O

Ministério da Fazenda, representado no Conselho por Ana Paula Vescovi, então secretária do Tesouro, deixou claro que não colocaria mais recursos nas distribuidoras. A *holding* optou por não pedir renovação dessas concessões, o que tornou a sua privatização uma consequência natural.

A venda das seis empresas foi oficialmente formalizada em assembleia geral extraordinária da Eletrobras em fevereiro de 2018. Eram elas: Companhia Energética de Alagoas (Ceal); Companhia Energética do Piauí (Cepisa); Companhia de Eletricidade do Acre (Eletroacre); Centrais Elétricas de Rondônia (Ceron); Boa Vista Energia S.A. (Boa Vista); e Amazonas Distribuidora de Energia S.A. (Amazonas Energia).

Os acionistas decidiram também que a Eletrobras assumiria as dívidas dessas empresas, no valor de R$ 11,2 bilhões, e os encargos de R$ 8,5 bilhões referentes a aportes dos fundos setoriais de energia, assim como créditos ou obrigações com a Conta de Desenvolvimento Energético (CDE) e a Conta de Consumo de Combustíveis (CCC), totalizando cerca de R$ 20 bilhões em passivos das distribuidoras, que se somaram a valor equivalente aportado pela *holding* desde a federalização. O BNDES estimava em R$ 10,2 bilhões o valor das distribuidoras, do qual foram descontadas obrigações de investimentos e dívidas que permaneceram nas empresas e foram assumidas pelos novos controladores. Em função da precária situação operacional e financeira dessas distribuidoras, foi estipulado um preço simbólico de R$ 50 mil para cada uma.[19]

Assim se encerrava um processo iniciado ainda na década de 1990, quando o BNDES comandou um amplo e bem-sucedido programa de desestatização das empresas estaduais. Foram vendidas empresas da Bahia, do Ceará, do Rio Grande do Sul e muitas outras, contribuindo para a universalização e melhoria dos serviços prestados em suas áreas de concessão. Mas nem todos os estados concluíram o processo de venda, incluindo aqueles que haviam dado ações das estatais como garantia de empréstimos obtidos no BNDES. A retomada do processo se deu em

---

19. Nas áreas de concessão envolvidas são atendidos mais de 13 milhões de habitantes em seis estados (Acre, Alagoas, Amazonas, Piauí, Rondônia e Roraima), numa área de, aproximadamente, 2,46 milhões de quilômetros quadrados, correspondentes a 29% do território nacional.

2016, por meio do Decreto nº 8.893, que qualificou a desestatização das seis distribuidoras como prioritária no âmbito do Programa de Parcerias de Investimentos (PPI) do governo federal e designou o BNDES responsável pela execução e pelo acompanhamento dessas desestatizações.[20]

A empresa Ceal, de Alagoas, foi a última a ser vendida por causa de um litígio com a União no qual o estado pedia que fosse descontada da dívida pública o valor que "entende ser devido pela omissão do governo federal em privatizar a companhia ao longo dos últimos 20 anos".[21] O governo de Alagoas alegava um prejuízo de R$ 1,8 bilhão acumulado desde os anos 1990, o que não fazia nenhum sentido. A determinação de Guardia, já como ministro, e do Tesouro em enfrentar esse litígio permitiu a revogação da liminar e a realização do leilão no dia 28 de dezembro de 2018, no apagar das luzes do governo Temer. Por isso os recursos provenientes da venda só foram depositados no governo Bolsonaro.

2.2. A capitalização da Eletrobras

É preciso voltar um pouco no tempo para entender a razão da privatização da Eletrobras. Paradoxalmente, não fossem os erros do próprio PT, mais especificamente da ex-presidente Dilma, a venda não teria entrado no radar político. A MP nº 579 impôs a recontratação da venda de energia pelo sistema de cotas a um preço que não cobria os custos operacionais. A queda de receita decorrente coincidiu com a necessidade de aportes nos projetos estruturantes das grandes hidrelétricas e levou a alavancagem da empresa a limites só possíveis por ser o Tesouro o controlador. Qualquer empresa privada estaria em situação falimentar.

---

20. A Lei nº 13.360/2016 alterou a Lei nº 12.783/2013 com o objetivo de viabilizar a licitação de empresas sob controle direto ou indireto da União, dos estados, do Distrito Federal e dos municípios, cujas concessões não foram prorrogadas (caso das seis distribuidoras da Eletrobras), prevendo a possibilidade de a União promover nova licitação associada à transferência do controle acionário da concessionária, outorgando novo contrato de concessão pelo prazo de 30 anos.

21. Sueli Montenegro, "Lewandowski suspende liminar que impedia privatização da Ceal", Agência Canal Energia, 29 nov. 2018. Disponível em: <https://www.canalenergia.com.br/noticias/53082637/lewandowski-suspende-liminar-que-impedia-privatizacao-da-ceal>. Acesso em: 28 abr. 2024.

Dilma entregou a Eletrobras valendo menos de R$ 10 bilhões, sem capacidade de investimentos e endividada. O governo Temer mudou a gestão da empresa, escolhendo uma administração técnica e independente. Muitos ajustes foram feitos: da redução de custos operacionais à política de desinvestimento, que contribuiu para a queda na alavancagem. Mas os problemas estruturais decorrentes da intervenção nos contratos de venda de energia permaneciam: o preço via cotas ainda era muito baixo e a impossibilidade de participar de novos leilões fez a Eletrobras perder participação no mercado. A entrada de capital era fundamental para a sobrevivência da empresa, que não poderia mais contar com aportes da União em um contexto de sério desequilíbrio fiscal herdado do governo anterior.

Uma opção seria a privatização via venda de controle da *holding* ou de cada subsidiária, como tentara o governo FHC. As duas formas foram descartadas. Primeiro, porque havia o receio, na época, de que um único grupo econômico adquirisse a maior empresa de energia elétrica da América Latina, concentrando grande poder econômico. Segundo, porque a oposição política ao projeto ainda via como risco à segurança energética do país a possibilidade de a empresa ser estrangeira.[22] Já a ideia de venda das subsidiárias em separado foi abandonada porque demandaria um longo e complexo processo de preparação, com cisão das empresas, avaliações em separado e assembleias de acionistas, processo que dificilmente se completaria ainda no governo Temer. A experiência fracassada dos anos 1990 foi outro fator levado em conta.

A capitalização foi a solução encontrada e, para tornar a operação mais atrativa, foi complementada pela descotização das usinas, que seriam leiloadas em separado. A primeira proposta do MME não incluía a Eletrobras como participante do leilão pelos novos contratos. Era um desenho que não fazia sentido para a *holding*, já que ela perderia os seus ativos mais relevantes, correndo o risco de absorver dívidas que dificilmente poderiam ser atribuídas a cada usina em separado.

---

22. O argumento era de que os novos donos iriam controlar o uso da água, o que demonstrava desconhecimento sobre o funcionamento do setor. O despacho das usinas é decidido pelo Operador Nacional do Sistema (ONS) e não de forma independente, pelas concessionárias. Esse argumento ideológico não tem nenhuma base técnica, mas era utilizado pela oposição.

Em pouco tempo o modelo de venda foi corrigido. Não haveria mais licitação pelas usinas, que permaneceriam na Eletrobras, mas fora do sistema de cotas. Recursos novos eram essenciais para que fosse possível a recompra das suas outorgas pela companhia. Para maximizar os recursos obtidos na oferta de ações, a União não acompanharia o aumento de capital e o seu controle seria diluído, tornando o governo minoritário. E, assim, a privatização foi encaminhada.

O modelo não era o ideal para estimular a competição no mercado de geração porque a Eletrobras manteve participação relevante no mercado. Foi, inclusive, antecipada a renovação da concessão de Tucuruí e incluída nos ativos da empresa a ser capitalizada. O monopólio da União na área nuclear e o Tratado Binacional de Itaipu obrigaram a retirada desses ativos da empresa a ser privatizada. Mas foi o modelo possível naquele momento de crise.

Guardia sabia dos limites políticos que cercavam a privatização da Eletrobras. Em seu depoimento ao *podcast* da Casa das Garças ele relembra uma conversa com o então presidente da Câmara, Rodrigo Maia, que alertou: "Não temos condições políticas de avançar na privatização da Eletrobras, mas é preciso completar o processo de privatizações das distribuidoras estaduais de energia."[23] E Guardia comenta a seguir: "(...) nessa questão das reformas, é preciso muito trabalho dentro do governo, além de capacidade de articulação e de comunicação com a população dentro dos limites do possível. (...) É preciso bom senso para identificar o que dá ou não dá para fazer e dar um passo na direção correta."[24]

Assim foi. Guardia completou a venda das distribuidoras, contribuiu para a proposta de modernização do setor elétrico e deixou pronto o projeto de lei da capitalização, cujas regras eram conhecidas desde janeiro de 2018 e que acabou sendo implementado no governo seguinte. A privatização ocorreria por meio do aumento do capital social da empresa,

---

[23]. José Augusto C. Fernandes (org.), *A arte da política econômica: depoimentos à Casa das Garças* (op. cit., p. 200).
[24]. Ibid., pp. 199-200.

com oferta de novas ações na bolsa, diluindo o percentual acionário da União que não participaria da operação.

O estatuto social da Eletrobras seria modificado para impedir que qualquer acionista pudesse ter mais de 10% das ações com direito de voto – o objetivo era evitar uma tomada hostil de controle por outra companhia. Os recursos obtidos iriam parte para o Tesouro pelo pagamento do bônus de outorga e parte para a CDE. O governo manteria mais de 40% das ações para posterior oferta pública com os preços já incorporando os ganhos que normalmente ocorrem após a troca de controle. Esses recursos não estariam vinculados a novos aportes, nem para dedução de tarifas nem para qualquer política pública, indo direto para o Orçamento primário da União.

O modelo proposto trouxe novidades interessantes em relação ao passado, quando a privatização se dava principalmente pela venda do bloco de controle. Primeiro, permitiu que os recursos fossem direto para o Tesouro Nacional e não para o caixa da empresa. Segundo, buscou compensar a concentração de mercado decorrente da venda da *holding* – e não de subsidiárias – com diluição do capital e limitação de voto. E, por fim, ao vincular parte dos recursos a uma queda nas tarifas, via aporte na CDE, conseguiu amenizar as críticas de que a descotização elevaria o preço da energia vendida e, em consequência, as tarifas de energia.

Ao assumir, em 2019, o governo Bolsonaro retirou o projeto de lei herdado do governo Temer da pauta legislativa, supostamente para fazer uma reavaliação do modelo. Mas o novo projeto de lei, o PL nº 5.877/2019, apresentado meses depois, veio praticamente nas mesmas bases, incorporando o que havia sido desenhado sob o comando de Eduardo Guardia. Mesmo tendo sido um enorme avanço a discussão sobre a capitalização da Eletrobras, os dois projetos sofriam do mesmo erro de origem:[25] enviar ao Congresso a modelagem da operação definida. Um precedente ruim. Primeiro, porque rompia com a tradição do PND de usar consultores e auditores externos para discussão de preços

---

25. Elena Landau, "Tudo por um martelo", *O Estado de S. Paulo*, 25 ago. 2021.

e melhor forma de venda, o que sempre foi fundamental nas discussões com o Tribunal de Contas da União (TCU) e o Judiciário. Segundo, porque dava chance aos parlamentares de incluir emendas prejudiciais ao processo de venda. O que acabou acontecendo.

Não havia dúvida jurídica sobre a necessidade de autorização para que a União perdesse o controle acionário da empresa, porque a Eletrobras havia sido retirada do PND pela Lei nº 10.848, artigo 31, §1º. Uma autorização legislativa específica era então necessária,[26] mas o escopo do PL poderia ter sido muito mais restrito. Poderia apenas revogar o disposto na Lei nº 10.848, reincluindo a empresa no programa de desestatização, e começar o processo de avaliação pelo BNDES. Talvez a decisão pelo envio de um projeto com o desenho de venda já definido pelo governo Temer tenha sido tomada pela urgência de se obterem recursos para a companhia e para o Tesouro.

A mesma justificativa não se aplica ao governo Bolsonaro. O PL nº 5.877/2019 ficou na gaveta até fevereiro de 2021, quando, então, foi enviada a MP nº 1.031 em seu lugar.[27] O que já estava ruim ficou pior. Nunca se havia proposto uma privatização via MP. No caso, não havia sequer elementos que justificassem esse instrumento – mesmo sendo relevante o tema, não era urgente. O governo não havia se empenhado na aprovação do projeto de lei, apesar de ser assunto de alta importância para o setor elétrico e para a empresa.

A relevância do tema, por sua vez, demandava mais transparência para as hipóteses que fundamentavam a forma de venda escolhida pelo Executivo, especialmente sobre os valores imputados aos bônus de outorga e os critérios para a distribuição de recursos. Melhor ainda teria

---

26. Em geral, não é necessário lei autorizativa específica, já que a jurisprudência é pacífica em reconhecer que a Lei do PND funciona como uma autorização genérica. No entanto, quando há leis específicas, como os casos da Petrobras e dos bancos públicos, impedindo a perda do controle estatal, é necessária a autorização do Congresso. E, assim, para a Eletrobras, um pedido de autorização também acabou sendo necessário após a Lei nº 10.848. Antes disso, só era exigido um decreto presidencial para a inclusão no PND, como feito no governo FHC, em 1995.

27. A decisão pela MP foi uma resposta de Bolsonaro ao mercado após a intervenção na Petrobras, que resultou na demissão do então presidente da empresa, Roberto Castello Branco. Essa foi a motivação que o levou a retomar e acelerar a venda da Eletrobras.

sido a divulgação de análises sobre outros modelos societários, como a venda de subsidiárias em separado, os prós e os contras de cada possibilidade. Nada disso ocorreu. Ao contrário, para assegurar apoio político, a medida provisória ainda direcionava parte dos recursos a novos fundos setoriais, fora o previsto anteriormente. Assim, além da bacia de São Francisco, a área de Furnas e a Região Norte receberam parte dos recursos, sem justificativa técnica.

O prazo exíguo para a sua conversão em lei limitou também uma criteriosa avaliação dos impactos de emendas, que incluíram temas que nada tinham a ver com a capitalização, como as famosas "emendas jabutis". Essas emendas criaram a obrigação de construção de 8 GW em usinas, a maioria térmicas, em locais onde não havia oferta de gás. Os erros dessa iniciativa do Legislativo são óbvios: atropelou o planejamento setorial, que não previa esses leilões, gerou impacto sobre tarifas e ainda deixou evidente a influência do *lobby* do Brasduto, projeto que prevê a construção de gasodutos para internalizar o uso do gás.

A MP foi convertida na Lei nº 14.782 em 12 de julho de 2021. O leilão ocorreu quase um ano depois da publicação da lei, após a liberação pelo TCU. O Tribunal questionava algumas hipóteses que deram base à definição do preço mínimo. A ausência de estudos prévios feitos pelo BNDES foi sentida nesse processo. A precificação em modelo de capitalização – de uma empresa com ações cotadas em bolsa – é claramente diferente do modelo de venda de controle acionário, que sempre usou como metodologia o valor presente descontado do fluxo de caixa. Mas o TCU terminou por liberar o leilão, que ocorreu em 14 de junho de 2022. Estranhamente, o Tribunal não questionou os "jabutis" que vieram junto com a aprovação da MP nº 1.031/2021 e que, segundo a Empresa de Pesquisas Energéticas (EPE), custariam R$ 52 bilhões aos consumidores.

A capitalização permitiu que a Eletrobras voltasse a investir. A empresa tinha perdido a capacidade financeira para isso. Estava altamente endividada e só não foi à bancarrota porque pertencia ao Tesouro. Em maio de 2023, o governo Lula entrou com uma Ação Direta de Inconstitucionalidade

(ADI) nº 7.385[28] alegando desproporcionalidade entre a posição acionária remanescente da União – cerca de 43% – e a limitação de direito a voto a 10%. O presidente e os seus ministros argumentaram tratar-se de crime de lesa-pátria. Um equívoco. A limitação de voto é parte da ideia de corporação. Não fosse assim teria sido melhor vender logo o controle da empresa, eliminando a possibilidade de reestatização. Mas, para evitar que um grande ativo, responsável por cerca de um quarto da geração de energia, caísse na mão de só um grupo, optou-se pela pulverização, com voto limitado.

Um dos argumentos que o governo usou para justificar a ação foi o da necessidade de aumentar investimentos, o que não faz o menor sentido. A Eletrobras foi obrigada a suspender investimentos por causa da frágil situação financeira herdada do governo Dilma. Com redução significativa da alavancagem e entrada de capitais privados, investimentos voltam a acontecer. Em plena discussão sobre gastos públicos em setores essenciais, melhor seria deixar a Eletrobras nas mãos do setor privado. Um dos aspectos mais positivos do processo é exatamente a volta dos planos de investimentos. A Eletrobras anunciou que investirá entre R$ 70 bilhões e R$ 80 bilhões até 2027.[29] Sem a necessidade de recursos públicos.

No projeto inicial, a saída do governo do grupo de acionistas não terminaria aí. Com a valorização, que normalmente se segue à privatização, haveria uma oferta secundária de ações remanescentes, gerando mais recursos para o Tesouro, além dos R$ 68 bilhões da capitalização. Após a operação, o valor da Eletrobras chegou a R$ 120 bilhões, mas uma parte desse valor foi destruída pela insegurança jurídica gerada pelas ameaças do governo Lula de reestatizar a companhia e pela ADI.

Bom sempre lembrar que, entre o fim do governo Dilma e a capitalização, o valor da companhia foi multiplicado por sete, chegando a

---

28. "Presidente da República questiona redução de poder de voto da União na Eletrobras", portal do Supremo Tribunal Federal, 8 mai. 2023. Disponível em: <https://portal.stf.jus.br/noticias/verNoticiaDetalhe.asp?idConteudo=506925&ori=1>. Acesso em: 28 abr. 2024.

29. A Eletrobras estima investimentos entre R$ 70 bilhões e R$ 80 bilhões para o período de 2023 a 2027. As projeções foram divulgadas em fato relevante em julho de 2023, via CVM. Desses valores, a empresa informou que tem R$ 17,1 bilhões de investimentos contratados em geração e transmissão que incluem novos ativos, além de investimentos em manutenção dos ativos existentes.

R$ 70 bilhões. Resultado da mudança de gestão, com apoio da ótima Lei das Estatais. Esse avanço institucional, mais uma iniciativa do governo Temer, está sob o risco de ser desmontado pela convergência de interesses políticos do Executivo e do Legislativo para a nomeação de cargos em estatais. Isso mostra que a governança das estatais está sempre em risco e que a melhor forma de proteger o patrimônio público da ingerência política é a passagem do controle para o setor privado de forma irreversível. Nesse ponto, ter aprovado a capitalização por lei aumenta a segurança jurídica do processo.

Outro erro que o governo Lula comete sobre a operação é dizer que os recursos foram usados na sua integralidade para a redução da dívida. Na verdade, foram cerca de R$ 27 bilhões diretamente para o Tesouro pelo pagamento das outorgas, mais R$ 32 bilhões para descontos nas tarifas, via aporte na CDE,[30] e o comprometimento de mais R$ 9 bilhões para fundos regionais. E nada para abatimento de dívida, como no passado.

Conclusão

Não resta dúvida de que a privatização da Eletrobras foi positiva para o setor e para o país, ainda que não tenha sido um processo ideal. Os problemas começaram com a opção de definir a modelagem em gabinetes do Executivo, como comprova o depoimento de Guardia ao citado *podcast* da Casa das Garças. Por um lado, tal opção revela a capacidade que ele tinha de negociação e articulação com outras áreas do governo e com o Congresso. Por outro lado, criou o precedente de entregar ao Legislativo a possibilidade de intervir em áreas fora da sua competência, como questões técnicas do setor de energia. De fato, o projeto de con-

---

30. A lei prevê aportes ao longo de 25 anos, ver: "Regras para aportes da Eletrobras na CDE são aprovadas pela Aneel", Agência Canal Energia, 22 nov. 2022. (Disponível em: <https://www.canalenergia.com.br/noticias/53230604/regras-para-aportes-da-eletrobras-na-cde-sao-aprovadas-pela-aneel>. Acesso em: 28 abr. 2024). Em negociação com o governo para a retirada da ADI, a companhia poderá oferecer uma antecipação desses recursos, de forma a tornar o impacto sobre tarifas maior no curto prazo.

versão da MP nº 1.031/2019 criou exigências de leilões desnecessários, com potencial impacto tarifário grave, além de ter passado por cima do planejamento de longo prazo, que sempre coube à EPE.

Outra crítica recorrente ao modelo é ter permitido a permanência de uma empresa com grande concentração de mercado, especialmente em um momento em que o setor caminha para maior competição com aumento da participação dos consumidores livres. Mesmo sem Eletronuclear e Itaipu, retiradas do processo por questões legais, a Eletrobras responde por quase 25% do segmento de energia atualmente. A inclusão da Hidrelétrica de Tucuruí na venda, cujo prazo de concessão estava para vencer, agravou essa situação. A solução encontrada para mitigar os efeitos sobre a concorrência foi a pulverização do capital, que não resolve por completo os riscos concorrenciais.

Em defesa do projeto apresentado em 2017, há que se recordar da fragilidade tanto das contas públicas quanto da alavancagem perigosa da empresa, que demandavam um enfrentamento urgente da questão. O argumento, no entanto, não se aplica ao processo conduzido pelo governo Bolsonaro. Mesmo tendo sido criada uma Secretaria de Privatização dentro do Ministério da Economia, a desestatização não avançou como projeto de governo de forma geral, nem mesmo a da Eletrobras. O projeto de lei que tratava da capitalização ficou parado no Congresso por mais de dois anos. Teria dado tempo para um debate mais profundo sobre as diferentes possibilidades de venda. A forma de venda foi definida sem os estudos tradicionais que cercam a privatização e entregue via projetos de lei, sendo finalmente votada com base em uma medida provisória. A transparência necessária a uma privatização dessa magnitude deixou a desejar, já que os tradicionais estudos prévios feitos pelo BNDES que dão subsídios à decisão de preços e à forma de venda não aconteceram.

Dito isso, a capitalização está feita e consolidada, com base em lei aprovada pelo Congresso, o que dá segurança jurídica aos acionistas, reduzindo as chances de sair vitoriosa a ADI que questiona a operação. O saldo positivo é inegável. O governo Temer recebeu a Eletrobras valendo menos de R$ 10 bilhões, sem capacidade de investimentos e endividada.

Mudou a gestão da empresa, optando por uma administração técnica e independente, sem influências políticas, com apoio da Lei das Estatais. As primeiras decisões foram vender as estatais de distribuição do Norte e do Nordeste, reduzir investimentos e implementar um forte processo de redução de custos. A valorização das ações foi imediata e a queda da alavancagem também. Mas os problemas estruturais decorrentes da intervenção via MP nº 579 permaneciam: o preço da energia via cotas ainda muito baixo e a perda de participação de mercado pela impossibilidade de participar de novos leilões.

A descotização e a entrada de capital eram fundamentais para a sobrevivência da empresa, que não poderia mais contar com aportes da União em um contexto de sério desequilíbrio fiscal herdado. A capitalização foi decidida em combinação com a descotização e a liberação da empresa para participação do mercado livre de energia. Entre o fim do governo Dilma e a capitalização, o valor da companhia foi multiplicado por sete.

Mesmo com essas críticas ao processo de venda iniciado ainda em 2017, a desestatização da Eletrobras foi um passo importante. Passaram-se 27 anos desde a primeira decisão de vender as empresas do grupo. O processo dos anos 1990 não foi adiante pela resistência mineira de privatizar Furnas, comandada pelo ex-presidente Itamar Franco. Atitude estranha para quem, na Presidência, privatizou mais do que Collor. Minas tem os seus mistérios.

A recuperação da empresa, iniciada em 2016 com a mudança de sua gestão, a venda das distribuidoras de energia e o processo de capitalização são um relevante legado deste homem público que foi Eduardo Guardia. O Brasil agradece.

19. As origens do IVA e a saga de sua versão brasileira – A saída para o caos

Maílson da Nóbrega[1]

1. Eduardo Guardia[2]

Quando o ex-ministro Pedro Malan me convidou a escrever um dos Capítulos deste livro em homenagem a Eduardo Guardia, não tive dúvida. Escolhi discorrer sobre finanças públicas, focalizando o texto em um de seus mais desafiadores aspectos, o das distorções derivadas da caótica tributação do consumo no Brasil.

---

1. Economista, ex-ministro da Fazenda e sócio da Tendências Consultoria Integrada.

2. Na preparação deste Capítulo recorri à experiência adquirida nos nove anos em que participei da gestão tributária, particularmente do Imposto sobre Circulação de Mercadorias e Serviços, como presidente da Comissão Técnica Permanente do ICMS, coordenador de atividades do Conselho Nacional de Política Fazendária e, depois, presidente desse conselho. Beneficiei-me também da ajuda do economista Bernard Appy, que se tornou fonte inestimável – e que não canso de agradecer – para a solução de minhas dúvidas tributárias e fornecedor de textos que muito serviram para complementar minhas reflexões sobre os problemas da tributação do consumo no Brasil e para descrever os principais aspectos da reforma tributária de que trataram as Propostas de Emenda à Constituição nº 45 e nº 110.

O tema tem muito a ver com o homenageado, que nos abandonou precocemente, aos 56 anos, não sem antes deixar um legado em favor da economia brasileira no campo acadêmico, a partir dos cargos que exerceu no serviço público e como executivo de uma das mais importantes instituições financeiras do Brasil.

Sua dissertação de mestrado, *Orçamento público e política fiscal: aspectos institucionais e experiência recente – 1985-1991*, já fornecia uma pista dos assuntos que marcariam sua carreira no governo de São Paulo e na União. Foi rica a sua experiência: secretário do Tesouro Nacional, secretário de Fazenda do estado de São Paulo, secretário-executivo do Ministério da Fazenda e ministro da Fazenda.

No governo federal, participou dos esforços para debelar a crise herdada do governo Dilma Rousseff. Contribuiu decisivamente para a realização de reformas fundamentais que melhoraram as instituições fiscais e o ambiente de negócios no país. Destacam-se o teto de gastos, a Lei das Estatais, a reforma trabalhista e duas iniciativas que seriam concluídas em administração posterior: a reforma da Previdência e a autonomia operacional do Banco Central do Brasil.

2. A percepção dos custos da tributação em cascata

Em 1928, a Ford inaugurou uma gigantesca planta industrial às margens do rio Rouge, em Dearborn, no estado americano de Michigan. O complexo levou 11 anos para ser construído. Era então a maior fábrica integrada do mundo. Lá eram produzidas praticamente todas as peças, partes e componentes do automóvel Ford modelo T. O complexo tinha uma central própria de energia elétrica e uma siderurgia que fabricava aço, desde a matéria-prima até o produto final. Ocupava uma área de 2,4 quilômetros de comprimento por 1,6 quilômetro de largura, abrigando 93 edifícios com cerca de 1,5 quilômetro quadrado de área construída. Havia cerca de 150 quilômetros de vias internas e um porto exclusivo. Era o maior exemplo de integração vertical de uma empresa industrial.

A Ford chegou a cogitar a construção de uma unidade de produção de pneus no complexo, na qual utilizaria borracha extraída de fazenda de seringueiras na Amazônia brasileira. Era o projeto Fordlândia, que compreendia uma área de 14,6 quilômetros quadrados no município de Aveiro, no Pará. As terras foram adquiridas em 1927 pelo próprio Henry Ford, o criador da empresa. Não deu certo e o projeto foi encerrado em 1945.

Duas circunstâncias pareciam justificar essa formidável integração vertical. A primeira: a ausência de fornecedores confiáveis para a maior parte das matérias-primas e demais componentes do processo produtivo da empresa. A segunda: mesmo se houvesse fornecedores, buscava-se reduzir ao máximo o impacto da tributação em cascata, em uma longa cadeia de suprimentos. Nesse tipo de tributação, quanto mais descentralizada uma empresa, mais ela paga impostos.

Por certo, as deseconomias de escala daquele empreendimento poderiam ser mais do que compensadas pela queda no pagamento de impostos incidentes na fabricação dos automóveis. Se bem que não se possa afirmar que a cumulatividade fosse um problema sério nos Estados Unidos, já era motivo de preocupação anos antes da construção do complexo da Ford, como prova a ideia de uma alternativa tributária que eliminasse a cascata pensada por um dos herdeiros da Siemens AG, como se verá no próximo tópico.

3. A invenção do IVA

A primeira menção a um imposto não cumulativo sobre o consumo apareceu em 1919, em texto escrito por Carl Friedrich von Siemens, empresário e político alemão que atribuiu a concepção do imposto a seu irmão, Wilhelm von Siemens. Ambos pertenciam à família Siemens e eram filhos do fundador da atual Siemens AG. A preocupação com as distorções decorrentes dos impostos cumulativos sobre vendas foi a origem da ideia de criar o crédito do imposto pago sobre insumos.

Somente em 1948, a proposta de Siemens foi posta em prática com a reforma, na França, do imposto sobre a produção, que era uma incidência seletiva sobre produtos industrializados. Passou-se a permitir o crédito do imposto pago sobre os insumos utilizados diretamente na produção. Em 1954, após nova reforma, a ideia foi rebatizada com o nome de Imposto sobre o Valor Agregado (ou Valor Adicionado) – IVA.

O IVA é um imposto cobrado em todas as etapas do processo de produção e comercialização. Em cada uma delas, garante-se o crédito do imposto debitado na etapa anterior. Não há cascata. A incidência do imposto não interfere na forma como se organiza a produção. O valor cobrado na etapa final de venda ao consumidor corresponderá exatamente ao que foi recolhido ao longo do processo produtivo. Já na tributação em cascata, o valor final varia de acordo com a extensão da cadeia produtiva: quanto mais extensa, maior o custo da tributação. Finalmente, quando bem estruturado, o IVA permite desonerar as exportações e os investimentos, enquanto as importações são tributadas de forma equivalente à produção nacional.

A invenção francesa ainda não era o moderno IVA, pois sua cobrança se fazia somente de grandes contribuintes e não incluía o setor de serviços, sobre o qual incidia outro imposto. A alíquota era de 16,85%. No caso do imposto sobre serviços, era de 5,8%, sem direito a qualquer crédito oriundo da tributação dos insumos. Curiosamente, essa foi a estrutura adotada no Brasil com a criação do Imposto sobre Circulação de Mercadorias (ICM) – hoje Imposto sobre Circulação de Mercadorias e Serviços (ICMS) –, de competência estadual, e do Imposto sobre Serviços de Qualquer Natureza (ISS), cobrado pelos municípios (também sem qualquer crédito), com alíquotas quase iguais às francesas: 17% e 5%, respectivamente.

Depois da França, três países adotaram o método do IVA: Costa do Marfim, em 1960, Senegal, em 1961, e Brasil, em 1964, com o imposto de consumo. Em todos esses casos, o IVA tinha base restrita ao setor industrial. Com a reforma tributária aprovada em 1965 e implementada em 1967, o Brasil introduziu o IVA mais amplo em sua legislação, embora mantendo a tributação dos serviços a cargo dos municípios, com incidência em cascata.

Em 1967, depois da França, o Brasil e a Dinamarca tornaram-se os primeiros países relevantes a adotar o IVA com as características básicas que viriam a prevalecer nos anos seguintes em todo o mundo. Os dois países contribuíram para a propagação desse tipo de incidência. Havia, entretanto, uma diferença fundamental entre os IVAs desses países. O da Dinamarca incluía os serviços, enquanto no Brasil a tributação desse setor continuou com um regime à parte, o ISS. Assim, o modelo brasileiro começou desatualizado em relação às melhores práticas do mundo.

No Brasil, a cumulatividade nos tributos sobre o consumo constituiu um dos principais motivos para que a Comissão de Reforma do Ministério da Fazenda escolhesse o IVA como substitutivo do imposto federal de consumo pelo Imposto sobre Produtos Industrializados (IPI) e o Imposto sobre Vendas e Consignações (IVC), estadual, pelo ICM. Além disso, a reforma promoveria importante mudança de conceitos. Antes, os tributos se guiavam por aspectos jurídico-formais, enquanto os novos IPI e ICM foram instituídos sobre bases econômicas, isto é, o consumo e o investimento do ciclo de industrialização e a comercialização.

Na França, uma preocupação era o efeito negativo de tributos em cascata sobre o balanço de pagamentos. Tais impostos não têm como ser desoneráveis nas vendas para o exterior, o que condena os produtos nacionais a competir em condições desvantajosas com os processados ou manufaturados em países sem tributação em cascata. A desvantagem se manifesta tanto no mercado doméstico quanto no internacional. No mercado doméstico, ainda que incidam tarifas aduaneiras sobre as importações, estas são menos tributadas, pois não sofrem, na origem, a tributação em cascata.

A desoneração do IVA nas exportações se transformou em princípio aceito pelo Acordo Geral de Tarifas e Comércio (GATT, na sigla em inglês), o precursor da atual Organização Mundial do Comércio (OMC). Um exemplo simples, o da exportação de calçados, permite entender sua lógica. Imagine uma loja em Nova York que venda sapatos produzidos em diferentes países. A cada venda, incidirá o *sales tax* de 8,875%. Se o produto não for desonerado no país de sua fabricação, sofrerá dupla tributação, na origem e no destino. Por isso não poderá competir com calçados produzidos em países que desoneram a exportação.

A tributação em cascata acarreta um ônus financeiro para as empresas e aumenta os custos de transação. Tais problemas pioraram com a maior complexidade que as cadeias produtivas alcançaram no pós-guerra, em decorrência da retomada da economia e do programa de recuperação da Europa (Plano Marshall), cujas infraestrutura econômica e produção industrial haviam sido devastadas pelo conflito. Era preciso, pois, criar um método de tributação do consumo que evitasse a cascata.

3.1. A criação do IVA no Brasil e sua posterior deterioração

Como mencionado, o Brasil adotou o IVA na reforma tributária de 1965, implementada em 1967. Infelizmente, cometemos alguns pecados que mais tarde contribuiriam para destruir a qualidade do imposto e torná-lo uma das principais fontes de ineficiências da economia brasileira.

O primeiro erro foi distribuir a tributação do consumo nas três esferas de governo: o IPI federal, o ICM estadual e o ISS municipal, este incidindo em cascata. Nada parecido ocorreu em nenhum dos 160 países que hoje adotam o método. O IVA francês não incluía os serviços, o que ocorreria somente em 1968, sem a cascata. Aqui, o ICM, o mais importante dos três brasileiros, nasceu com duas deficiências: a exclusão de serviços e a cobrança na origem em transações interestaduais (a prática mundial é cobrar no destino). Essa forma de arrecadação estabeleceria as condições para a guerra fiscal, que se tornou, ao longo do tempo, fonte de distorções e de má alocação de recursos. Com a Constituição de 1988 e seus desdobramentos negativos nos campos tributário e da despesa, como veremos adiante, o sistema tributário brasileiro se tornou um dos piores do mundo.

3.2. A mobilização dos estados no fim do regime militar

Durante o regime militar, o governo federal forçou os estados a aprovar inúmeros incentivos fiscais. Na época, era possível criar benefícios do então ICM por lei complementar de iniciativa da União, como foi o caso da isenção do tributo em itens como vasilhames, recipientes, embalagens, construção civil, obras hidráulicas e outras semelhantes, fertilizantes, defensivos e suas matérias-primas (Lei Complementar nº 4, de 2 de dezembro de 1969). Além disso, os estados concordaram em conceder, tal qual a União, o crédito prêmio nas exportações de produtos manufaturados, que era um subsídio explícito em favor de empresas exportadoras, arcado pelas administrações estaduais. Por pressão internacional, o benefício foi extinto no governo Geisel (1974-1979), mas representou, enquanto durou, relevante perda de receitas dos governos subnacionais.

No governo Figueiredo (1979-1985), com a abertura política, ampliou-se o debate em torno de grandes temas nacionais, entre eles o da tributação. O novo ambiente estimulou os secretários de Fazenda dos estados a conversar entre si sobre os problemas da gestão do ICM, principalmente o que se referia à concessão de incentivos fiscais de interesse da União, por eles considerada excessiva, com razão. Governadores começaram a desobedecer às regras que proibiam estabelecer esses benefícios sem aprovação do Conselho Nacional de Política Fazendária (Confaz). Embora possível, o governo federal evitou aplicar penalidades por tal atitude (basicamente restrições a transferências negociadas de recursos federais) diante do clima de distensão política em curso.

Ainda no fim do governo Geisel, seis secretários de Fazenda das regiões Sul e Sudeste emitiram um documento com fortes críticas à utilização do ICM em favor de atividades de interesse da União. Não cabia, dizia-se, exigir que os estados renunciassem a parcelas relevantes de suas receitas. Na primeira reunião do Confaz no governo Figueiredo, presidida pelo ministro da Fazenda, Karlos Rischbieter, o secretário de Fazenda do Rio Grande do Sul apresentou proposta de convênio de apenas dois artigos. O primeiro eliminava imediatamente todos os incentivos fiscais do ICM; o segundo revogava as decisões em contrário.

Incentivos fiscais sem prazo determinado, como era o caso da maioria dos convênios do ICM, poderiam ser revogados pelo voto de três quartos dos membros do Confaz. A unanimidade era requerida apenas para a concessão de benefícios. O Ministério da Fazenda teve de empreender grande esforço de articulação para evitar a aprovação da proposta, que, por sua aplicação sem um prazo para as empresas se prepararem, poderia ter impacto negativo considerável em muitas atividades econômicas. A proposta não foi aprovada, mas era um sinal de como seria cada vez mais difícil engajar os estados em programas de incentivos "de interesse do governo federal".

Em seguida, o secretário de Fazenda de Pernambuco propôs um convênio que alterava as alíquotas interestaduais do ICM. Em vez de apenas uma, de 12%, apareceria outra, de 7%, que prevaleceria nas remessas do Sul e do Sudeste para as regiões Norte, Nordeste e Centro-Oeste. A alíquota de 12% se aplicaria nas operações em sentido inverso, bem como nas operações entre estados de uma mesma região. Era uma forma de redistribuição inter-regional das receitas em favor das áreas menos desenvolvidas.

Esse convênio foi negociado entre os secretários de Fazenda, sem participação relevante do Ministério da Fazenda. A aprovação ou prorrogação de incentivos, mesmo com sólida justificativa econômica, passou a exigir maior esforço de negociação e coordenação. Um deles, o que mantinha alíquotas reduzidas na comercialização de pedras e metais preciosos – uma forma de se evitar o contrabando –, demandou negociações pessoais do ministro com alguns governadores, o que era inédito.

A influência do governo federal na administração do ICM foi, então, consideravelmente reduzida. Por isso foi preciso mudar a forma de lidar com as novas situações. Atenção maior foi dedicada às reuniões da Comissão Técnica Permanente do ICM (Cotepe), que eu presidia. Ao mesmo tempo, para evitar surpresas preocupantes de propostas extrapauta e para negociações mais difíceis, instituiu-se um jantar na véspera da reunião do Confaz com a participação do ministro e dos secretários de Fazenda, durante o qual ocorriam as negociações mais difíceis. Eu participava desses jantares, primeiramente como presidente da Cotepe e, depois, como secretário-geral do Ministério da Fazenda. Mais tarde, os estados criariam o cargo de coordenador do Confaz, exercido periodicamente por um secretário de Fazenda, o que veio a estreitar ainda mais os entendimentos entre todos. O coordenador passou a ser figura relevante nas negociações.

3.3. A articulação dos estados na Assembleia Constituinte

A bem-sucedida coordenação entre os estados para defender seus interesses no Confaz produziu um novo resultado. Os secretários de Fazenda passaram a compor um poderoso grupo de interesse nos trabalhos da Assembleia Nacional Constituinte. Eles circulavam nas comissões e mobilizavam as bancadas parlamentares para apoiar suas propostas. Nesse sentido, constituíram um dos mais eficazes grupos de pressão da Constituinte. Três foram suas mais importantes vitórias: (i) a atribuição aos estados para legislar sobre o ICMS,[3] incluindo alíquotas, bases de cálculo e hipóteses de incidência; (ii) a incorporação, ao ICMS, dos impostos únicos sobre energia elétrica, combustíveis líquidos e gasosos, lubrificantes e minerais (esses impostos pertenciam à União e eram parcialmente redistribuídos em favor de estados e municípios); e (iii) um substancial aumento das transferências do Imposto de Renda e do IPI, o qual, embora administrado e arrecadado pela União, pertence às três esferas de governo. Esses recursos alimentam os fundos de participação dos estados e municípios.

A atribuição de poder aos estados para legislar sobre o ICMS teria devastadoras consequências sobre a eficiência do tributo. Um dos requisitos de um imposto sobre o valor agregado é a existência de uma única incidência, com poucas ou idealmente apenas uma alíquota. Suas regras básicas precisam ser as mesmas em todo o território nacional. Essa harmonização é fundamental para que se evitem altos custos de transação, dificuldades para observar regras de conformidade, distorções nos preços relativos e, finalmente, arbitrariedades da fiscalização, decorrentes de distintas interpretações das normas. A desarmonia do ICMS permitiu o estabelecimento de 27 regimes tributários distintos do ICMS, um para cada estado, o que criou uma

---

3. O ICMS substituiu o ICM na Constituição de 1988. Nos trabalhos iniciais da Assembleia Nacional Constituinte contemplou-se a fusão do ICM com o ISS, o que daria origem ao ICMS (com o "S" de serviços). Ocorre que os municípios se mobilizaram contra essa mudança. Decidiu-se, então, incorporar ao ICM a arrecadação dos impostos sobre serviços de energia elétrica, transportes e comunicações, inclusive considerando que os estados tinham melhores condições de cobrá-los. Nessa versão, foi possível manter a nova sigla, ICMS. Os municípios continuaram com o ISS incidente sobre uma lista de serviços.

sobrecarga de trabalho para as empresas que operam em mais de uma unidade da Federação.

Ao longo dos anos posteriores à Constituição de 1988, mudanças nas regras do jogo tornaram o ICMS, e em geral a tributação do consumo, um emaranhado de regimes e incidências de difícil, às vezes impossível, compreensão. As incertezas se alargaram. Empresas passaram a ser autuadas não por deliberada ação de sonegar tributos ou burlar as regras, mas simplesmente porque eram incapazes de acompanhar e entender as mudanças frequentes na legislação e nas normas infralegais. Segundo o Instituto Brasileiro de Planejamento e Tributação (IBTP), o ICMS muda 70 vezes por semana em todo o território nacional.

3.4. A substituição tributária

A substituição tributária é o regime pelo qual se transfere a obrigação de recolher um tributo a um ou a vários participantes de uma cadeia produtiva. No Brasil, tem especial importância a substituição tributária "para a frente", pela qual uma indústria ou um centro de distribuição recolhem o imposto devido por todas as etapas subsequentes da cadeia de comercialização até o consumidor. Participei das discussões que levaram ao estabelecimento do regime, no início dos anos 1980. Nas condições da época, a ideia fazia sentido. Seria aplicada a casos muito restritos de produtos fabricados por um pequeno número de empresas e sujeitos a controle de preços, como eram, então, os cigarros e as bebidas. Evitar-se-ia, assim, a sonegação que poderia ocorrer nas etapas de comercialização, como na venda de cigarros em bancas de jornal e de bebidas em bares.

Sucede que, mais tarde, tanto a União quanto os estados enxergaram na substituição tributária um meio para antecipar a cobrança de contribuições (caso da União) e de impostos (caso dos estados). Renunciou-se à eficiência e à qualidade da tributação em benefício da arrecadação.

A substituição tributária virou uma praga, pois passou a ser utilizada inteiramente em desacordo com a ideia original. Foi adotada em quase tudo, até na comercialização de arroz. As incertezas e os custos se multiplicaram. Diferentemente de cigarros e bebidas do início do regime, em que a base de cálculo do imposto era a tabela oficial de preços, agora o respectivo valor é estabelecido pelo fisco com apoio em pesquisas de preços ao consumidor difíceis de serem auditadas. Nos casos em que se constata a cobrança a maior do tributo, a restituição se caracteriza por um processo complexo que leva muitos contribuintes a desistir de recorrer ao Judiciário, o que acarreta perdas e custos.

A substituição tributária se tornou fonte relevante de litígio tributário. Daí por que se aproveitou a revisão constitucional, que seria realizada cinco anos após a promulgação da Carta Magna, via processos simplificados de tramitação e quórum mais reduzido, para inserir o regime no texto constitucional. Aprovou-se, assim, a emenda 3 de revisão, que incorporou o inciso 7º no artigo 150, pelo qual "a lei poderá atribuir a sujeito passivo de obrigação tributária a condição de responsável pelo pagamento de imposto ou contribuição, cujo fato gerador deva ocorrer posteriormente, assegurada a imediata e preferencial restituição da quantia paga, caso não se realize o fato gerador presumido".

Na maioria dos países que adotam o método da tributação do consumo pelo valor agregado, há apenas um IVA, com poucas ou apenas uma alíquota e incidência sobre uma base ampla de bens e serviços. A vantagem de se ter apenas uma alíquota é que não há distorções nos preços relativos e evita-se discutir a classificação de bens e serviços. No Brasil, a tributação dos bens e serviços foge completamente do padrão internacional. Há cinco tributos: três federais (IPI; PIS – Programa de Integração Nacional; e Cofins – Contribuição para o Financiamento da Seguridade Social), um estadual (ICMS) e um municipal (ISS). Nenhum desses tributos tem base abrangente. O IPI incide apenas na industrialização de produtos. O ICMS incide somente sobre bens e serviços de comunicação e transporte interestadual e intermunicipal. O ISS incide sobre os demais serviços (definidos em uma lista). Já o PIS e a Cofins têm base ampla de bens e serviços, embora incidam apenas sobre empresas.

O IPI é não cumulativo, mas possui uma infinidade de alíquotas, cuja incidência é definida em uma tabela ultradetalhada – o que, obviamente, dá margem a uma grande discussão (e contencioso) sobre a classificação dos produtos. Adicionalmente, como o IPI incide apenas sobre a industrialização, é comum haver uma indefinição a respeito de onde termina a industrialização e onde começa a comercialização, problema que gera contencioso e, em alguns casos, é contornado por meio de regimes especiais que tornam o imposto complexo e nada neutro.

3.5. O PIS e a Cofins, fonte da deterioração no âmbito federal

O PIS, criado pela Lei Complementar nº 7, de 1970, foi um dos chamados "projetos de impacto" do governo Médici (1969-1974). Seu objetivo era "promover a integração do empregado na vida e no desenvolvimento das empresas", mediante a constituição de um fundo de participação em seu favor, cujos valores seriam depositados na Caixa Econômica Federal. A primeira parcela viria da dedução do Imposto de Renda devido pela empresa. A segunda, efetuada com recursos próprios do empregador, seria calculada à alíquota de 0,15% sobre o faturamento do exercício de 1971. Daí em diante, a alíquota cresceria gradualmente, ano a ano, até atingir 0,50% no exercício de 1974 e seguintes. Atualmente, a alíquota é de 0,65%.

O PIS foi a primeira grande fissura no edifício do sistema de tributação do consumo criado com a reforma de 1965. Significou a reintrodução da cascata nos impostos cobrados sobre o faturamento das empresas. A piora teria continuidade com o Fundo de Investimento Social (Finsocial), estabelecido pelo Decreto-Lei nº 1.940, de 1982, cujo fato gerador era a venda de mercadorias ou serviços, ou seja, mais uma incidência em cascata. A alíquota seria de 0,5%. Seu objetivo era "custear investimentos de caráter assistencial em alimentação, habitação popular, saúde, educação e amparo ao pequeno agricultor".

A ideia do Finsocial nasceu na Casa Civil do governo Figueiredo, então comandada pelo ministro João Leitão de Abreu. Constituía uma resposta ao ambiente de insatisfação social da época, derivada das altas taxas de inflação e da crise econômica que nos levaria, meses depois, à centralização das operações de câmbio e ao acordo com o Fundo Monetário Internacional (FMI). A proposta foi submetida ao ministro da Fazenda, Ernane Galvêas, que recomendou seu exame pela Secretaria da Receita Federal e pela Secretaria-Geral, da qual eu era o titular. O parecer foi contrário ao projeto, exatamente pela cumulatividade da nova incidência tributária.

Fui encarregado, então, de liderar o grupo de técnicos que apresentaria ao ministro Leitão de Abreu as objeções técnicas ao Finsocial. Ele nos ouviu atenta e educadamente, mas não se convenceu dos argumentos. Parece não ter considerado relevante a informação de que, na experiência brasileira, tributos de arrecadação relativamente fácil, como era o caso, tendiam a se transformar em fonte relevante de arrecadação em momentos de dificuldades fiscais, mediante elevação de suas alíquotas. Uma cascata crescente elevaria a ineficiência da economia e a competitividade de nossos produtos. No final, o ministro levantou-se e nos disse, com voz assertiva: "Os senhores estão me dizendo que a cobrança de meio por cento sobre vendas constituirá um dano à economia nacional. Eu não aceito." A reunião acabou e o Ministério da Fazenda preparou o texto que viria a se transformar no Decreto-Lei nº 1.940.

Através da Lei Complementar nº 70, de 1991, o Finsocial foi substituído pela Cofins, cuja alíquota atual, no regime cumulativo, é de 3%. Em 2003 (Lei nº 10.637, relativa ao PIS) e 2004 (Lei nº 10.833, relativa à Cofins) foi instituído o regime não cumulativo de cobrança do PIS e da Cofins. Embora o regime não cumulativo tenha sido adotado como padrão, vários setores, bem como as empresas do regime de lucro presumido, seguiram sendo tributadas pelo regime cumulativo. A mudança ficou longe de corrigir os problemas originais do PIS/Cofins, não apenas pela manutenção de incidências cumulativas, mas também porque estas resultaram em um nível extremamente elevado de litígios relacionados a esses tributos.

3.6. O Simples e o Simples Nacional

O Simples, estabelecido em 1996, foi a prova inconteste da deterioração a que havia chegado a qualidade da tributação do consumo no Brasil, que continuaria a piorar nos anos seguintes. As micro ou pequenas empresas não reuniam condições para entender e acompanhar o cipoal em que o sistema havia se transformado. Os custos de conformidade e os decorrentes dos riscos de se cometerem erros eram inteiramente incompatíveis com o estágio financeiro de firmas desse porte. Dificilmente existiria uma delas com capacidade de contratar serviços de assessoria contábil e tributária, menos ainda de pagar a advogados para defender-se de autuações do fisco.

Era preciso, assim, estabelecer um regime tributário compatível com as possibilidades das micro e pequenas empresas. Haveria apenas uma alíquota, que englobaria o recolhimento de todos os tributos federais, estaduais e municipais. O governo federal se encarregaria de receber os respectivos pagamentos e de repassar aos governos subnacionais sua parte na arrecadação. Cada estado poderia criar o seu Simples ou aderir ao Simples Federal.

Em 1º de julho de 2007, entrou em vigor um regime mais amplo, o Simples Nacional, aprovado pela Lei Complementar nº 123, de 2006. Trata-se de um "regime tributário diferenciado, simplificado e favorecido aplicável às microempresas e às empresas de pequeno porte". Podem optar por esse regime as empresas com receita bruta anual inferior a R$ 4,8 milhões. Pela taxa de câmbio vigente quando este Capítulo era escrito, o limite máximo equivalia a mais de US$ 900 mil. Trata-se de um dos maiores do mundo. O do Reino Unido, o mais alto da União Europeia, é de cerca de US$ 100 mil. Segundo estudo do FMI com base em 19 países, a mediana do limite de enquadramento em regimes de tributação semelhantes ao Simples é de US$ 108 mil.

A arrecadação do Simples Nacional é única, sob a coordenação da União, dos estados e dos municípios e realizada pelo Documento de Arrecadação do Simples (DAS). O valor recolhido em um banco é repassado a um sistema gerenciado pelo Banco do Brasil, que reparte automaticamente o recurso no dia seguinte para os entes federados aos quais pertence a receita.

O Simples Nacional melhorou a vida das micro e pequenas empresas, mas acarretou três tipos de problema para a economia. O primeiro foi a introdução de uma nova e relevante incidência em cascata, que conspira contra a eficiência. Ao se entranhar nos custos de produção, seu valor não tem como ser excluído nas exportações, retirando competitividade dos produtos brasileiros, seja na exportação, seja na concorrência com importados.

O segundo problema referia-se à criação da chamada Síndrome de Peter Pan. Quando as empresas ultrapassam o valor máximo de enquadramento, saltam rumo ao caos da tributação das de maior porte. Saem do purgatório para o inferno, o que inclui enormes custos de conformidade. Haverá o incentivo, pois, para que essas empresas se bipartam tais quais células de seres vivos, estabelecendo-se tantas unidades quantas sejam necessárias para permanecerem individualmente abaixo do limite superior do enquadramento. Como se sabe, empresas de menor porte têm ganhos de produtividade nulos ou muito pequenos. No agregado, o Simples Nacional provoca, pois, ganhos muito menores de produtividade, inibindo a expansão do potencial de crescimento da economia.

O terceiro problema foi o estímulo à formação de um grupo de interesse, com ramificações no Congresso, que age de tempos em tempos em prol da ampliação do limite de enquadramento. Tramita na Câmara projeto de lei propondo aumentar o limite para R$ 8,69 milhões, um incremento de 67%. O teto passaria para o equivalente a mais de US$ 1,5 milhão. O limite do Simples, como vimos, já é muito superior ao observado na quase totalidade dos países com regimes simplificados semelhantes. A correção do limite elevaria ainda mais essa distorção.

Essa coalizão parece entender como ideal a transformação do Simples Nacional em base única da tributação do consumo. A justificativa seria a de que a simplicidade, ao reduzir custos para as empresas, impulsionaria a atividade econômica e promoveria a expansão do Produto Interno Bruto (PIB), da renda e do emprego. Tal visão se enquadra em um dos mais conhecidos aforismos do jornalista americano H. L. Mencken: "Para todo problema complexo existe sempre uma solução simples, elegante e completamente errada." Situações complexas podem ser as melhores. Por exemplo, o Boeing 747 é composto por mais de 4 milhões de componentes, o que o torna uma aeronave muito mais complexa do que um carro de boi, que tem menos de 50 peças, mas esse veículo primitivo, embora simples, não se presta ao transporte a longas distâncias.

Mesmo mais complexo do que o Simples Nacional, um tributo sobre o valor agregado estabelece uma relação custo/benefício amplamente favorável ao crescimento econômico. Apesar disso, os projetos de reforma da tributação do consumo examinados pelo Congresso – as Propostas de Emendas à Constituição (PECs) nº 45, da Câmara, e nº 110, do Senado – não contemplaram a extinção desse regime tão distorcivo. A justificativa parece ter sido o receio de que a medida poderia mobilizar uma poderosa coalizão de vetos constituída por parlamentares e líderes empresariais adeptos do Simples Nacional. Eles poderiam impedir a aprovação de reforma fundamental para elevar substancialmente a produtividade e, assim, destravar o processo que mantém o Brasil prisioneiro da armadilha do baixo crescimento.

4. O IVA moderno: a solução para o caos

4.1. A bagunça do ICMS

Mesmo antes do desastre que a Constituição de 1988 imporia à tributação do consumo, já havia sinais claros do desarranjo. O ICM se deteriorava diante de seu uso intensivo, pelos estados, como instrumento de atração de investimentos, a conhecida "guerra fiscal". No último governo do período militar, o Confaz havia perdido sua capacidade de harmonizar regras do tributo, dada a violação frequente de suas normas por algumas Unidades da Federação.

O mecanismo para fazer valer as regras do ICM, que incluía a suspensão de transferências da União para governos estaduais, não mais possuía eficácia. Em pleno processo de redemocratização, inexistia clima para "punir" unidades desobedientes. A ausência de sanções promovia incentivos a novas violações das normas.

O capítulo do sistema tributário da nova Carta Magna foi a pá de cal no processo de desmantelamento do arcabouço que promovia a harmonia na arrecadação do ICMS. O ambiente político favorecia a bandeira da "devolução" de poderes aos estados para gerir sua principal fonte de arrecadação. Infelizmente, a União não possuía as condições para articular um movimento em favor da racionalidade. De nada adiantaria argumentar que regimes de tributação do consumo pelo valor agregado exigem exatamente o contrário, isto é, a centralização, ainda que coordenada com governos subnacionais, para assegurar a máxima uniformidade possível de regras e alíquotas.

Os estados ganharam a batalha em favor da descentralização. A eles foi concedida a atribuição de decidir sobre bases de cálculo, hipóteses de incidência e alíquotas do agora ICMS, em parte sob aprovação das Assembleias Legislativas. Ainda que lhes fosse proibido aprovar ou ampliar incentivos fiscais individualmente, nenhum deles submetia ao Confaz todas as normas sobre benefícios tributários, como a lei exigia.

A proliferação de incentivos fiscais e de regras distintas para o mesmo setor, dependendo da forma de organizar suas atividades, foi uma das novidades deletérias do ICMS. Um exemplo basta para evidenciar a bagunça: a concessão de incentivos fiscais para atrair centros de distribuição de produtos. Empresas localizaram seus centros com foco apenas em reduzir a tributação, ainda que em detrimento da logística. A diminuição do imposto mais do que compensava o custo maior de transporte. O arranjo fazia sentido para as empresas, mas acarretava queda de eficiência e de produtividade da economia brasileira.

Mais recentemente, uma nova fonte de distorções foi introduzida por pressão dos estados consumidores, traduzida na instituição de regras específicas para o comércio eletrônico. Esses estados reclamavam, com razão, que esse comércio eliminava, na prática, as alíquotas interestaduais do imposto. Como a transação se dava entre uma empresa e um consumidor final, o ICMS era arrecadado inteiramente no estado de origem da mercadoria. Ocorre que o avanço propiciado pela internet não poderia violar as regras do imposto. Mesmo assim, por convênio celebrado no âmbito do Confaz, as empresas que vendem produtos para outros estados ficam obrigadas a recolher a parcela que caberia à Unidade Federativa de destino, o que constitui um verdadeiro desatino tributário. O vendedor se vê obrigado a conhecer o regime tributário do estado em que se localiza o seu cliente, incluindo as regras de recolhimento e a respectiva alíquota aplicável à mercadoria.

4.2. Os efeitos negativos da nova partilha do Imposto de Renda e do IPI

Mesmo antes do funcionamento da Assembleia Nacional Constituinte, como aqui mencionado, os estados já haviam estabelecido uma capacidade inédita de coordenação de seus interesses. Os municípios o fizeram durante a tramitação do novo marco constitucional. O resultado foi a elevação brutal das transferências da arrecadação do Imposto de Renda e do IPI, que, por mandamento constitucional, pertencem às três esferas de governo e não apenas à União. O que resta decidir é a forma de partilha dos correspondentes recursos.

Pela Constituição de 1967, cabia aos estados e municípios, em partes iguais, 20% da arrecadação daqueles dois tributos. A Emenda Constitucional nº 1, de 1969, que reescreveu grande parte do texto anterior, reduziu essa transferência para 10%, sem que os destinatários dos recursos pudessem desenvolver uma articulação para defender seus interesses. No governo Geisel, o percentual anterior foi restabelecido gradualmente, até atingir novamente os 20% em 1978.

A força política dos estados e municípios começou a mostrar-se eficaz já no início do governo Figueiredo, quando se aprovou emenda constitucional elevando aquele percentual para 24%. Em 1984, no mesmo governo, uma emenda alterou novamente a partilha, que atingiu 28%. No início do governo Sarney (1985-1990), subiu para 30%.

Durante a Assembleia Nacional Constituinte, os estados das regiões Norte, Nordeste e Centro-Oeste, que eram maioria, viram-se dotados do poder de estabelecer regras que ampliassem as transferências federais em seu favor. Dizia-se, abertamente, que era chegada a hora de acabar com o "pires na mão" dos estados e municípios, que peregrinavam por Brasília solicitando dotações do Tesouro em favor de seus territórios. Como se sabe, o "pires na mão" continua firme.

Assim, pela Constituição de 1988, a partilha saltou para 44% do Imposto de Renda e do IPI. Instituíram-se, adicionalmente, fundos regionais de desenvolvimento para as três regiões constituídos por 1%, para cada uma delas, da arrecadação daqueles tributos. Em menos de dez anos, as transferências mais do que dobraram, de 20% para 47%. Posteriormente, os municípios conseguiram quatro emendas constitucionais que ampliaram sua fatia em mais de dois pontos percentuais, aumentando a partilha total para 49,25% (devendo chegar a 50% em 2025). No caso do IPI, foi criada uma transferência constitucional de 10% aos estados, sob a justificativa mal pensada de compensá-los por "perdas" com a imunidade do ICMS nas exportações. A partilha, nesse caso, atinge atualmente 59,25%.

Nos últimos momentos da Constituinte, tentou-se aprovar um princípio pelo qual a partilha se daria com base em 30% dos tributos arrecadados pela União. Seria uma forma de reduzir o efeito destrutivo das transferências baseadas no Imposto de Renda e no IPI e de tornar indiferente o uso eventual, pela União, de medidas para elevar a arrecadação. O incentivo seria o de recorrer à fonte de menor efeito na eficiência da economia. A proposta não logrou apoio dos constituintes.

Adicionalmente, à nova partilha do Imposto de Renda e do IPI, os impostos únicos da União foram incorporados ao ICMS. Um acordo não escrito entre os estados assegurou amplo apoio para o que então chamamos de "churrasqueamento"[4] dos recursos do Tesouro Nacional. Os estados das regiões Sul e Sudeste contaram com os das demais regiões para engordar sua arrecadação incorporando os impostos únicos, cuja arrecadação ocorria majoritariamente em seus territórios. Por sua vez, os estados do Norte, Nordeste e Centro-Oeste ganhavam apoio para que recebessem 80% das transferências do Imposto de Renda e do IPI.

Enquanto abalavam o poder arrecadatório dos dois principais tributos da União, os constituintes ampliavam os gastos potenciais do Tesouro Nacional. Uma das ideias-força prevalecentes na Assembleia Constituinte era realizar um ataque frontal à pobreza e às desigualdades, o que fazia certo sentido. Em vez, todavia, de fazê-lo mediante regras e políticas pró-crescimento, como nas nações asiáticas após a Segunda Guerra, optou-se pela via do aumento de gastos sociais, que beneficiavam particularmente os idosos mediante generosas normas de benefícios previdenciários, e da ampliação de privilégios dos servidores públicos.

No caso dos servidores, instituiu-se o Regime Único, eliminando-se as situações em que eles podiam ser admitidos com base na legislação

---

4. O neologismo "churrasqueamento" transmitia a ideia de que os estados e municípios haviam conseguido "extrair carne" da União, apropriando-se de parcela considerável da arrecadação do Imposto de Renda e do IPI.

trabalhista. Do dia para a noite, 400 mil servidores passaram de celetistas a funcionários públicos estáveis, o que teve considerável impacto nas despesas de pessoal e nas de aposentadoria e pensões dos favorecidos pela decisão.

Promulgada a nova Constituição, discutimos no Ministério da Fazenda a adoção de medidas para elevar a arrecadação de receitas com vistas ao financiamento das despesas ampliadas da União. Descartou-se, de saída, recorrer ao Imposto de Renda e ao IPI, que, anteriormente, eram os dois tributos de maior poder arrecadatório. Isso porque, dada a nova partilha da arrecadação, seria necessário cobrar quase o dobro no Imposto de Renda e o triplo no IPI, pois, na época, 47% do primeiro e 57% do segundo deveriam ser obrigatoriamente transferidos a estados, municípios e fundos regionais de desenvolvimento.

A alternativa inevitável seria recorrer a incidências não partilháveis. Criou-se, então, a Contribuição Social sobre o Lucro Líquido (CSLL), uma forma disfarçada e menos eficiente para substituir a arrecadação do Imposto de Renda das pessoas jurídicas. Mais tarde, o Finsocial virou a atual Cofins e sua alíquota foi aumentada. O custo econômico e social derivado do peso e da má qualidade dessas incidências, sobretudo o decorrente da cascata, seria relativamente menor do que recorrer ao Imposto de Renda e ao IPI. As contribuições, uma forma ineficiente de arrecadação que viria a ter inevitável impacto negativo no ritmo de crescimento da economia, passaram a representar mais de 40% das receitas do Governo Central. Dificilmente haverá tão esquisita estrutura tributária em qualquer outro país.

Estados e municípios reclamaram do que consideraram desprezo pelo pacto federativo nascido da nova Carta Magna. Reivindicaram que a partilha se estendesse às contribuições, o que aumentaria o desastre fiscal surgido das negociações de 1988. Felizmente, eles não puderam levar adiante a nova forma de "churrasqueamento". A saída foi recorrer à elevação de alíquotas do ICMS sobre bens de consumo de elevado potencial de arrecadação, quais sejam os incidentes sobre combustíveis e telecomunicações, cujas alíquotas, em alguns casos, atingiram 35% ou mais.

Estão aqui, em resumo, as origens da enorme deterioração da qualidade da tributação do consumo no Brasil, decerto sem paralelo no mundo. Houve dois principais efeitos da criação ou ampliação de incidências: (i) a elevação da carga tributária; e (ii) as distorções derivadas de formas menos eficientes de organização das atividades das empresas, para fugir dos custos e das distorções do sistema – ou para se beneficiar de suas regras doidas, como nos mencionados incentivos fiscais para atrair centrais de distribuição.

4.3. A imperiosa necessidade de rever a tributação do consumo

A partir dos anos 1990, a revisão do sistema de tributação de consumo no Brasil tornou-se uma demanda justificada não apenas pela inequívoca necessidade de simplificação. Seu grau de conflito, de complexidade e de distorção dos incentivos e preços na economia constitui hoje uma das principais fontes de ineficiência, se não a maior. A solução não pode vir, como alguns propõem, pela melhoria das regras atinentes ao ICMS, mas de uma ampla e total revisão do sistema, pois este se tornou um tributo de impossível salvação. Além de sua crescente complexidade e dos respectivos custos, tanto para os estados quanto para os contribuintes, sua base de incidência, essencialmente os bens, encolhe a cada dia diante do avanço da participação dos serviços no PIB.

A experiência provou que a harmonização da tributação do consumo é impossível se os estados preservarem o poder de legislar sobre o ICMS. Mesmo que se aprove um dispositivo constitucional proibindo decisões contrárias à harmonia das regras, não há força que evite sua derrogação por estados que confiam na impunidade.

A questão não tem a ver com elevação ou redução da carga tributária – que saltou de 26% do PIB para 33% do PIB entre 1996 e 2005, estabilizando-se entre 32% e 33% do PIB desde então. Esse é um valor elevado para um país em desenvolvimento, mas o que define a carga tributária é o nível das despesas públicas e não a estrutura dos impostos. O objetivo de uma reforma de tributação do consumo é a melhoria da qualidade do sistema, observando-se princípios de simplicidade, transparência, neutralidade e equidade.

A simplicidade virá de uma base de incidência tributária de contorno bem definido, com regras de fácil compreensão e o mínimo de exceções e regimes especiais. A transparência permitirá saber, efetivamente, quanto cada cidadão e cada empresa contribuem para as receitas do Estado, de modo que as escolhas de políticas públicas sejam feitas consciente e democraticamente. A neutralidade objetiva evitar distorções na forma como as empresas se organizam, como elegem a tecnologia que adotam e como escolhem seus mercados. A equidade diz respeito à dose da carga tributária e à ausência de privilégios.

Como assinalou o Centro de Cidadania Fiscal (CCiF), criado em 2015 por especialistas em tributação e finanças públicas, "o sistema tributário brasileiro não tem nenhum desses atributos. Não é simples nem transparente. Por não respeitar o princípio da equidade, é regressivo, onerando mais a parcela mais pobre da população do que as famílias de maior renda. Por não ser neutro, é ineficiente ao extremo, prejudicando sobremaneira o crescimento do país".

O CCiF desenvolveu um projeto abrangente de reforma da tributação do consumo que, na minha avaliação, é o melhor dos últimos 40 anos e deu origem à PEC nº 45, de 2019, apresentada pelo deputado Baleia Rossi (MDB-SP) na Câmara dos Deputados. A PEC mereceu ampla aceitação por parte dos muitos que assistiram à deterioração do sistema ao longo dos anos, entre eles este escriba. Recebeu inédito apoio dos estados, que até então constituíam poderoso grupo de veto, já que não aceitavam renunciar ao ICMS e ao seu uso na guerra fiscal. Esse apoio deve ter decorrido da percepção de que o imposto se tornou disfuncional não apenas para a economia, mas também para o fisco estadual.

A PEC nº 45 teve base no diagnóstico consensual de que o atual modelo de tributação do consumo de bens e serviços responde, em grande parte, pelas distorções que impactam negativamente a eficiência, a produtividade e o crescimento da economia brasileira. Parte relevante desses problemas é de natureza estrutural e está relacionada à fragmentação da base de incidência entre cinco tributos geridos por três esferas de governo: IPI, PIS e Cofins pela área federal; ICMS pelos estados; e ISS pelos municípios.

Essa distinção resultou de uma infinidade de leis, decretos, regulamentos, portarias e convênios dos diferentes membros da Federação. Além disso, cada ente federativo criou os próprios benefícios fiscais, regimes especiais, isenções, reduções de bases de cálculo e alíquotas diferenciadas. Outras distorções resultam das características de cada tributo, como a cobrança do ICMS na origem em transações interestaduais, a incidência em cascata do ISS e de parte do PIS/Cofins, as restrições à apropriação de créditos nos tributos não cumulativos e a dificuldade de recuperação de créditos acumulados. A consequência é o regime de tributação do consumo mais complexo do mundo.

Por isso, entre 100 países listados em um índice de complexidade tributária, o Brasil foi classificado em último lugar. A infinidade de regras, que podem ser interpretadas de forma diferente pelos integrantes do fisco e pelos contribuintes, provoca imenso contencioso e perene insegurança jurídica. Estudo do Centre for Business Taxation, da Universidade de Oxford, para a verificação da incerteza quanto à tributação de pessoas jurídicas em 21 países deixou o Brasil em penúltimo lugar.

As consequências dessas distorções são o altíssimo custo burocrático de pagar tributos, o enorme contencioso tributário, o aumento do custo dos investimentos, a perda de competitividade da produção nacional e uma organização extremamente ineficiente da economia brasileira. Tudo isso acarreta perdas de produtividade, o que reduz o potencial de crescimento da economia.

Esses problemas seriam resolvidos se o Brasil adotasse o padrão mundial de tributação do consumo de bens e serviços, através de um Imposto sobre o Valor Agregado bem estruturado. As características de um bom IVA são conhecidas: incidência sobre base ampla (bens, serviços e intangíveis), tributação no destino, alíquota uniforme (sem exceções), adoção plena da não cumulatividade, desoneração dos investimentos e das exportações e devolução rápida de créditos acumulados.

Quatro motivos explicam por que o Brasil não foi capaz de substituir os tributos atuais por um IVA: (i) a equivocada percepção de que a autonomia dos entes federativos exigiria ampla descentralização do poder de tributar, sem qualquer preocupação com a harmonia que deve prevalecer na tributação do consumo, que é uma das características básicas nos 160 países que adotam o IVA; (ii) a resistência dos estados a renunciar ao uso do ICMS como fonte de atração de investimentos para seus territórios; (iii) o fato de vários investimentos e sua localização levarem em conta o sistema atual; e (iv) o receio de perda de receita.

O tratamento técnico desses quatro entraves é o grande diferencial da PEC nº 45, relativamente às propostas anteriores. A base da proposta do CCiF foi a substituição dos cinco tributos atuais sobre bens e serviços – PIS, Cofins, IPI, ICMS e ISS – por um único Imposto sobre Bens e Serviços (IBS), que tem as características dos melhores IVAs do mundo, em particular a adoção de uma alíquota uniforme para todos os bens e serviços.

A transição para o novo modelo de tributação seria feita gradualmente, ao longo de dez anos. Para operar essa transição de forma segura, o IBS nasceria com alíquota de 1%, mantida por um período de teste de dois anos, reduzindo-se, compensatoriamente, a alíquota da Cofins. Após o período de teste, a transição seria completada em mais oito anos, através da redução progressiva das alíquotas dos cinco tributos atuais (que seriam extintos no final da transição) e da elevação da alíquota do IBS.

Tal modelo permite que a substituição dos tributos atuais pelo IBS seja implementada mantendo-se a carga tributária constante. O período de transição se justifica pela necessidade de preservar os investimentos feitos com base no sistema tributário atual, inclusive o gozo de benefícios fiscais que deixarão de existir. Esse período poderá ser encurtado se estiver garantida a segurança jurídica das empresas que realizaram esses investimentos.

Embora se requeira, por razões de segurança, uma transição relativamente longa para a implantação do IBS, seus efeitos nas expectativas das empresas tendem a ser imediatos. A percepção de que haverá uma gigantesca melhoria na qualidade da tributação em prazo razoável tende a antecipar decisões de investimento baseadas na ampliação futura dos mercados para as empresas, nos benefícios do novo modelo para a eficiência produtiva e na competitividade interna e externa dos produtos nacionais. Estudos apontam que o potencial de crescimento da economia pode ser ampliado em 20% nos primeiros 15 anos de vigência do novo modelo.

Depois de longos debates e pressões de grupos de interesse, que conseguiram incluir várias exceções no projeto de reforma, a PEC nº 45 foi aprovada em dezembro de 2023, resultando na Emenda Constitucional nº 132. A grande modificação, relativamente ao projeto original, foi o desdobramento da tributação em duas incidências, o Imposto sobre Bens e Serviços, pertencente aos estados e municípios, e a Contribuição sobre Bens e Serviços, que constituirá receita da União.

As exceções, na maioria representadas por alíquotas mais baixas do IVA, beneficiarão os grupos mais favorecidos da sociedade. Felizmente, foram preservados os pontos básicos da reforma, em particular a tributação ampla do consumo, a tributação no destino, o fim da cumulatividade, regras uniformes em todo o território nacional, a desoneração integral das exportações (o que era impossível por causa da cumulatividade, que impedia distinguir os impostos sobre as vendas externas) e uma novidade, a desoneração dos investimentos. Esse conjunto dotará o país de um sistema de tributação do consumo moderno e favorável ao desenvolvimento.

Assim, enquanto é possível comemorar a aprovação da mais importante reforma tributária desde a Constituição de 1988, há que lamentar as exceções. A operação do novo regime será feita integralmente via tecnologia digital, o que talvez não tenha paralelo no mundo. Todas as obrigações principais e acessórias poderão ser cumpridas com um pequeno número de cliques no computador. Ao mesmo tempo, a reforma não conseguiu evitar que grupos de interesse, em especial na área de serviços, conseguissem inserir benefícios injustificáveis.

As exceções resultarão em uma alíquota média mais alta do que seria possível se a ideia original da alíquota única tivesse sobrevivido. Isso porque, para manter o mesmo nível de arrecadação, será preciso onerar adicionalmente os que não se beneficiaram das exceções. Desse modo, em vez de uma alíquota em torno de 20%, nosso IVA terá uma das mais altas do planeta, estimada em 26,5%. O ônus recairá em grande parte sobre as classes menos favorecidas.

Seja como for, a reforma trará benefícios inequívocos para a economia e a sociedade. O potencial de crescimento vai aumentar. Bancos e empresas de consultoria já mudaram seus cenários de longo prazo, elevando suas projeções para o crescimento econômico. Decerto, a reforma antecipará investimentos de empresas nacionais e estrangeiras, que enxergarão o aumento da demanda por seus bens e serviços quando a reforma estiver totalmente implementada.

Conclusões

O Brasil e a Dinamarca foram os primeiros países relevantes a adotar o Imposto sobre Valor Agregado, o IVA, introduzido pela França em 1954. O método solucionou o problema da cumulatividade na tributação do consumo – a cascata –, que incentivava a integração vertical na organização das empresas, reduzindo a eficiência e a competitividade internas e externas. O modelo inibia os ganhos de produtividade, o que limitava a expansão do potencial de crescimento econômico, da renda e do emprego. Sua substituição pelo IVA foi, em parte, responsável pelo acelerado crescimento em países que o adotaram – particularmente os que viriam a constituir a União Europeia – durante o período que ficou conhecido como os "Trinta Anos Gloriosos" posteriores à Segunda Guerra.

Apesar do pioneirismo, o IVA brasileiro nasceu com defeitos. O principal referia-se à estrutura da tributação do consumo, distribuída nas três esferas de governo, duas das quais seguiam o modelo do IVA: o IPI federal e o ICM (depois ICMS) estadual. O terceiro, o ISS municipal, manteve o problema da incidência em cascata. Outro defeito foi a tributação no estado de origem das mercadorias – que foi a base da guerra fiscal entre os estados –, enquanto os demais IVAs existentes no mundo adotam a tributação no destino.

Ao longo de sua implementação, a partir de 1967, a tributação do consumo acumularia várias distorções. A primeira foi o uso, pelos estados, do

ICM como instrumento de atração de investimentos, o que era possível diante do modelo de tributação na origem. Nos 160 países que adotam o IVA, uma de suas características básicas é a neutralidade perante o sistema de preços e a quase impossibilidade de utilizá-lo como fonte de incentivos fiscais.

No governo Geisel, a abertura política estimulou a coordenação dos estados com o objetivo de eliminar ou reduzir substancialmente os incentivos do ICMS nos casos de interesse da União, enquanto os mantinham na guerra fiscal. Na Assembleia Nacional Constituinte, os estados se mobilizaram a fim de elevar as transferências do Imposto de Renda e do IPI para os fundos de participação dos estados e municípios. A partilha, que era de 20% da arrecadação, saltou para 47% entre 1980 e 1988. Hoje, está em 49,25%. No IPI, acrescentou-se a transferência de 10% para compensar supostas perdas com a desoneração do ICMS nas exportações.

Na Constituinte, os estados obtiveram o poder de alterar as bases de tributação, as hipóteses de incidência e as alíquotas do imposto. A harmonização das regras praticamente desapareceu. O ICMS virou uma barafunda, que muda 70 vezes por semana, permite interpretações distintas pelo fisco e pelos contribuintes e se tornou uma das principais fontes, se não a maior, de contencioso judicial e de ineficiências da economia brasileira.

A excessiva partilha do Imposto de Renda e do IPI em favor de estados e municípios destruiu grande parte de seu poder arrecadatório. Para fazer face aos aumentos de despesas impostos pela nova Constituição, evitou-se recorrer àqueles dois impostos, dado que à União cabia apenas cerca da metade da arrecadação do Imposto de Renda e de um terço da receita do IPI. Por isso a União recorreu a incidências não partilháveis, em cascata. Surgiu a CSLL e se aumentou a alíquota do então Finsocial, que mais tarde viraria Cofins.

A complexidade e a litigiosidade da tributação do consumo levaram à necessidade de se criar um regime simplificado para as micro e pequenas empresas, o que resultaria no Simples Nacional. Lideranças do empresariado e do Congresso passaram a lutar por elevações do limite de enquadramento no regime, que hoje é de R$ 4,8 milhões, um dos mais altos do mundo. Há proposta para aumentar esse valor para R$ 8,69 milhões. O Simples Nacional se tornou fonte de dois graves problemas. O primeiro é o estímulo à bipartição do tamanho das empresas à medida que elas se aproximam do limite, criando-se a chamada Síndrome de Peter Pan. As empresas permanecem menores e menos produtivas, o que influi de modo negativo na sua produtividade e no seu potencial de crescimento econômico.

Felizmente, surgiu uma solução para esse grave problema, qual seja, o projeto elaborado pelo Centro de Cidadania Fiscal, o CCiF, que permitirá a junção de cinco incidências de tributação do consumo – IPI, PIS, Cofins, ICMS e ISS – em um Imposto sobre Bens e Serviços, que incorpora as melhores características do IVA nos 160 países que o adotam. Daí adveio a PEC nº 45.

A aprovação da reforma, consubstanciada na Emenda Constitucional nº 32, dotará o país de um moderno IVA que contribuirá, decisivamente, para aumentar a produtividade da economia brasileira. Estima-se que os respectivos ganhos poderão permitir, no período de 15 anos, um aumento de 20% no potencial de crescimento do PIB.

20. As mudanças no crédito subsidiado e a criação da Taxa de Longo Prazo (TLP)

Mansueto Almeida[1]

Uma das principais mudanças ocorridas no Brasil a partir de 2016, quando se iniciou o governo Temer, foi a do papel dos bancos públicos, em especial devido à expressiva redução dos subsídios concedidos à iniciativa privada e a governos estaduais via Banco Nacional de Desenvolvimento Econômico e Social (BNDES).

O biênio 2015-2016 foi marcado por uma "tempestade perfeita": uma crise econômica decorrente do excesso de expansão fiscal nos anos anteriores, excesso de intervenção do governo federal na economia, erros de política monetária e crescimento dos subsídios governamentais. Em 2015-2016, o Brasil teve dois anos consecutivos de queda do Produto Interno Bruto (PIB), algo que não acontecia no país desde a Grande Depressão, em 1930-1931, quando o Brasil era um importante exportador e produtor de café.

---

1. Economista, ex-secretário do Tesouro Nacional e economista-chefe do BTG Pactual.

Um dos maiores problemas do Brasil em 2016 era o tamanho do déficit público e o rápido crescimento projetado da dívida pública, em um cenário que combinava inflação elevada, juros nominais elevados, queda do investimento e recessão. Entre 2013 e 2015, a Dívida Bruta do Governo Geral (DBGG) havia passado de 51,5% para 65,5% do PIB, um crescimento de 14 pontos do PIB em apenas dois anos, o que desencadeou um debate econômico sobre o risco de dominância fiscal. Era uma situação extrema de desequilíbrio na qual o aumento de juros pelo Banco Central do Brasil (BCB) poderia colocar a dívida pública em uma trajetória de crescimento insustentável.

Assim, o principal objetivo no início do governo Temer, em maio de 2016, era apresentar um plano de ajuste fiscal que, ao longo dos anos, indicasse a transformação de um déficit primário projetado de 2,5% do PIB em um superávit primário que fosse suficiente para sinalizar o controle e a redução da dívida pública. Aqui entra o papel do economista e amigo Eduardo Guardia.

O governo Temer foi um governo que decorreu do processo de *impeachment* da presidente Dilma Rousseff. Não houve uma discussão prévia com a sociedade sobre os desafios e as reformas necessárias. Além disso, as equipes dos diversos ministérios tiveram que ser montadas em semanas. O novo ministro da Fazenda, Henrique Meirelles, também em poucas semanas montou a equipe econômica, inclusive a nova diretoria do BCB, com a ajuda de ex-diretores do banco, economistas do setor público e do setor privado, que indicaram nomes, entre os quais o do economista Eduardo Guardia para assumir o posto de secretário-executivo do Ministério da Fazenda.

O secretário-executivo de um ministério é uma espécie de vice-ministro. Ele é o substituto natural do ministro e o coordenador dos demais secretários da pasta. Guardia reunia todas as qualidades para nos coordenar naquele momento tão desafiador de um início de governo sem transição.[2] Tinha sido secretário-adjunto de Política Econômica no segundo

---

2. No início do governo Temer, em maio de 2016, assumi a Secretaria de Acompanhamento Econômico (Seae), transformada depois em Secretaria de Acompanhamento Fiscal, Energia e Loteria (Sefel). Em abril de 2018, quando Eduardo Guardia se tornou ministro da Fazenda, ele me nomeou secretário do Tesouro Nacional.

governo Fernando Henrique Cardoso, secretário do Tesouro Nacional, em 2002, e secretário de Fazenda do estado de São Paulo, de 2003 a 2006, além de acumular longa experiência no setor privado. Com grande capacidade técnica, era uma pessoa calma e afável que sabia, quando necessário, ser duro na defesa do Erário. Difícil pensar em alguém com tantas qualidades que, depois de anos de serviço público e de uma carreira consolidada no setor privado, tenha voltado para o setor público em um contexto tão desafiador. Foi o que ele fez.

Eduardo Guardia foi muito mais do que secretário-executivo do Ministério da Fazenda e, a partir de abril de 2018, ministro da Fazenda. Para todos os que tiveram a chance de trabalhar a seu lado, ele foi, antes de tudo, um amigo, uma daquelas raras pessoas que combinam a paixão pelo serviço público a um ritmo de trabalho forte, além de não medir esforços para ajudar os amigos.

Este Capítulo trata de uma das muitas mudanças que a equipe econômica, sob a coordenação de Henrique Meirelles e de Eduardo Guardia, promoveu ao longo do governo Temer, de 2016 a 2018: a redução do crédito subsidiado e a criação da Taxa de Longo Prazo (TLP), em substituição à Taxa de Juros de Longo Prazo (TJLP), que servia de parâmetro para o custo dos empréstimos do BNDES.

Expansão dos bancos públicos (2008-2014)

Um ponto que merece destaque é que não há nada de errado com a existência de bancos públicos, nem com a concessão de subsídios para atividades que possuem externalidades positivas, como incentivos à inovação, ou mesmo empréstimos de longo prazo que não sejam contemplados pelo setor privado. No entanto, no caso do Brasil pós-2008 até 2014, a expansão dos bancos públicos e do BNDES foi excessiva. E, na grande maioria das vezes, o principal objetivo era a simples concessão de crédito subsidiado para empresas e governo estaduais, o que levou a um custo excessivo para os contribuintes, como será abordado aqui.

A forte expansão dos empréstimos subsidiados dos bancos públicos teve início em 2008, quando ocorreu a crise financeira mundial ligada ao setor de hipotecas. Em vários países, governos foram chamados para salvar instituições financeiras e empresas privadas de diversos setores, a fim de se evitar o risco de uma recessão prolongada. Nos Estados Unidos, por exemplo, o balanço do Banco Central americano, o FED, passou de cerca de US$ 1 trilhão no início do segundo semestre de 2008 para mais de US$ 2 trilhões no fim daquele ano, e continuou crescendo nos anos posteriores até superar US$ 4 trilhões antes da pandemia de covid-19, em 2020.

O Brasil não foi afetado diretamente pela crise mundial do *subprime* de 2008. Aqui não tivemos risco de falência de instituições financeiras nem mesmo problemas sérios no balanço dessas instituições, porque, ao contrário de países desenvolvidos, o crédito imobiliário no Brasil era, e ainda é, muito pequeno como percentual do PIB em relação aos países desenvolvidos. O que tivemos no Brasil foi o efeito da crise financeira mundial na redução do crescimento mundial e no preço dos ativos domésticos, decorrente da maior aversão ao risco, o que puxou a taxa de câmbio real/dólar de 1,56, no início de agosto de 2008, para 2,31, em outubro do mesmo ano, uma desvalorização do real de 48% em apenas dois meses.

A desvalorização do real impactou o balanço de algumas empresas brasileiras que estavam expostas a operações em derivativos, além de causar apreensão acerca de uma forte contração da economia brasileira, depois de um período de crescimento médio do PIB de 4,8% ao ano de 2004-2008, ajudado pelo crescimento dos preços de *commodities* ao longo da primeira década do século atual. Foi justamente nesse período e no contexto de uma crise financeira mundial que o segundo governo Lula decidiu, em 2009, aumentar a dívida pública e emprestar recursos para que o BNDES tivesse uma atuação anticíclica e se evitasse uma queda muito acentuada do PIB brasileiro.

Em 22 de janeiro de 2009, o governo editou a Medida Provisória (MP) nº 453, permitindo que a União emprestasse R$ 100 bilhões ao BNDES, inclusive por meio da emissão de títulos públicos diretamente para o banco. Esse tipo de operação ao longo do tempo gerou vários problemas. Um deles é que permitia que o banco carregasse esses títulos no seu balanço, com um rendimento maior que a taxa de juros que pagava ao Tesouro. Assim, a simples emissão desses títulos transferia recursos públicos de uma forma não transparente para o BNDES.

Segundo e mais grave: a emissão direta de títulos públicos para o BNDES tornava-o, além de devedor do Tesouro, também credor, já que o banco passava a ser o comprador de um título público decorrente de uma emissão primária. Essa operação foi considerada irregular pelo Tribunal de Contas da União (TCU) depois de muitos anos, pois infringia o artigo 36 da Lei Complementar nº 101/2000, a Lei de Responsabilidade Fiscal (LRF), que vedava operação de crédito entre instituições financeiras e o ente da Federação que a controla.

Em 29 de junho de 2009, o governo então criou, por meio da MP nº 465, o Programa de Sustentação do Investimento (PSI), que permitia a concessão de subsídios via equalização de juros até o limite de empréstimo de R$ 44 bilhões. Equalização de juros significa que o BNDES poderia emprestar recursos a uma taxa de juros menor do que o custo do seu empréstimo junto ao Tesouro Nacional, o que levaria a uma perda para o banco que seria devidamente compensada *a posteriori* por um pagamento do Tesouro Nacional.

Há, pelo menos, quatro problemas relacionados ao PSI. Primeiro: a desaceleração do crescimento do PIB brasileiro, em 2009, foi mais intensa no primeiro semestre. Quando o PSI foi lançado, no segundo semestre daquele ano, a economia brasileira já estava em recuperação e, por isso, talvez não tivesse sido mais necessário um programa de expansão do crédito público subsidiado.

Segundo e mais grave: o que deveria ser uma política anticíclica e temporária se tornou uma política permanente de concessão de crédito subsidiado até 2015. Na sua primeira renovação, em abril de 2010, com a economia brasileira em um ritmo de crescimento anual esperado de 5,5%, o governo ampliou o limite de empréstimos que poderiam ser subvencionados de R$ 44 bilhões para R$ 124 bilhões até o fim de 2010. Ao longo de todos os anos até 2014, esses limites do PSI foram sucessivamente elevados e, no final, um programa de subvenção que seria limitado a R$ 44 bilhões em 2009, tornou-se um programa de empréstimos subsidiados de até R$ 452 bilhões até dezembro de 2015.

Terceiro: os subsídios financeiros (equalização das taxas de juros) não eram contabilizados na divulgação mensal dos relatórios do Tesouro Nacional. Quando passaram a ser, demorou anos para serem pagos, dando origem a volumes elevados de restos a pagar na contabilidade pública e de créditos a receber no balanço do BNDES. Novamente, o TCU entendeu que esse atraso no pagamento de subsídios transformava o BNDES em credor do governo, o que configurava um financiamento irregular de uma instituição financeira ao seu controlador, fato não permitido pelo artigo 31 da LRF.

Quarto e último ponto: a expansão dos empréstimos subsidiados dos bancos públicos pós-2008, em especial do BNDES, levou a uma perda de potência da política monetária. Pode-se ver, no Gráfico 1, que, de 2009 a 2014, os desembolsos anuais do BNDES ficaram entre 3% e 4% do PIB por ano, um volume expressivo e muito acima da média de 1995 a 2007, de 1,9% do PIB de desembolsos anuais. Esse crescimento das operações subsidiadas do BNDES dificultou o trabalho da política monetária nos anos posteriores, quando o Banco Central precisou aumentar a taxa básica de juros para reduzir a inflação. As linhas de empréstimo subsidiadas do BNDES impediam que o aumento de juros fosse sentido em um conjunto de empresas com acesso ao crédito subsidiado.

Gráfico 1. Desembolsos anuais do BNDES – % do PIB – 1995-2022

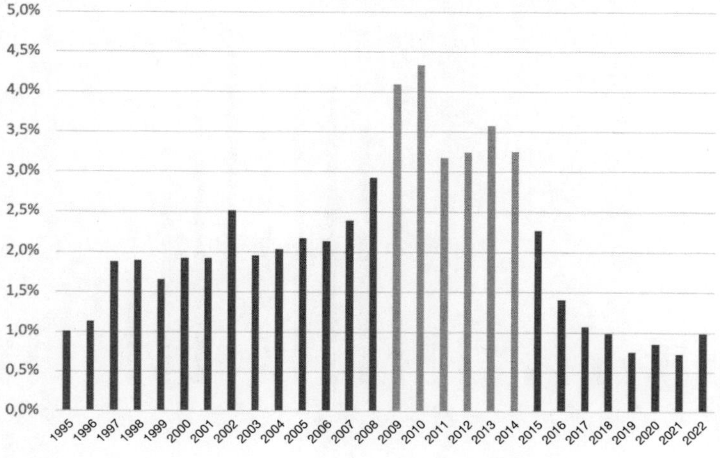

Fonte: BNDES.

Custo fiscal, dívida pública e mudança da TJLP

Por que a expansão das operações dos bancos públicos, em especial do BNDES, a partir de 2009 virou um problema fiscal? Por dois motivos. O primeiro decorre do fato de os bancos públicos na época não terem *funding* disponível para uma expansão tão forte de suas operações de empréstimo. Assim, a opção foi utilizar o aumento da dívida pública para que o Tesouro Nacional emprestasse dinheiro aos bancos públicos, cobrando por esses empréstimos a Taxa de Juros de Longo Prazo.

O Gráfico 2 mostra o saldo dos empréstimos do Tesouro Nacional aos bancos públicos, que passou de 0,5% do PIB, em 2007, para 9,5% do PIB, em 2015. Ao longo desse período, a TJLP foi fixada em valores inferiores ao custo de captação do Tesouro Nacional. Assim, os empréstimos do Tesouro Nacional ao BNDES davam origem a um subsídio denominado "subsídio creditício", que é justamente a diferença entre o que o Tesouro pagava nos seus títulos e o que recebia do BNDES. Esse subsídio afetava o crescimento da dívida líquida do setor público, mas não a despesa primária do Governo Central.

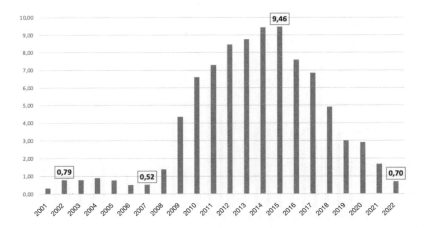

Gráfico 2. Dívida dos bancos públicos junto ao Tesouro Nacional – 2001-2022 – % do PIB

Fonte: BCB.

De 2011 a 2015, ou seja, no auge das operações do PSI, a TJLP foi sistematicamente inferior à inflação anual (medida pelo Índice Nacional de Preços ao Consumidor Amplo – IPCA), o que significa que o Tesouro Nacional emprestava para o BNDES cobrando, por exemplo, uma taxa de juros real negativa, enquanto o Tesouro pagava uma taxa de juros real alta por sua dívida. Essa é a origem do chamado subsídio creditício.

O segundo problema é que, além do subsídio creditício, o BNDES muitas vezes emprestava recursos para o setor público e privado a uma taxa de juros menor que a TJLP, que era o custo dos seus empréstimos junto ao Tesouro Nacional e ao Fundo de Amparo ao Trabalhador (FAT), que emprestava 40% da sua arrecadação anual para o BNDES. Para que o BNDES não tivesse prejuízo, o Tesouro Nacional pagava essa diferença de taxas, dando origem ao que se chama de "subsídio financeiro", que é uma despesa primária. Sendo assim, afeta o resultado primário do Governo Central e concorre diretamente com as demais funções do orçamento, como gastos com educação, saúde, segurança pública etc.

Dado que esse segundo subsídio concorre com as despesas não financeiras dos diversos ministérios, de forma planejada ou não, o que se observou a partir de 2010 até o fim de 2015 foi que esse subsídio teve o seu pagamento postergado, aumentando o saldo de restos a pagar e inflando de forma artificial o resultado primário de 2011 a 2014. O Gráfico 3 traz o fluxo de pagamento do subsídio financeiro pelo Tesouro Nacional do PSI de 2010 até o fim de 2022, atualizado para 2023. O grande pulo desse subsídio, em 2015, decorreu do pagamento do saldo atrasado de vários anos, liquidados e pagos apenas no fim de 2015. Desde essa data, fruto de acórdão com o TCU, esses subsídios passaram a ser pagos sem atraso, e com o fim do programa o saldo anual desses pagamentos apresentou queda significativa nos últimos anos.

Gráfico 3. Fluxo de pagamento anual dos subsídios financeiros do PSI – 2011-2022 – R$ bilhões de janeiro de 2023

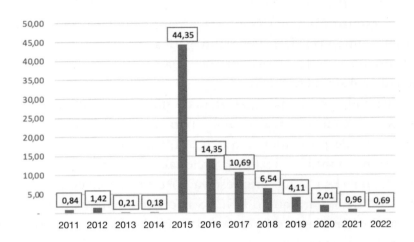

Fonte: Tesouro Nacional.

Conforme exigência legal para o cumprimento das disposições do §17 do artigo 1º da Lei nº 12.096/2009, incluído pela Lei nº 13.132/2015, o Tesouro Nacional publica, no fim de cada bimestre, o custo fiscal total[3] – subsídio creditício + subsídio financeiro –, decorrente das operações do PSI desde o início do programa. De acordo com a publicação do Tesouro Nacional do primeiro bimestre de 2023, o custo total dos subsídios no âmbito do PSI somou R$ 328,8 bilhões a valores de fevereiro de 2023. Desse total, R$ 232,2 bilhões corresponderam ao subsídio creditício; e R$ 96,6 bilhões ao subsídio financeiro (equalização de taxa de juros pelo Tesouro Nacional).

Desde o início do governo Temer, ficara muito claro para todos nós da equipe econômica que seria difícil falar em qualquer programa de ajuste fiscal sem que houvesse uma mudança radical na concessão de crédito

---

3. Ver: *Boletim de subsídios do Tesouro Nacional no âmbito do PSI e nos empréstimos ao BNDES*, primeiro bimestre de 2023. Disponível em: <https://www.tesourotransparente.gov.br/publicacoes/boletim-de-subsidios-do-tesouro-nacional-no-ambito-do-psi-e-nos-emprestimos-ao-bndes/2023/13>. Acesso em: 22 abr. 2024.

subsidiado. Assim, a estratégia da equipe do governo Temer atuou em duas frentes.

Primeira: uma vez decidido que iríamos cortar a concessão de crédito subsidiado, pedimos autorização ao TCU logo no primeiro mês do governo Temer, em maio de 2016, para que os empréstimos concedidos pelo Tesouro Nacional aos bancos públicos, cujo valor principal só começaria a ser pago em 2042, começassem a ser pagos já em 2016. Com a autorização do TCU, em 2016 o BNDES começou então a pagar os empréstimos junto ao Tesouro. E, com a continuidade dessa política ao longo do governo Bolsonaro, o saldo dos empréstimos dos bancos públicos junto ao Tesouro Nacional passou de 9,5% do PIB, em 2015, para 0,7% do PIB, em 2022 (ver Gráfico 2), valor muito próximo do saldo desses empréstimos antes de 2009.

Segunda: cortar o crédito subsidiado exigiria também reduzir o valor dos subsídios e, assim, aproximar as taxas de juros cobradas pelo BNDES das taxas de juros do mercado, o que nos levou a formular a proposta de trocar a TJLP pela Taxa de Longo Prazo, a TLP. Esta seria uma taxa que passaria a refletir corretamente o custo de oportunidade do Tesouro Nacional, representado pela taxa de juros que o Tesouro paga para a emissão de uma dívida pelo prazo médio de cinco anos. Além do benefício óbvio de redução dos subsídios, essa mudança aumentaria a potência da política monetária, ao reduzir o valor das operações de crédito subsidiadas no país.

Criação e aprovação da Taxa de Longo Prazo

A TLP, instituída pela Medida Provisória nº 777, de 26 de abril de 2017, decorreu de um debate extensivo que uniu a nova diretoria do BNDES, técnicos do Ministério do Planejamento e do Ministério da Fazenda e a diretoria do Banco Central do Brasil no governo Temer. Ao contrário da TJLP, que era uma taxa arbitrária e definida por decreto com validade para cada três meses, a TLP é formada pela inflação (IPCA) e pela média de três meses da taxa de juros real do título público do Tesouro Nacional:

NTN-B de cinco anos. A taxa de juros real passa a ser fixa ao longo da vida dos contratos, mas a taxa de juros nominal pode variar de acordo com a inflação.

Para que houvesse uma transição suave da TJLP para a TLP, o Conselho Monetário Nacional (CMN) estabeleceu na fórmula de cálculo da TLP um fator de redução da taxa de juros real do título do Tesouro Nacional (NTN-B de cinco anos). E assim a TLP passou a valer, a partir de janeiro de 2018, nos empréstimos do BNDES. Apenas em 2023 a fórmula da TLP começou a ser aplicada sem o redutor da taxa de juros real da NTN-B de cinco anos.[4]

No início de 2023, dado o aumento do custo de financiamento do Tesouro Nacional no pós-covid, com as seguidas mudanças do teto de gastos e a incerteza de qual seria o novo arcabouço fiscal, a taxa de juros real da NTN-B e o fim do redutor dessa taxa ocasionaram uma elevação da TLP, que atingiu o seu valor real mais alto desde a sua criação (Gráfico 4).

Gráfico 4. Histórico da parcela fixa (juro real) da TLP – 2018-2023 (abril) – % ao ano

Fonte: BCB.

4. Para detalhes da fórmula de cálculo da TLP, ver: <https://www.bcb.gov.br/detalhenoticia/164/noticia>. Acesso em: 22 abr. 2024.

Vale destacar que continua possível a concessão de subsídios por parte do governo via BNDES. No entanto, com a criação da TLP, a concessão de subsídios tem que tomar a forma de um subsídio explícito na modalidade de equalização de juros (subsídio financeiro), que é, como dito, uma despesa primária, afetando, portanto, o resultado primário do Governo Central. Sem a concessão de subsídios, a redução da taxa de juros real dos empréstimos do BNDES com a criação da TLP passou a depender do custo de financiamento do Tesouro e das condições gerais de crédito da economia, o que representou um avanço para o funcionamento da política monetária e para a redução do impacto fiscal das operações do BNDES.

Um ponto importante na criação e aprovação da TLP foi o trabalho de bastidor – e nesse quesito a coordenação do então secretário-executivo do Ministério da Fazenda, Eduardo Guardia, foi fundamental. A cooperação entre BNDES, Banco Central, Ministério do Planejamento e Ministério da Fazenda foi imprescindível, além da veiculação de uma campanha de esclarecimento desses órgãos acerca dos benefícios da aprovação da TLP.

No caso da comunicação, o Ministério da Fazenda publicou uma apresentação de 60 páginas em seu site,[5] refutando todas as críticas à mudança da TJLP para TLP e explicando os benefícios da nova taxa de juros. Todos os secretários do Ministério da Fazenda e diretores do Banco Central participaram do debate público e deram entrevistas para detalhar a relevância da proposta. Adicionalmente, a equipe econômica se reuniu com o relator da matéria na Câmara dos Deputados, o deputado federal Betinho Gomes (PSDB-PE), e foi produzida uma Nota Técnica conjunta assinada pelos órgãos acima citados e encaminhada ao relator para subsidiar o relatório final da MP nº 777/2017, que criava a TLP.

Por fim, ao longo da votação da MP nº 777 na Câmara e no Senado Federal, houve um esforço concentrado dos secretários do Ministério da Fazenda e dos diretores do Banco Central, coordenados pelo

---

5. Ver: "Mitos e verdades sobre a substituição da TJLP pela TLP". Disponível em: <https://www.gov.br/fazenda/pt-br/centrais-de-conteudos/apresentacoes/arquivos/2017/mitos-e-verdades-sobre-a-tlp.pdf/view>. Acesso em: 22 abr. 2024.

secretário-executivo do Ministério da Fazenda, Eduardo Guardia, e pelo presidente do Banco Central, Ilan Goldfajn, para que os técnicos da Fazenda e do BCB estivessem presentes no plenário para esclarecer as dúvidas dos congressistas. O Projeto de Lei de Conversão da MP nº 777 foi aprovado na Câmara no dia 30 de agosto de 2017, deixando poucos dias para a sua apreciação no Senado, já que a MP só teria validade até 6 de setembro.

No Senado, a MP nº 777 foi votada no dia 5 de setembro de 2017 e o governo teve dificuldade para conseguir manter a votação da medida, que precisava do quórum mínimo de 41 senadores. O desafio no Senado não era conseguir maioria para aprovar a TLP, e sim conseguir o quórum mínimo de presenças na véspera de um feriado para a aprovação da matéria. Na ocasião, a articulação do líder do governo no Senado, senador Romero Jucá (PMDB-RR), e o tempo que o presidente da Casa, Eunício Oliveira (PMDB-CE), concedeu para que o governo conseguisse quórum foram cruciais para a aprovação da TLP. A MP nº 777 foi aprovada com 36 votos a favor e 14 votos contra, e por muito pouco a sessão do Senado não foi derrubada por falta de quórum, o que teria possivelmente inviabilizado a aprovação da TLP no governo Temer.[6]

Conclusão

A política de corte de subsídios dos bancos públicos e a mudança da TJLP para a TLP, uma taxa de juros que passou a ser o piso das operações de empréstimo do BNDES e que segue o custo de captação do Tesouro Nacional, representaram uma relevante modificação na concessão de crédito subsidiado no Brasil.

Como mostrado ao longo deste Capítulo, as operações subsidiadas de bancos públicos pesavam na despesa primária e na conta de juros do

---

6. Dado o prazo curto para a aprovação da TLP no fim de agosto e início de setembro de 2017, alguns políticos da base do governo levantaram a possibilidade de desistir da aprovação da MP e depois mandar um projeto de lei para tratar do tema. Mas a equipe econômica na época resolveu insistir na tentativa de aprovar a MP nº 777, que acabou sendo aprovada um dia antes de perder a validade.

setor público, ocasionando um crescimento mais rápido da dívida pública, além de diminuírem a potência da política monetária. A fim de conseguir o efeito desejado na redução da demanda agregada para fazer baixar a inflação, o Banco Central tinha que aumentar a taxa de juros acima do que seria necessário se o volume de crédito direcionado e subsidiado até 2017 não fosse tão elevado no Brasil.

Como se observa no Gráfico 5, o saldo das linhas de crédito direcionadas no sistema financeiro passou de 10,9% do PIB, em março de 2007, para 26,5% do PIB, em dezembro de 2015, ante 27,4% do saldo de empréstimos de crédito livre. Ou seja, quase metade do saldo de crédito no Brasil no fim de 2015 era de linhas de crédito direcionado, muitas das quais subsidiadas, o que prejudicava o funcionamento da política monetária.

Gráfico 5. Saldo das operações de crédito direcionadas *vs.* Saldo das operações de crédito livre – % do PIB – 2007-2023

Fonte: BCB.

A partir de 2016, com o menor protagonismo dos bancos públicos, o início dos cortes de subsídios e depois a aprovação da TLP, o saldo do crédito direcionado foi reduzido como porcentagem do PIB e os subsídios dessa parcela do crédito diminuíram. Adicionalmente, a partir de 2019, tivemos um crescimento consistente do crédito livre e, como abordaremos em seguida, um aumento das captações de empresas no mercado de capitais local.

Um dos maiores receios dos empresários brasileiros com a redução dos subsídios e a mudança da TJLP para a TLP era a falta de acesso de *funding* para financiar a expansão do investimento privado. No entanto, a definição de uma regra fiscal no governo Temer, em 2016, seguida da redução de subsídios e da aprovação da TLP, deu início a um crescimento dos diversos instrumentos que as empresas usam para levantar recursos novos para investimento no mercado de capitais local. O Gráfico 6 indica o fluxo anual dos empréstimos do BNDES *vs.* o fluxo anual de novas captações via mercado de capitais.

Gráfico 6. Desembolso anual do BNDES *vs.* Captação anual das empresas via mercado de capitais – 2011-2022 – % do PIB

Fonte: BNDES e Associação Brasileira das Entidades dos Mercados Financeiro e de Capitais (Anbima).

A redução das operações subsidiadas foi mais do que compensada pelo aumento do saldo das operações financeiras com recursos livres (Gráfico 5) e com uma expansão do mercado de capitais, que saiu de uma captação média de 2% do PIB, em 2015-2016, para uma captação média de quase 6% do PIB, em 2019-2022 (Gráfico 6).

Em resumo: além do efeito positivo e desejável no aumento da potência da política monetária e na redução do custo fiscal, a redução dos empréstimos de bancos públicos e a aprovação da TLP foram acompanhadas do crescimento do mercado de capitais, o que possibilitou que várias empresas conseguissem *funding* para projetos de investimento de longo prazo, uma forma de financiamento mais saudável e previsível do que a concessão de crédito subsidiado.

Essa forte expansão do mercado de capitais talvez fosse algo esperado pelo meu saudoso amigo Eduardo Guardia, que sempre destacava que o investimento em infraestrutura teria de vir, necessariamente, do crescimento do mercado de capitais, e não do orçamento público. Guardia teve papel essencial nessa agenda. E, como os dados apontam, ele estava certo ao defender com tanta ênfase a expansão do mercado de capitais no Brasil e o corte de subsídios que não eram sustentáveis.

Se, ao longo dos últimos anos, as empresas conseguiram novos mecanismos mais sustentáveis de financiamento, uma parte relevante dessa agenda decorreu do trabalho minucioso de Eduardo Guardia, secretário-executivo, ministro da Fazenda, amigo e homem público que tanto fez por muitas pessoas que apenas o conheciam como o jovem ministro da Fazenda. "Edu", obrigado.

21. As máquinas governativas e a urgente transformação por um novo futuro

Paulo Hartung[1]

A tragédia da pandemia de covid-19 descortinou muitas mazelas nacionais de forma eloquente e inapelável. O descompasso da máquina pública com as demandas e as possibilidades do nosso tempo, especialmente em momentos críticos, ficou patente.

O exemplo mais evidente de obsolescência foi a incapacidade do governo federal de saber com nitidez quem são os cidadãos que o sustentam com pesados impostos, estabelecer contato com os mais fragilizados e, ainda, organizar uma forma de atenção minimamente eficaz. Ou seja, os inéditos e gigantescos desafios impostos pela pandemia do novo coronavírus expuseram a ineficácia e o distanciamento do Estado da realidade nacional, especialmente dos mais empobrecidos e marginalizados. O governo cobra impostos de todos, mas não consegue saber quem são os brasileiros.

---

1. Economista, ex-governador do Espírito Santo e presidente da Indústria Brasileira de Árvores (Ibá).

A urgência da reforma do setor público nacional era exatamente um dos temas recorrentes nos encontros que tive a alegria de compartilhar com Eduardo Guardia. Dessa forma, fazendo jus a esse profícuo diálogo que pudemos travar, é que registro esta contribuição a um livro que almeja manter viva a memória de sua ímpar caminhada entre nós.

Nesse sentido, em artigo escrito com Ana Carla Abrão Costa no *Estadão*,[2] expusemos algumas ideias cruciais acerca do desafio da refundação do Estado. Ali ressaltamos que Francis Fukuyama, em seu livro *Ordem e decadência política*, ainda que não se dedicando ao caso brasileiro, faz uma análise do papel do Estado no destino das nações que nos parece relevante. Nos países em que o patrimonialismo e o clientelismo deram lugar a um Estado dedicado a servir o cidadão, o desenvolvimento acelerou-se e foi mais consistente, registrando-se avanços significativos à consolidação das instituições democráticas, à garantia do bem-estar da população e à diminuição da desigualdade social.

Como se percebe, a impositiva mudança de rumo na História do Brasil passa, necessariamente, pela refundação do Estado, uma estrutura que consome mais de 30% do Produto Interno Bruto. É preciso reconstruir a máquina governativa, incluindo o seu RH, que, ao longo dos séculos, prioriza o patrimonialismo e o privilégio, desviando-nos do caminho da igualdade de oportunidades, da inclusão social e do desenvolvimento socioeconômico sustentável. Construímos um país que ostenta uma distância abissal entre quem tem acesso à instrução e aos bens e serviços do progresso e aqueles empobrecidos, que quase nada têm para subsistir e cuja possibilidade de ascender a outra posição socioeconômica é quase nula.

Para não nos afastarmos muito na linha do tempo, basta olhar para o getulismo, a ditadura militar e a Constituinte de 1988 e perceberemos o vulto fortalecido de um Estado concentrador de renda e de oportunidades, perversamente promotor de desigualdades. Nesse modelo injusto de organização governativa, sustentam-se desde a oferta precária de educação básica, passando pela constituição de insustentáveis sistemas

---

2. "A refundação do Estado brasileiro", *O Estado de S. Paulo*, 5 set. 2020.

tributário e previdenciário, até a manutenção de inconcebíveis privilégios privados e públicos em corporações/carreiras de Estado.

Entendemos que se chegou ao término desse ciclo. Estamos num fim melancólico produzido por absoluta crise de sustentabilidade fiscal. Não há recursos públicos suficientes para financiar esse modelo de Estado, caro, injusto e ineficiente. Mirar um futuro diferente do presente e muito distanciado do passado é incrementar os passos reformistas. Nosso Estado é arcaico, ineficaz e oneroso, investe mal e concentra altos gastos em si. Capturado por grupos de interesse, assenta-se em viés patrimonialista, a partir de uma estratégia de segmentos sociopolíticos e econômicos que, habilidosamente, fazem confundir seus interesses particulares com os da nação, sustentando uma sociedade atravessada por profundas desigualdades, também absurdamente patrocinada pelo modelo de máquina governativa.

Infelizmente, há uma parte de nossas lideranças políticas com os dois pés plantados nesse modelo insustentável de Estado. Mas, de outra sorte, a sociedade brasileira e parte do mundo político têm demonstrado seu grande descontentamento com a qualidade dos serviços públicos e a forma atual de organização do Estado. Há um longo caminho, com barreiras gigantescas e abismos profundos a vencer, mas a pauta já está definitivamente na agenda do país.

No rumo de um novo Brasil, não há atalhos nem soluções simplistas. Entre muitas emergências, é necessário cumprir a urgente tarefa de modernização do Estado. Trata-se de um movimento que permitiria tornar contemporâneas do século XXI as máquinas governativas, habilitando os governos a conhecer e conectar-se com os cidadãos, desburocratizar processos... Ou seja, é impositivo mudar a vocação de nosso Estado, usando suas principais potencialidades não para a promoção de privilégios e desigualdades, mas para a indução de prosperidade a todos.

Nesse percurso, é preciso reconstruir as estruturas governamentais em todos os seus estratos, num processo em que, por exemplo, a promoção e a progressão nas carreiras tenham base na avaliação do desempenho dos servidores, o que valoriza os bons funcionários e injeta produtividade na máquina. Concomitantemente, é necessário fazer uma profunda reforma nas carreiras do serviço público, considerando também meios de recrutar e reter profissionais de excelência, em especial nas funções que demandam atributos de liderança.

Precisamos que a reforma vá além. Historicamente, temos uma máquina pública ineficiente para comprar, contratar e remunerar. Assim, precisamos modernizá-la, dando capacidade de resposta, possibilitando agilidade nas entregas e fixando custos compatíveis com a realidade brasileira. Nessa jornada, também é preciso digitalizar os governos, seja para promover o reencontro do *modus operandi* das institucionalidades com o *modus vivendi* da sociedade, seja para infundir qualidade, eficiência e resolubilidade às máquinas públicas, seja para conectar os governos ao mundo contemporâneo em que o universo da produção já opera há muito.

Essas e outras frentes ainda precisam de regulações, atualização de legislações, dispositivos infraconstitucionais, entre outros. Contudo, de toda sorte, é possível fazer bastante coisa no sentido de modernizar os governos, tornando-os devotados ao bem comum, vocacionados e comprometidos com o propósito de "felicidade" dos cidadãos, conforme salientou Aristóteles na formulação do que deve ser o principal objetivo da ação política.

Experiências capixabas

Ao longo dos três mandatos que lideramos no estado do Espírito Santo, de 2003 a 2010 e de 2015 a 2018, apesar de todas as amarras históricas, e também da falta de leis modernizantes, inclusive cumprindo determinações da Constituição, pudemos efetivar avanços nacionalmente reconhecidos que podem servir de inspiração na urgente tarefa de oxigenar, atualizar e qualificar as ações governamentais.

Foquemos alguns exemplos, começando pela fundamental área da educação. Aqui, operamos transformações significativas de RH que ajudaram a viabilizar conquistas de referência nacional no processo de ensino-aprendizagem. Vale registrar, entre outras, que o Espírito Santo passou a ter o melhor Ensino Médio do Brasil, segundo o Índice de Desenvolvimento da Educação Básica (Ideb). Considerando apenas a rede pública, subimos da 11ª posição, em 2013, para a 2ª, em 2017. Alcançamos a melhor proficiência em Língua Portuguesa e Matemática no Ensino Médio, conforme o Sistema de Avaliação da Educação Básica (Saeb).

A partir de um planejamento estratégico específico para a área e de gestão intensiva, fizemos a mudança modernizante da carreira do magistério. Entre várias novidades, implantamos a remuneração por subsídio, o que resultou em aumento significativo dos salários. Melhores remunerações tornaram a carreira mais atraente – por exemplo, com esse novo desenho, foi possível, a princípio, dobrar a remuneração do nível inicial. A sistemática de subsídios tornou os processos mais transparentes, pois houve a consolidação de todas as gratificações e vantagens em valor único. Tudo isso com sustentabilidade fiscal e regulado por lei estadual (Novo Plano de Carreira do Magistério – Lei Complementar nº 428, de 17 de dezembro de 2007).

Importante destacar uma decisão inovadora: na nova legislação, estabeleceu-se um critério de enquadramento que não previa o reenquadramento automático, como de hábito nessas situações de mudança. Com todas as informações sobre manutenção de regime, transição e novos enquadramentos, aos professores foi garantido, por tempo indeterminado, o direito de opção, reduzindo angústias e resistências. Parece-nos relevante salientar que essas mudanças foram chanceladas pelo Supremo Tribunal Federal (STF), que julgou improcedente a Ação Direta de Inconstitucionalidade (ADI) nº 4.079, ajuizada pela Confederação Nacional dos Trabalhadores em Educação (CNTE) para questionar dispositivos da lei que criou a modalidade de remuneração por subsídio para o magistério.

Ainda de acordo com o planejamento estratégico, criamos o "bônus desempenho" para estimular a inovação nas estratégias pedagógicas e aumentar os níveis de aprendizagem. A instituição desse incentivo ocorreu no âmbito da criação do Programa de Avaliação da Educação Básica do Espírito Santo (Paebes). O bônus desempenho é uma ferramenta importante de gestão da rede, de reconhecimento do trabalho dos educadores e de promoção da motivação das equipes.

Esse mecanismo foi conceitualmente criado pelo professor José

Francisco Soares, da Universidade Federal de Minas Gerais (UFMG), depois presidente do Instituto Nacional de Estudos e Pesquisas Educacionais Anísio Teixeira (Inep), e seu modelo lógico/software, elaborado pela Fundação Instituto de Administração da Faculdade de Economia, Administração, Contabilidade e Atuária da Universidade de São Paulo (FEA/USP). O bônus desempenho que implementamos, numa sistemática de cálculos técnicos bem específicos, levava em consideração duas variáveis: os resultados do Paebes e a frequência dos professores e demais servidores. Com o alcance de metas estabelecidas anualmente, garantia-se o direito de se receber o bônus correspondente até um salário e meio do servidor, em uma ou duas parcelas. Por meio desse bônus, buscamos familiarizar, entre outros, gestores, professores e servidores das escolas com os resultados das avaliações do Paebes e reconhecer equipes escolares e demais servidores que conseguissem melhorar os resultados da aprendizagem em relação ao ano anterior.

Outra inovação foi quanto aos critérios e à metodologia de escolha de superintendentes regionais de educação e diretores de escolas. Adotamos o processo seletivo com avaliação de competências para essas duas funções de liderança e gestão, mitigando influências e ingerências nas estruturas do sistema educacional público. No lugar das indicações, optamos por análise de currículos e entrevistas, ou seja, pela profissionalização das escolhas. Não foi uma tarefa de fácil execução, mas, com persistência e diálogo franco, avançamos.

Nesse painel de medidas modernizantes na esfera do serviço público, citamos agora o caso de remodelagem da arquitetura de governo. Trata-se da Rede Cuidar, síntese das transformações que operamos na saúde, uma área em que obtivemos conquistas históricas. De acordo com dados do Instituto Brasileiro de Geografia e Estatística (IBGE), o Espírito Santo passou a registrar a menor taxa de mortalidade infantil do país. Em 2017, foram 8,84 óbitos de crianças menores de um ano para cada mil nascidos vivos. Na outra ponta, o instituto também verificou que, nas terras capixabas, a esperança de vida ao nascer era de 78,5 anos, a segunda maior do Brasil. Já para quem completasse 65 anos em 2017, nosso estado teria a maior expectativa de vida (20,3 anos a mais).

A Rede Cuidar foi uma iniciativa para qualificar e potencializar a aplicação dos recursos em saúde, além de expandir e humanizar o atendimento, levando mais e melhores oportunidades de atenção a milhões de capixabas. Com ela, criou-se uma rede de atendimento integral que reorganizava o atendimento no sistema de saúde pública do Espírito Santo de forma integrada, desde a porta de entrada na unidade de saúde do município, passando por consultas e exames, até a rede hospitalar. Era atendimento e acompanhamento integral, aumentando as oportunidades de vida saudável, com atenção perto de casa.

Por esse sistema, entre os benefícios para a população estavam: o atendimento mais próximo, evitando-se o deslocamento para a Região Metropolitana de Vitória; o aumento da oferta de consultas e exames, com redução do tempo de espera para esses procedimentos; o atendimento personalizado e humanizado; e a integração das equipes da atenção primária às equipes da atenção especializada, garantindo um atendimento multiprofissional capaz de resolver mais de 80% dos problemas de saúde das pessoas em sua própria região.

O usuário do Sistema Único de Saúde (SUS) passou a ter a possibilidade de realizar consultas e a maioria dos exames em uma mesma unidade, com uma equipe multiprofissional, e sair desse atendimento com um plano de cuidados que incluía orientações de nutrição e de atividades físicas. O plano de saúde de cada paciente era feito por um conjunto de especialistas composto por médico, enfermeiro, nutricionista, educador físico e assistente social, entre outros.

A equipe da unidade de saúde da região passou a acompanhar esse paciente para ver se ele seguia a dieta recomendada, se fazia atividade física, se tomava a medicação de forma adequada e se os exames prescritos tinham sido realizados. Enfim, a concepção da Rede Cuidar ia além das suas unidades de serviços e atendimentos múltiplos. Também estava conectada com os serviços municipais de saúde, criando uma verdadeira rede de atenção multi-institucional, juntamente com os governos estadual e federal/SUS.

A iniciativa foi amparada por uma Lei Estadual, a de nº 144/2017, sancionada após discussão e aprovação pela Assembleia Legislativa, instituindo a política estadual de organização da atenção à saúde – a Rede Cuidar. Além disso, a Rede Cuidar foi fruto de intenso debate. Desde o início da gestão, em 2015, foram realizadas audiências públicas nas quatro regiões de saúde para debater com a população e as autoridades municipais a situação da saúde em cada uma delas.

Vale dizer que a Rede Cuidar se sustenta no princípio de consórcios municipais de saúde, com base no conceito de redes de atenção regionalizadas, mobilizando planejamento e recursos, em ação coordenada nas diferentes regiões do estado. Trata-se de uma estratégia de reestruturação organizacional, com vistas à potencialização dos meios e resultados, mas que ainda carece de legislação nacional que garanta uma sustentação sólida para essa modelagem inovadora de arquitetura governativa.

Digno de registro é o fato de que, tanto na educação quanto na saúde, buscamos consultorias externas para combater desperdícios, remodelar processos e desenhar ações inovadoras. Na área educacional, por exemplo, contamos com parceiros decisivos, como Unibanco, Natura e Instituto de Corresponsabilidade pela Educação (ICE).

Contudo, é importante dizer que o impositivo ajuste de estruturas governativas não agrada a todos. Quanto a nós, tivemos de conviver em algumas situações com incompreensão, críticas e até tentativas irresponsáveis de desestabilização, mas não perdemos o norte da modernização republicana do estado. Foi o caso do motim da Polícia Militar, em fevereiro de 2017, que teve como desfecho uma reestruturação da carreira militar. O movimento ilegal foi deflagrado no momento em que eu estava internado em São Paulo para tratamento cirúrgico de um câncer. Em meio a uma delicada recuperação, assumi a liderança, com vistas a colocar um ponto final numa empreitada inadmissível de qualquer ponto de vista, do constitucional ao humanitário e moral.

Eu havia tomado posse com o governo no limite de alerta de gastos com pessoal, segundo os parâmetros da Lei de Responsabilidade Fiscal, o que impunha restrições desses dispêndios com relação à arrecadação. Não tínhamos como ampliar gastos e aumentar salários sem incorrer em ilegalidades e sem impor ao conjunto da população capixaba as graves consequências do descontrole das contas públicas, comprometendo serviços básicos e essenciais a todos.

Diante de um quadro de gravíssima afronta ao estado democrático de direito, solicitamos a presença das Forças Armadas e da Força Nacional de Segurança Pública, assim como investimos em todas as frentes possíveis de diálogo, à luz do farol da prevalência do interesse coletivo. Imediatamente após o encerramento do movimento, constituímos um grupo de trabalho para formatar projetos de lei à Assembleia Legislativa visando reestruturar a Polícia Militar, a partir de uma nova organização para a corporação e renovadas formas de promoção na carreira, focando não mais o tempo de serviço, mas, especialmente, a avaliação de desempenho, com critérios claros e modernos.

Qual foi a consequência disso? No ano subsequente, tivemos a maior queda de homicídios em 29 anos no estado. Então, mesmo sob a influência da grave recessão de 2014, 2015 e 2016, que quebrou estados vizinhos como Rio de Janeiro e Minas Gerais, não desorganizamos as contas públicas. Muito pelo contrário, nos firmamos como um exemplo nacional, sendo o único estado com o conceito A do Tesouro Nacional, e mantivemos a capacidade de investir em infraestruturas diversas. Além do apoio dos capixabas, o Brasil ecoou o fato de que o Espírito Santo, em ambiente de severas e múltiplas crises, tornou-se referência de gestão pública transparente, responsável e inovadora, dedicada ao bem comum.

Numa outra contingência, mas ainda nessa mesma área da administração pública, vale registrar que aprovamos uma lei que permitia a volta à atuação de policiais da reserva para atividades específicas, notadamente aquelas no âmbito administrativo, de modo a enfrentar a demanda por ampliação da capacidade operacional da Polícia Militar na linha de frente da segurança.

Esses são apenas alguns dos muitos exemplos de ações que repercutiram decisivamente na modernização do modo de trabalhar do governo, com resultados positivos para a população. Outros tantos estão registrados em livros e publicações diversas, ao alcance dos pesquisadores.

Seguindo a lógica de que "quem espera não faz acontecer", não condicionamos nossa decisão de atualização da máquina pública a medidas inovadoras no arcabouço legal constitucional e infraconstitucional. Tais medidas continuam na agenda de urgência nacional, conforme salientamos no início. E tornar contemporâneos do nosso tempo os governos, seja no campo dos desafios, seja na esfera das oportunidades, é antes de tudo uma atitude política inspirada pelos valores humanísticos. A todos nós cabe fazer avançar essa fronteira com as possibilidades que temos, ao mesmo tempo que precisamos incrementar o movimento pelas reformas.

Se, como bem alertou Saint-Exupéry, "o futuro não é um lugar para onde estamos indo, mas um lugar que estamos construindo", já passou da hora de acelerarmos a marcha da refundação do Estado, para que ele seja parte e promotor de um novo futuro para o Brasil. Como vimos, ainda que haja muito caminho a percorrer, é possível fazer muita coisa, inclusive buscando nessas experiências inspiração para consolidar o fundamento legal de uma nova máquina governativa nacional nas suas três esferas de gestão – a União, os estados e os municípios.

Na urgente jornada de reinvenção da História nacional, ações e reformas modernizantes do Estado, especialmente no tocante a seu *modus operandi* e seu RH, são um passo decisivo para que tomemos um caminho cujo horizonte seja um país verdadeiramente democrático e republicano, digno de nossas possibilidades de desenvolvimento humano e econômico, uma nação de justiça social e inclusão autônoma e produtiva.

22. Ainda sobre uma contribuição de Eduardo Guardia

Persio Arida[1]

Dois dos artigos desta coletânea em homenagem a Eduardo Guardia, escritos respectivamente por Edmar Bacha e Gustavo Franco, contam o impacto da leitura da dissertação de mestrado de Guardia, de 1992, na formulação do Fundo Social de Emergência (FSE), parte integrante do Plano Real, que viria a ser implementado em 1994.

São artigos escritos a partir de uma perspectiva pessoal, e o meu não será diferente. Aqui retomo o tema, não por razões memorialísticas, mas sobretudo para ilustrar a riqueza conceitual da dissertação de Guardia. Diferentemente de alguns dos meus colegas de Plano Real, o que me chamou a atenção nesse seu trabalho não foi o denominado "efeito Guardia", e sim a discussão em torno da perda das prerrogativas constitucionais do Legislativo em um ambiente de alta inflação. A homenagem que aqui presto a Eduardo Guardia mostra que seu foco e

---

[1]. Economista, ex-presidente do Banco Central do Brasil (BCB) e do Banco Nacional de Desenvolvimento Econômico e Social (BNDES).

sua capacidade de análise de arranjos institucionais, que marcariam sua brilhante carreira, já estavam presentes desde o início.[2]

O problema da conversão do Orçamento

Na minha visão das questões orçamentárias antes da leitura da dissertação, a despesa nominal aprovada no Orçamento seria fixada de acordo com a inflação esperada, enquanto a receita evoluiria de acordo com a inflação realizada. Deixando de lado os efeitos de variações no Produto Interno Bruto (PIB), o resultado operacional do Tesouro melhoraria quando houvesse uma surpresa inflacionária altista. Em *steady state*, quando por definição a inflação realizada é idêntica à inflação esperada, um mesmo déficit público operacional poderia ser compatível com patamares inflacionários muito distintos.

A leitura do trabalho de Guardia me alertou que o problema ia além da surpresa inflacionária. As despesas eram fixadas de acordo com uma superestimativa da receita. Abstraindo novamente variações na taxa de crescimento do PIB, isso significava que sempre haveria déficit operacional em um patamar inflacionário estável em que a inflação esperada coincidisse com a inflação realizada. A constatação da superestimação das receitas quando da feitura do Orçamento acendeu um alerta nos preparativos da reforma monetária do Plano Real. A contenção do déficit público era fundamental para o sucesso do Plano, e teríamos que fazer uma conversão de despesas orçadas em Unidade Real de Valor (URV) que não acarretasse um desequilíbrio no resultado operacional das contas públicas logo na partida do Plano.

Como fazer a conversão do Orçamento em URVs? A moeda corrente era o cruzeiro real; a nova moeda, que integrava o sistema monetário apenas como padrão de valor, era a URV. No caso da conversão de salários, não havia dúvida a respeito de como fazer a conversão. O critério utilizado foi a neutralidade distributiva que vinha da escola

---

2. Ver, por exemplo, sua excelente discussão sobre a Conta Única do Tesouro em: Guardia (2016).

inercialista da Pontifícia Universidade Católica (PUC-Rio): o valor em URVs de um contrato salarial denominado em cruzeiro real seria dado pela divisão do salário estipulado no contrato pelo valor da URV na data de seu efetivo pagamento.[3]

Seguindo o mesmo princípio, deveríamos dividir o valor nominal de cada rubrica orçamentária pela cotação da URV na data do seu efetivo pagamento. O paralelo com os salários, no entanto, era algo enganoso porque escondia uma dificuldade de ordem prática. No caso dos salários, havia um contrato e uma data fixa contratualmente para efetivar o pagamento. No caso do Orçamento da União, também fixado em termos nominais, a data do efetivo pagamento de cada rubrica orçamentária não era estipulada em contrato, dependia do controle na "boca do caixa", feito pelo Tesouro Nacional.

Essa dificuldade prática apontava de imediato para a necessidade de se fazer um novo Orçamento. O efeito conjunto da inflação e da capacidade do Tesouro de postergar a "liberação" das verbas orçamentárias tinha sido calculado por Guardia para o Orçamento como um todo como sendo da ordem de 40%. Dito de outra forma: em uma inflação mensal de 30%, tudo se passava aproximadamente como se as despesas aprovadas no Orçamento fossem efetivadas dois meses após a sua aprovação.

---

3. Quando das discussões sobre o Plano Real, o princípio da neutralidade pareceu intuitivo e, como tal, foi bem aceito publicamente. No caso dos salários, por exemplo, dizíamos que o objetivo da reforma não era melhorar a distribuição de renda, mas tampouco prejudicar os trabalhadores. Convertido pelo seu valor em URVs na data de pagamento, o contrato salarial passaria a manter o valor real dos salários: se a inflação subisse, o valor nominal dos salários subiria na mesma proporção. O argumento era correto apenas como aproximação de primeira ordem por conta das defasagens de cálculo do índice de preços, que, como se sabe, não reflete a inflação "instantânea". Mas a proteção, ainda que imperfeita, contra surpresas altistas da inflação fez com que a neutralidade fosse rapidamente aceita na conversão para URVs. O que as discussões públicas não deixavam entrever é que o princípio da neutralidade derivava de uma construção teórica, a saber, que em uma inflação predominantemente inercial haveria um equilíbrio subjacente de preços relativos. O que a reforma monetária faria seria preservar esse equilíbrio de preços relativos em um patamar inflacionário muito mais baixo. Era a preocupação em não interferir no equilíbrio de preços relativos que levava ao princípio da neutralidade.

O "tipo ideal" da escola inercialista e o princípio da neutralidade

Vale a pena nessa conexão empreender uma pequena digressão sobre o "tipo ideal" de inflação descrito pela escola inercialista. Ao descrever uma inflação puramente ou predominantemente inercial, a escola inercialista tinha em mente uma diferenciação que, em termos epistemológicos, se descreveria como gênese *versus* estrutura. A gênese da inflação vem sempre de desequilíbrios fiscais. Mas, uma vez desenvolvidos os mecanismos de indexação, a inflação pode persistir mesmo que o desequilíbrio fiscal inicial tenha sido revertido, desde que a oferta monetária seja acomodatícia, algo que se descrevia na época simplificadamente como "moeda passiva".

Essa inflação pura ou predominantemente inercial, compatível com um desequilíbrio fiscal pequeno ou inexistente, seria sustentada por um equilíbrio subjacente de preços relativos. O que se tinha em mente era um índice de inflação aproximadamente estável com preços nominais reajustados de acordo com a inflação, mas de forma dessincronizada, configurando um equilíbrio de preços relativos ao longo do tempo. Na ausência de choques, a inflação tenderia a se perenizar em um patamar inercial que poderia ser muito alto. O princípio da neutralidade derivava, na escola inercialista, da preocupação em manter, após a reforma monetária, o mesmo equilíbrio de preços relativos que vigia sob alta inflação. A modelagem inercialista tinha dois equilíbrios com a mesma constelação de preços relativos e o ovo de Colombo da estabilização era como passar de um equilíbrio para outro sem incorrer em custos elevados do ponto de vista do produto e do emprego.[4]

Como saber se o "tipo ideal" da escola inercialista correspondia, em termos obviamente aproximados, à inflação tal como observada antes do Plano Real? Havia dois critérios. Primeiro: a inflação deveria estar

---

4. Para uma exposição das diferenças entre o "tipo ideal" da escola inercialista e o pensamento *mainstream*, ver: Arida (2024), seção 1. O "tipo ideal" inercialista, tal como descrito em Arida e Lara Resende (1985), tinha dois equilíbrios com a mesma constelação de preços relativos. Mais tarde, Bruno e Fischer (1990) modelaram uma economia com duplo equilíbrio, mas sob a hipótese de a inflação resultar da monetização do déficit público.

oscilando em torno de um patamar estável, o que, de fato, se observou quando nos livramos do fantasma das expectativas de congelamentos que imprimiam um caráter aceleracionista à inflação desde 1986.[5] Se a inflação fosse estável, o nível de preços pós-reforma monetária seria estável também. Segundo: o déficit público operacional deveria ser relativamente pequeno, o que também se verificava. O déficit operacional médio observado para o período de 1990 a 1994 foi de apenas 0,4% do PIB.[6] Se aplicado o princípio da neutralidade na conversão do Orçamento, deveríamos esperar um déficit operacional em magnitude similar ou algo menor após a reforma monetária. Digo "algo menor" porque, com a queda da inflação, haveria uma monetização de parte do estoque de dívida.[7]

FSE: o distanciamento em relação ao princípio da neutralidade

No Plano Real, os salários foram convertidos em URVs pelo princípio da neutralidade. Isso valeu também para todos os depósitos no sistema financeiro. Deveríamos, no caso do Orçamento, utilizar o mesmo argumento de neutralidade? Ou deveríamos aproveitar a oportunidade para ir além da monetização e zerar a necessidade de financiamento do Tesouro? Apesar do apelo da economia baseada em evidências, em voga hoje em dia, não havia evidência a iluminar nosso caminho, posto que o Plano Real não tinha nenhum precedente histórico.

---

5. Ver: Arida (2024), seção 3. Uma visão similar da dinâmica expectacional criada por congelamentos sucessivos está em Kiguel e Liviatan (1991).

6. Ver: Giambiagi e Tinoco (2023).

7. A monetização decorrente da reforma monetária é definida em Arida e Lara Resende (1985) como um efeito *"once and for all"*. Trata-se de uma recomposição do estoque desejado de dívida pública no sentido de ampliar o percentual de ativos com juros nominais nulos, como papel-moeda, moedas metálicas e depósitos à vista no sistema bancário. Do ponto de vista da dinâmica da dívida pública, a magnitude desse efeito é reduzida em parte porque os depósitos à vista não sujeitos ao compulsório eram aplicados pelos bancos em ativos remunerados (reservas livres remuneradas, letras do Banco Central indexadas à taxa-base, operações compromissadas com lastros em títulos do Tesouro etc.).

A decisão do dilema foi consensual: melhor afastar-se da neutralidade em matéria fiscal, apesar de o pequeno déficit operacional do período de alta inflação não sugerir esse caminho. Esse distanciamento se traduziu na emenda constitucional que criou o Fundo Social de Emergência, que não era nem fundo, nem social, nem de emergência. Era, na verdade, uma desvinculação de receitas da União que possibilitava cortar despesas.

Quatro considerações, de diferentes naturezas, convergiram para nos levar ao distanciamento em relação ao princípio da neutralidade em matéria orçamentária.

Primeira: apesar de o déficit operacional ser pequeno, havia dúvida quanto à sua sustentabilidade. Sabíamos que alguns efeitos contracionistas do Plano Collor, de 1990, desapareceriam com o tempo. Além disso, talvez o pequeno déficit corrente operacional e a melhoria nas contas públicas verificada desde 1990 não fossem indicativos do futuro porque os efeitos expansionistas da Constituição de 1988 – aumento das responsabilidades da União na provisão de bens e serviços de natureza social, transferências a governos subnacionais sem a correspondente redistribuição de competências, aumento de vinculações – ainda não tinham se materializado. Por último, havia o risco de certo tipo de incentivo perverso: se a inflação caísse sem dor, sem impacto recessivo de relevo, por que não iriam os políticos inflacionar novamente a economia?[8]

Segunda: depois de tantos Planos fracassados, como convencer os agentes de que o Plano Real seria diferente dos anteriores? Repetimos à exaustão que não faríamos congelamentos de preços. Era necessário, no entanto, ir além disso, ancorando expectativas no plano fiscal. O fato de o déficit operacional ser relativamente pequeno era visto, pela maioria dos observadores, como um paradoxo. O tal déficit pode não aparecer nas estatísticas, dizia-se, mas acreditava-se que existisse. E a crença é o que importa na formação das expectativas. O anúncio do FSE certamente ajudou na formação de expectativas sobre o futuro do Plano Real.

---

[8]. A provocação foi feita em 1984 por Larry Summers, então professor na Universidade Harvard. Ver: Arida (2023).

Não foi suficiente para eliminar a necessidade de financiamento do setor público, como se verificaria nos anos seguintes, mas, na ancoragem de expectativas sobre política fiscal, muitas vezes importa mais o filme do que a foto, mais a perspectiva e o compromisso de ajuste do que a realidade imediata.

Terceira: como a taxa real de juros após a reforma monetária teria que ser maior do que a taxa real anterior, seria necessário, tudo o mais constante, implementar uma contração fiscal para evitar um aumento no estoque de dívida pública em relação ao PIB.[9]

Quarta: a reforma monetária, ao derrubar a inflação, tiraria o poder efetivo do Executivo de reduzir despesas adiando o pagamento de rubricas constantes do Orçamento. Em outras palavras: a estabilização restauraria o poder do Legislativo em matéria orçamentária. Este o tópico da última seção deste Capítulo, inspirado diretamente na leitura da dissertação de Guardia.

O "efeito Guardia" e a indexação do Orçamento

A dissertação de Guardia mostrava que o déficit público só era pequeno porque a inflação corroía o valor real das despesas nominais aprovadas no Orçamento. Passava-se aqui o mesmo que se passava para qualquer variável estipulada em termos nominais, como salários, aluguéis e contratos de modo geral. Mas por "efeito Guardia" se denominava, na verdade, uma versão muito simplificada da teoria fiscal do nível de preços que determinaria a inflação pela condição de solvência do governo. Nessa teoria, a inflação seria aquela necessária para assegurar a solvência do governo, reduzindo os gastos o suficiente para que o déficit operacional fosse pequeno ou, mais precisamente, houvesse um superávit operacional suficiente para estabilizar o crescimento da dívida em relação ao PIB.

---

9. O argumento de que, mesmo numa inflação puramente inercial, a taxa real de juros no equilíbrio de baixa inflação teria de ser maior do que a do equilíbrio de alta inflação está em Arida (1992). Para uma visão comparando o argumento com a visão da escola inercialista na sua fase inicial, ver: Cunha (2006).

Do meu ponto de vista, essa interpretação da inflação era pouco convincente. O mesmo argumento valeria para qualquer contrato nominal – no caso do contrato salarial, por exemplo, a inflação seria a variável que ajustaria um salário nominal excessivo à produtividade da economia. A escola inercialista tinha analisado em inúmeros trabalhos como o valor real de contratos nominais dependia da periodicidade de reajustes, do formato das cláusulas de indexação e da inflação entre um reajuste e outro. A inflação decorria da indexação e do que se denominava na época de "moeda passiva". Não haveria nada de paradoxal em uma inflação alta coexistir com um déficit público operacional baixo. A inflação, nesse "tipo ideal", era o mecanismo que assegurava que as variáveis reais fossem compatíveis com o equilíbrio de preços relativos – o seu efeito nas finanças públicas, o "efeito Guardia", fazia parte desse quadro de equilíbrio geral.

O que me chamou a atenção na leitura da sua dissertação, além da superestimação de receitas quando da feitura do Orçamento, comentada acima, foi o fato de o Orçamento permanecer fixo nominalmente por um ano, quando todos os demais contratos já eram reajustados em períodos de tempo bem mais curtos. Em 1993, salários já eram reajustados mensalmente, a taxa de câmbio era reajustada diariamente, a dívida pública tinha reajustes mensais etc., mas o Orçamento continuava a ser fixado nominalmente durante o ano-calendário.

Outra diferença era no formato da indexação. Em contraste com os demais contratos da economia, que eram reajustados em 100% da inflação passada, o Orçamento anual era feito levando-se em conta uma generosa expectativa de inflação futura. Abstraindo variações no PIB, a superestimação de receitas era equivalente ao reajuste pela inflação esperada mais uma margem de segurança, para poder acomodar surpresas altistas na inflação. Na linguagem da escola inercialista, enquanto os demais contratos exibiam *"100% plus backward-looking indexation"*, o Orçamento tinha uma *"more than 100% plus forward-looking indexation"*.[10]

---

10. A expressão ficou conhecida por causa do título de um *paper* que analisava a indexação salarial italiana. Ver: Modigliani e Padoa-Schioppa (1978).

Guardia defendia a correção dessas anomalias. A indexação emerge da sua análise como passo fundamental para resgatar o papel do Orçamento público. O Orçamento deveria ser corrigido nominalmente em 100% da inflação passada, conforme os demais contratos, ajustando-se automaticamente o valor nominal de cada dotação orçamentária pela inflação transcorrida desde a data de aprovação do Orçamento até o efetivo pelo Tesouro.[11]

Na sua análise, Guardia observa que o impacto da ausência de indexação é desigual, afetando muito mais as despesas de custeio e investimento do que o pagamento da dívida pública ou as transferências constitucionais. Atento aos detalhes das leis orçamentárias, Guardia alerta também que a indexação é muitas vezes apenas condição necessária, mas não suficiente, como ilustrado no caso da sua discussão sobre o PPA.[12] E, antevendo muitas das discussões posteriores sobre a necessidade de desconstitucionalizar a política econômica, defende que a indexação do Orçamento seja feita por meio de lei complementar e não de emenda constitucional.

Quando li a sua dissertação de mestrado, estava na presidência do BNDES, mas boa parte do meu tempo era dedicada ao desenho do Plano Real. A reflexão que fiz foi que o fim do regime de alta inflação teria um efeito similar, do ponto de vista fiscal, à indexação do Orçamento preconizada por Guardia. Se, de um lado, poderíamos, com uma inflação muito baixa, ter um Orçamento digno desse nome, livre das distorções tão bem por ele descritas, por outro lado o poder de corrosão de despesas em termos reais pelo controle do Tesouro na "boca do caixa"

---

11. Curioso, nesse contexto, é o episódio de 1989, contado em sua dissertação, no qual uma proposta de indexação do Orçamento encaminhada ao Congresso Nacional foi surpreendentemente rejeitada pelo Legislativo. É que os *lobbies* preferiram manter o Orçamento em termos nominais porque acreditavam que, ao longo do ano, conseguiriam aumentar o valor real das dotações de seu interesse pressionando o Tesouro para liberar verbas e incluindo novas dotações quando da aprovação das leis de excesso.

12. O PPA, ou Plano Plurianual, é abordado no artigo 165 da Constituição. Segundo o disposto nesse artigo, leis de iniciativa do Executivo deverão estabelecer, de forma regionalizada, diretrizes, objetivos e metas da administração pública para as despesas de capital e para as relativas aos programas de duração continuada. Em sua dissertação, Guardia se refere simplificadamente ao PPA como Plano Plurianual de Investimentos.

ficaria em muito diminuído. O poder constitucional do Legislativo seria naturalmente restaurado, levando a um rebalanceamento de poder entre o Legislativo e o Executivo. Como a penalidade política do excesso de gastos, o causador em última instância da inflação, é arcada sempre pelo responsável pelo Executivo, muito mais do que por parlamentares, ficou claro para mim que provavelmente haveria, nesse novo arranjo do poder, uma pressão expansionista em matéria fiscal. Foi mais um argumento para, por prudência, afastarmo-nos da neutralidade e efetuar uma contração fiscal quando da reforma monetária.

Referências bibliográficas

ARIDA, Persio; LARA RESENDE, André (1985). "Inertial Inflation and Monetary Reform: Brazil", em: WILLIAMSON, John (org.). *Inflation and Indexation: Argentina, Brazil, and Israel*. Washington, D.C.: Institute for International Economics.

ARIDA, Persio (1992). *Heterodox Programs and Inflation Rate Uncertainty*. Ph.D. Dissertation. Massachusetts Institute of Technology – MIT.

_____ (2023). "Depoimento", em: FERNANDES, José Augusto (org.). *A arte da política econômica – Depoimentos à Casa das Garças*. Rio de Janeiro: Intrínseca/História Real.

_____ (2024). "Um estranho conceito", em: BIDERMAN, Ciro; COZAC, Luis Felipe L.; e REGO, José Marcio. *Conversas com economistas brasileiros*. São Paulo: Editora 34.

BRUNO, Michael; e FISCHER, Stanley (1990). "Seigniorage, Operating Rules, and the High Inflation Trap", *Quarterly Journal of Economics*, vol. 5, nº 2, mai.

CUNHA, Patrícia Helena F. (2006). "A estabilização em dois registros", *Estudos Econômicos*, vol. 36, nº 2, jun.

GIAMBIAGI, Fabio; e TINOCO, Guilherme (2023). "Política fiscal no Brasil de 1981 a 2023: uma retrospectiva histórica", *Textos para Discussão*, nº 157, nov. Rio de Janeiro: BNDES.

GUARDIA, Eduardo Refinetti (1992). *Orçamento público e política fiscal: aspectos institucionais e experiências recentes – 1985-1991*. Dissertação de mestrado, Departamento de Economia. Campinas (SP): Unicamp. Disponível em: <https://iepecdg.com.br/wp-content/uploads/2022/04/Guardia_EduardoRefinetti_M.pdf>. Acesso em: 15 mar. 2024.

_____ (2016). "Conta Única do Tesouro: flexibilidade necessária e seus bons e maus usos", em: BACHA, Edmar (org.). *A crise fiscal e monetária brasileira*. Rio de Janeiro: Civilização Brasileira.

KIGUEL, Miguel; e LIVIATAN, Nissan (1991). "The Inflation-Stabilization Cycles in Argentina and Brazil", em: BRUNO, Michael (org.). *Lessons of Economic Stabilization and its Aftermath*. Cambridge: MIT Press.

MODIGLIANI, Franco; e PADOA-SCHIOPPA, Tommaso (1978). "The Management of an Open Economy with '100% Plus' Wage Indexation", *Essays in International Finance*, nº 130, dez. Princeton (NJ): Princeton University.

PARTE IV

ENTREVISTA DE EDUARDO GUARDIA PARA O PROGRAMA *RODA VIVA*

Entrevista de Eduardo Guardia para o programa Roda Viva

Em 5 de novembro de 2018, Eduardo Guardia compareceu ao programa *Roda Viva*, da TV Cultura, e foi entrevistado pelo jornalista Ricardo Lessa e por seus convidados, todos também jornalistas: Cristina Canas, editora-executiva do Broadcast, da Agência Estado; Sergio Lamucci, repórter do jornal *Valor Econômico*; Vinicius Torres Freire, colunista do jornal *Folha de S.Paulo*; André Lahóz Mendonça de Barros, diretor da revista *Exame*; José Francisco Gonçalves, economista-chefe do Banco Fator e professor da Faculdade de Economia, Administração, Contabilidade e Atuária da Universidade de São Paulo (FEA-USP).

Eduardo Guardia era então ministro da Fazenda, tendo ocupado a posição de secretário-geral (executivo do Ministério da Fazenda) na gestão Henrique Meirelles desde o início do governo Temer, em 12 de maio de 2016. Quando Meirelles se desincompatibilizou, no final de março de 2018, para se candidatar a cargo eletivo, Guardia foi designado ministro. Ocupou o cargo com o brilhantismo de sempre, como peça fundamental na transição para o novo governo (eleito em outubro), até 31 de dezembro daquele ano.

Os organizadores deste livro agradecem a autorização da TV Cultura e dos entrevistadores para publicar a transcrição desta entrevista. Nós nos reservamos o direito de editá-la para suprimir trechos com referências temporais muito específicas e/ou redundantes. A responsabilidade por erros e omissões nesse processo nos cabe, portanto.

Ricardo Lessa – Ministro, qual o tamanho da encrenca que o próximo governo vai encontrar no país?

Eduardo Guardia – Ricardo, em primeiro lugar, é importante dizer que o próximo governo [2019-2022] encontrará uma situação muito melhor do que aquela que nós encontramos, há dois anos e meio [maio de 2016]. Hoje nós temos uma economia com as contas externas totalmente ajustadas, uma inflação baixa e consistente com a meta, taxa de juros no menor patamar nominal que todos nós aqui já vimos e uma série de reformas importantes encaminhadas. Nem todas foram aprovadas, mas acho que hoje existe uma percepção sobre a importância delas. Isso é relevante, é um legado desse governo. Agora, é inegável também que existem problemas sérios que precisam ser enfrentados de maneira rápida e urgente pelo novo governo. E o grande problema, hoje, o grande desequilíbrio da economia brasileira é, sem dúvida nenhuma, o problema fiscal. Então, esse é o tema central, e tenho certeza de que nós vamos debater aqui. Isso tem que ser enfrentado. A reforma da Previdência é uma questão que nós não podemos mais adiar enquanto país, nós temos que enfrentar esse problema.

E também, Ricardo, eu vejo como urgente enfrentar toda uma agenda de modernização da economia, que é uma agenda de reformas microeconômicas, uma agenda de produtividade, uma agenda de reforma do Estado e também uma agenda de atração do investimento privado. Para que a gente possa retomar o crescimento em bases sustentáveis, que é o que todos nós queremos. Então, o presidente eleito vai encontrar um governo numa situação bem melhor, porque superamos a maior recessão pela qual já passamos na História brasileira, mas com desafios definidos que têm de ser enfrentados. Acho que a notícia boa é que o caminho é muito claro para todos nós, hoje. A gente sabe o que precisa ser feito. E eu sou muito otimista com o Brasil, se seguirmos nessa linha das reformas que estão hoje prontas para serem votadas, já discutidas e aprovadas. Existem discussões difíceis, mas o caminho está dado. Eu acho que trilhando esse caminho nós teremos um futuro bastante promissor para o Brasil.

Vinicius Torres Freire – Eu queria falar do futuro, que o senhor não pode prever, mas queria aproveitar a sua experiência para pensar no que vai acontecer. O novo governo pretende fundir ministérios: Fazenda, Planejamento, Indústria e Comércio. Primeira pergunta: essa combinação dá muito trabalho? Isso pode paralisar, gastar energia em coisa boba? Ou vai que não é prioritária e isso é alarmismo? Segundo, se não é esse o problema administrativo, é politicamente razoável o ministro ficar com os conflitos da Fazenda, todos os conflitos desse ministério, que tem a reforma da Previdência? E, além disso, ter de lidar com servidores, lidar com estatais, o orçamento, o comércio exterior, já que eles querem fazer abertura... Ou seja, é um monte de brigas políticas sérias. Isso vai ser um problema? E, terceiro, politicamente não é um peso muito grande para carregar, ainda mais com um monte de problema para resolver logo no começo?

Eduardo Guardia – Essa é uma discussão importante. Em primeiro lugar, o Ministério da Fazenda é de uma complexidade extraordinária. Não é um ministério fácil, tudo passa pelo Ministério da Fazenda. A quantidade de conflitos e de problemas que a gente tem que administrar no ministério é realmente muito grande com a estrutura que ele já tem hoje. É óbvio que, ao fazer a fusão do Planejamento, da Fazenda e da Indústria e Comércio, essa complexidade aumenta. O que mais me preocupa são alguns temas e vou citar um que me preocupa muito e que é da maior relevância no momento atual: o da reforma do Estado, da agenda, a modernização do Estado, uma atividade que hoje está a cargo do Ministério do Planejamento. Então eu acho que é um grande risco – e não nego que haja complexidade operacional para fazer essa fusão –, é um desafio adicional que o próximo governo e o próximo ministro terão que enfrentar.

Mas a minha maior preocupação quando vejo uma iniciativa dessa é este tema, da maior relevância: rever as carreiras de Estado. Nós temos

309 carreiras de servidores públicos, com as regras de promoção, as regras de incentivo adequado, as regras para fazer concurso. Tudo isso hoje é da responsabilidade do Ministério do Planejamento, e é um tema da maior importância. O que não podemos aceitar é que essa discussão deixe de ser prioridade na nova estrutura. Então, acho que o grande desafio são esses outros temas que precisam estar na agenda e espero que continuem, porque são básicos para o país.

Cristina Canas – Ministro, existem várias pautas econômicas colocadas e várias já no Congresso, não é? Citando algumas aqui, temos cessão onerosa, adiamento do reajuste do funcionalismo, tributação de fundos exclusivos, medidas que até mesmo podem ajudar bastante na questão fiscal, no cadastro positivo, nos distratos de contratos imobiliários e na nova Lei de Recuperação Judicial de Empresas, para citar, acho que talvez, as mais importantes. Quais o senhor considera que dá para aprovar ainda este ano?

Eduardo Guardia – Eu só incluiria mais uma na sua lista, que eu acho crucial, que é a independência operacional do Banco Central. Isso também está lá pronto para votar. Eu respondo à sua pergunta da seguinte maneira: depende da prioridade que o próximo governo vai definir. Porque se o governo eleito optar por fazer a discussão da Previdência agora, todos os esforços e toda a atenção se canalizarão para a discussão da reforma da Previdência. Então, se isso ocorrer, eu tenho a impressão de que os demais temas vão ter mais dificuldade para avançar. Se, por alguma avaliação política – e é legítimo, correto e necessário fazer essa avaliação –, a reforma da Previdência ficar para o próximo ano, aí eu acredito que sim, é importante e possível a gente avançar em algum desses temas.

Nós sabemos que não temos muitas semanas de sessões legislativas até o fim do ano, mas os projetos estão lá, eles estão prontos para serem votados e são todos projetos de boa qualidade, extremamente importantes para o país. Todos esses que você citou poderiam ser aprovados. É evidente que isso depende de uma negociação com o Congresso e eles têm que passar pela Câmara, alguns têm que fazer Câmara e Senado, outros, só Senado. Mas acho que há, sim, a possibilidade de se avançar em algum desses temas até o fim do ano. Trabalharemos para isso, sem dúvida nenhuma.

André Lahóz Mendonça de Barros – Queria continuar na linha de tentar entender o futuro a partir da sua experiência como ministro. O senhor tem sido reconhecido como um ministro muito político e o Ministério da Fazenda tem um lado muito técnico. Quer dizer: obviamente, o ministro precisa ser um bom técnico, mas precisa ser também um político para conseguir realizar. O seu sucessor tem um estilo que me parece muito diferente do seu, no sentido de ser talvez uma pessoa muito menos política. Ao menos é o que ele está dando a entender a partir do que a gente viu até agora. O senhor diria, pela sua experiência, que o ministro da Fazenda é mais técnico ou mais político?

Eduardo Guardia – Eu me lembro de quando estava para ser nomeado ministro da Fazenda. Naquelas semanas que antecederam a minha nomeação, havia muita discussão na imprensa sobre se eu seria a pessoa adequada, porque tenho uma postura muito dura nas negociações e isso não funcionaria com o Congresso. Na hora em que você se senta naquela cadeira, tem o peso da responsabilidade nos seus ombros e sabe que tudo depende de uma negociação no Congresso. Então, você, forçosamente, obrigatoriamente, tem que negociar, tem que entender o outro lado e tem que buscar o diálogo para poder avançar. O Paulo Guedes é um homem extremamente inteligente, uma pessoa de bom senso, muito preparada, vivida, experiente, e eu tenho a absoluta convicção de que ele vai também buscar esse caminho. Porque tudo o que a gente precisa fazer depende da negociação com o Congresso Nacional.

Não dá para o ministro da Fazenda ou o presidente da República impor, precisa sentar, precisa negociar. E eu tenho convicção, tenho certeza de que o Paulo, com a sua inteligência, vai saber conduzir essa discussão com o Congresso Nacional, porque isso é parte da função do ministro da Fazenda. A gente tem a questão técnica, evidentemente. Precisamos levar o país para a direção correta e eu tenho a convicção de que fizemos isso. Mas nós precisamos mostrar que estamos na direção correta e negociar até conseguir, através do debate, aprovar as medidas. Esse é o único caminho que funciona, o caminho do diálogo. E o próximo presidente terá que fazer isso. O presidente e o ministro.

Vinicius Torres Freire – Ministro, o seu sucessor, Paulo Guedes, disse que pretende simplificar e reduzir impostos, eliminar encargos e impostos sobre a folha de pagamentos para gerar, em dois ou três anos, 10 milhões de empregos novos. O senhor conhece bem o caixa do governo e a situação fiscal. Há espaço para reduzir imposto? Ou a situação das contas públicas neste momento impede corte de tributos sob o risco de agravar ainda mais o quadro fiscal?
Eduardo Guardia – Acho que esta é uma das discussões mais importantes que a gente tem pela frente. De maneira muito objetiva e direta: acho que existe um espaço extraordinário para simplificar a estrutura tributária brasileira, melhorar a qualidade da carga tributária e reduzir sobretudo os custos de cumprimento de obrigações tributárias, tanto para o setor público como para o setor privado, para os dois lados. Não vejo a menor possibilidade de se reduzir a carga tributária. Nós temos um desafio fiscal que é muito grande. Como eu disse no início, o problema da economia brasileira hoje é o problema fiscal, é o problema do desequilíbrio fiscal, do déficit primário, que a gente vem acumulando ano após ano, do crescimento da dívida bruta. Então não dá, no meu entendimento, para pensar em redução da carga tributária, mas devemos e podemos, sim, avançar na agenda da simplificação tributária. Acho que vamos ter tempo para discutir neste programa este que é um dos grandes desafios que a gente deveria enfrentar como país logo após a aprovação da reforma da Previdência.

José Francisco Gonçalves – Ministro, boa noite. Um prazer grande poder ouvi-lo. Nós passamos mais uma vez – e dessa vez acho que de maneira mais dramática – por uma campanha e por eleições presidenciais sem que houvesse, minimamente, discussão sobre programa econômico. Desculpe o rigor, mas penso que é isso mesmo. De modo que a gente está nessa transição, catando informações aqui e ali com muita dificuldade para entender e, portanto, para formular qualquer estratégia. Eu avalio que o chamado "mercado financeiro" está sendo bastante generoso na atual situação, dado esse grau de incerteza sobre o programa econômico, mas, principalmente, em relação a algumas manifestações que acho que confundem. Principalmente o tema de... eu não vou dizer Banco Central, vou dizer a questão do câmbio, a questão de às vezes se falar em metas de câmbio, além de meta de inflação, de se usar reserva para acertar a situação fiscal. Quer dizer, tem-se aí um emaranhado de sinais e de falas. Verbalizações que vão numa direção bastante diferente da que vocês implementaram. Dado que o cenário fiscal não é de simples resolução, como o senhor mesmo falou – de um lado e de outro o mundo está mais para passar por uma outra rodada de contração da liquidez, movimento de juros etc. –, o que o senhor tem a sugerir?

Eduardo Guardia – Você traz dois pontos que são determinantes, na minha avaliação. O primeiro deles é o tripé da política macroeconômica, que está calcado no sistema de metas de inflação, de câmbio flexível e de absoluto compromisso com a disciplina fiscal. E qualquer mudança nesse arcabouço de política macroeconômica é um risco muito grande para a frente. Então espero que mantenhamos o sistema de metas com câmbio flutuante e o absoluto compromisso com a disciplina fiscal. E, aí, um Banco Central independente – por isso fiz a ressalva da questão da independência operacional do Banco Central – é muito importante para que a gente possa passar ao mercado financeiro, à economia como um todo, aos agentes econômicos, essa segurança de que as coisas continuarão funcionando dessa maneira. A manutenção desse tripé é um ponto central.

O segundo tema para o qual você chama atenção e eu concordo, por ser relevante, é que na hora em que a gente enxerga o que vai ocorrer com a economia internacional, a gente vê que a tendência é de um cenário mais desafiador daqui para a frente, para dizer o mínimo. E a gente tem que reconhecer que o Brasil não conseguiu fazer todas as reformas de que precisamos no momento de maior crescimento da economia internacional. Então, a gente vai enfrentar, sim, um momento mais desafiador daqui para a frente, o que reforça meu ponto inicial sobre a urgência dessas reformas. Porque nós precisamos fortalecer a perna fraca desse tripé que é, hoje, o fiscal. Precisamos corrigir esses desequilíbrios para estarmos preparados para enfrentar um momento de maior adversidade no futuro. Qualquer retrocesso no lado monetário e cambial só agrava a situação. Então eu concordo com as duas preocupações.

Ricardo Lessa – Ministro, zerar o déficit em um ano. Essa ideia o senhor considera plausível?

Eduardo Guardia – Nós temos um déficit primário – importante falar aqui para todos que nós não estamos falando da diferença entre as receitas e as despesas não financeiras. Importante frisar que hoje o que o setor público, o governo federal, arrecada não é suficiente para pagar as suas despesas correntes e seus investimentos. Não estamos nem falando de pagamento de dívida. Esse é o conceito do déficit primário: nós temos um déficit primário hoje que a lei autoriza, um déficit de até R$ 159 bilhões. No orçamento para o próximo ano, cai para R$ 139 bilhões. E para você fazer um ajuste desse tamanho, só para se ter uma ideia da dificuldade da qual estamos falando, se você pegar o total da despesa de 2018, autorizada no Orçamento Geral da União sem juros, só as despesas chamadas primárias chegam a R$ 1,384 trilhão. Desse total, nós só temos poder discricionário sobre menos do que R$ 130 bilhões, porque o resto é pessoal, é Previdência, são obrigações legais sobre as quais não temos controle.

Então, mesmo numa situação hipotética, absolutamente realista, de você zerar a despesa primária, mesmo assim você continuaria tendo déficit. É por isso que depois nós vamos discutir. O teto de gastos é uma coisa extremamente importante, porque vai permitir um ajuste gradual que eu acho que nós ainda temos oportunidade de fazer. E, respondendo à sua pergunta, para você zerar o déficit em um ano, você não consegue fazer isso pelo lado da despesa, você só consegue fazer isso pelo lado da receita. Nós estamos falando de um país que já tem uma carga tributária de 33% do Produto Interno Bruto, que é alto para parâmetros de economias semelhantes à brasileira. Nós temos carga no nível de economias desenvolvidas. Então, o ajuste pelo lado da receita trará outros problemas para a economia brasileira, agravando as distorções tributárias que nós já temos. Então é muito desafiador.

Vinicius Torres Freire – Ministro, vamos supor que o senhor ficasse mais um ano, fosse ministro mais um ano e não fosse aumentar impostos, mas fosse rever subsídios, desonerações etc. Seria um aumento de carga, seria um aumento de receita. O senhor faria? O senhor recomendaria isso para o próximo governo? Porque tem desoneração, tem um monte de favor. Aí você pode conseguir algum dinheiro sem grande impacto econômico, talvez.

Eduardo Guardia – Sim, faria. Eu venho falando, toda a equipe vem falando com muita insistência, chamando atenção para esse ponto, que é o do crescimento do gasto tributário, que são os benefícios tributários no governo federal. O gasto tributário em 2002 era equivalente a 2% do PIB. Hoje, está em 4,5%. A partir de 2010 houve um crescimento muito acelerado desse gasto tributário. É um gasto como qualquer outro, só que ele é feito através de benefícios tributários para setores ou empresas específicas. Mas não é feita a avaliação do custo-benefício desse gasto. Então, é urgente, tanto pelo lado de políticas públicas como pelo lado da necessidade do ajuste fiscal, enfrentar essa questão. Por isso, sim, eu continuaria, continuaria porque já começamos a fazer isso, nós já reduzimos gastos tributários, e esse é um caminho extremamente importante. O Brasil precisa enfrentar essa questão, que não é fácil. Ela é, como tudo o que tem que ser feito, difícil.

Mas o ponto da sua pergunta que eu queria destacar, Vinicius, é que mais urgente do que fazer um ajuste rápido pelo lado da receita em um ano é ter consistência na política fiscal e manter o teto de gastos. É isso que, de fato, vai enfrentar o problema na sua essência. Porque, de novo, nós não temos problema de receita, nós temos uma receita alta na proporção do PIB. Qual é o nosso problema? É que o gasto público não para de crescer. De 1991 até 2017, o gasto cresceu 6% real ano após ano. Saímos de 14% do PIB e fomos para 20% do PIB de crescimento de despesa pública somente no governo federal. Então, para resolver o problema fiscal, temos que enfrentar essa questão que não é do gasto tributário, que precisa ser enfrentada, que não é do aumento da receita, é do crescimento acelerado da despesa pública. Esse é o problema fundamental que temos de enfrentar, e mais uma vez caímos na questão da Previdência.

André Lahóz Mendonça de Barros – Ministro, passada a eleição, a gente percebe, falando com o empresariado, que há um ânimo maior em relação ao momento econômico próximo. Qual é, na sua avaliação, a importância desse efeito mais psicológico de formadores de opinião sobre o efeito da economia real e qual o limite disso? Quer dizer, o que a tal expectativa pode entregar de prático na economia?

Eduardo Guardia – É bastante importante essa expectativa, porque a melhora no ambiente de negócios favorece a tomada de decisão para investimentos. Você começa a rodar a economia, o consumidor fica mais seguro para consumir mais e toda a economia vai funcionando de maneira mais rápida. Evidentemente, só isso não resolve. Esse ambiente é crucial, ele tem que ser buscado, incentivado, mas você precisa ter consistência por trás disso. Por que houve uma melhora no ambiente das expectativas hoje? E isso está se refletindo – não sou eu que estou falando –, está refletido no preço dos ativos. Olha os juros futuros, olha a bolsa, olha o câmbio, olha o risco Brasil. Então, isso afeta a economia, isso afeta a decisão de investimento.

Mas, para que possamos sustentar esses ganhos e essa melhora, temos que ter entregas. E nós temos que enfrentar os problemas sérios que a economia brasileira ainda tem, sobretudo em relação ao lado fiscal. Então, respondendo objetivamente à sua pergunta, sim, isso é extremamente bom. Porém, tem que ser seguido de ações concretas que levem para a solução dos desequilíbrios dos quais nós estávamos falando. É isso que vai sustentar, no tempo, a manutenção dessa expectativa positiva com relação ao futuro. Do contrário, a gente volta a uma situação de dúvidas, de incertezas, e aí, claro, isso terá um impacto negativo na economia. É o oposto do que estamos vendo agora.

André Lahóz Mendonça de Barros – A gente estava falando do efeito das expectativas sobre a economia e o senhor dizia que é muito importante mesmo esse efeito mais psicológico, mas que isso aí precisaria ser seguido de ações concretas por parte do novo governo. Quanto tempo o senhor diria que dura uma lua de mel antes de, efetivamente, ser necessário apresentar resultados mais concretos no Congresso ou em outras áreas?

Eduardo Guardia – Não quero colocar meses aqui, ou teremos problema, mas acho que a questão fiscal/Previdência é urgente. Mesmo que a reforma não seja aprovada este ano, mesmo que se comece a discussão no ano que vem, é preciso mostrar que ela será aprovada. É menos importante falar se será no primeiro, no segundo ou no terceiro trimestre do que todos terem confiança de que ela será aprovada, de que isso será entregue. Sempre insisto nesse ponto porque isso é um divisor de águas. Acho inclusive que a gente vai ter muita dificuldade de começar a debater outros temas que são essenciais, como a questão tributária, como a agenda microeconômica, sem ter superado primeiro essa questão da Previdência. E vale dizer que a Previdência não é só um problema fiscal. A quantidade de desigualdades e de privilégios que temos hoje é inaceitável.

Então, do ponto de vista de política pública, de distribuição de renda, a gente tem que enfrentar a questão da Previdência. Acho que se isso estiver bem encaminhado, com o horizonte crível de aprovação – e todos confiantes de que o Congresso está junto com o Executivo para aprovar as reformas –, a gente terá um período aí de tranquilidade pela frente para poder discutir outros temas. Privatização, reforma microeconômica, reforma do Estado. O que não falta são temas importantes para discutirmos. Porém, a questão da Previdência tem que vir na frente. Porque sem ela o teto de gastos deixa de ser crível. E toda a estratégia de ajuste gradual que apresentamos, que é boa e nós ainda temos a chance de seguir por esse caminho, irá por água abaixo se não tiver Previdência.

Sergio Lamucci – Ministro, a situação fiscal da União é ruim, mas, quando a gente olha a situação de alguns estados, é quase de chorar. Olha o Rio de Janeiro, olha Minas Gerais. O governador eleito do Rio, Wilson Witzel, disse numa entrevista que o problema do estado não é de despesa, é de receita. Que tudo o que o estado tem de fazer é melhorar o desempenho dessa economia. Em que medida esse tipo de afirmação é preocupante para o estado que viu as suas despesas crescerem com força ao longo do tempo?

Eduardo Guardia – Sergio, eu reafirmo o que disse: o problema do setor público brasileiro não é de falta de receita, não é de falta de receita no governo federal, nos governos estaduais e nos governos municipais. O nosso problema é de crescimento da despesa pública. Diversos estados tiveram políticas de pessoal permissivas, fizeram aumentos reais de gastos com o funcionalismo, aumentaram o tamanho da máquina. Nós não aprovamos ainda a reforma da Previdência, que é extremamente importante para os governos estaduais. Então, se você olhar esses estados que têm hoje um comprometimento de despesa de pessoal de mais de 50%, comparada com a receita líquida, verá que existe um problema grave de despesa aí. A economia vai retomar se nós fizermos as reformas que temos de fazer. Isso vai melhorar a arrecadação, isso é bom para as três esferas de governo, mas não é isso que vai resolver o problema fiscal brasileiro, nem na União, nem nos estados, nem nos municípios.

Isso exige um enfrentamento muito grande da questão da despesa pública. E nos estados, particularmente, pela minha visão, é fundamental que se faça uma rediscussão da chamada guerra fiscal, porque isso drena recursos dos governos estaduais. Hoje nós nem sabemos exatamente quanto o país gasta com os benefícios tributários do ICMS. Esse é um ponto essencial para recuperar a capacidade de arrecadação dos estados. Mas, de novo, sem enfrentar a questão da despesa você não ajusta contas públicas em nenhuma das três esferas de governo.

Cristina Canas – Ministro, da necessidade da reforma da Previdência parece que há um consenso já, hoje, na sociedade. E é intenção do novo governo fazê-la. Agora, em relação à forma como isso deve ser feito, as divergências são grandes. Eu queria saber qual a sua opinião sobre a proposta apresentada pelo ex-presidente do Banco Central Arminio Fraga e pelo economista Paulo Tafner, que, grosso modo, prevê a mudança do sistema atual para o sistema de capitalização. O que o senhor acha dessa proposta?

Eduardo Guardia – Primeiro, só uma correção: na proposta do Arminio e do Paulo, eles colocam uma mudança de capitalização que é bastante progressiva. Ela começa a ter impacto, salvo engano meu, em 2030, ou seja, é bem lá para a frente. E eles enfrentam a questão central, que tem que ser enfrentada agora, porque é um erro colocar a capitalização como solução do problema atual – e eles não cometeram esse erro, para ser bem claro. O problema atual não tem nada a ver com a mudança para a capitalização, a mudança para um sistema de capitalização. Ao contrário, traz custos adicionais no curto e no médio prazos. Então, o que precisa ser feito é enfrentar as questões que nós enfrentamos e eles também enfrentam na proposta deles, que é a questão da idade mínima, da regra de transição, de ter a mesma regra para o trabalhador do setor público e o trabalhador do setor privado. É inaceitável que o trabalhador do setor público se aposente com um salário médio de R$ 28 mil em alguns Poderes e, na média dos trabalhadores do setor privado, o salário fique em torno de R$ 1.500, ou menos de R$ 2 mil. Essas coisas precisam ser enfrentadas. A capitalização, repito, não é a solução para o problema que a gente está enfrentando. O que eles fazem na proposta deles... Eles são ainda mais ousados na questão do enfrentamento dos problemas que nós temos hoje, como a desvinculação do benefício do salário mínimo com uma regra de transição mais dura.

Evidentemente, isso tudo é positivo do ponto de vista das contas públicas. A pergunta que temos de fazer é: isso tem viabilidade política no Congresso Nacional? Isso será aceito no Supremo Tribunal Federal? Por exemplo, a desvinculação do benefício do salário mínimo... Temos que refletir com muita serenidade, pois não adianta querer ir além do que é viável politicamente porque temos uma oportunidade e aqui não há nenhum apego à reforma que a gente mandou. Eu estou insistindo nisso porque isso é importante para o país, mas eu acho que aprovar a reforma que está no Congresso hoje já é um passo extraordinário. Depois a gente pode discutir capitalização, que vai ter de ser implementada com uma perspectiva de muito longo prazo, porque nós não temos condições fiscais para absorver o custo no curto e no médio prazos. A proposta do Arminio joga essa questão da capitalização lá para a frente.

Cristina Canas – E lá para a frente ela é uma proposta que o senhor considera adequada?

Eduardo Guardia – Eu acho que é uma boa proposta, uma discussão que nós podemos fazer. Mas, de novo, a gente precisa ter a clareza de que isso não resolve o problema que temos pela frente hoje. Toda vez que me deparo com um problema grande e complexo quero resolvê-lo para depois pensar em outros problemas. Então, a capitalização é para pensar para gerações, para quem está entrando no mercado de trabalho hoje e vai se aposentar daqui a 30 ou 35 anos. Este é um problema que a gente tem que enfrentar, mas nós temos um problema de desequilíbrio, de um déficit previdenciário absurdo que não vai parar de crescer. Se a gente não fizer a reforma, o gasto com a Previdência vai crescer oito pontos do PIB nos próximos 20, 30 anos. Ou seja, nós vamos sair de uma carga tributária de 33 para 41. Tenho certeza de que a sociedade brasileira não quer isso. Esse é o problema que a gente tem que enfrentar agora.

José Francisco Gonçalves – Ministro, o André levantou o tema das expectativas e eu queria pegar uma carona nessa discussão em torno da Previdência, que eu vejo que é uma questão de médio para longo prazo. Portanto, para mim, a questão da Previdência neste momento do curto prazo não é tão relevante, a não ser como um sinal. Agora, um sinal para o futuro, a gente precisa chegar no futuro. De onde é que vem a transformação dessa expectativa numa decisão de investir?

Eduardo Guardia – Normalmente concordo com você. Dessa vez vou discordar. Pelo seguinte: primeiro, a reforma da Previdência, tal como colocada, traz impactos de curto prazo. No primeiro ano é pequeno, são R$ 10 bilhões, mas esse número cresce muito rapidamente para R$ 30 bi, R$ 40 bi, R$ 50 bi, R$ 60 bi, então vai crescendo ao ano rapidamente. Só para todos terem uma ideia, quando a gente olha o orçamento de 2018 e compara com o de 2019, o crescimento do gasto previdenciário nominal é de R$ 45 bilhões, mais uns R$ 25 bilhões de crescimento de salário do funcionalismo federal. Então, só esse crescimento é quase três vezes mais do que se está investindo. Nós temos que enfrentar esse problema. Temos que evitar o crescimento de R$ 30 bilhões, R$ 40 bilhões no curto prazo do gasto previdenciário, isso é extremamente importante.

Agora, o que é central para mim aqui? O teto de gastos. Ele, independentemente dessa travessia do curto prazo, ele tem impacto, sim, sobre a capacidade de investimento. Ele vai ser acompanhado da reforma da Previdência, ele vai dar aos agentes econômicos a perspectiva de que o Brasil está, de fato, fazendo o seu ajuste fiscal. E é isso que traz a confiança que o André estava mencionando, aquela que vai ter impacto sobre os investimentos, sobre o preço de ativos, sobre o crescimento da economia. Evidentemente, tem toda uma agenda micro que a gente precisa fazer de redução de custo tributário. Mas, se o fiscal não estiver arrumado, não tenha ilusão. Nós não vamos crescer, nós não vamos manter a inflação baixa, nós não vamos manter a taxa de juros nesse patamar e aí é que não vai ter investimento mesmo.

O investimento, para fazer a diferença, virá, na minha visão, do setor privado, não virá do setor público. Não é porque a gente investiu R$ 30 bi ou R$ 35 bi, R$ 40 bi que a economia vai entrar numa trajetória de crescimento sustentável. O que a gente precisa é ter marco regulatório adequado, confiança e estabilidade de regras para trazer um investimento privado, sobretudo na infraestrutura. Acho que esse é o caminho e não dá para a gente não enfrentar o lado fiscal. Nós esticamos demais a corda. Temos um país que tem uma dívida bruta que vai chegar a 82% do PIB, porque ela vai continuar crescendo. Temos um déficit primário perto de 2% do PIB, uma carga tributária de 33% do PIB e uma despesa que crescia 6% ao ano. Nós revertemos com o teto de gastos e ela vai começar a cair. Essa é a parte ruim da nossa equação. Se não enfrentarmos, acho que não tem solução.

Vinicius Torres Freire – O senhor estava falando de salário mínimo e Previdência. Qual seria uma boa regra para o ano que vem? Porque a regra que venceu era – não sei se as pessoas lembram – o reajuste pela inflação, mais o PIB de dois anos antes. O pessoal fala em fazer PIB *per capita* com a média dos últimos quatro anos, mas qual seria a regra? Vamos estender de novo o seu ministério para o ano que vem: qual seria a regra razoável a adotar a partir do ano que vem?

Eduardo Guardia – Essa é uma questão complexa porque tem várias dimensões. O Brasil, por um lado, é um país que ainda tem enormes desigualdades, demandas legítimas vinculadas ao gasto público. Várias despesas estão vinculadas ao salário mínimo. Por outro lado, a gente tem um desequilíbrio fiscal brutal que se não for enfrentado a economia não vai crescer, nós não vamos poder enfrentar a questão do desemprego e não sairemos dessa situação. Aqui vai ter que ter muito equilíbrio, porque quanto mais você cresce a receita maior será o gasto, e há mais uma agravante aqui: como existe a vinculação entre o salário mínimo e a Previdência, o reajuste do salário mínimo passa a ser condicionante da evolução do déficit previdenciário e de outras despesas públicas vinculadas. Então, aqui, é preciso ter muito bom senso para poder ter uma regra equilibrada. O fato é que o salário mínimo, desde o Plano Real, já teve um aumento real bastante grande, porque vem sendo reajustado acima da inflação. Essa é uma responsabilidade do próximo governo, pois gera um impacto muito grande nas contas públicas.

Vinicius Torres Freire – E o salário mínimo já está a 50% do rendimento médio do trabalho, não é?

Eduardo Guardia – Pois é, mas aqui – de novo – tem um lado meritório do aumento do salário mínimo. Isso já foi feito ao longo dos últimos anos. Quem estiver aqui no próximo ano vai ter que fazer as contas e ver qual é a capacidade que o governo tem, quais são as escolhas, porque aqui tem que se fazer escolha. Então, se vamos gastar mais, isso tem que ser compensado em outro lugar. O que acho que seria um enorme erro é abrir mão do teto. Porque se você abrir mão do teto você desancora as expectativas e aí vai ser muito difícil convencer que fará o ajuste fiscal sem ter um aumento de imposto. Simplificando um problema complexo, essa escolha vai ter que ser feita. Nós vamos seguir no caminho da redução da despesa ou nós vamos pegar o atalho do aumento de imposto num país que tem uma carga de 33% do PIB, com todas as distorções do nosso sistema tributário? E mais um ponto, muito rápido: uma coisa é fazer aumento de imposto para melhorar a situação fiscal, porque nós temos um déficit. A outra é fazer aumento de imposto para financiar mais gasto. Aí é um erro lamentável.

Cristina Canas – Ministro, em relação à privatização das distribuidoras... Lá atrás o senhor tinha mostrado um grande desejo de privatizar a Eletrobras na sua gestão. Isso não foi possível. Eu queria que o senhor fizesse um balanço desse setor e dissesse o que o senhor recomenda para a nova equipe sobre esse assunto.

Eduardo Guardia – Bom, nós tivemos muitos avanços na área do setor elétrico e na área de óleo e gás também. Toda essa parte das políticas relacionadas ao Ministério de Minas e Energia avançou muito no governo Temer. Na parte do setor elétrico, acho que houve uma importante mudança do marco regulatório. Nós encaminhamos a discussão da capitalização da Eletrobras, porque ela é absolutamente necessária. A Eletrobras é responsável por um terço da geração da energia elétrica no Brasil e por 50% da distribuição de energia de alta-tensão. Então, não dá para você ter uma política energética, uma discussão sobre política energética séria, sem uma Eletrobras capitalizada. O Tesouro não tem dinheiro, não tem recurso para colocar na Eletrobras.

Então, o caminho: ela precisa ser capitalizada, ela precisa investir, ela precisa ter solidez financeira para fazer os investimentos, precisa de capital. Nós não temos o dinheiro. O caminho que nós colocamos foi uma oferta primária com recursos na empresa que dilui a União e privatiza a Eletrobras. Continuo tendo absoluta convicção de que este é o caminho correto. Não conseguimos aprovar no Congresso este ano, mas avançamos na privatização das distribuidoras. Ainda falta privatizar a distribuidora do Amazonas e a de Alagoas, as duas que ainda estão pendentes. Então o caminho para mim é este, está lá, é seguir nesse rumo.

Sergio Lamucci – Ministro, parece que faz muito tempo, mas ali no primeiro trimestre do ano houve um momento de razoável otimismo em relação ao crescimento deste ano. Consciência do mercado, o Focus, ali entre o fim de fevereiro e o começo de março, apontou quase 3%. A Fazenda previa 3%. O que deu tão errado que tanto o setor privado quanto a Fazenda erraram nessa previsão? A greve dos caminhoneiros certamente vai ter um peso aí, mas o juro estava no patamar mais baixo por muito tempo. O que que foi? A situação das empresas e das famílias era pior do que se pensava? A incerteza eleitoral travou o investimento? O que aconteceu para todo mundo errar tanto?

Eduardo Guardia – Sempre que faço as análises, gosto também de olhar os juros futuros ao longo do período. A gente entrou no ano com o juro futuro em torno de 10%, o juro de cinco anos. Lá por março/abril, ele caiu para 9%, daí começou a subir, antes da greve dos caminhoneiros. Por quê? Começou, no meu entendimento, a haver uma percepção de que o cenário externo que o José Francisco mencionou estava piorando e que havia mais desafios vindos pelo setor externo.

A questão do aumento de juros, da normalização da política monetária nos Estados Unidos, a questão da guerra comercial com a China, a possibilidade de desaceleração do crescimento da economia mundial... Então, isso já começou a afetar os mercados por essa época a partir de março, e aí em maio veio, no dia 21, a greve dos caminhoneiros, o que teve um efeito devastador sobre a economia. Foi muito forte, foi de longe, acho, o momento mais difícil para todos nós dentro do governo, foi um negócio realmente muito intenso. Todos nós aqui nos lembramos do que foi aquilo. E, apesar de a greve ter tido um efeito transitório, se você olha o efeito no produto, o efeito na inflação, teve aquele movimento de ver que a economia basicamente colapsou nos 30 dias seguintes ao início da greve. Depois ela voltou muito rápida e retomou. Mas isso teve um efeito muito grande nas expectativas.

Sergio Lamucci – Mas, no primeiro trimestre, quando a gente olha os números, eles já não eram tão bons mesmo antes da greve.

Eduardo Guardia – É o que estou tentando dizer... O primeiro trimestre veio ainda relativamente em linha com essa expectativa de crescimento, de 3% ao fim do primeiro trimestre. Antes de maio, portanto, começou-se a ter uma percepção de maiores dúvidas com relação à economia internacional. Isso afetou as expectativas e aí veio a greve dos caminhoneiros, que foi uma coisa muito, muito forte mesmo. Eu acho que, além disso, também tivemos um processo político de eleições com seus momentos de maior tensão. Isso tudo se refletiu no preço dos ativos, como vimos, mesmo após a greve. Então acho que foi um pouco a combinação dessas três coisas.

Ricardo Lessa – Ministro, o senhor diz, em matéria do *Valor Econômico*, hoje, que o senhor ia sugerir ao novo governo prioridades para os primeiros 100 dias. Então a gente, com aquele impulso jornalístico, já quer furar o senhor. Por isso queríamos perguntar: qual seria pelo menos uma das prioridades ou a de número um para o próximo governo?

Eduardo Guardia – A minha prioridade número um é enfrentar a Previdência, não tenho a menor dúvida.

Ricardo Lessa – Mas para esses 100 dias...

Eduardo Guardia – A prioridade número dois, na linha das reformas, é a questão da independência operacional do Banco Central, que eu repito: é muito importante. O material, Ricardo, que a gente está preparando, veja, voltando à pergunta inicial aí do Vinicius: o Ministério da Fazenda, do Planejamento, qualquer ministério é de uma complexidade extraordinária. Quem não conhece aquilo chega lá e não entende como funciona: o que que tem que fazer?; em que data eu preciso mandar a Lei de Diretrizes Orçamentárias?; qual é o prazo que eu tenho para fazer ajustes de despesa?; o decreto de execução orçamentária, que data eu tenho que marcar?

Ricardo Lessa – Então, em 100 dias não dá para fazer muita coisa?

Eduardo Guardia – Cem dias? A pessoa chega lá e... O que a gente está tentando fazer é explicar um pouco como a máquina funciona, quais são os atos legais que eles precisam publicar. Então, execução, decreto de execução orçamentária e financeira, como é que é esse decreto? Quem publica? Quem manda? Qual é a data? O que tem que ter no decreto? E por aí vai, em todas as áreas. Na Receita Federal há uma complexidade extraordinária, no Tesouro também. Então o material que nós fizemos dos 100 dias não vai lhe dar nenhum furo jornalístico.

José Francisco Gonçalves – A Cristina já colocou o tema da privatização, mas eu queria voltar, porque é mais um assunto que causa muito oba-oba por aí, não é, ministro? Todo mundo fala: tem 170 estatais, dá para privatizar tudo, acabar... Vamos fazer uma simulação aqui. Esquece a Petrobras, esquece a Eletrobras. O que tem de privatização para fazer? Estou falando de ativos. Não de direitos de concessão, de exploração, mas de ativos.

Eduardo Guardia – Primeiro, toda vez que falei de privatização, estava pensando na privatização porque ela é essencial para o setor. A Eletrobras é um exemplo que eu dava na época. Nós não estamos propondo a privatização da Eletrobras para fazer ajuste fiscal. No fiscal da privatização da Eletrobras iam entrar R$ 12 bilhões. É um valor extremamente bem-vindo, mas não era por isso que nós estávamos privatizando. A gente estava privatizando a Eletrobras porque ela precisa ser capitalizada, porque não dá para ter uma discussão séria sobre política energética no país sem a Eletrobras estar capitalizada. O Tesouro não tem dinheiro para capitalizar, então nós estávamos privatizando porque isso é básico para o bom funcionamento da economia, senão vamos ter gargalo de falta de energia, não vamos poder crescer.

Toda vez que focamos na discussão da privatização foi com esse mote, o de dar mais eficiência, como fizemos com as distribuidoras do setor elétrico. Ou para capitalizar uma empresa que precisa investir e nós não temos dinheiro para colocar nela. A nossa discussão sobre privatização sempre foi nesse contexto, que acho extremamente importante. Nós não vamos resolver o problema fiscal com privatização, porque você pode até reduzir a dívida, vender um ativo e reduzir a dívida. Mas se o desequilíbrio continua, se a gente continua gastando mais do que arrecada, o problema não está resolvido. O problema fiscal, no meu entendimento, tem que ser resolvido com redução de despesa. A privatização eu sempre a coloquei nesse contexto que mencionei.

José Francisco Gonçalves – E as outras "n" menos quatro empresas, tem alguma lógica como a que o senhor colocou em relação à privatização, uma lógica setorial, uma lógica de capitalização?

Eduardo Guardia – No meu entendimento, tudo o que for possível ser transferido para o setor privado para ser gerido com mais eficiência eu acho que é positivo. A gente tem várias experiências bem-sucedidas de privatização, o sistema Telebras, a Vale. Sobre o que sobra a gente tem que fazer uma avaliação. E isso a gente já começou a fazer também no governo, avaliando o que é preciso manter, pois, em alguns casos, você vai ter que liquidar a empresa porque ela não tem razão de existir. Essa é outra discussão que precisa ser feita.

Cristina Canas – Ministro, os economistas estão bastante otimistas em relação ao crescimento do próximo ano [2019]. Claro que está embutida aí essa questão das expectativas, a melhora das expectativas com a eleição do novo governo. E é claro também que essas projeções estão condicionadas a aprovações de reformas macro e microeconômicas. Há previsões de crescimento de até 4%. Eu queria saber do senhor o seguinte: queria que o senhor considerasse dois cenários. No primeiro caso, no caso das reformas a serem feitas, se o senhor concorda com essas estimativas, se o senhor acha que dá para crescer nos 4% já em 2019. E, de outro lado, o que o senhor vislumbra, caso não haja avanços imediatos nessas reformas da pauta econômica que a gente já está abordando bastante.

Eduardo Guardia – A primeira pergunta é mais fácil de responder. Eu acho que a continuidade das reformas – a da Previdência e de todo esse conjunto de reformas microeconômicas que a gente apresentou aqui – vai permitir, em última instância, reduzir custos, dar maior eficiência à economia brasileira. E isso tem um enorme impacto sobre o crescimento potencial da economia. Então, acho, sim, que é possível deslocar o crescimento potencial, que hoje deve estar em torno de 2,5%, que é o que a gente cresceu aí nos últimos 20 anos, na média, para algo próximo de 4%, se você fizer todas essas reformas.

Então, é o que falei no início do programa. Acho que o Brasil está entrando num caminho que, se a gente seguir nessa continuidade de reformas, o potencial de crescimento da economia vai se deslocar e a gente vai conseguir crescer os 4%. Se esse caminho não for trilhado, aí nós vamos continuar tendo os mesmos problemas que tínhamos no passado, quando a gente começou a enfrentar esses temas. E eu tenho convicção: nós não vamos crescer de maneira sustentável no ritmo que todos nós queremos e no ritmo necessário para reduzir o desemprego, que ainda é muito alto, se não enfrentarmos as reformas. Este é um divisor de águas indispensável para o país.

André Lahóz Mendonça de Barros – Ministro, queria que o senhor contasse um pouco como é que está sendo a transição para o novo governo, o que está sendo pensado para que o país possa ter, digamos, uma passagem de bastão mais tranquila.

Eduardo Guardia – Primeiro, devo enfatizar que nós começamos a discussão sobre a transição antes da definição do resultado da eleição. O presidente do Banco Central, Ilan [Goldfajn], e eu, chamamos todos os economistas dos principais candidatos para uma conversa. A gente abriu, evidentemente com base em informações públicas naquele momento, para debater os temas que a gente julgava importantes, as questões que nos preocupavam. Nós nos colocamos totalmente à disposição, nós dois e as equipes, para tratar com esses economistas para que se pudesse ter um bom debate sobre os problemas da economia brasileira. Já estávamos preocupados com a transição naquela época.

Agora, com o presidente eleito [Jair Bolsonaro], o governo organizou de uma maneira formal essa equipe de transição coordenada pelo ministro [Eliseu] Padilha, que tem, no outro lado, o futuro ministro Onyx [Lorenzoni], que está trabalhando junto com o ministro Padilha. E aí todas as áreas de governo, todos os ministérios fizeram esse trabalho de transição dos 100 dias para poder passar tudo para as equipes. E nós vamos ter daqui até o fim do ano a oportunidade de entrar no detalhe de todas as informações com as equipes. Eu vou me reunir com o Paulo Guedes. Evidentemente, ele tem questões de agenda, mas a gente provavelmente vai ter um primeiro encontro amanhã, quando já devemos começar a trabalhar os temas da transição. Nós estamos totalmente à disposição. Eu, todo o time, e está aqui a secretária Ana Paula [Vescovi], que vai ter um papel básico nessa interlocução com a nova equipe. Do nosso lado, é abrir todos os dados e a nossa visão dos problemas.

E eu acho importante, André, um tema do qual a gente acabou falando menos aqui: existem alguns desafios na área tributária sobre os quais já temos muita discussão. Então, também quero apresentar ao futuro ministro Paulo Guedes o que é a nossa visão do que pode ser feito na área tributária e em que ordem e em que tempo. Eu já vou dizendo: sou um pouco cético com relação à possibilidade de se fazer uma reforma tributária ampla envolvendo estados, municípios e governo federal, mas acho que a gente pode ir dando passos significativos. Temos uma proposta de reforma do PIS/Cofins que vou apresentar ao ministro Paulo Guedes. Temos uma proposta de reforma do Imposto de Renda da Pessoa Jurídica que nós vamos apresentar ao ministro. Isso tudo faz parte da transição. Isso não está no caderno dos 100 dias, mas está na nossa agenda. Enfim, vamos oferecer isso à próxima equipe. Cabe a eles adotar ou não. É uma contribuição nossa para a próxima equipe.

Sergio Lamucci – Ministro, o teto de gastos, que limita o crescimento das despesas da União e a inflação do ano anterior, apanhou muito na campanha eleitoral. Até a culpa pelo incêndio do Museu Nacional, que é vítima de descaso de muitos anos, ficou na conta do teto para alguns analistas bem antes de entrar em vigor, não é? O senhor é um entusiasta do teto, mas eis algumas críticas a ele. Dizem que ele comprime despesa com investimento e também os gastos na área social. Há quem diga que o governo deveria primeiro ter aprovado a reforma da Previdência, depois o teto. Há quem diga que o esforço mais difícil ficou para o próximo governo, porque até cumprir o teto nesses últimos dois anos não foi tão complicado. Tem gente que diz que ele é muito longo, que ele vai até, no mínimo, dez anos e que neste momento a política fiscal não pode levar em conta o ciclo econômico. E que, embora o teto de gastos tenha comprado um tempo para o ajuste fiscal, ele também fez um ajuste muito gradual. Como é que o senhor analisa essas críticas?

Eduardo Guardia – Bom, vamos começar, Sergio: qual é a alternativa a não ser ter o teto? E lembrando: o ponto de partida é sempre crucial. O país tem uma carga tributária de 33% do PIB, uma dívida bruta que vai chegar a 80% e um déficit primário um pouco abaixo de 2% do

PIB. É uma situação extremamente delicada. Então, você vai falar: olha, o teto permite que a despesa caia de 20% do PIB, que é o que nós encontramos em 2016, para 15% do PIB em dez anos. Quinze por cento do PIB era o patamar de despesa que a gente tinha aí até 2008. Sempre vivemos muito bem com esse tamanho de Estado. Faremos isso num período de dez anos. Então, a minha pergunta é: qual a alternativa se não for feito dessa maneira? A primeira alternativa: você faz um brutal aumento de imposto para cobrir o déficit primário. Então, pode ser um caminho que eu não acho o mais adequado para a economia brasileira. A segunda opção é, você está falando: não, eu não quero o teto de dez anos. Então vou fazer em 20 anos, não vou fazer em dez. Qual é a credibilidade que você vai oferecer? Vai dar um ajuste tão longo? O que eu disse no início: nós ainda temos a chance – ainda, o país – de fazer um ajuste gradual. Sem o teto, eu não vejo essa possibilidade.

Vamos ser muito francos nisso aqui. Não tem ajuste fiscal sem dor. E a gente tem um desequilíbrio fiscal como eu nunca vi na nossa História. Nós esticamos demais a corda da falta de compromisso com o fiscal. E o ajuste é duro e é um processo que tem de ser feito ao longo do tempo. O teto vai permitir fazer isso no tempo. Se você num determinado ano estoura o teto, a emenda constitucional tem os mecanismos de ajuste no ano seguinte. Você não pode contratar, você não pode dar reajuste salarial, você não pode criar programas novos, você não pode ajustar os benefícios além da inflação. Há uma série de mecanismos de autoajuste para o próprio teto que fazem com que a despesa volte a cair. Então, é um negócio de extremo bom senso, e acho adequado para a nossa situação. Você falou: olha, devia ter aprovado a reforma da Previdência antes. Não existia a menor possibilidade. Todos aqui lembram de se tentar aprovar a reforma da Previdência em dezembro de 2016. Essa discussão não estava madura, as pessoas não tinham ainda entendido.

Hoje existe uma compreensão sobre a importância e a necessidade da reforma. Em dezembro de 2016 não existia, em dezembro de 2016 conseguimos aprovar o teto. Se não tivéssemos o teto de gastos aprovado, eu tenho a convicção de que a situação econômica, a expectativa dos agentes, seria completamente diferente. O teto trouxe um resultado bastante positivo na minha avaliação. E pode continuar a trazer esse resultado positivo nos próximos anos, desde que a gente faça a lição de casa e enfrente a questão do gasto, pois este é o nosso problema. Se não tiver o teto, você está me dizendo que vai resolver pelo lado do imposto, e aí estamos falando de um aumento de carga relevante. Não acho que é o melhor caminho.

José Francisco Gonçalves – Ministro, voltando ao tema de investimentos no sentido econômico. O senhor falou, com razão, que a gente tem que olhar os preços dos ativos, pois eles dão os estados de expectativa, de curto prazo e de longo prazo. Então, a minha preocupação é: o que a gente faz nesse meio-tempo? Porque se a gente ficar esperando que os juros baixos realizem investimentos, acho que vamos ter que esperar bastante.

Eduardo Guardia – Eu vejo hoje um interesse muito grande no Brasil, conversando com empresários estrangeiros, em diversos setores, que têm dinheiro para vir para o Brasil. Eu acho que eles têm apetite ao risco, têm vontade de investir no Brasil e vários, e em diversos segmentos, veem um potencial muito grande na economia brasileira para investir em infraestrutura, para investir em energia renovável, no agronegócio ou na própria indústria. Acredito que a capacidade de atrair recursos nós temos. O que nós precisamos é completar esse ambiente de negócio adequado ao investimento. Vou pegar um exemplo aqui, o da construção civil. A gente tem o projeto do distrato, que o governo estava discutindo com o setor e que é uma mudança de regra que vai atrair, vai facilitar enormemente o investimento nesse segmento tão importante para gerar emprego. E hoje a gente tem um enorme desequilíbrio nesse marco regulatório. Eu acho que esse é o tipo da coisa que a gente tem que fazer.

No setor elétrico, nós tínhamos um modelo de regulação que não privilegiava a formação de preço através do mercado. Isso faz qualquer coisa, menos atrair investimento. Mudamos o marco regulatório do setor elétrico, do setor de óleo e gás, e é onde eu vejo um potencial brutal de investimento na economia brasileira. Aliás, através do excedente do pré-sal. Resolvendo a questão da cessão onerosa com a Petrobras, nós estamos falando de investimentos que podem ser superiores a US$ 100 bilhões nos próximos anos, só no setor de óleo e gás. Que que nós fizemos também? Mudou o marco regulatório. Enfrentamos a discussão de conteúdo local, tiramos a obrigatoriedade da Petrobras de participar nos leilões, abrimos para as empresas privadas poderem investir e participar.

Então, o que temos que fazer ao longo do caminho? Nós temos que completar toda essa construção de um arcabouço regulatório que seja estável, que tenha regras claras e propicie melhora no ambiente de negócio que deu horizonte de investimento para o setor privado. Evidentemente, seguindo o caminho do ajuste fiscal. Não é um processo simples, não é uma questão de curto prazo, mas tem que ter rumo, tem que ter direção e talvez a resposta à sua pergunta, para ser muito honesto e objetivo aqui, é: eu não vejo atalhos. Os atalhos que a gente tentou pegar no passado nos trouxeram essa situação de brutal desequilíbrio que encontramos em 2015. Eu acho que esses atalhos não funcionam, o que funciona é um senso de direção claro, consistente, com reformas em diversos setores da economia. São várias pequenas reformas que, quando colocadas em conjunto, têm o potencial de destravar setores e de aumentar a competitividade e a eficiência da economia brasileira, que é o que nos falta. Falta produtividade, falta eficiência, e aí – de novo – tem a questão tributária, que é tão importante, que precisa ser enfrentada. Então é este o caminho. São várias as peças que têm que ser movidas ao mesmo tempo na direção certa.

Ricardo Lessa – Ministro, infelizmente a gente está acabando. O senhor falou da reforma tributária e falou também que levaria para o ministro do governo eleito uma sugestão de algumas reformas tributárias pontuais. Em que tempo elas poderiam ser feitas? O senhor pode adiantar para a gente uma delas?

Eduardo Guardia – São duas as que eu sempre menciono, que estão prontas. Uma é a revisão da tributação do PIS/Cofins, que é essencial. Trata-se de um projeto de simplificação do PIS/Cofins, o que, tenho certeza, será muito bom. E a outra é um tema que me preocupa: o mundo inteiro reduziu a tributação da pessoa jurídica, a média hoje é de 22%, mas nós estamos ainda com a alíquota de 34%. Ali está nominal, a efetiva é um pouco mais baixa. Nós precisamos convergir para o patamar de tributação que existe no resto do mundo, mas não podemos perder a arrecadação. Isso tem que ser compensado por tributação de dividendos, eliminação dos juros sobre capital próprio, e também enfrentando alguns dos benefícios tributários. É o que acho que vai ajudar a fechar essa conta. Esses são os temas que a gente gostaria de apresentar à nova equipe.

PARTE V

BREVE BIOGRAFIA DE EDUARDO GUARDIA

Breve biografia de Eduardo Guardia

Nascido em São Paulo em 1966, o economista Eduardo Refinetti Guardia teve uma carreira brilhante. Começou sua trajetória no setor público na Secretaria de Fazenda do Estado de São Paulo, na gestão de Mário Covas. Foi para Brasília em 1997, a convite de Amaury Bier, com o qual trabalhou no Ministério do Planejamento e na Secretaria de Política Econômica do Ministério da Fazenda.

Exerceu o posto de secretário-adjunto de Fábio Barbosa no Tesouro Nacional, a quem substituiu na posição de secretário do Tesouro em 2002. Foi secretário de Fazenda do Estado de São Paulo durante o governo de Geraldo Alckimin.

Voltou a Brasília, em 2016, como secretário-executivo do Ministério da Fazenda, a convite de Henrique Meirelles, no governo Michel Temer. Assumiu o Ministério da Fazenda em abril de 2018, cargo que ocupou até 31 de dezembro do mesmo ano.

No setor privado, foi diretor-executivo da BM&F Bovespa (hoje B3), sócio-executivo da Pragma Gestão de Patrimônio e diretor financeiro e diretor de Relações com Investidores da GP Investments. Atuou ainda como membro do conselho de diversas companhias, como Vale, Droga

Raia, Cosipa, Cesp, Cteep e Sabesp, e como *chairman* do Banco do Brasil e do Banco Nossa Caixa. Foi professor de Economia na Pontifícia Universidade Católica de São Paulo (PUC-SP). Em 2019, tornou-se sócio do BTG Pactual e CEO do BTG Pactual Asset Management.

Sua dissertação de mestrado e sua tese de doutorado em Economia representaram relevante contribuição para o entendimento da questão fiscal no Brasil, como mostram vários dos artigos escritos especialmente para este livro em sua homenagem.

Eduardo Guardia morreu aos 56 anos, em abril de 2022, para imensa tristeza de todos aqueles que tiveram o privilégio de conhecê-lo. Além do legado como gestor e professor, Guardia deixou uma legião de amigos e admiradores, e também sua companheira por mais de trinta anos, Maria Lúcia.

Eduardo Guardia e a esposa, Maria Lúcia.

www.historiareal.intrinseca.com.br

1ª edição	ABRIL DE 2025
impressão	BARTIRA
papel de miolo	IVORY BULK 65 G/M²
papel de capa	CARTÃO SUPREMO ALTA ALVURA 250 G/M²
tipografia	DANTE MT STD